高等院校公共基础课系列教材

创业学理论与应用
（第四版）

——基于互联网+创业视角

郭占元　编著

清华大学出版社
北　京

内 容 简 介

本书以教育部颁布的《创业教学大纲》为框架蓝本,以科学性、实用性、系统性、先进性为目标,与时俱进,集创业基本理论、基本技能、案例分析、实训实练、能力提升于一体。本书特别重视结合大学生创业的特点、创业学习的需要,注重吸收国内外创业理论研究的最新成果与理论应用,注重本土创业案例及经验教训的深度分析,符合国情,贴近现实,能帮助大学生将理论和实践紧密结合,突出创业技能的实训实练,总结创业管理的一般规律,有利于提高创新创业能力和改善创业学习效果。本书注重培养大学生的创新创业精神和务实精神,以期达到创新创业精神、创业知识、创业能力三位一体协同提高的教学目标,从而培养更多有潜力的、符合国家需要的创新创业人才,为实现中国梦、建设创新型国家打好基础。本书共分 12 章,具体内容包括:创业活动与创新创造、创业过程、创业"机会之窗"、创业团队、构建商业模式、撰写商业(创业)计划书、新创企业融资、新创企业战略规划、新创企业市场营销、新创企业人力资源管理、大学生创业、互联网+创业。

本书既可以作为应用型本科院校的创业课程教材,也可以作为各类在职人员的培训用书或参考书,同时还适合各类创业者和有志于创业的人士阅读。

本书配套的电子课件可以到 http://www.TUPWK.com.cn/downpage 网站下载,也可以扫描前言中的二维码获取。

本书封面贴有清华大学出版社防伪标签,无标签者不得销售。
版权所有,侵权必究。举报: 010-62782989, beiqinquan@tup.tsinghua.edu.cn。

图书在版编目(CIP)数据

创业学理论与应用: 基于互联网+创业视角 / 郭占元编著. —4 版. —北京: 清华大学出版社, 2023.5
高等院校公共基础课系列教材
ISBN 978-7-302-63603-8

Ⅰ. ①创… Ⅱ. ①郭… Ⅲ. ①创业—高等学校—教材 Ⅳ. ①F241.4

中国国家版本馆 CIP 数据核字(2023)第 087394 号

责任编辑: 胡辰浩
封面设计: 周晓亮
版式设计: 妙思品位
责任校对: 成凤进
责任印制: 刘海龙

出版发行: 清华大学出版社
网　　址: http://www.tup.com.cn, http://www.wqbook.com
地　　址: 北京清华大学学研大厦 A 座　　　　邮　编: 100084
社 总 机: 010-83470000　　　　　　　　　　邮　购: 010-62786544
投稿与读者服务: 010-62776969, c-service@tup.tsinghua.edu.cn
质 量 反 馈: 010-62772015, zhiliang@tup.tsinghua.edu.cn
印 装 者: 三河市人民印务有限公司
经　　销: 全国新华书店
开　　本: 185mm×260mm　　　印　张: 19.75　　　字　数: 518 千字
版　　次: 2014 年 7 月第 1 版　2023 年 5 月第 4 版　印　次: 2023 年 5 月第 1 次印刷
定　　价: 79.00 元

产品编号: 095151-01

前　言

在中国，创业学或创业管理已作为一门新兴学科不断发展与完善起来。从1998年清华大学首开创业管理课程至今已有二十余年，经过教育部及各高校、社会各界的推动，中国高校都开设了创业学及相关管理课程。2012年8月，教育部办公厅印发《普通本科学校创业教育教学基本要求(试行)》及其附件《"创业基础"教学大纲(试行)》，首次明确了创业教育的教学目标、教学原则、教学内容、教学方法和教学组织。文件强调，高等学校应创造条件，面向全体学生单独开设"创业基础"必修课程，要加强课程教材等基本建设工作，要推动高等学校创业教育科学化、制度化、规范化建设，切实加强普通高等学校创业教育工作。教育部于2015年11月印发《关于做好2016届全国普通高等学校毕业生就业创业工作的通知》，文中指出，从2016年起所有高校都要设置创新创业教育课程，对全体学生开设创新创业教育必修课和选修课，并将其纳入学分管理。落实以创业带就业，促进高校毕业生充分就业，也是加快转变经济增长方式，建设创新型国家和人力资源强国的战略举措。我们认为，国家把创业教育教学纳入高等教育体系，是从战略高度、长远角度培养创新创业人才，促进大学生全面发展的重要举措，是非常及时与必要的。

国家把高等教育划分为研究型和应用型两种类型，应用型高等学校如何提高创业教学质量，是必须认真研究的重要课题，其中新著教材的开发和建设是主要的研究方向之一。应用型高校的创业著作开发应体现创业理论与实践应用的结合，创业教育与专业教育的结合，创业教育与职业发展的结合，创业教育与学生实际状况的结合，创业教育与转型高质量发展的结合，突出适用、实效的特点，创新总结出创业管理的一般规律。为了使本书符合培养创新型创业人才的要求，符合教育部的要求，作者在长期从事创业教学与研究的同时，认真听取了学生及同行的修改建议，对内容进行了多次精心修改、调整与补充完善，不断提高本书的质量。本书基本符合并创新扩展了《"创业基础"教学大纲(试行)》对教学内容的要求，基本符合创业人才培养规律的要求，体现了创业理论研究的最新成果，注重理论与实践的结合，注重国内外有影响力的，特别是本土的成功创业经典案例的研究与分析，注重实训实练，注重学生创业理论应用能力的提高，注重创新创业精神和务实精神的培养。本书在为应用型高校提供本土化较高质量的、应用性强的新作品方面做出了新的探索和努力，会对大学生创业产生积极有效的促进作用。

写作本书的目的，是把教学改革与教材建设有机结合起来，有效提高创业课程的教学质量与水平，达到创新创业精神、创业知识、创业能力三位一体协同提高的教学目标，从而培养更多有潜力的、符合国家需要的创业人才，为实现中国梦、建设创新型国家打好基础。今日创业课程学习的佼佼者，孕育着明日的创业精英，这句话是对学生的希望与祝愿。

创业学理论与应用课是政治、经济、法律、管理、文化等知识交叉的综合性课程，也是理论性、实践性、应用性、技能性很强的课程。由于各高校都有自己的实际情况，因此还应该结合本学校不同专业和学生的实际讲授本门课程，这有利于实施"因材施教"的教学原则，提高创业人才培养质量。本书适用于应用型本科高校的教学，以及各类在职人员的培训。

由于作者水平有限，书中难免有错误与不足之处，恳请专家和广大读者批评指正。本书在编写过程中参考了相关文献，在此向这些文献的作者深表感谢。我们的电话是 010-62796045，邮箱是 992116@qq.com。

本书配套的电子课件可以到 http://www.tupwk.com.cn/downpage 网站下载，也可以扫描下方的二维码获取。

郭占元
2022 年 7 月

目　录

第一章　创业活动与创新创造…………1

　第一节　硅谷发展与创业………… 4

　　一、硅谷发展简史………………… 4

　　二、硅谷的经济成就……………… 5

　　三、硅谷发展原因分析…………… 5

　第二节　国内的创业活动………… 6

　　一、国内创业活动发展历程概述… 6

　　二、国内创业活动的现状………… 9

　　三、经济转型与创业活动………… 9

　　四、互联网新经济时代

　　　　创新创业的特征………………11

　　五、创业活动的意义与作用………12

　第三节　创新创造创意……………13

　　一、创新的概念、分类、特点……13

　　二、创造创意概述…………………16

　　三、创新创造创意开发……………19

第二章　创业过程………………………29

　第一节　创业的概念与内涵………30

　　一、创业的概念……………………30

　　二、创业的基本分类………………32

　第二节　创业过程分析……………34

　　一、创业过程的概念及特点………34

　　二、影响创业过程的主要因素……35

　　三、创业过程的阶段划分…………41

　第三节　创业理论研究的现状分析……42

　　一、创业理论研究的进展与研究的

　　　　重点内容…………………………42

　　二、创业理论研究述评………………45

第三章　创业"机会之窗"………………53

　第一节　创业机会的特征与类型………56

　　一、创业机会的概念分析……………56

　　二、创业机会的主要特征……………56

　　三、创业机会的类型…………………57

　第二节　创业"机会之窗"的

　　　　来源与筛选……………………58

　　一、创业"机会之窗"的来源………58

　　二、创业"机会之窗"的筛选评价…64

　第三节　创业"机会之窗"的

　　　　发掘与评价……………………69

　　一、创业"机会之窗"的发掘………70

　　二、创业"机会之窗"的挖掘

　　　　评价过程…………………………73

　　三、创业"机会之窗"的

　　　　筛选评价方法……………………73

　　四、创业"机会之窗"测试体验………74

　第四节　创业风险管理…………………74

　　一、创业风险的构成与分类…………74

二、机会风险的分类 ················ 75
三、创业风险管理的程序与应对策略 ··· 76

第四章 创业团队 ························ 83

第一节 创业者 ························ 85
一、创业者的个性特征 ············· 85
二、创业者的类型 ·················· 86
三、创业者的客观特征 ············· 86
四、创业者的主观特征 ············· 87
五、创业者应具备的综合素质 ······ 89

第二节 创业团队 ······················ 97
一、创业团队的界定 ················ 97
二、创业团队的分工与合作 ········ 98

第三节 创业团队的组建和管理 ······· 99
一、创业团队组建步骤 ············· 99
二、创业团队与一般团队的区别 ··· 100
三、创业团队的管理 ··············· 102

第五章 构建商业模式 ················ 109

第一节 商业模式的定义及特征 ····· 115
一、商业模式的定义及构成要素 ··· 115
二、商业模式的特征 ··············· 117

第二节 商业模式的建立 ············· 118
一、商业模式的构建过程 ·········· 118
二、商业模式的构建方法 ·········· 120
三、商业模式的再造 ··············· 121

第三节 商业模式与管理要素 ········ 122
一、商业模式不等于盈利模式 ····· 122
二、商业模式不等于价值链 ······· 122
三、商业模式不等于战略规划 ····· 122

第六章 撰写商业(创业)计划书 ····· 126

第一节 商业计划书的界定、
特点与分类 ················ 128

一、商业计划书的界定 ············ 128
二、商业计划书的特点 ············ 128
三、商业计划书的分类 ············ 129

第二节 商业计划书的
构成要素与撰写原则 ······· 130
一、构成商业计划书的要素 ······· 130
二、撰写商业计划书的程序 ······· 131
三、撰写商业计划书的原则 ······· 132
四、识别商业计划书的陷阱 ······· 133

第三节 商业计划书的
写作格式与内容 ··········· 134
一、摘要 ························· 134
二、企业简介 ····················· 135
三、目标市场分析 ················ 135
四、产品(服务)描述 ············· 136
五、创业团队/管理团队 ·········· 137
六、营销计划 ····················· 138
七、生产计划 ····················· 139
八、研发计划 ····················· 139
九、成长计划 ····················· 140
十、财务分析 ····················· 140
十一、风险分析 ··················· 141
十二、投资者的退出方式 ········· 142
十三、附录 ······················· 142

第四节 商业计划书的评估 ·········· 142
一、优质的创业资源 ·············· 142
二、较高的创业收益 ·············· 143

第七章 新创企业融资 ················ 153

第一节 新创企业融资难的背景 ····· 154
一、新创企业资金资源的重要性 ··· 154
二、新创企业融资难原因分析 ····· 155

第二节 新创企业融资路径 ·········· 156
一、债务性融资 ··················· 156

二、股权性融资 ··································· 157
　　三、其他融资方式 ······························ 159
第三节　风险投资 ··· 162
　　一、风险投资的基本概念 ··················· 162
　　二、风险投资的基本特征与
　　　　一般金融投资的区别 ··················· 163
　　三、风险投资的基本类型 ··················· 164
　　四、风险投资的过程 ··························· 167
　　五、吸引风险投资的步骤 ··················· 169

第八章　新创企业战略规划 ·················· 175

第一节　新创企业战略规划的
　　　　必要性与特征 ·································· 177
　　一、新创企业战略规划的必要性 ······ 177
　　二、新创企业战略规划的特征 ········· 177
第二节　新创企业战略的制定 ·················· 179
　　一、新创企业战略构成分析 ·············· 179
　　二、新创企业战略模式 ······················ 181
　　三、新创企业战略方案的制定 ········· 182
第三节　新创企业战略控制 ······················ 183
　　一、新创企业战略控制原则 ·············· 183
　　二、新创企业战略控制过程 ·············· 183

第九章　新创企业市场营销 ··················· 193

第一节　创业营销的内涵与过程 ············· 195
　　一、创业营销的内涵与特征 ·············· 195
　　二、创业营销过程 ······························ 196
第二节　创业营销定位 ······························ 197
　　一、创业目标市场细分 ······················ 197
　　二、创业产品层次分析 ······················ 197
第三节　构建营销渠道 ······························ 198
　　一、创业营销渠道 ······························ 198
　　二、渠道构建过程 ······························ 199

第四节　制定促销策略 ······························ 200
　　一、制定促销策略的影响因素 ········· 200
　　二、促销策略的选择 ··························· 201
第五节　营销定价 ··· 203
　　一、营销定价目标 ······························ 203
　　二、营销定价方法 ······························ 203

第十章　新创企业人力资源管理 ········· 208

第一节　新创企业人力资源管理的
　　　　构成与特点 ·································· 209
　　一、新创企业人力资源管理的
　　　　独特性 ·· 209
　　二、新创企业人力资源管理的构成 ··· 210
　　三、新创企业人力资源管理的特点 ··· 210
第二节　高层团队管理 ······························ 212
　　一、影响高层团队管理的因素分析 ··· 212
　　二、高层团队的管理 ··························· 212
第三节　一般员工管理 ······························ 213
　　一、新创企业一般员工管理的内容 ··· 213
　　二、新创企业一般员工管理流程 ····· 213

第十一章　大学生创业 ····························· 221

第一节　大学生创业现状分析 ·················· 222
　　一、大学生创业的社会价值 ·············· 222
　　二、大学生创业现状 ··························· 223
　　三、大学生创业优劣势分析 ·············· 224
　　四、大学生创业的途径与重点方向 ··· 225
　　五、女大学生创业 ······························ 229
第二节　新创企业组织形式 ······················ 230
　　一、个人独资企业 ······························ 230
　　二、合伙企业 ······································ 230
　　三、公司制企业 ··································· 231
　　四、各种组织形式的比较及
　　　　风险防范 ······································ 233

第三节　创办新企业的程序……………234
　　一、新创企业开办之前的准备工作……234
　　二、新创企业的注册登记………………234
第四节　新创企业文件的编写……………236
　　一、公司章程的编写……………………236
　　二、合伙协议书的编写…………………240
　　三、股份有限责任公司发起人
　　　　协议书的编写…………………………241
第五节　与创业联系紧密的
　　　　法律法规……………………………242
　　一、《民法典》（合同编）及
　　　　相关编章………………………………242
　　二、《劳动法》和《保险法》及
　　　　相关条款………………………………243
　　三、《知识产权法》及相关条款………243
　　四、《民法典》（担保物权分编）
　　　　章节和《票据法》……………………243
　　五、《税法》和《会计法》及
　　　　相关条款………………………………243
　　六、《注册资本登记制度改革方案》
　　　　及相关条款……………………………244
第六节　大学生创业优惠政策……………245
　　一、一般自主创业所得税优惠政策……245
　　二、大学生创业国家优惠政策…………246
　　三、小微企业的优惠政策………………248

第七节　创业警诫…………………………249
　　一、大学生创业警诫……………………249
　　二、创业失败因素研究分析……………249

第十二章　互联网+创业……………………257

第一节　互联网+的概念与特征…………262
　　一、互联网+概念的提出………………262
　　二、互联网+的定义与特点……………263
第二节　互联网+创业的应用范围………268
　　一、互联网+工业………………………268
　　二、互联网+服务业……………………270
　　三、互联网+农业………………………277
第三节　互联网+的发展趋势……………277
第四节　O2O模式…………………………281
　　一、O2O模式概述………………………283
　　二、O2O模式的优势与劣势……………285
　　三、O2O模式消费流程…………………285
第五节　大数据与云计算…………………290
　　一、大数据的定义与内涵………………290
　　二、云计算的定义与内涵………………294

主要参考文献……………………………………303

后记…………………………………………………306

第一章

创业活动与创新创造

【教学目标】

学习完本章后，应掌握的重点：

1. 人类的创新创业活动；
2. 硅谷创业活动的发展及特征；
3. 国内创业活动的发展及现状，互联网新经济时代创新创业的特征；
4. 创新创造创意的基本概念与特点；
5. 创新创造创意能力开发的方法。

【理论应用】

1. 描述你知道的国内外创业活动发展历程、成功经验。
2. 调查了解互联网新经济时代创新创业企业的特点。
3. 结合实际交流创新创造创意的基本概念与特点。
4. 调查了解创新创造创意能力强的创业者特征并进行分析评价。
5. 应用创新创造创意能力开发的方法进行创新创业项目的开发。

2013年11月8日，国家主席习近平致2013年全球创业周中国站活动组委会的贺信指出："青年是国家和民族的希望，创新是社会进步的灵魂，创业是推动经济社会发展、改善民生的重要途径。青年学生富有想象力和创造力，是创新创业的有生力量。希望广大青年学生把自己的人生追求同国家发展进步、人民伟大实践紧密结合起来，刻苦学习，脚踏实地，锐意进取，在创新创业中展示才华、服务社会。""你们这次活动，以'创业梦、中国梦'为主题，传播创业文化，分享创业经验，弘扬创业精神，有利于激励更多青年特别是青年学生开启创业理想、开展创业活动，为实现中华民族伟大复兴的中国梦贡献力量。"他希望："全社会都要重视和支持青年创新创业，提供更有利的条件，搭建更广阔的舞台，让广大青年在创新创业中焕发出更加夺目的青春光彩。"这封贺信，充满了党和国家对青年创新创业成功的殷切期待。

2021年7月1日，习近平总书记在庆祝中国共产党成立一百周年大会上的讲话中指出："未来属于青年，希望寄予青年。""新时代的中国青年要以实现中华民族伟大复兴为己任，增强做中国人的志气、骨气、底气，不负时代，不负韶华，不负党和人民的殷切期望！"

2022年4月26日，习近平总书记在中国人民大学考察时发表重要讲话，他深情寄语青年："不负韶华，不负时代，不负人民，在青春的赛道上奋力奔跑，争取跑出当代青年的最好成绩！""……坚定不移听党话、跟党走，努力成长为堪当民族复兴重任的时代新人。"

习近平总书记的讲话，寄希望于中国青年紧跟党走，为实现中华民族伟大复兴建功立业，在创新创业中贡献青春力量，不负新时代承担的历史使命。

《2016年国务院政府工作报告》系统阐述了国家创新驱动发展战略，要充分释放全社会创业创新潜能，促进科技与经济深度融合，提高实体经济的整体素质和竞争力，实现高质量发展。特别要强化企业创新主体地位，发挥大众创业、万众创新和"互联网+"集众智汇众力的乘数效应。打造众创、众包、众扶、众筹平台，构建大中小企业、高校、科研机构、创客多方协同的新型创业创新机制。建设一批"双创"示范基地，培育创业创新服务业，鼓励科研人员创业创新。大力弘扬创新文化，厚植创新沃土，营造敢为人先、宽容失败的良好氛围，充分激发企业家精神，调动全社会创业创新积极性。

近些年，我国创新创业活动取得了很好的成绩，许多青年学生投入创新创业活动，为推动经济社会发展做出了重要贡献。国家有关部门不断加大创新创业的宣传力度，直接推动了创新创业活动的开展。2013年7月13日，中央电视台在北京世纪坛推出"中国创业榜样"大型公益创业活动，俞敏洪等发表了"致青春、致梦想、致奋斗"的演讲，崔万志等讲述了他们艰苦奋斗创业的历程，靳海涛等作为导师提出了殷切希望，向青年创业者给予积极大力支持。此外，国家层面的"创青春""互联网+"等各类创新创业大赛及创新创业活动已经在中国大地推广开来，不断结出丰硕的创业成果。

2017年，第三届中国"互联网+"大学生创新创业大赛期间，开展了首次"青年红色筑梦之旅"活动。活动自开展以来，有力促进了思政教育、专业教育和创新创业教育深度融合，全国共有483万名大学生走进革命老区、贫困地区、城乡社区，用专业知识和创新创业成果为脱贫攻坚和乡村振兴贡献青春力量。累计有98万个创新创业项目精准对接农户255万余户、企业6.1万余家，签订合作协议7万余项，取得了良好的经济和社会效益。

2022年3月31日，"航天科工杯"2022年中国青年创新创业交流营暨第九届"创青春"中国青年创新创业大赛启动。活动围绕科技创新、乡村振兴、数字经济、社会企业等领域，为创业青年提供技能培训、展示交流、咨询辅导、资本对接等服务。2022年6月17日，第八届中国国际"互联网+"大学生创新创业大赛"青年红色筑梦之旅"活动正式启动。启动仪式全面展示"红旅"活动的重要成果，历届优秀项目学生代表生动讲述"红旅"故事，分享参加"红旅"活动的收获和成长体会。"红旅"活动以"红色青春筑梦创业人生，绿色发展助力乡村振兴"为主题，传承红色基因，坚定理想信念，全面推进课程思政，涵养青年学生家国情怀，引导高校师生扎根基层创新创业，全面服务乡村振兴，助力实现共同富裕。

2022年5月5日，国务院办公厅印发《关于进一步做好高校毕业生等青年就业创业工作的通知》，通知特别指出，支持自主创业和灵活就业，按规定给予一次性创业补贴、创业担保贷款及贴息、税费减免、社会保险补贴等政策。创新创业活动得到了全社会广泛认同，已经成为推动创业经济发展的重要力量。

创新创造性的活动始终伴随着人类历史。早期的原始社会，人类为了生存，每时每刻都在同大自然进行抗争，使人类不断地向前发展。进入奴隶社会特别是封建社会后，人类创造性活动取得了突飞猛进的发展，在文化、科学技术、自然与社会科学等方面，取得了一系列重大的创新研究成果。例如，在世界上有巨大影响的中国的四大发明、文学艺术等，古印度、古埃及及西方的文明、科学技术等。进入20世纪，才出现了具有金融等方面支持的现代创新创业型活动。这是在新技术革命浪潮下产生并发展的现代工商业的一种创造财富的活动，其作为一种社会现象很快席卷了全球，特别是发源于美国硅谷地区的新经济所引发的创业浪潮，更是带动了以新技术革命为核心的世界范围内创新创业活动的兴起，可以说，硅谷的创新创业模式对全球的创业活动起到了不可估量的重大作用，它对人类社会进步、生产力发展、社会生活的改变，以及科学技术的重大突破等都具有里程碑的意义。

下面，本书就从现代创新创业活动的发源地硅谷讲起。

【案例导入】

硅谷之父——斯坦福大学副校长弗雷德·特曼

20世纪30年代前，加利福尼亚州的旧金山被认为是加州的一块荒芜之地，直到1971年，才由《微电子新闻》的编辑唐·C.霍夫勒写了一篇报道，题为"美国硅谷"。这篇报道介绍了英特尔、仙童半导体、雅虎、谷歌等公司的发展，这些公司以少量资金在硅谷创立，之后却改变了整个世界。硅谷处于世界上数一数二的大学网络中，其中有四家大学最为知名：斯坦福大学、加利福尼亚大学伯克利分校、加利福尼亚大学旧金山分校、圣何塞州立大学，它们是"智力资本和创新技术的供应者"。同时，这里也是全美国最大的"风险资金池"。风险投资成为硅谷快速发展的助推器，是创业、财富的化身，也是美国科学技术和经济发展的"引擎"。在全球100家最大的高科技公司中，有30%以此为总部，直接向全世界发言。这里平均每天新增几十位百万富翁，每周诞生10余家新公司，全美信息技术的风险资金有1/3倾注于此。目前，硅谷中有世界影响力的公司有：苹果、惠普、英特尔、谷歌、甲骨文、思科、eBay、吉利德科学、富兰克林资源、应用材料公司、英伟达、闪迪、新思科技等，他们不仅是硅谷的骄傲，也是全球关注的焦点。这里不仅诞生了袖珍计算器、影像游戏机、个人电脑、无线电话、激光技术、微处理器和数字手表，还诞生了浏览器、搜索引擎等。所有这些都与1891年创建斯坦福大学的"铁路大王"斯坦福和20世纪50年代初的斯坦福大学副校长、"硅谷之父"——弗雷德·特曼的改革、远见与智慧有密切关系。

20世纪20年代末，特曼教授建立了实验室，他带学生对电子、真空管、半导体、计算机充满了兴趣。他知道不少学生毕业后准备开办自己的电子企业，便鼓励这种创业精神，为这些学生安排奖学金，并鼓励他们先创业，一定时间后再回斯坦福继续上学，即休学创业。在特曼教授的鼓励下，休利特和帕卡德一起自主创业，创建的公司名为惠普。他俩在斯坦福大学附近租了一套公寓，并在公寓附近的一间车库里开了一个小小的生产间，开始了创业的第一步。这个车库已被定为历史文物并树立起碑牌，上面写着"硅谷诞生地"，许多来加利福尼亚州游玩的各国人员都会到这里参观并拍照留念。后来有人将这种文化概括为"车库文化"，因为，微软、苹果、谷歌等在世界范围内有影响的公司都诞生在车库。

惠普已经成为有世界影响力的国际化公司。特曼教授还提出建立斯坦福"产学研"相结合的世界上第一个大学工业园区，突破了传统的高等教育教学模式，这些改革与远见卓识为斯坦福大学晋级世界一流大学奠定了基础。

思考：

我们应学习特曼教授哪些创新创业精神？这个案例给我们哪些创业启示？

第一节　硅谷发展与创业

硅谷位于美国加利福尼亚州的旧金山南部地区，北起圣马特奥，南至圣塔克拉拉，是一条近 50 千米的狭长地带。硅谷是美国也是世界电子工业的集中地。硅谷的发展与硅谷周边的世界一流大学如斯坦福大学、加州理工学院、加利福尼亚大学伯克利分校分不开，没有高校的技术、人才及创业园的支持，就不会有硅谷的产生与发展。

一、硅谷发展简史

硅谷位于旧金山南部。金山，顾名思义，即盛产黄金的地方。1847—1851 年，硅谷的人口从 500 人猛增至 3 万人，"淘金热"使小村落逐步变为大都市，而且是盛产黄金的都市，百余年时间出产了黄金 2430 万盎司(1 盎司=31.103 克)。那时，中国广东沿海等地的人漂洋过海，到旧金山淘金，吃尽人间苦头，为美国早期开发做出较大贡献。硅谷的产生与发展，首先要归功于有"硅谷之父"称号的斯坦福大学副校长——弗雷德·特曼。他积极鼓励并支持学生创业，用自己的经费投资学生新创办的公司。硅谷出现的第一个高科技企业是他投资支持的，是由斯坦福大学的两个毕业生创办的惠普公司，其为硅谷的发展起到了重要的奠基作用。1957 年 11 月 6 日，惠普公司股票首次上市，惠普成为在世界范围内有影响力的品牌。特曼支持建立斯坦福工业园区，以"校+企=合作"的模式，将研究成果推向社会，使产品产业化、商品化、价值化。硅谷高新技术发展过程，如图 1-1 所示。

惠普在发展过程中，始终坚持独特的创业理念和公司文化，有专家将其概括为 11 条"车库规则"，即相信你可以改变世界；迅速工作，随时工作，工具随时待命；

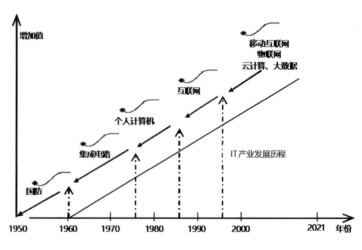

图 1-1　高新技术发展

了解何时应该独立自主，何时应该团队合作；与同仁分享你的构想，信任他们；杜绝官僚作风；由客户决定你的工作是否做得好；激进的创意不一定是馊主意；创造不同的工作方法；每天要有贡献，如果你当天没有贡献，必不离开车库；相信团队合作可以万事皆成；坚持发明创新。

第二次世界大战以来，硅谷以 IT 产业为核心，经历了 4 次技术浪潮，每次都对美国乃至世界技术经济产生了重要影响。第一次是 20 世纪 50—60 年代，美国国防工业需要大量电子产品，这直接推动硅谷电子产品的开发与应用；第二次是 20 世纪 60—70 年代初，1959 年集成电路在硅谷被发明，英特尔等 45 家公司在硅谷进行半导体研究生产；第三次是 20 世纪 80—90 年代初，由于 1976 年生产第一台个人用计算机，历经几代微处理器升级，IBM、微软、甲骨文等企业迅速崛起，硅谷成为 IT 产业的代名词；第四次是 20 世纪 90 年代至今，随着互联网、万维网、移动互联网的应用、大数据、云计算、物联网的推广，计算机从之前的个人单机应用转化为基于互联网的跨平台、资源共享、全球范围内的应用。上述 4 次电子技术的创新浪潮，也伴随着创业的浪潮，使创新与创业紧密地结合在一起，诞生了 IBM、微软、苹果、阿里巴巴、百度、腾讯等享誉世界的公司，他们为科技创新与应用做出了重大贡献。下面着重介绍全球领先的半导体公司——英特尔在硅谷的创业发展历程。

罗伯特·诺伊斯，生于 1927 年，为麻省理工学院物理学博士，毕业后来到肖克利半导体实验室，1957 年创建仙童半导体公司，后来发明集成电路技术，将多个晶体管放在一个芯片上，使该项技术有了重大突破，引领电子技术发展。1968 年，诺伊斯与摩尔共同创办英特尔公司。摩尔在研究过程中总结提出了摩尔定律，即每 18 个月微处理器(CPU)的功能将翻一番，价格持续下降 50%。英特尔公司，1969 年生产第一个产品 3010；1971 年推出全球第一个微处理器 4004；1972 年推出 8 位元微处理器 8008；1978 年推出 16 位微处理器 8086；1982 年推出 80286 微处理器；1992 年推出含 300 万晶体管的新型微处理器，即"奔腾"系列。20 世纪 80 年代英特尔发展迅猛，股价从 1995 年的 60 美元，涨到 1996 年的 145 美元，投资回报率平均达到 44%。英特尔公司为什么能成功，核心因素是创新，创新是高技术企业的灵魂。其次，英特尔公司的高层保持危机感，其管理理念是"唯具有忧患意识，才能永久长存"。这是他们成功的秘密武器。

二、硅谷的经济成就

硅谷的持续成长成为美国经济发展的发动机。硅谷创新指数、人均创造价值、硅谷地区生产总值、硅谷的劳动生产率，以及每个员工创造的增加值、硅谷的平均工资等主要指标在美国居于前列。随着硅谷的新创企业不断增加，就业率不断提高，软件、计算机、通信领域吸引就业人口占美国整个就业人口的 40%以上，硅谷成为美国创新能力强、贡献率高、就业率高的地区之一。目前，苹果、微软、IBM、英特尔等公司已经成为具有世界影响力的国际化公司，2021 年苹果公司市值达 3 万亿美元，股价上涨 34%，微软公司市值达 2.5 万亿美元，超过万亿美元市值的公司还有亚马逊、特斯拉等。

三、硅谷发展原因分析

(1) 创业人员综合素质高。人才是成功的第一要素，人的才华、能力、知识、人格是个人成功的主要因素，如英特尔的创始人之一安德鲁·格罗夫、雅虎的创始人之一杨致远。这些有知识、有才华、有能力和有人格魅力的创业英雄为硅谷创造了巨大的价值，硅谷有一大批这样的高素质人才。目前，硅谷有 40 多个诺贝尔奖获得者，上千名工程和科学院院士，7000 多名博士，40%的人拥有学士以上学位。这些数据表明，硅谷是人才聚集地、高质量的人才库及全球人才高地。硅谷 70%左右的新创公司与斯坦福大学等大学的毕业生有直接关系。

(2) 创新技术。这是硅谷成功的另一重要因素。硅谷的发展主要得益于技术开发的重要推动作用，技术开发、技术扩散、技术产业、技术优势、技术价值、技术交流、技术创业等推动科学技术持续迅速发展。

(3) 优质服务。硅谷的发展还得益于众多创业服务机构共同参与，服务到位。风险投资家、银行家、会计人员、律师、咨询顾问、猎头等一系列服务机构人员，全方位支持创业活动。

(4) 制度和生态环境。在外部环境中，良好的制度和环境为创业活动提供了可靠的保障。完备的法律法规体系，有效保证了创业活动的展开，取得了良好的经济价值与社会价值。硅谷是地中海气候，全年阳光明媚的气候让创业者向往，国外移民大量涌入，各国的高科技人才为硅谷的科技发展做出了重大贡献。

(5) 鼓励冒险，容忍失败。

【参考阅读】

杨致远——互联网(雅虎)的创办者

在互联网界，被公认为先驱者的是杨致远和他的"Yahoo!"。1993 年，杨致远和他的斯坦福同学戴维·费罗创办雅虎网站；1994 年秋，网站访问量突破 100 万；1995 年 4 月，他们在创业计划书竞赛中脱颖而出，获得红杉资本 400 万美元的风险投资。红杉资本推荐蒂姆·库格任总经理，组成 3 人创业发展团队，成立雅虎公司，将网络搜索引擎商用化。公司因提供免费信息检索服务而获得市场的广泛认同。1995 年 11 月，软银银行投资 6000 万美元，买下雅虎 5%的股份。1996 年，雅虎股票上市，股票定价 13 美元，最高达到 43 美元，收盘 33 美元，市值达到 8.48 亿美元，红杉资本获利是投资时的 200 倍。1996 年后，在日本、法国、英国、德国、加拿大等国建立雅虎分站。每天有 200 万网民访问雅虎网站，累计 1400 万人次。1997 年，市值超过 28 亿美元。当有人问杨致远创业目的时，他说："创业最大的快乐不是金钱，是你每天都在改变世界。每天有千百万人使用网站真是非常奇妙的感觉。"1999 年，公司市值达到 390 亿美元，杨致远个人财富达到 75 亿美元，他说："当我看到一起工作的同伴们，我就感到快乐满足自豪。"2000 年 3 月，雅虎推出 B2B 业务。2003 年 11 月，杨致远与周鸿祎在中国香港地区达成协议，以 1.2 亿美元收购 3721 公司的全部业务，委任周鸿祎为中国雅虎总裁，希望他把中国的业务发展起来。2005 年，雅虎公司以 10 亿美元和雅虎中国全部资产收购阿里巴巴 40%的股份。目前，雅虎是全球最大的门户搜索网站之一，业务遍及 24 个国家和地区，为全球 5 亿多人提供互联网服务，在浏览量、网上广告、家庭和商业用户服务上，都居于领先地位，成为互联网行业最有价值的品牌之一。

思考：

试评价杨致远的创业精神和发展路径。

第二节 国内的创业活动

一、国内创业活动发展历程概述

国内创业活动与中国改革开放的历史进程相一致，与建立社会主义市场经济体制的发展历程相匹配。国内创业活动的发展历程大体经历 4 个阶段。

第一阶段，1980 年到 1992 年前后。城乡大胆的创业者开始进入农村自由市场、城市做小买卖，开小商店，中国乡镇企业以江浙地区为重点很快发展起来。在中国有广泛影响的华西村，其销售额 2006 年超过 300 亿，2010 年超过 500 亿。温州小商品经济迅速发展，民营经济呈现三分天下有其一，尤其是长三角、珠三角区域发展最快。这个时期，敢为天下先的创业者"下海"创业，如华为集团的任正非、娃哈哈集团的宗庆后、万科集团的王石等。

工业领域的马胜利是"国企承包第一人""组建跨省区承包企业集团第一人",以及首届全国优秀企业家和两次全国五一劳动奖章获得者。1984年,马胜利毛遂自荐承包石家庄造纸厂,率先在国有企业打破"铁饭碗、铁工资",并推出改革"三十六计"和"七十二变",使造纸厂迅速扭亏为盈。在全国近千家企业"求承包"的呼声下,中国马胜利造纸企业集团于1988年成立。

第二阶段,1992年后。中国进一步改革开放,许多干部下海经商创业,一批市场经济的"弄潮儿"成为创业先锋,取得很大成效。

第三阶段,20世纪90年代中后期。以互联网业为代表的新经济,涌现出一批创新企业,如新浪、网易、搜狐、百度等。高科技领域成为创业热点,大批海外留学人员归国创业,这80多万人成为一股新的创业潮流。

第四阶段,2000年后。互联网及特定市场应用,产生了腾讯等新的公司,出现新的创业语境:"80后创业""特许加盟""国际化""三农""农民工"。全国近2亿农村劳动力外出打工,有的"打工者"转变为"创业者"。

总之,中国的创业活动从无到有,从有到迅速扩大。党的十七大报告明确提出,要实施扩大就业的发展战略,促进以创业带就业。把鼓励创业、支持创业摆到比就业工作更加突出的位置,并上升到国家战略层面。党的十八大、党的十九大报告都强调指出,促进创业带就业,提升劳动者就业创业能力,实施鼓励创业的方针,推动实现更高质量的就业,支持青年创业。《2020年国务院政府工作报告》强调,继续实施大众创业、万众创新的国家战略,对建设创新型国家有重大意义,创新创业已经成为推动中国经济社会发展的重要引擎。

【案例】

汪滔:打造世界第一的大疆无人机卓越创业者

目前,大疆无人机占领了美国80%的市场,达到了全面技术垄断,领先全世界。《华尔街日报》称大疆是:"它'先进'得不像一家中国企业,这是一家全世界都在追赶的中国公司!"这家公司的创始人才40出头,只用七年时间便稳居世界第一,他就是汪滔。

张狂的想法能实现吗

汪滔出生于1980年,以前学习并不特别出色,但从小就对天空十分痴迷,当他看到漫画书中红色直升机探险的故事,便由此爱上航天模型。2001年,汪滔考上华东师范大学,在一群精英当中,他的成绩并不理想,可他很"张狂",有着宏伟的梦想。大三,他竟敢直接退学,申请上斯坦福大学、麻省理工学院等世界顶尖名校。但由于成绩并不是那么出类拔萃,他要读世界一流大学的梦破灭了。最后,汪滔进入香港科技大电子工程系学习,但依然表现平平,参加了两次机器人大赛,成绩没有多么惊艳,还摔坏了好几台航天模型。接二连三的失败,却让汪滔萌生了更张狂的想法:他想做一个能自动控制直升飞机的飞行系统出来,还要实现直升机的空中悬停。这样的想法,当时就是异想天开,汪滔却非要将此作为毕业设计。最后,演示失败,飞机从半空中掉了下来,他的毕业设计勉强得了C。后来又因经常旷课搞研究,两年的研究生课程,汪滔读了足足5年才拿到学位,因为总是失败,因为读研时间太长,他一直是众人眼中的"学渣",可他却越挫越勇。2006年1月,汪滔终于做出第一台航模样品,与此同时,他拿着筹集到的200万港币,在深圳一间不足20米的仓库里,创办了大疆公司。

坚信大疆能腾飞

大疆的寓意是大智无疆。大疆从一所寒酸简陋的民房中崛起，未来走上了一个无与伦比的高度。汪滔后来回忆："房子斜斜的，不是很高，就是一个很小的仓库，我们就挤在里面。"命运没有放弃折磨汪滔，因为只有汪滔懂得航模无人机技术，所以团队步履维艰。最开始，大家研发出的航模只在论坛里兜售，能不能卖出完全靠运气，艰难的日子一过就是两年多，完全看不到清晰的商业前景。他们面对的不仅是资金困难，更是生存困难，因为在无人机开发方面的失控，投资大、不见效，大疆走到了资金断裂的生存危机时刻。员工由于看不到希望，消极怠工，更有甚者，离职后将公司知识产品在网上售卖。经历了数次崩盘，大疆已经是内忧外患，有些无力支撑。团队人员不断流失，最后只剩下汪滔一个人，他在网上招人，人家一推门扭头就走，谁会看上一家仓库里的"小作坊"呢？汪滔都快崩溃了，但他坚信这是黎明前的黑暗，除了坚挺过来，他别无选择。苦苦熬到 2007 年，汪滔筹到 50 万资金，接着是硕士导师李泽湘的加入，终于将大疆从濒临生死线上拉了回来。此后汪滔在研发上，几乎到了追求完美和极致的严苛程度，他常常不管白天还是黑夜，只要有想法就找团队讨论。在拼命苦干下，2008 年，大疆第一款比较成熟的直升机飞控系统 XP3.1 面世，迎来发展的曙光。这款系统完成了汪滔一直以来要实现直升机自动悬停的心愿，在西藏绒布寺——全球海拔最高的寺庙，汪滔带着这款命名为"珠峰号"的无人机进行测试。这是人类历史上第一次采用空中机器人对珠峰地区进行飞行测试和航拍，一切十分顺利，无人机可以进行半径 1 公里内的半自动飞行遥控，这是大疆创造的第一个奇迹。接着在无人机市场，汪滔抛下了一颗颗重磅炸弹。2013 年，大疆推出无人机"大疆精灵"，集飞行器及飞行和图像传输于一身，这是一次划时代的产品创新，一问世就受到市场热捧，高大上的无人机，从此飞入寻常百姓家。大疆就此一举成名，此后更一发不可收拾，在无人机领域的蓝海里，砸出重重的漩涡。随着"精灵2""精灵3"的先后问世，大疆无人机迅速占领全国 90% 的市场份额，接着，汪滔的目标是全世界。

从 2013 年到 2019 年，大疆一直高速狂奔，书写了一段无人机领域的神话：从最开始的 4 名员工，到现在拥有万名员工；从最开始面临经营崩溃，到如今身价 450 亿；从卖不出去的飞控系统，到经过 7 年角逐，大疆已经牢牢坐稳消费级无人机行业的头把交椅，占领全球 70% 消费级无人机市场，名副其实的世界第一，将国外同行遥遥甩在身后。汪滔创造了前所未有的奇迹，让中国在一直落后迟滞的高科技领域，有了一张稳占世界第一的王牌。称霸全球无人机领域的大疆，从一个小仓库里面走出的小作坊，到成为国际顶尖的行业巨头，如此不可思议的成就，真的很难想象。2019 年底，美国《时代周刊》列出一份 10 年来最佳电子产品的榜单，其中，汪滔和乔布斯站在了一起，这是一个技术人员所能达到的巅峰。市场对大疆无人机极为狂热，尤其是在美国，大疆占领了 80% 的市场。大疆成了炙手可热的科技公司，汪滔也成为中国最耀眼的创业明星，而带领大疆成为世界第一的那年，他才 33 岁。

《华尔街日报》说："大疆是第一个在全球主要的高科技消费产品领域，成为先锋者的中国企业。"在无人机领域，大疆已成为掌控一切的商业帝国。其实这些年无人机行业并不好过，很多无人机公司裁员转型的消息不断，不少人觉得大疆也会迎来衰败，然而，中国大疆狠狠打了这些人的脸。大疆不光逆势拿到 80% 的增速，而且 2022 年估值已经达到 1600 亿美元。

大疆腾飞的秘诀

从仓库起家的小作坊，短短 7 年做到世界第一，大疆到底有何秘诀？汪滔说："大疆的成功，源于始终专注于产品的态度，源于不懈的努力和追求，更源于忘我的牺牲和付出。"拿汪滔自己举例，他每周工作80多个小时，为了集中精力做好产品，汪滔提出一定要自主创新，每个零件，哪怕一个螺丝钉，使用的都是中国技术。为了能尽力做到完美，这些年汪滔很少面对媒体，他满脑子想的都是如何让大疆无人机的质量更高、更先进。在员工眼里，汪滔是一个极致的偏执狂，对待技术已经达到病态的严苛程度，就连一颗螺丝钉的细节他也不会放过。根据一篇报道，汪滔对螺丝的松紧程度都有严格要求，他告诉员工，要用几个手指头，拧到什么样的感觉为止。由于每颗螺丝承受的强度不同，汪滔就在香港买了强度不同的螺丝胶，飞控系统上的几百颗螺丝，就是这样一颗一颗按照不同强度拧上去的。他的办公室门上写着两行字——"只带脑子"和"不带情绪"，甚至在靠近办公桌的地方，他放了一张单人床。大疆内部人员透露："员工每天早上9点上班，基本没在晚上11点前离开过，凌晨两点研发部办公室的灯光还亮着。"拼命苦干、自主研发，这就是大疆成功的秘诀。到今天，汪滔已经让外国企业望尘莫及，从前我们是追赶者，面对别人的高科技，要么被"卡脖子"，要么一直羡慕别人，拼死拼活也追不上。然而现在，在无人机领域，我们已经一骑绝尘，对手们想追也追不到。美国分析师迈克尔布雷兹说："全世界所有人都在追赶大疆的脚步，他就是中国的苹果。"一直坚持自主创新，每年申请专利近千项，每个细节、每个产品，几乎都是中国自己的技术。汪滔把挣来的钱都狠狠砸进研发，他说："我就是要做世界一流的产品，一定要走中国技术、中国制造的路线。"汪滔是真的"狂"，他的目标是在各个领域全面超越欧美。

在今天，大疆像一面旗帜，高擎起民族图腾，走过苦难，砥砺前行。大疆用行动告诉这个世界，中国人智勇无疆！希望中国未来，多一些汪滔，多一些大疆！

思考：
查阅学习相关资料，评价汪滔创新创业历程；我们要向汪滔学习哪些创新创业精神品格，汪滔带给我们哪些启示？

二、国内创业活动的现状

从国内创业活动的现状看，我国创业活动总体是比较活跃的，这与我国的经济持续稳定发展紧密相连。清华大学中国创业研究中心发布的《全球创业观察中国报告》指出，我国每100位年龄在18～64岁的成年人中，有13.7人参加创业活动，全球创业指数排在第5位。中国属于创业比较活跃的国家。创业活动好的地区主要是经济增长快的地区，包括京津、长三角、珠三角，以及辽宁、山东、湖北、重庆等。从创业环境看，我国还有许多需要改进的地方。该报告把创业环境分为9个维度，创业环境比较好的地区表现为：市场开放程度、研究开发转移、政府政策、政府项目、基础设施建设、金融支持、教育和培训、知识产权保护、企业提供服务的环境等方面比较好。而有的地区9个维度都比较差，创新创业活动滞后，从而影响区域经济社会发展。如果不能在这些方面加以改进，将会严重影响我国的创业活动，进而影响建设创新型国家。

三、经济转型与创业活动

1. 新经济的概念与特点

经济社会转型是以知识经济为核心的转型，是以知识的生产和应用为特征、以高新技术为主体的经济社会发展的创造性劳动。知识经济是人类经济社会发展的一种新形态，又称为新经济，是指经济社会发展建立在知识和信息的生产、分配及应用基础上的经济，是与农业经济、工业经济相对应的一个概念。农业经济是对劳动力资源的占有和配置，劳动效率的提高主要取决于劳动者的体力；工业经济是对自然资源的占有和配置，经济的发展主要取决于对自然资源的占有和使用。知识经济是以对知识资源的占有、配置、生产、分配、消费、应用为最重要因素的新的经济时代。新经济的覆盖面很广泛，内涵很丰富，它涉及第一、二、三产业，不仅仅是指互联网、物联网、云计算及电子商务等新兴服务业和新业态，也包括工业当中的智能制造、大规模的定制化生产等，还涉及第一产业中有利于推进适度规模经营的家庭农场、股份合作社，农村第一、二、三产业融合发展等。互联网+、大数据、云计算等是新经济的主要特征。随着世界经济一体化的发展，全球产业结构的调整与重组，中国经济社会的发展也必须进行以新经济为核心的经济社会转型。

新的经济形态具有以下一些特点：以新技术革命为依托的信息化经济；以高科技人才为核心的人才经济；是一种创新创造的经济；是推进全球一体化的经济；是实现可持续发展的经济。

2. 新经济与创业活动的关系

新经济的产生加快了经济社会的转型，催生了一批以知识生产和应用为特征的创新企业的诞生，引发了全球的创业创新热潮。由于以网络、信息产业为核心的高新技术的快速发展，人们知识技术水平的不断提高，应用新知识的能力逐步增强，各种新的创业机会不断涌现，创业活动面广量大，从而使得改革、智慧、创意、创新、创造、资源、速度、团队等成为取得创业优势的关键因素，形成了有利于创业活动开展和中小企业发展的良好环境。国内外一些成功的新创企业，如微软、苹果、亚马逊、特斯拉、华为、阿里巴巴、腾讯、百度、京东等，正是在这种环境中迅速崛起的，有的已成为在世界范围内有影响力的跨国公司。以新经济为核心的经济社会转型，必然带来更高水平的创新创业活动，其创业活动以创新技术为核心，以挖掘潜在用户需求为导向，以全球的视野快速行动与变革。创新创业活动将有力推动新经济快速发展。

3. 我国要加快发展新经济，需要通过创新创业来实现

《2016年国务院政府工作报告》首次写入"新经济"一词，成为报告的一个新亮点。当前我国的发展正处于这样一个关键时期，必须培育壮大新动能，加快发展新经济，实现高质量发展，必须要深化创新创业的广度与深度。

中国经济发展到今天，正处于转型的阵痛期，再让传统动能继续保持过去那样的高增长不符合经济规律。经济发展必然会有新旧动能迭代更替的过程，当传统动能由强变弱时，需要新动能异军突起和传统动能转型，形成新的"双引擎"，这样才能推动经济持续增长、跃上新台阶。国家领导人在回答记者提问时非常坚定地表示，只要坚韧地走过来，让新经济形成新的"S 型曲线"，就会带动起中国经济新的动能。

要加强供给侧结构性改革，通过创业创新加快培育新的发展动能。通过创新创业实现既做减法，又做加法，减少无效和低端供给，扩大有效和中高端供给，增加公共产品和公共服务供给；同时，发挥大众创业、万众创新和"互联网+"集众智汇众力的乘数效应。新经济需要对原有产业调整与升级，经济发展新型、前沿产业，发展壮大新产业、新业态、新模式，以及新产品、新服务等新动能不断积聚。"互联网+"相关行业要加快发展，各种创新服务平台要努力实现各种资源的高效集成。新经济形态通过创新创业来实现。

发展新经济需要体制创新。当前全球经济进入了以"云物大智"(云计算、物联网、大数据、智能化)为支撑的人人自由组合的新阶段。"云物大智"时代催生新经济发展方式，它正在并将彻底改变知识的获取、传承、积累和创造方式，并推动生活方式、工作方式、组织方式与社会形态

的深刻变革，公共治理的形态也相应地发生转变。作为新经济的一个重要内容，"分享经济"也在《2016年国务院政府工作报告》中首次出现。分享经济也被称为点对点经济、协作经济、协同消费，是一个建立在人与物质资料分享基础上的社会经济生态系统。在"互联网+"时代，分享经济成为新潮流，行业变革已经来临。我国提出"一带一路"倡议及以内循环为主的"双循环"发展战略，创业机会越来越多。

要推动新技术、新产业、新业态加快成长，必须以体制机制创新促进分享经济发展，建设共享平台，做大高技术产业、现代服务业等新兴产业集群，打造动力强劲的新引擎。目前我国确定了一批2030年重大科技创新项目和工程；重点支持新一代信息技术、新能源汽车等领域相关产业的发展壮大，大力推进智能交通、虚拟现实与互动影视等新兴前沿领域创新和产业化，形成一批新增长点；确定了8个信息化重大工程；实施智能制造工程，加强工业互联网设施建设、技术验证和示范推广，推动"中国制造+互联网"取得实质性突破。中国提出了创新驱动发展战略，与世界范围的创新创业发生了历史性的交汇，并提供了许多创新创业"机会之窗"，创新创业将成为今后中国经济增长的强劲推动力。

四、互联网新经济时代创新创业的特征

目前，我国经济发展正处于"稳中求进"的总体态势，要实现高质量发展，达到碳达峰、碳中和等战略目标，必须通过科技创新创业的发展路径，从而规避落入"中等收入陷阱"，达到创新驱动发展战略目标。我国还面临制造业"去产能化"、房地产"去库存化、去泡沫化"、金融体系"去杠杆化"、环境"去污染化"4大"阵痛"，经济下行压力较大。保持经济稳定增长，避免经济出现"硬着陆"，必须要打造新引擎，通过推动大众创业、万众创新释放民智民力；促使经济发展从要素驱动、投资驱动转向创新创业驱动特别是科技创新发力，促进产业结构优化升级，为中国经济带来持续的活力。以互联网新经济为特征的新一轮创业创新浪潮，具有以下特征。

第一，"大众创业、万众创新"是中国经济社会发展的主要推动力。2015年，"大众创业、万众创新"首次被写入《政府工作报告》，并提升到中国经济转型和稳增长的"双引擎"之一的高度。政府通过"放管服"等一系列改革，解决新创中小企业的一些问题。大力支持"海归"回国创业、大学生创业、科技精英离职创业、大学教师兼职创业等一系列创新创业政策，使得创新创业呈现主体多元化。2021年回国创新创业的留学人员首次超过100万名，此外，我国国家创新指数排名从2017年的第22位上升到2021年的第12位。全社会研发投入2.79万亿元，技术合同成交额超过3.7万亿元，高技术产品出口额达9800亿美元，国际专利申请量超过6.9万件，居世界首位。

第二，涌现大量"互联网+"的新业态和新商业模式。互联网与传统行业的融合创新不断显现，创业创新的形式呈现高度的互联网化。互联网产业已成为中国经济最大的新增长极和创业空间。互联网创业已经进入新时代，拥有更年轻的创业者、更广阔的创业平台、更活跃的风险投资、更公平的创业环境，互联网领域成为新一轮创业创新的主阵地。国家制订"互联网+"行动计划，推动移动互联网、云计算、大数据、物联网等与现代制造业结合，与农业、各种服务业结合，促进电子商务、工业互联网和互联网金融健康发展，引导互联网企业拓展国际市场。此外，"众创""众包""众筹"等新的商业模式、投资模式、管理机制多方面创新相互交织，出现创业、创新、创投三者紧密结合的新格局。各类开发区、科技园、孵化器等不断涌现，助推创新创业发展。

第三，创新创业要素资源向"软""硬"环境好的高新区与科技园区集聚。创新创业载体呈现区域分化格局，深圳和北京成为创业环境最好的城市。高新区和创业园区作为人才、技术、资金等创新要素的集聚区，是一个沟通"创业项目"与"创业要素"的交流平台，可以有效缩减项目与资本、人才、技术的匹配成本，也是产业集聚的重要载体。我国已经形成大量的高新区和创业园区，如粤港湾、北京中关村、深圳高新区、武汉东湖高新区等，为创新与创业提供了基本的要素和优质的资源。北京、深圳已成为我国的创业创新"高地"。

第四，构建了比较完整的创新创业生态系统。产、学、研、用、金、介、政齐备的协同创业创新体系出现，一些地方成为创业创新人才的"栖息地"。创新创业生态系统是创新创业者、创新创业企业、政府、相关组织等多种参与主体及其所处的制度、市场、文化和政策等环境所构成的有机整体。新一轮创业创新浪潮中，各市场主体、各类要素、各种环境相互促进互动，共同构成了一个完整的生态系统。以北京中关村为例，百度、华为、小米等行业领军企业不仅拥有较强的创新活力，而且推动产生了一大批上下游企业，形成了一系列"创业系""人才圈"，为区域输出大量的创业人才。通过逐步完善简化商事制度改革、减免中小企业的税费、完善知识产权与电子金融等方面的法律等举措，优化创业创新环境，促进和保障创新要素资源的有效配置和有序流动，实现创业生态的进一步完善，促进创新创业可持续发展。

五、创业活动的意义与作用

1. 创业活动的意义

创新是一个国家的灵魂，是一个国家可持续发展的不竭动力。创业的意义体现在以下方面。
(1) 对个人而言，创业是对个体生命价值的彰显，是追求自我价值的实现。
(2) 对社会而言，创业是吸纳就业人员、扩大财富的源泉。
(3) 对国家而言，创业是推动国家前行、民族复兴的巨大力量。
(4) 对人类社会而言，创业是实现人类社会可持续发展的助推器。

取得创业的成功，对个体而言，能实现自我价值，有成就感，并能带来财富，过上"好日子"；对整个社会而言，在促进生产力发展、增加就业、调整结构、形成创新精神、建设创新型国家、实现中国梦等方面具有重要意义。

2. 创业活动的作用

(1) 创业能有效促进社会生产力的发展。科学技术是第一生产力。高科技企业创业能够实现技术创新、技术突破、新技术扩散，进而形成新的产业。高新技术企业一般都围绕产品研发展开，一旦新产品、新技术研发成功，被市场和消费者认可，就可以形成新的产业，并带动相关产业的发展，进而有效促进社会生产力的发展。目前创新创业发明占全社会发明总量的50%，发明专利占全国总量的65%，技术创新占75%，开发新产品占80%。创新创业成为促进生产力发展的第一推动力，成为增强国家竞争力的源泉，成为构建创业型经济社会的有效途径。

(2) 创业能较大幅度增加就业岗位。对全社会而言，中小企业占整个社会就业结构中的大头。国际就业结构规律的其中一条，就是中小企业始终是容纳就业人数最多的企业，世界各国一半以上的劳动力都集中在中小企业，对创造就业贡献最大。比如，2002年底，美国有中小企业2700万家，占企业总数的80%，创造的就业机会占全社会就业岗位的50%，占新增就业岗位的60%~

80%。再比如，我国中小企业创造的价值占全国总数的76%，其创造的就业岗位占全国总数的80%以上，出口额、上缴税收都占有较大比重。

(3) 创业能推动区域结构调整，增强经济发展活力。创业活动的结果能调整区域经济结构，旧的产品技术被淘汰，新的产业被开发出来，待其在新行业中创造出巨大的价值之后，又有新的创业者跟进，并助推新行业内部的市场细分化。与此同时，消费者的潜在需求被开发为新的现实需求，大量的高附加价值产品不断地被创造出来，更多的人才、资金被吸引进来，产业结构实现了从低到高、从不合理向合理的方向转变，增强了区域经济发展的后劲和活力。

(4) 创业能逐渐形成一种全社会的创业氛围和创新精神。创业活动的本质是寻找机会、抓住机会、整合资源、创造新的社会事业，这需要创业者积极探索、勇于创新，用创新精神、创新思想指导创业活动、创业过程，在实现自我价值的同时，引领社会创业文化，形成一种创业精神，使整个社会充满活力、朝气蓬勃，从而不断推动社会前进。

总之，创业活动已经在中国快速地开展起来，创业给中国经济社会的发展，以及创业精神、创业文化的形成起到无法估量的作用。杰弗里·蒂蒙斯在《创业学》第六版写道："像中国这样正在崛起或比较发达的国家，一旦创业精神像《一千零一夜》中的精灵那样，从瓶中释放并被完全激发，它们的经济实力将会多么强大与令人战栗！"

第三节　创新创造创意

21世纪是创新创造创业发展的新世纪，创新是核心，具有引领作用。人类社会发展始终与创新相伴，20世纪的相对论、量子论、基因论、信息论等一系列创新成果推动了人类社会可持续发展。21世纪又有许多创新成果，例如，生物工程(2021年中国科学院天津生物制品研究所研究成功的伟大成果"合成淀粉"，是有普惠价值的成果)，潘建伟团队研究成功的量子通信，互联网+N、航天工程、基因工程、智能制造等一系列成果应用。这些成果直接推动人类社会可持续发展，不断实现人类社会对美好生活的愿望。创新是一个民族的灵魂，是一个国家兴旺发达的不竭动力。科学研究的本质就是创新，世界历史上的科学发现和各项技术突破都是创新的结果。因此，创新能力高低是当今全球范围内经济和科技竞争的决定性因素。创新既影响着科学技术的发明创造，也影响着科学技术成果及时转化为直接的社会生产力，进而影响社会经济的可持续发展。创新是人类社会进步、生产力发展的决定性因素。随着新经济时代的到来，人们对创新的关注度已超过历史上的任何时期。各国都将创新作为国家发展战略，力求在国际竞争中取得比较优势，实现高质量的发展，可以说，创新创造已成为当今时代的主题和历史发展的必然逻辑。

一、创新的概念、分类、特点

1. 创新的概念

从经济管理角度，最早提出"创新"概念的是经济学家熊彼特。他认为创新就是一种"新的生产函数的建立"，即"企业家对生产要素的新组合"，目的是获得更高的超额利润。企业家是创新的主体。创新包括以下几方面：引入新产品或新产品特性；引入新的生产方法、工艺，新的生产组织方式；开辟新市场，新的供应材料来源，新的工业组织或企业重组。后来，一些经济管理学家对创新进行深入研究，提出自己对创新的认识。比如，有学者认为，技术创新是企业家抓住市场潜在的盈利机会,以获取商业利益为目标,重新组合生产条件、要素和组织,建立效率更高、费用更低的生产经营系统,推出新产品,开辟新市场,获取新材料,建立新的组织管理系统的过程。还有一些国内外管理学家对创新进行不同的解释定义。

怎样理解创新?我们认为,创新一般是指人类实现了前所未有的事物的一种活动(或劳动或运动)。这里的"事物"所指是广泛的,包括自然科学与社会科学,是全学科的。所有的创新都是首创活动,但首创因为参照对象的不同,可以分为狭义创新和广义创新两种类型。

一是狭义创新。即对全世界人类来说,你的创新是第一个,是具有真正推动人类社会进步意义的创新活动,产生了颠覆性的理论思想或发明创造,乃至引起社会变革或改革运动。例如,爱因斯坦发现相对论,瓦特发明蒸汽机,爱迪生发明电灯,以及计算机、互联网等。

二是广义创新。虽然创新不具有颠覆性的理论或创造,但对我们自己来说,在某些方面是首创。一般来说,广义创新包括技术创新、组织创新、管理创新、服务创新、互联网+创新等。例如,工艺工序的改进、管理模式的变革、新产品的创新、互联网+的应用,还有一系列在生产生活方面的创新等。因此,广义创新是方方面面、包罗万象的,只要在某一点或某一方面有创新,就是广义创新。从经济发展视角看,熊彼特认为,创新的主体是企业家。从我国实践看,创新的主体包括国家或地方政府、企业、大学等三方或多方合作能取得重大创新成果的管理组织模式。

2. 创新的分类

创新分类可以有多种分法,一般按内容、自主、主体等划分。

(1) 按照创新内容划分,可分为知识创新、工程创新、管理创新和经济社会发展创新等。每类创新又有具体的创新内容。

① 知识创新。知识创新是指通过科学理论与实践研究(包括基础理论研究和实际应用研究),获得新的基础理论知识和技术科学知识的应用过程。科学理论与实践研究是知识创新的主要活动和手段,也是获得新知识的来源。知识创新的理论实践成果构成科学技术创新的基础和源泉,是促进科技进步和经济增长的革命性力量。知识创新主要包括科学理论知识创新、科学技术知识特别是高新技术创新和科技知识系统集成管理创新等。知识创新的根本目的是探索追求新发现发明、探索新事物发展规律、创立新的理论学说、创造新方式方法、积累一系列新知识等。总之,知识创新既改造客观世界,也改造主观世界,为人类认识世界、改造世界提供新理论和新方法,为人类文明进步和社会经济发展提供不竭的理论动力和力量。

② 工程创新。工程创新主要针对生产建设系统、模块化生产建设过程活动或系统管理过程,是多要素的集成创新。

工程创新包括工程理念创新、工程观念创新、工程规划创新、工程设计创新、工程管理创新、工程制度创新、工程运行创新、工程维护创新、工程技术创新、工程经济创新等。技术创新不仅包括技术本身,而且包括了一系列科学的、技术的、组织的、金融的和商务的系统活动。技术创新本身包含新产品和新工艺的产生,以及对产品和工艺的重大技术性改变,采用新的生产方式和生产经营管理模式,提高产品质量,开发生产新的产品,提供新的服务,占据市场并实现市场价值和附加价值。总之,技术创新概念的严格定义是相当广泛而复杂的问题,难以用简单的定义将它涵盖,到目前为止,还没有一个大家都认可的严格意义上的统一定义。但普遍公认,技术创新不仅是技术方面,更主要是通过技术创新或变革,实现经济社会可持续发展。技术创新使得技术变革在经济变革中起到越来越大的作用，它也是经济和科技甚至包括教育、文化等多要素的有机结合，而不是一个纯粹技术问题。

③ 管理创新。管理创新的涵盖面比较广泛，几乎所有管理活动的方面都有创新的存在。例如，管理模式的创新，B2B、B2C、C2C、C2B等在管理体制机制、人力资源管理、生产运营管理、现代营销管理、产品开发管理等方面，都有许多创新。

④ 社会创新。社会创新指的是不断满足社会有效需求的创新活动，即通过创新开发出更有效的项目、服务和组织来满足社会不断增长的有效需求。社会创新涉及的领域广泛，包括卫生医疗、住房、教育、养老、保险、交通等方面，直接关系老百姓切身利益，这需要政府、企业、个人等各方做出较大的努力，才能实现社会创新变革。美国华盛顿大学社会创新中心主任Susan Stroud在其著作《社会硅谷》中特别强调，过去的500年人类通过技术革新、科学发展和经济增长得以生存，如果人类想继续生存下去，人类未来的生存要通过社会创新，即建立一个可持续的社会机制。他的这个观点，得到许多专家学者及政府组织的认可。实际上，社会创新的过程就是国家、政府、城市及企业通过对社会问题的解决，达到社会创新的目标，以促进社会各方面的和谐统一，实现经济社会可持续发展。

(2) 按创新自主与开放划分，可分为自主创新与开放创新。

① 自主创新。自主创新即指国家或企业依靠自己的力量，独立开发一系列核心的技术，形成具有自己独立知识产权及核心竞争力的创新。它强调企业核心技术或管理部分的创新必须是自主的，次要部分可以"外购"或"外包"等。通过自主创新，国家或企业能够主导自身在国家、行业或企业竞争中的领先地位，形成比较优势。世界产品中，如手机的芯片制造，由于我们没有自己的核心技术，因此受到美国等西方国家的打压，即便缴纳高昂的专利费也不卖给我们核心技术，阻碍了我国IT产业的发展。这使我们强烈地认识到，必须走自主创新的道路，通过自主创新来提升竞争力、摆脱困境，实现我国经济社会可持续发展。当然，以自主创新为主并不排斥使用外部资源，而是在平等互利的基础上，积极引进先进技术及各种有用的资源，为我所用，提高效率，缩短开发时间。

② 开放创新。我们强调以自主创新为主，但也要积极进行开放创新。传统的自主创新特别是企业创新，认为是在内部严格控制下的企业内部实验室研究管理运行。随着信息技术的发展，各类先进技术及外部资源得到广泛的传播，新的研究成果及发明发现在不同媒体平台发布，对于这一系列先进科学技术资源，我们要认真学习、借鉴引进、敞开大门，拥抱这些先进科学技术理论，并借鉴外部先进科学技术成果，结合实际，实现新的创新创造。所谓开放创新，就是不断利用从外界得到的新科学技术、新产品、新管理、新工艺、新思想等，实现可持续发展的新创意，使创新创造内部与外部有机结合，达到高水平的创新创造。

(3) 按创新主体划分，有国家、地方、企业、个体创新。

① 国家层面创新是关系国家发展的重大、重点项目的创新，是由国家组织实施的集中全国资源力量进行的一系列创新活动，如航天技术开发管理工程、深海工程、粮食安全工程、通信技术安全工程、矿产石油地质资源开发工程等，这些都直接关系国家发展和人民切身利益。

② 地方层面创新是地方政府组织实施的有组织、有计划的创新活动，例如，海南省利用得天独厚的资源与区位优势，在全国率先实施自由贸易区，得到国家支持，这将对海南省经济社会发展起巨大的推进作用。

③ 企业层面创新是根据企业发展战略需要组织的创新活动，其创新内容是多方面的。例如，管理体制机制创新、生产技术创新、产品创新、市场开发创新、管理运营模式创新等。

④ 个体创新是指个人利用知识和某些资源进行的创新活动，例如，在工艺技术等方面的开发创新活动，在某些方面有新的突破，取得新的成果，甚至获得技术专利等。

3. 创新的特点

(1) 探索性与普遍性。探索是指走前人没有走过的路，创造出新的理论思想、新的科学技术、新的产品、新的商业模式等一系列创造性的首创活动，是具有超前性的创新活动行为。普遍性是指创新没有学科领域的限制，也就是说，创新存在于一切领域、所有学科、全部行业。人类社会之所以能可持续发展，是因为创新存在于各行各业，创新一定是普遍的创新，是没有限制的学科交叉性的创新创造活动。

(2) 价值性与艰巨性。价值从功能角度来看，是创业活动获得的经济价值、社会价值、生态价值的统一，是为人类社会生活提供或满足某种美好生活功能，也是以较小的投入产生较大价值的创造性劳动。没有价值的创新活动是没有意义的，价值性是创新的重要特点。同时，创新过程充满了不确定性或极高的风险性。任何创新过程都不是轻轻松松完成的，要克服各种困难和挑战，要突破一系列不可能完成的任务，甚至要经过较长时间的精神磨砺与高强度的脑力与体力劳动，或是得不到他人的理解和支持，甚至遭到反对，给创新者造成相当大的压力。另外，创新本身是做前人或他人没有做过的创造性劳动，实现创新的过程和方法都需要探索突破，因此带有相当大的不确定性和技术上的难度。这一切都充分体现了艰巨性和艰难性。

(3) 社会性与永久性。社会性是指创新创造性活动必须与经济社会发展紧密相连，特别是在创新过程中，离不开社会各方面的支持与帮助，其需要的各种不同类的资源，也都需要通过社会各界提供，或通过各种渠道获得。创新必须在社会实践中实现。随着现代社会分工越来越细，依靠单打独斗的创新时代已一去不复返，创新必须与社会各方面发生多元化的紧密联系。永久性是指创新活动与人类自身的发展紧密相连，随着外部环境的变化，人类必须要与之相适应，这样才能够实现人类自身的可持续发展，否则，人类自身是不可能生存与发展的。可以说，人类的创新活动是人与生俱来的基因，只要有人类就有创新，这种活动受人类自我生存发展本能的支配。如果说人类有些活动有可能终止，但创新永远不会终止，永远伴随着人类自身的发展。

总之，人类经济社会发展与创新活动相辅相成，人类发展要靠创新，创新促进人类向更高级、更现代的社会生活转变。对于人类自身来说，创新创造无止境、无边界、无权威。创新创造虽然有学科差别，但其规律是相同的，而且越是跨行业、跨领域的交叉融合创新，越能创新出超乎寻常的突破性结果。创新面前人人平等，谁都可以成为创新创造的强者。打破常规，突破条条框框，是实现创新创造的金钥匙，是创新创造活动的基本思想理念，要长期坚持下去。

二、创造创意概述

1. 创造的基本概念

人类创造是最有价值的高级性劳动。人类社会发展的文明史，是一部创造性发明发现发展的历史。无论是古代发明的钻木取火、"四大发明"，还是近代的蒸汽机、电、信息技术等一系列发明发现，都直接促进人类社会向更高质量的社会生活发展。目前，我们仍处在创新创造中。

"创造"的基本概念是指首创前所未有的事物,《现代汉语词典》对其的解释为"想出新方法,建立新理论、做出新的成绩或东西"。创造的内容是丰富的,是各种各样各式的,有创造方法上的创新,技术上的发明,理论思想的突破等。在学术界,人们对"创造"的定义有很多种不尽相同的解释,日本创造工程学家思田彰教授在其著作《创造的理论和方法》中列举了人们提出的有关"创造"的83个定义。一般来说所谓"创造",是指人们为达到某种目的而首创或改进某种思想、方法、理论、技术和产品的一系列具有突破性的活动(包括脑力劳动与体力劳动)。创造的基本含义与创新在本质上没有区别。

2. 创造的五层次理论

美国创造学家泰勒曾提出划分"创造五层次"理论,具体如下。

(1) 表露式的创造,意指即兴而发的创新创造表现。例如,戏剧小品式的即兴表演,诗人触景生情时的有感而发,儿童涂鸦式有创意的画作等。这些创造水平或程度即属于一般性的创造。

(2) 技术性的创造,是指运用一定科技原理和思维技巧,以解决某些实际专业技术问题而进行的创造。例如,把某些物品按新的形态组合产生新事物,或某种旧的技术重新解构组合,产生新的结构组合,创造新的物品。

(3) 发明式的创造,是指在原有事物的基础上,通过不断反复试验产生全新物品,是一种新事物的创造。例如,电灯、电话、电脑、手机、人脸识别、互联网+等。发明式的创造具有鲜明的创新突破意义。

(4) 革新式的创造,是指在否定旧事物的基础上或创新改造旧理论思想的前提下创造出新事物或提出新理论思想的"革旧推新"的创造过程。例如,马克思主义是在批判旧的唯心主义时产生了辩证唯物主义与历史唯物主义思想理论。科学技术史上各种学科的科学家对旧事物进行改造,从而产生新的学科或新的方法工具,发现新定律以替代旧定律等。

(5) 突现式的创造,是指那种与原有事物无直接联系,看似"从无到有"地突然创造出新理论思想观念的创造劳动。我们知道,全世界各学科领域特别是自然科学领域荣获诺贝尔奖的重大科学发现,均应属于突现式的创造。

创造五层次理论对我们理解创造的内容与类别有较好的作用,基本符合经济社会发展的实际。

3. 创造力的基本概念与内涵

1) 创造力的基本概念

怎样理解创造力?一般来说,创造力是人类自身所具有的产生新思想、新发现和创造新事物的能力。但创造力的内涵是一个相当复杂的概念。它是人类特有的一种综合性能力,由知识、智力、能力、心理、素质及优良的个性品质等复杂因素综合优化构成。创造力也是一系列连续的、复杂的、高水平的心理及生理活动,它要求人的全部体力和智力的高度融合运行,以及创造性思维在最高水平上进行。

创造力与一般能力的区别在于它的新颖性、独创性、价值性。创造力主要通过发散扩展思维,即无拘无束地由已知探索未知的思维方式。美国心理学家吉尔福德认为,当发散扩展思维表现为外部行为时,就产生了个人的创造能力。

2) 创造力的内涵

创造力的内涵包括以下3个方面。

(1) 学习掌握知识的能力。这主要包括吸收知识的能力、记忆知识的能力和理解巩固知识的能力。掌握某种专业技术、掌握实际操作技术、积累实践经验、扩大知识面、运用知识分析问题及解决问题等，是创造力的基础。任何创造都基于掌握某些系统知识，丰富的科学知识有利于更好地提出创造性设想，并进行科学的分析、鉴别、调整、修正、反馈，这有利于创造方案的实施与检验，克服自卑心理，增强自信心。

(2) 具有创造性思维能力。创造性思维是种具有开创、开发突破意义的思维活动，是开拓、开创人类认识新领域、新成果的思维活动。其过程是以感知、记忆、思考、联想、理解、融合等能力为基础，以综合交叉融合性、探索求新开创性为特征的高级心理、生理活动，需要人们付出艰苦的脑力劳动。创新思维的重要成果往往需要经过长期的探索探究，需要刻苦的钻研甚至经过多次挫折才能取得。创造性思维能力要经过长期的各方面知识积累及综合素质提升才能达到。

(3) 实践能力是创造力的基础。任何创造力的提高都是在实践基础上进行的，实践是检验创造力的唯一标准。实践能力是指在社会经济生活中，直接或间接参加实践实验劳动的过程(包括脑力劳动和体力劳动)，创造力只有在实践实验劳动的过程中才能产生与提升，通过不断反复实践实验创造力才能迸发出来，并取得重要成果。因此，实践能力提高是创造力迸发的基础。

4. 创意的基本概念与特征

1) 创意的基本概念

在现代汉语中，创意的本意是指写文章时思想观点有新意。一般来说，创意具有新的想法、念头、点子、意念和打算等意思。有人说是好主意、新点子、新灵感、新感觉，有人说是已有元素的重新组合，还有人说是打破传统框架的新思维。总之，任何新的思想观念及事业的开创都需要新的创意，知识经济条件下，创意已经作为一种产业产生并发展起来。

创意最基本的含义是有创造性、新颖性、超前性和奇异性，或是头脑中的主意、念头和想法等。"创意"从词性来讲，既是一个名词又是一个动词。作为名词，"创意"是指创造性的意念、新颖的构思，是创新性或原创性的想法，具有创造创业的目标指向；作为动词，"创意"是指将抽象的概念转化为某种可操作的具体的创新创造创业行为，提出有创造性的想法、构思的过程，是一种经过冥思苦想而突然降临的、从无到有的新思想理念或意念的产生过程，甚至把理念转化为事业。创意就是具有新颖性和创新创造性的想法。

2) 创意的特征

创意是某种灵感产生的过程，但是要比灵感完整和完善。思维创意的质量水平决定我们未来发展的质量水平。有价值潜力的创意具有以下几个特点。

(1) 独创性与价值性。独创性体现了新颖性，可以是新技术、新材料等的发明创造，也可以是一些问题的解决方案，还可以是管理手段、管理方式、管理模式的创新等。创意的核心是要有价值性。好的创意能够给创意者、投资者、消费者、生产经营管理者等利益相关者带来价值或附加价值。创意价值的实现必须通过市场检验。

(2) 不确定性。自由开放、无拘无束决定了创意产生具有不确定性。创意的形成过程往往具有相对模糊性，模棱两可，存在是与不是的思维，其创意思维不宜把握事物的本质特征，处在不稳定性、不确定性的状态中。因此，创意诞生后，还必须对创意进行进一步证明和证伪，也就是去粗取精、去伪存真、由表及里的再思维过程，这个过程也可以称为从感性认识到理性认识的思维过程，也是对事物的认识从不确定到确定的理性认识过程，是创意产生确定的过程。

(3) 突然性。创意是突然或突变式的思维闪现或飞跃，是在实践基础上使感性的东西或灵感得到启示，迅速升华为某种新的理性思维认识，也就是变成某种想法、点子、主意、意念等，是突然产生的具有一定突破性新的创意。

(4) 形象性。爱因斯坦在谈到自己的思维方式时说："在我的思维机制中，作为书面语言的那种语句似乎不起任何作用。但那些符号和具有或多或少明晰程度的表象足以作为思维元素的心理元素而存在，而这些表象则是能够自由地再生和组合的。"也就是说，爱因斯坦的创意更多来源于某种形象性的符号或某种事物的表象，或是这些表象符号可以自由再生或组合。有了创意以后，才可以用概念来审查、推论，运用逻辑思维来证明或否定创意。

(5) 自由性。一般来说，创意思维的目标是确定的，但从思维产生的方向意念来说，则是多元的、散漫的、多方位的、多角度的、灵活的，具有无拘无束、充分的自由开放性。创意可以由着自己的性子去思考自己愿意做的事，表现出思维开阔、不受拘束的特点，有时竟能产生意想不到但又十分有价值的创意。

(6) 实用性。创意的价值不是空想、虚无缥缈，而是具有真实的实用价值。创意通过开发可以转化成市场需要的满足消费者需求的产品或服务，从而促进经济社会可持续发展。

三、创新创造创意开发

(一) 创新创造精神培养要做到"6个要"

许多创新创造创业成功人士，他们都有良好的精神气质品格，要培养良好的创新创造创业精神，需要做到"6个要"。

(1) 对创新创造创业的项目要有好奇心。
(2) 对创新创造创业的项目要有怀疑(问题)态度。
(3) 对创新创造创业的项目要有追求卓越的欲望。
(4) 对创新创造创业的项目要有永不放弃、奋斗拼搏的精神品格。
(5) 对创新创造创业的项目要有冒险(探索)精神。
(6) 对创新创造创业的项目要做到永不满足。

(二) 解决创新创造创意能力开发的心理障碍

一般来说，人人都具有创新创造创意的能力，只是程度高低不同而已，普通人和天才之间并无不可逾越的鸿沟。研究表明，创新创造创意能力在人群中呈正态分布，创新创造创意能力很强和很差的人均属少数，大多数人都具有中等程度的创新创造创意能力。

在创新创造创意开发过程中，由于受外部环境的某些影响或某些压力产生的心理障碍，如害怕失败、崇拜权威、传统思想束缚等，创新创造创意可能会迈不开步或不能进行下去。概括起来看，创新创造创意过程中的心理障碍主要表现在以下4个方面。

(1) 自我意识障碍。自我意识上的障碍，主要是不能客观公正地评价自己，缺少自信心。比如，认为自己没有创新创造创意能力，或是认为自己没受过某种专业训练，或是认为只有天才、专家才有这个能力。这完全是一种误解。历史上发明显微镜的列文虎克原本是杂货店的学徒和门卫，发明缝纫机的蒂莫尼耶和豪都是普通的裁缝、工人，这样的例子有许多。

(2) 情感障碍。情感障碍是创新创造创意开发过程中经常容易出现的现象，也较难克服，如不敢冒险、害怕失败。又如情感上的"自恋情结"，即过分看重已有的创造成果，不敢做进一步发明发现或改进，以创造出更好的解决办法或产品。妨碍创新创造创意的情感障碍还有不懂幽默，不会放松。实际上，幽默可以活跃思想，可以摆脱传统和现实的束缚，激发想象力，提供新思路。幽默感是创新创造创意个性的集中体现，会产生意想不到的效果。

(3) 认知障碍。认知障碍主要有感知不敏感、过分遵守制度规则、人云亦云、缺乏独立思考见解、崇拜权威及经验主义等。例如，对任何事都无动于衷，特别是新事物，感知麻木，不感到新奇，不善于发现问题和新机会等，不解决认知障碍问题是不可能进行有效的创新创造创意开发的。

(4) 动机障碍。动机障碍是对创新创造创意不感兴趣，满足于做好常规工作，认知浅层化，缺少深层探讨的驱动力等。

因此，要顺畅进行创新创造创意且取得比较好的成果，一定要首先解决好心理障碍问题，可以说，解决心理障碍是创新创造创意开发的前提保障。

(三) 创新创造创意开发的影响因素

影响创新创造创意开发的主要因素可以概括为以下 3 个方面。

(1) 学习能力与知识。一般来说，学习能力强的人，善于学习继承前人总结的知识经验，获取的各方面综合知识特别是专业知识更多，对事物的认识更深刻，能够把握事物的本质。通过系统的学习思考找出问题的关键点，由表及里，不断深化，进而解决"卡脖子"的问题，其他创新创造创意的一般问题就迎刃而解了。因此，学习能力及获取知识的能力包括各种转换组合构建能力，各种资源的优化调动能力，这是实现创新创造创意开发的首要因素或者最重要因素，是一个从事创新创造创意性活动的人必备的智力资源。

(2) 思维与人格。人的思维形态与人格是创新创造创意开发的基本因素，任何创新创造创意的开发都必须借助于特定的某种思维形态才能完全激活，才能从一个原本休眠的沉睡状态激发为创新创造创意激情澎湃的状态。思维也有不同的类型，如发散思维、收敛思维、逆向思维、联想思维、灵感思维、想象思维、组合思维、固定思维、逻辑思维、创新思维等。思维是人们认识世界、改造世界的能力之一，也是人的本性所在。同时，由于人格特点的不同，创新创造创意的表现形式又有所不同。创新思维能力强的人，有很强的独立性，不人云亦云，敢于质疑社会规范、真理及假设，宁可失败也愿意去探索尝试、走自己的路。在现实情况下，看到很多创新创意能力强的人没有把他的能力挖掘、展现出来，最主要的原因是他们没有必备的健全人格特质，半途而废的人比比皆是。

(3) 动机与环境。一个人要充分发挥创新创造创意的潜力才能，必须有强烈的动机目标。这些动机目标既有外在的，如奖励、金钱、权利、名誉等，也有内在的，如自我价值实现等。强烈的动机目标可以使人奋发拼搏，专注于工作，并能不断克服各种困难，做出更多能表现其创新创造创意项目的成果。绝大多数创新创造创意能力强的人，从事的都是他们有目标、感兴趣、很喜欢的工作。内在的动机常常使人长期保持高度专注力，进入"衣带渐宽终不悔"的奋斗状态，并最终做出重要的、具有突破性的成果。当然，仅有良好的动机还不够，还必须有良好的外部环境，能够有效促进或有效激励创意的客观环境，能够及时给与创新创造创意项目鼓励、奖励，或者允许失败的环境，这样才可能造就一流的原创性成果，成为大科学家、发明家、思想家和其他杰出人才。相反，如果外部环境不允许或过于排斥不同思想或另类的创新创造创意的社会环境，往往会扼杀许多真正有原创性、突破性想法的人，他们会把自己的创新创造创意深埋在心中而不说出来,这不论是对那些富有创新创造创意精神的个人来说,还是对整个经济社会发展来说都是很可悲、很惋惜的事情,会造成难以想象甚至无法挽回的损失。

(四) 创新创造创业创意开发的方法

1. 五步法

中国工程院院士、南京理工大学博士生导师王泽山在总结自己取得的创新科技成果经验时,提出了创新需要正确的五步思维方法。王泽山曾获 1993 年国家科技进步一等奖、1996 年国家技术发明一等奖、2016 年国家技术发明一等奖,以及 1998 年国家技术发明三等奖、2015 年国防技术发明特等奖和 2001 年国家优秀教学成果二等奖等多项国家级科技奖励,可谓创新卓著的科学家和教育家。

第一步,恰当估价自我,根据能力控制规范行为。

在进行创新时,要随时提醒自己,恰当估价自我,要清楚自己的能力和可以掌控的范围。每个人的思考和行动都有一个可以掌控或管辖的范围,超出范围就会力不从心,失去调控能力。王泽山举例说,哈军工原二系主管科研的副主任,是一位有头脑、能力强的科研领导,曾任国家重大科研项目——三代主战坦克的总设计师,在 20 世纪 50 年代他就提出弹丸发射之后能够转弯的设想和思路。他同时主持多项前沿课题,思路清晰,帷幄自如。这类人是在宽广的范围内具有掌控能力的帅才。王泽山说还见过一个同学,学生日常生活用品本来就很少,他却不间断地整理,几乎天天如此,可总也理不清。做实验时,由他组装的实验装置,不知什么时候就会塌下来。这些人掌控的能力和范围就很小。

不同的人有不同的可以掌控的范围。不同的人应根据自身的能力,规范自己的行为。鉴于此,王泽山把个人的奋斗目标、课题选题、课题研究过程甚至日常活动,都和"能力与范围"联系起来,做有成效的工作。他把"能力与范围"作为个人确定专业和研究方向的基础根据。根据社会、环境和自身能力与范围等多因素潜心思考后所确定的目标,是最容易实施的。王泽山说:"大学选专业时,最热门的不一定就是最佳的。我很满意自己的选择,这是一个社会需要、个人前途可能更灿烂、有能力胜任的最佳选择。我在选题和从事研究时,也注意把握'能力与范围'的尺度。刚开始,我同时研究含能材料设计与装药设计,含能材料设计的理论内容多,而装药设计偏重应用。研究者热衷于前者。我在含能材料设计研究中已有基础和重要成果,也热爱这个方向。但基于'能力与范围'的考虑,我舍弃了材料设计,而以装药设计作为主体研究方向,后来的主要成果也来自装药设计领域。'选题'是一个重要的科学问题,它是做学问的要点。在'选题'时要认真考虑'能力与范围',并依此形成了我的选题原则——客观需要、国际前沿、有能力解决,即在选题之初,就将课题置于自己可以掌控的'能力与范围'之内。课题研究中,我随时约束自己的行动,不是什么都重要,要能舍得丢弃。尽量减少和限制自己的社会、业余活动,以对课题精心、执着、顽强地攻关。"回顾过去,他认为,在专业研究上有所成就,与恰当地评价自我、摆正位置、专注学问、舍得丢弃不无关系。

第二步,追求本质。

王泽山曾听到数学家华罗庚报告中的一个说法:读书要把书读薄。当时,华罗庚并未对"读薄"做进一步说明。他认为,华罗庚的说法有深刻含义,他理解为读书是取其精华的过程,读书不一定要记住全书的内容、甚至每一句话,但每读一次,要更接近其本质,理解其内涵、掌握其要领。在 2010 年 10 月 20 日《科技日报》纪念华罗庚诞辰 100 周年专栏中,数学家吴文俊的文章

《人民的数学家》中记述:"华罗庚还善于以隽永通俗的语言,表达深奥的数学思想。例如'读书从薄到厚,再由厚到薄',这是可以垂之后世的至理名言。"在这些名师的教导中,他逐步形成追求本质(求本)的思考习惯,提升了"求本"能力。平时,要注意思维方法的锻炼。对一个事情,或听别人讲一段话,都注意在众多方面的因素中,找到它的核心,并设法用几句话道出它的本质。例如,在"某低温度感度发射药及其装药"课题的研究中,他就凭照"求本"的思路,一步一步地揭示了燃面补偿过程和低温感效应的机制,发现了低温感效应的功能材料,试验验证了效果,找到了事物的本质。在追求本质的过程中,很多问题就是在潜心的思考中得到答案的。"全等模块发射装药"是国际上没有解决好的研究课题。仅用一种单元模块究竟能不能实现火炮射程的全弹道覆盖?这个问题他连续思考了三年,最后在思考中设计出了补偿装药的技术方案,解决了这一难题。

第三步,拓展发散思考。

"求本"要有执着的精神,忌轻浮。有一些"很聪明"的同事,经常提出一些新的思维和似乎有价值的观点。常在研究高峰期间,突然提出更多的见解和新的方向。他们立志快、转变快,可回头看却业绩平平。学术方向上的游摆和轻浮是和"求本"与执着的科学精神相悖的。既要收敛思考、追求本质,也要拓展、发散思考,可以将推理与拓宽作为追求本质的后续工作。把点上成果拓展为面上成果,进行"拓展"式的转化。

第四步,多问几个"为什么"。

在学习和工作中,遇到问题要多问几个为什么。很多人把它作为思考问题的一种方式。"为什么"有导向性、启发性,应用它有助于对问题的理解,有助于查找事物的本质。要多问几个"为什么",问过和思考过后,一方面认识的范围扩大了,另一方面是对问题的理解也愈加集中和深入了。在青少年时期,王泽山很喜欢阅读《十万个为什么》这类科普读物,它们引导他去认识绚丽的世界。面对天文、地理、物理、化学等各门类的事物,都想问个为什么,用这种方式可以思考、观察周围的事物,可以扩大知识面。随着学习和研究问题的深入,在"为什么"的基础上,逐渐运用"为什么与怎么做"的思考方法,有助于获得创新的结果。

第五步,怎么做才能更好。

"为什么"之后,过程往往还没完结。这时还要问"它还存在什么问题""能不能比它还好""怎么做才能比它更好"等。要对事物本身提出怀疑或否定,也就是在"为什么"的基础上,上升到"怎么做"(怎么做才能更好)的层次。这种方式称为"为什么与怎么做"的思考方法。在学习和研究中,可以和学生一起使用这种思考方式,发现一些现象,形成一些发明专利。其中,在"为什么与怎么做"的模式中,"怎么做"是尤为重要的。往往会在"它还存在什么问题""怎么做才能比它更好"的思考中,形成一些新的概念,获得意想不到的效果,一些发明往往产生于此。

王泽山认为,"为什么"的思考方法主要是理解和认识型的思考方法,"为什么与怎么做"的思考方法是创造型的思考方法。他的20多项发明专利,多数是在创造型的思考中形成的。因此,他也常在教学中用"为什么与怎么做"的思考方法,培养学生的创造精神、创造意识和创新能力。

2. 六项思考帽法

1) 六项思考帽法简介

六项思考帽是英国学者爱德华·德·博诺博士开发的一种全面思考问题的思维训练模式。其核心是：集思广益，每个人都是创新创造创意者，不争论对错，避免浪费时间，强调"能够成为什么"，而非"本身是什么"，寻求用正确的思路尽快解决问题。六项思考帽法是平行思维工具，更是提高团队创新创造创意效率的有效方法(如表 1-1 所示)。

表 1-1 六项思考帽法

序号	帽子	具体描述	承担创新工作的任务
1	白色思考帽	白色代表中立客观的有事实依据的信息。其思维方式也是保持中立客观的	陈述问题事实要客观
2	红色思考帽	红色代表情感热烈的色彩，代表感觉、直觉和预感。人们可以充分表达自己的情绪想法，是直觉和预感强烈的判断	对方案进行直觉判断
3	黄色思考帽	黄色代表与逻辑相符合的正面观点，能够从积极正面、建设性的角度思考提出的问题，探究创新创造开发项目的价值和利益，帮助人们发现"机会之窗"	评估该方案的优点
4	黑色思考帽	黑色代表冷静、反思或谨慎。人们可以运用否定、质疑、批判的方式，毫无保留地发表负面的意见，以探究事物的本真、适应性与合法性，努力找出逻辑错误，帮助人们控制可能发生的风险，减少损失	列举该方案的缺点
5	绿色思考帽	绿色代表春天生机勃勃的色彩，是创新创造创意的颜色。能够应用头脑风暴、求异思维等思考方式寻找更多的可选创造性方案和可能性，获得具有突破性的构想方案	提出解决问题的建议
6	蓝色思考帽	蓝色是广阔天空的颜色，能够把控事物的整个运行过程，它规定、管理整个思维过程，并负责做出结论意见	梳理总结，做出决策

传统的团队创新创造创意过程中，团队成员被迫接受团队既定的思维模式，严重限制了个人或团队的创新创造能力，不能有效解决问题。而运用六项思考帽模型，可以有效解决这个问题。思考帽代表的是角色分类和思考要求，不代表本人。六项思考帽代表的 6 种思维角色几乎涵盖思维的整个过程，可以在讨论中互相激发新的创新创造创意方案项目。

2) 六项思考帽法的应用步骤

六项思考帽法是简单有效、平行专注的思考程序，一学就会且效果好，要将工作伙伴分为 6 个重要的角色，每个角色与帽顶颜色相对应。你想象把帽子戴上，然后一顶顶换上，你会很轻易就能做到注意力集中，并重新定位自己，开展对话讨论、交流探索。其实际应用步骤如下：①(白帽)陈述问题事实；②(绿帽)提出如何解决问题的建议；③(黄帽)评估列举建议的优点；④(黑帽)列举缺点；⑤(红帽)对各项选择方案进行直觉判断；⑥(蓝帽)总结陈述，得出结论。

在使用六项思考帽法时应注意的问题有：正确使用帽子工具，以及排序与组织方法；掌握好使用的时机，包括在各种不同讨论研究项目中；重视时间管理，在规定的时间内充分发挥团队每个成员的潜能。

六项思考帽法是经过反复验证的有效的创新创造创意的思维工具，用"平行思维"取代批判式思维和垂直命令思维，充分挖掘团队成员的集思广益潜能，提高创新创造创意开发的效果。

思考与应用：请用这个方法解决老百姓"急难盼愁"的问题？

3. 综合组合法

综合组合法是按照一定的科学技术理论，通过将两个以上元素合并组合，创造产生具有新功能的产品、新技术、新工艺、新材料等的创新创造创意的方法。综合组合法有以下特点。

(1) 将多个不同功能特征的元素有机组合，并互相支持，优势互补。

(2) 综合组合后一定产生新的功能，达到新的效果，具有一定的创新创造。

(3) 主要利用现有的、已知的科学技术成果进行综合组合，不需要进行专门基础理论研究或技术开发。

许多发明发现采用的就是综合组合法，例如，CT 检查设备是基于 X 射线+计算机断层扫描；无人驾驶汽车是汽车+计算机+数据+算法；电动自行车是自行车+蓄电池+电机；指纹开锁技术是锁+芯片+指纹等。日常生活有许多用综合组合法创新创造出的新产品技术等。

参阅第三章第三节"创业机会之窗"的挖掘，提出 5 种创新创造创意开发的方法。

【本章总结】

本章重点对创业活动进行了介绍，给学生以更加直观的认识，以硅谷等为例阐述了创业的过程、成就和作用；简述了我国创业活动的发展过程、经济转型与创业活动，互联网新经济时代创业创新的特征，创新创业创意的基本理论知识及创新创造创业创意能力开发的方法等。

【复习思考题】

1. 怎样评价"硅谷之父"——弗雷德·特曼扶持青年创业的重大作用？
2. 试总结美国硅谷的发展、成就及成功的原因。
3. 简述国内外创业活动发展历程，经济社会转型与创业的关系，互联网新经济时代创业创新的特征，以及创业的意义与作用。
4. 中国经济发展方式的转变与创新创造创业创意机会来自哪里？谈谈你的看法。
5. 了解掌握创新的概念、分类、特点。
6. 了解掌握创造、创造力、创意的基本概念、特征、内涵，掌握创造五层次理论。
7. 了解掌握创新创造精神培养要做到哪"6个要"？ 解决创新创造创意能力开发的心理障碍有哪 4 条？影响创新创造创意开发的主要因素有哪 3 个方面？
8. 了解掌握创新创造创意开发的 3 种方法，并能应用到社会生活创新创造中。
9. 列出当今中国创业英雄的名字，至少 10 人。列出当今中国通过创业变得富有的人，说说他们的创业对中国经济发展起了哪些作用？还有哪些问题需要解决？谈谈你的看法。
10. 中国创新创业快速发展，当你们毕业 10 年后聚会的时候，你们中有多少同学会成为企业家？其创业的财富有多少？他们承担了哪些社会责任？谈谈你的预期与看法。
11. 未来不再有公司，只有平台；未来没有老板，只有创业领袖；未来不会再有员工，只有合伙人。针对这三句话，谈谈你的认识和看法。

【实训实练】

1. 新经济的产生与发展、经济发展方式的转变,给创业者带来哪些新的机会和挑战?

2. 调查了解所在学校的师生有哪些消费需求,这些需求是否存在较好的创业机会,有多大把握实现创业目标?

3. 在世界上,有两个最著名的跨国公司:一个是苹果公司,其创始人史蒂夫·乔布斯18岁时成功组装了第一台计算机;另一个是桑德斯上校在65岁时创办的肯德基公司。这两个人创业时的年龄差距较大,但他们都创业成功了。请在网上查阅他们的资料,回答下面的问题:创业为什么没有年龄限制?他们创业成功的关键要素是什么?如何认识创业机会?每人交一份书面作业,选出若干名代表在全班发言,制作PPT汇报10分钟。

4. 列出大学毕业后你的人生发展目标,分为3个阶段:第一阶段,在30岁前你要实现的目标;第二阶段,在50岁前你要实现的目标;第三阶段,在70岁前你要实现的目标。

5. 调查了解你的亲属、朋友、同学或心中的创业偶像,听听他们的创业过程和经验教训,写出你的认识与建议。

6. 尽量说出或写出你知道的综合组合产品或者技术或生活用品。

7. 用"五步法"或"六项思考帽法"探讨解决一个重要问题("卡脖子"问题或老百姓"急难盼愁"的问题)。

8. 了解掌握创新创造创意开发的3种方法,并能应用到社会生活创新创造中。

【创业案例过程研究与思考】

海归刘自鸿:"中国智造"的领头羊

2006年9月,刘自鸿从清华大学电子系硕士毕业后,来到美国斯坦福大学攻读博士学位。他29岁在深圳和硅谷同步创立跨国公司柔宇科技,31岁研发出全球最轻薄、厚度仅0.01毫米、可直接用于智能手机领域的彩色AMOLED柔性显示器,刷新该领域世界纪录,现任柔宇科技有限公司董事长、CEO。在他的带领下,柔宇科技已在全球申请或储备了300余项核心技术知识产权,被国际学术界和工业界广泛认为是21世纪最具颠覆性和代表性的电子信息革命者之一。他创新创业的项目是值得从事一生的事业,他希望用创新改变世界。

创业,靠柔性显示技术创新

2016年4月柔宇科技商务拓展高级经理樊俊超接受记者采访,他在回忆刘自鸿的学生时代时说:"我们认识超过20年了,刘自鸿从小就是一个'学霸',经常拿年级第一。但他又是个'非典型'、不死读书的'学霸',喜欢思考,喜欢'倒腾'一些新鲜发明创造。"喜欢思考是刘自鸿的一个典型特点。

出生于南方的刘自鸿,小时候冬天睡觉总喜欢用电热毯,但电热毯由于不能自动调节温度往往会把他热醒,可关了后又会感到冷。在清华大学电子工程系读本科时,刘自鸿就一直在思考如何解决这个问题。经过不断摸索、实验,最终他在大四时发明了能够自动感受人体各种生物指标的"人体生物智能传感及应用系统",并以此在第八届"挑战杯"全国大学生课外学术科技作品竞赛上获得特等奖。同样,"无中生有"的柔性显示技术也是刘自鸿在"草坪上思考"后不断研发实现的。2006年,年仅23岁、刚从清华大学毕业的他到美国攻读电气工程学博士。斯坦福和硅谷距离很近，从这里走出的谷歌、特斯拉、惠普等著名企业，如今市值已有数千亿美元。斯坦福经常邀请校友前来演讲，开放的氛围和创新的活力为刘自鸿打开了新的视野。去斯坦福的第一个月，喜欢躺在学校大草坪上晒太阳的刘自鸿开始思考自己的未来，希望可以找到一份值得从事一生的事业。他对记者说："当时我就在想，一定要做一件能持续很久、伴随人类发展的事。"什么样的事情值得做一辈子？他认为是与人类本能需求相关的事，而人类本能的需求包括获取信息，在获取信息的五官中，视觉获取信息能力占70%。于是，人类与机器之间的交互功能引起了他的注意，在他看来，承载这个功能最重要的显示技术的变革或许能够创造未来。为什么所有的显示器都方方正正？能不能像纸一样薄？在斯坦福大学草坪上的思考，令刘自鸿突发奇想，要做一个轻薄的、可以折叠的显示屏。

刘自鸿和记者交流时说："第一学期要选导师和研究方向，大部分同学都在网上选好了方向，我却迟迟没有找到感兴趣的方向和课题。"但他心中早有目标——用创新来改变世界。"在这里没人嘲笑你，因为你看到，每天都有创新产生，梦想原来真的可以实现，科技创新没有束缚。"刘自鸿认为，人类的视觉输入一直存在并延续：从古代在竹简上书写，到后来变成比较薄的液晶显示器。他就想，能不能把显示器做成弯的、可折叠的、不规则的、甚至是柔软的、很轻很薄的呢？此后，在与导师讨论博士论文选题时，刘自鸿将他关于柔性技术的想法与导师进行沟通。这一想法吸引了这位教授的关注，他让刘自鸿写一页研究提议初稿，并发给了工业界的几位朋友，很快他们得到了10万美元的研究经费。同时，他还为刘自鸿联系到化学工程系从事柔性材料研究的导师。刘自鸿就此开始研究柔性技术，在博士课题研究期间主要着手研究基础物理、材料、器件设计和工艺方向。

2009年，26岁的刘自鸿获得斯坦福大学电子工程博士学位，成为斯坦福电子工程系历史上首位用时不到3年完成博士论文的华人，完成了柔性显示技术的基础研究。

回归，把创业梦想变为现实

毕业之初，刘自鸿放缓了创业计划，成为IBM的一名工程师。2012年，刘自鸿辞去IBM的工作，来到深圳考察。深圳的创业环境和包容开放的创新活力吸引了他——这里分明就是另一个硅谷。深圳还拥有独一无二的产业链环境，原材料、芯片、元器件、电路板等应有尽有，可以快速地将技术转化为产品。他还接触到深圳的一些风险投资机构，这些机构的高效让他印象深刻，"不仅很有兴趣，而且动作很快"。

2012年5月，柔宇科技成立，在美国和中国同步运营，刘自鸿出任董事长、CEO。创业之初的艰辛超出他的想象，除了被怀疑，更多的是对他的不屑。"但人们忘了阿基米德的名言：给我一个支点，我便能撬起整个地球。我坚定地看好自己的技术和判断，不畏惧外界的眼光。"刘自鸿对自己的事业充满自信。

公司创立前3个月，刘自鸿频繁往返硅谷和深圳两地，经常白天8小时处理美国事务，晚上8小时处理深圳的工作，每天工作超过16个小时。为节省经费，他几年来往返中美超过100万公里，却从未给自己买过一张商务舱机票。不少柔宇科技的员工感叹刘自鸿的勤奋："经常凌晨两三点收到他的邮件，第二天一大早他又是第一个来公司的人。"

刘自鸿用3年时间将梦想变为现实。2015年，柔宇科技从最初的3人团队，蜗居在不足100平方米的小房间，发展到拥有500余人的大团队，建立了自己的研发生产大楼和产业园区，并用一个个颠覆性的产品和技术向世界证明了自身的价值。3年间的4轮海内外风险投资，让柔宇科技正式跻身"十亿美元俱乐部"，并用自主研发的核心技术向世界展示来自中国的创新力量。

2014年8月，柔宇科技发布了可直接用于智能手机领域的彩色AMOLED柔性显示器，其可与智能手机平台成功对接，厚度仅为0.01毫米，卷曲半径可达1毫米，创造了新的世界纪录。这项革命性的新型显示技术不仅引起国际业界的高度关注和投资合作兴趣，还有望快速带动一个价值近3300亿美元的柔性显示电子市场和近万亿美元的上下游产业链。2015年9月，柔宇科技新的VR产品Royole-X全面量产并走向市场，实现超高清大屏显示与立体声头戴消噪耳机融合，其中折叠、拉升、结构设计产生近100项专利。为了实现产业化，2015年7月，柔宇科技在深圳龙岗建成首条超薄柔性显示模组及柔性触控产品量产线，设计产能达100万片/月。4年来，柔宇科技横跨中美两地，建成了自己的办公、研发、生产基地，并在世界范围内申请或储备了300余项核心技术知识产权，公司估值超过10亿美元。

2015年9月，柔宇科技发布可折叠式高清智能移动影院柔宇X；2016年1月的国际消费电子展上，柔宇科技发布一款弧形汽车中控；根据自主研发的柔性电子传感技术，柔宇科技未来也将推出多款相关产品。这些产品均体现了柔宇"科学与艺术相结合的特点"。产品本身需要创新，另外，也需要把艺术的成分加入产品中。以柔宇科技的弧形汽车中控产品为例，这款产品仅靠一个弧形屏幕，就能够将传统汽车中控台的显示、按键等全部集于一体，还可以根据需要进行弯曲，这给汽车的结构设计和人车互动带来了无限的可能性。除了汽车领域，可穿戴电子设备、衣物、智能家居等都是柔宇科技相关柔性技术的应用方向，柔宇科技已先后与中国移动、李宁等公司签署战略合作协议，朝着产业化之路前进。刘自鸿说："想象空间、市场空间都很广阔，但还需要我们对产品更加精益求精，更加注重产品科学与艺术的结合，更加追求'工匠精神'。"

目标，打造受社会尊重的高科技企业

"你能看到多远的历史，就能看到多远的未来。"这是刘自鸿一直藏在心底的话语。在他的带领下，柔宇科技已经在世界范围内申请或储备了300余项核心技术知识产权，涵盖材料、工艺、器件、电路、软件、系统设计等方面，大部分核心技术知识产权已成功应用于柔宇科技自主开发的产品中。柔宇科技也被国际学术界和工业界广泛认为是21世纪最具颠覆性和代表性的电子信息革命者之一，有望创造下一代信息产业的新生态。

柔性显示会给生活带来哪些变化？刘自鸿称，这项技术可广泛应用于各类电子产品。不久后，我们看到的智能手机或许轻如蝉翼，可以从笔杆中抽出来，可以嵌在柔软的衣服里，也可以随意缠在手腕上。我们甚至可以带着电视机旅行，因为采用新型显示技术的电视机，不仅轻便，还可以像画卷一样卷起来，使用的时候打开贴在墙上即可。他说："这种颠覆性技术改变的不只是一个产品，更是一个产业、一个生态链。很多传统显示无法实现的创新产品，通过新型显示技术都能实现，它将为人机交互的方式带来无限想象空间。"柔性显示可以带来很多科幻产品，但柔宇科技的工作不只是描绘科幻，而是通过工程技术的创新将科幻变成科技。

刘自鸿希望柔宇科技成为一家创造核心价值、受社会尊重、能给员工和客户带来幸福感的公司。他希望在柔宇工作的员工都有幸福感，不仅仅有来自金钱的回报，还有成就事业的满足感，因为这是他和团队打算从事一生的事业。刘自鸿认为，创新和突破从来不是一帆风顺的事情，这让他想起了发明汽车、飞机的那些科技前辈,质疑从来没有改变他们征服世界、推动社会发展的脚步,他们正是在嘲笑声中改变了世界、造福了人类、赢得了尊重。

思考:

你怎样看待刘自鸿回归中国创业?你怎样理解中国创业环境的变化?试做出评价。

第二章

创业过程

【教学目标】

学习完本章后,应掌握的重点:

1. 创业的概念、内涵与分类;
2. 创业过程的概念与特点;
3. 创业过程的构成要素及其作用;
4. 创业过程中的阶段性发展特征;
5. 6大互联网思维,8大创业法则。

【理论应用】

1. 列举一些你熟悉的不同类型的创业企业及其特点。
2. 运用创业过程构成要素,分析一些创业典型案例。
3. 运用创业阶段性理论,分析一些在创业不同阶段成功与失败的案例。
4. 运用互联网思维提出创业项目。

20世纪90年代以来,随着世界范围内新一股创业浪潮兴起,创业研究作为管理研究的一个全新独立领域得到了前所未有的飞速发展。由于时间短,创业领域系统性的深入研究还不够,还需要结合本国实践进行梳理,提高创业理论与实践研究水平。本章主要分析创业过程,包括创业概念、内涵、分类,创业的关键要素及作用,阶段性发展特征,从纵向理清创业过程,掌握创业过程的主要影响因素,提高创业成功率。

【案例导入】

微软王国的缔造者——比尔·盖茨

比尔·盖茨出生在美国西部城市西雅图,11岁上中学,从12岁接触计算机后就喜欢上了计算机,认识了一起创业的好朋友保罗·艾伦。13岁的时候比尔编写出第一个软件程序,目的是玩三连棋。他非常感谢湖滨中学母亲俱乐部通过义卖筹集资金,为他们购买计算机,从而为他们提供了开发软件的条件。当时他有一个梦想——让每个家庭,每个桌子上都有一台计算机。为了完成这一梦想,他做了许多努力,奉献了一生,他为人类社会发展及提升人们的生活质量做出了重大贡献。

1973年,比尔·盖茨进入哈佛大学学习法律,两年后退学与艾伦一起创立微软公司,21岁成功地为世界上第一台微型计算机编写BASIC程序,为日后微软公司成为软件帝国奠定了基础。

1981年8月12日，IBM公司向全世界宣布爆炸性新闻，全球新一代个人电脑IBM的PC机问世，在这场合作中，IBM和微软实现了"双赢"。IBM个人电脑迅速扩张，而微软的PC DOS等一系列软件也迅速打开了一个无限广阔的大市场，微软像一阵旋风，刮到了整个世界。1980年微软的年收入只有800万美元，员工仅有38人，但其发展呈几何级数快速增长；20年后的2000年底，它的销售额达到了218亿美元，员工人数超过31000人，股票总市值达到3623亿美元，全球排名第二，创造了企业发展的"神话速度"。2016年12月《福布斯》公布全球企业市值100强，微软公司以5000亿美元位列第三。2016年度世界富豪排行榜比尔·盖茨以750亿美元排名第一。他个人的财富比全世界最贫穷的50%人口的财富总额还多，比福特、通用、克莱斯勒世界三大汽车公司市值总和还多。在比尔·盖茨的率领下，微软不断推出功能强大、简单易用的软件，几乎每台电脑都装有微软公司的软件。比尔·盖茨是一个集科学研究才能和企业经营才干于一身的天才。1996年2月，他在北京大学出版社出版专著《未来之路》，书中回忆了创办微软公司的发展历程，预测了IT技术发展特别是"信息高速公路"的快速发展及互联网对我们社会经济生活的重大影响，20年前的许多预测在今天变成了现实。他把自己的兴趣爱好与社会需求紧密结合起来，识别并抓住商业机会，成就了今天的比尔·盖茨。

从40岁成为全球首富到2016年为止，比尔·盖茨连续21年被《福布斯》杂志评为全球富豪排名第一。他总结了创业成功的经验和体会，在《比尔·盖茨给青少年的11条准则》一书中，提出了分享"财富背后的财富"的理念，以下为11条准则。

第一条准则：适应生活。

第二条准则：成功是你的人格资本。

第三条准则：别希望不劳而获。

第四条准则：习惯律己。

第五条准则：不要忽视小事。

第六条准则：从错误中吸取教训。

第七条准则：事事自己动手。

第八条准则：你往往只有一次机会。

第九条准则：时间，在你手中。

第十条准则：做该做的事。

第十一条准则：善待身边的人。

他评价自己的特质是："我之所以成为世界首富，原因很简单，眼光、机遇、立即采取行动。"

思考：

查阅比尔·盖茨创办微软的有关资料，以及他个人发表的著作、文章、演讲等，试评价他成为世界首富的基本经验及他的个性特征。这些对你有什么启示，你应该怎样规划自己的创业与人生？

第一节 创业的概念与内涵

一、创业的概念

创业是指开创新的事业或基业的系统性活动过程，创业是一个科学名词。从字义上去理解，

"创"字取"仓"声，取"立刀"之意，用刀砍、划等出现的伤口为创。"创"有开始、初次之意。"仓"为储粮之地，如仓库、仓房，古代多指屯粮之地，加上"立刀"，其意为收割粮食存储起来，于是，"创"又有收获、储藏之意。"业"为从事的工作，包括企业、家业、事业等。诸葛亮在《出师表》中写道"先帝创业未半而中途崩殂"，这是指"帝王之业""霸王之业"。

"创"在《现代汉语词典》的解释为：开始、初次。如创办、创先、创建、创举、创刊、创设、创世、创新、创意、创造、创作、创制、创业等。创业一般指创办企事业。

"创"在《辞海》的解释为：创始，创造。韦昭注："创，造也。为天子造创制度"。创伤，指皮肤组织的一种损伤，或因某种原因所造成的损害或损伤，如《汉书·萧何传》中有"身被七十创"。创造，指首创前所未有的事物。

创业就是开拓新的事业及积累财富的过程。狭义理解为个人或群体在社会中开展的以创造财富为主的创新性活动。广义理解为人们进行历史上从未有过的具有革命或革新性的社会运动，包括政治、经济、军事、文化、艺术等方面的事业。

创业的概念目前还没有统一的定义内涵，西方学者及研究人员从不同角度分析了创业的概念及内涵。莫里斯分析近几年在欧美创业核心期刊的文章和教科书中出现的77个创业定义时发现，77个创业定义出现频率较高的关键词有：开创新业务、创建新组织、资源重新整合、创新、寻找机会、承担风险、价值创造等。

接下来看看有代表性的创业定义。

奈特强调，创业要承受不确定性和风险而获得利润。熊彼特从企业组织角度，指出创业是实现企业组织的新组合——新产品、新服务、新原材料来源、新生产方法、新市场和新的组织形式。

彼得·德鲁克从系统性创新实践角度定义指出，创业这个词不是指企业的规模或者历史，而是指某种类型的活动。这种中心活动的内容是创新，是创造有目的的、聚焦于企业经济或社会潜力变化的努力。创新都是创业精神的特殊标志。它是一种企业家创造新的财富资源的方式，也是企业家发挥现有资源潜力、创造财富的方式。创业的基础无论是在实践中还是理论上，都是系统创新的实践。

蒂蒙斯从理性领导角度定义指出，创业是一种思考、推理和行为方式，它为社会所驱动，需要在方法上全面考虑并拥有和谐的领导能力。

霍华德·史蒂芬从管理风格、寻找机会角度定义指出，创业是一种管理风格，是寻找机会而不顾目前已控制的资源。

斯蒂文森强调机会和信心，他指出，创业是一个人——不管是独立的还是在一个组织内部，追踪和捕获机会的过程，这一过程与其当时控制的资源无关。有3个方面对创业特别重要，即察觉机会、追逐机会的意愿及获得成功的可能性和信心。

莱斯戴德认为，创业是一个创造增长的财富的动态过程。财富是由这样一些人创造的，他们承担资产价值、时间承诺或者提供产品或服务的风险。他们的产品或服务未必是新的或唯一的，但其价值是由企业家通过获得必要的技能与资源并进行配置来注入的。

马克·多林格从不确定性风险角度定义指出，创业就是在风险和不确定性条件下，为了获利或成长而创建创新型组织(或者组织网络)的过程。其包含的要点是：创新、经济组织、在风险或不确定性下的成长。

我国的一些学者也对创业进行了定义。例如，王重鸣认为，创业是做新的事情，或用新方法做事情，包括一系列行动、一系列举措。罗天虎认为，创业是社会上的个人或群体，为了改变现状，造福后人，依靠自己的力量创造财富的艰苦奋斗过程。郁义鸿认为，创业是发现和捕获机会并由此创造出新产品或服务，以及实现其潜在价值的过程。创业必须要奉献时间、付出努力、承担相应财务的、精神的、社会的风险，并获得金钱的回报、个人的满足和独立自主。林嵩认为，创业从核心角度理解，指的是创建一个新企业的过程；从外围角度理解，指的是通过企业创造事业的过程；从广义角度理解，指的是创造新的事业的过程。

我们认为，创业是指创业者运用知识或经验，以创新精神寻找抓住商业机会，承担风险，进行资源整合，实现社会价值和自我价值的管理活动过程。这个定义包含以下几方面的内涵。

(1) 创业者的创业首先要有创业精神和知识。创业精神的本质是创新，同时还要有创业知识，有智慧、有头脑，能想出创业的点子，有理论知识、经验为创业提供强大的支撑。可以说，创业精神、知识经验是成功创业的必要条件。

(2) 创业必须以创新为前提，创新带创业。创新是创业者的灵魂，是创业的核心。创新必须勇于进取，敢于打破传统和条条框框，取得新的突破。创新是创业发展的原动力。创新可以是多元的，技术、产品、管理、营销、商业模式等都可以作为创新的内容。创业之初，一般创业者都缺少资源，他们能突破资源限制，进行有效的资源整合，力求以最少的代价获取更多有用的资源，包括有形的或无形的资源。

(3) 创业者必须能寻找、识别、抓住商业机会。这是创业的开始。商业机会时时都有，处处都有，关键是能不能寻找、识别和抓住机会。商业机会就是创业机会，抓住了商业"机会之窗"，才能为创业打开财富的大门。

(4) 创业伴随着风险。创业者选择创业机会本身就有相当大的不确定性，即有高度的风险性，承担一定的风险。风险与价值呈正相关性，高风险带来高回报，低风险带来低回报，无风险也就无回报或低回报。由于市场环境、资源供给、制度环境等方面的不确定性，创业者必然冒有较大风险。

(5) 创业者能进行有效的资源整合。创业者能够不拘泥于当前资源约束，通过寻找资源、合理配置资源、有效利用资源，达到创业的目标。创业的过程是资源缺少到资源增多增值的过程。

(6) 创业能实现自我价值和社会价值。创业者追求的目标是价值实现，包括个人自我价值实现。按照马斯洛的需求层次理论，创业也是为满足生存、安全、爱、尊重和自我实现的需要。他认为，这些基本需要互相联系，按优越性的等级排列。当某一些需要得到相当好的满足之后，更高的需要会显现出来。当然，他也承认，社会上一般人的各种欲望大多是部分得到满足和部分没得到满足。在人们实现不同层次需要的同时，会使社会价值得以实现。在一定意义上说，个人价值实现是社会价值实现的基础，个人价值实现层次越高，价值越大，社会价值也越大，经济社会发展也越快，社会生产力发展也越高。因此，当创业者在实现自我价值的同时，也会提升社会价值的水平。

二、创业的基本分类

从理论上说，站在不同的角度有不同的创业分类。例如，从创业的时代背景划分，可分为传统创业和现代创业；从创业的宏观环境划分，可分为国内创业和海外创业；从创业的微观环境划分，可分为内部创业和外部创业；从创业的模式划分，可分为独资创业、合伙创业、家族创业和集团创业；从创业的发展阶段划分，可分为初次创业、继续创业和公司创业；从创业的动机划分，可分为自发创业、自主创业和自觉创业。一般说来，创业的基本分类有以下4种。

1. 依据创业组织形态可分为个体创业与公司创业

个体创业就是个体独资创业。创业活动的起点往往是一个有价值的创意或新点子,以及几个具备相同创业理念的团队成员。个体创业往往缺少资源,或一个人,或几个人组成小团队进行创业。

公司创业是指各种类型和规模的现有公司所实施的创业活动。体现了成熟企业整合现有资源,开拓新的发展机会的创新过程。个体创业和公司创业体现了价值、创新、风险三位一体的内涵。

2. 依据创业的目的可分为机会型创业与生存型创业

机会型创业是创业者把创业作为其职业生涯中的一种选择,在创业活动中发现了新的商机,是机会导向型的。生存型创业是创业者把创业看作为生存而必须进行的选择,因为所有其他选择不是不可行就是不满意,为求生存和发展不得不做出此选择。机会型创业和生存型创业在各国都存在,但由于创业内部条件、外部环境、创业文化等因素的不同,两类创业活动存在较大差异。相关研究发现,生存型创业比重在降低,而机会型创业比重在提高,为60%以上。

生存型创业和机会型创业产生的社会经济效益是不同的,一般机会型创业的效益都高于生存型创业。提供的就业岗位在1～5个的,机会型创业效益低于生存型创业;提供的就业岗位在6～19个,或大于20个的,机会型创业的效益远远高于生存型创业。

3. 依据价值创造可分为复制型创业与风险型创业

复制型创业是指创业者简单地复制现有企业的经营模式,并未进行任何生产技术、工艺流程、商业模式等方面的创新。复制型创业也可以理解为"克隆"创业。大部分的生存型创业属此类,一般创造价值较低。

风险型创业是创业者开辟出新领域的创业活动,其社会价值得到了很大的提升,虽然风险大、失败率高,但其创业成果在某些方面会有重大突破,能对行业甚至经济社会的发展产生巨大的推动作用。机会型创业与风险型创业往往互相交叉,特别是在高科技领域。风险型创业价值创造较高。

图2-1 个体改变与新价值创造之间的关系

过去的创业研究注重个体,如今的研究已转移到创业过程本身,转到创业者与创业活动之间的互动关系。柏率(Bruyat&Julien)于2000年提出创业的两因素说,反映了个体改变与新价值创造之间的关系,如图2-1所示。

4. 依据产业可分为第一产业、第二产业、第三产业的创业

第一产业是指在农业领域的创业活动;第二产业是指在工业领域的创业活动;第三产业是指在服务业领域的创业活动。

第二节 创业过程分析

一、创业过程的概念及特点

1. 创业过程的概念

创业过程是指创业者发现并评估商机,进而将商机转化为企业,以及创业者对新创企业进行成长管理和收获的过程。这是一个时间较长的系统的组织创建和发展过程。当然,不同类型的新创企业,在不同的发展阶段,创业活动的侧重点是不同的,这要根据市场环境及外部环境的变化,以及内部条件的改变而适时调整、把握。

2. 创业过程管理的特点

和一般企业管理相比,创业过程管理活动涉及的因素复杂多变,更具挑战性,因此,具有不同于一般企业管理的特征,主要有以下3点。

(1) 创业管理与一般管理的出发点不同。一般企业管理的出发点是着重内部管理,尽可能以最少的投入取得最大的经济效益,实现管理效率高、效益最大化。而创业过程管理首先是寻找创业的发展机会,积极整合各种创业资源,创建新的企业,发展全新的事业。创业者的出发点更加重视机会识别,抓住机遇,发展事业。

(2) 创业管理和一般企业管理的物质技术基础不同。一般企业管理已具备一定的物质技术基础,依托对象是已经运行的传统企业。而创业管理基本是从头创业,物质技术基础薄弱,企业实力较弱,资源存储不足。这种先天性的差距,使得创业管理模式的发展突破点必须不同于一般企业管理。

(3) 创业管理和一般企业的管理模式不同。一般企业管理模式相对比较成熟,其管理体制、运行机制、开发、生产、营销、服务等管理职能比较健全,按管理程序、制度进行管理,职责明确,管理模式比较稳定。而创业管理是在新创企业不成熟的企业管理体制下的创新型管理,需要建立适应新创企业的新管理模式。创业者更依靠团队合作,要承担比较高的风险。新创企业的管理体制、运行机制、管理职能界定、发展模式等都处在探索、磨合、调整、稳固的过程中,还需要一定时期的运行期,才能逐步建立适合新创企业的管理模式。

一般企业管理与创业管理除了存在比较明显的差异,两者之间还有诸多共同之处。比如,两者都研究资源的最优配置,以及使用效率和取得高效益的问题,两者都必须认真研究管理创新等许多共同面对的新问题。不解决这些问题,就无法适应外部环境的变化,也不能实现可持续发展。

除上述创业过程管理与一般企业管理的异同外,创业过程还具有自身的特征,主要有以下3点。

(1) 创业的不确定性与高风险性。

创业过程的不确定性与高风险性是紧密相连的,由于外部环境始终处于动态变化的过程中,甚至有些创业的影响因素变数很大,因此创业过程具有较大的不确定性。创业还具有高风险性,尤其高新技术产业,往往创业项目成功率很低,所以实际创业活动失败率非常高。因此,创业者必须对创业的不确定性、高风险性有十分清醒的认识,必须对创业有正确认识,不能盲目进入创业过程,也不能遇到困难就放弃,应以不怕失败、勇于承担风险、正视困难、克服困难的良好心态,做好创业的各种准备工作,更主要的是心理准备。

(2) 创业的自主性与合作性。

创业过程的自主性与合作性是相伴的，创业者在寻找商机及运作的过程中，常常冥思苦想，需要拍板决策。虽然需要倾听各方面的意见和建议，但需要"一锤定音"时，创业者要拿定主意，自主决策。但自主决策也不是脱离合作者。创业过程会遇到各种各样的矛盾、问题、困难等，这就需要创业者与团队成员共同承担责任，团结一致，共同完成各类工作任务。因此，创业者充分发挥团队成员的作用，就显得尤为重要。

(3) 创业的自信性与学习性。

创业过程是一个不断增强自信心的过程，任何缺乏自信心的表现，都有可能使创业活动半途而废。因此，不放弃、坚持住、顶住压力、拒绝诱惑，是创业者必须始终保持的心态，这可以鼓舞大家共同面对困难、克服困难，最终取得创业的成功。创业过程尤其是高新技术企业创业，是知识密集、人才集聚之地，因此，知识不断地交流、扩散，并不断创新出知识点，才能促进新创企业健康成长。创业过程的学习，应始终伴随新创企业的成长。

二、影响创业过程的主要因素

1. 构成创业的8大要素

创业者的创业是围绕企业良性发展而展开的，那么，实现创业并得到良性发展，需要研究创业的构成要素。我们认为，创业的构成要素一般有人、技术、资金、组织(团队)、外部环境(市场、政策等)、信息资源、文化、定位。这些是构成创业的8大要素。

(1) 人是创业活动的主体。创业者在创业中必然涉及人的因素，人的因素排第一，人始终是创业活动的主导因素，从一定意义上说，甚至是决定性因素。创业者要同企业内外的人打交道，搞好人际关系。只有搞好内外部的人际关系，才能使创业活动比较顺畅地展开。没有人为的阻挠，或能有效化解各种人际矛盾和问题，才能谋求创业的成功。

(2) 科学技术是创业活动的重要支撑。创业活动特别是高新技术企业，必须以先进的科学技术作支撑，科学技术是第一生产力。科学技术也包括管理技术、营销模式等。在互联网、移动互联网、大数据、云计算等新技术的支撑下，互联网+创新创业将成为主要的形式之一。

(3) 资金是创业活动的必要条件。没有资金或风险投资的进入，创业活动只是"纸上谈兵"，资金也包括各种资产，物是资金的载体。创业活动需要技术开发或引进生产装备、原材料、生产手段等，这都需要资金的投入，只有一定量的资金投入，才有一定量的产出。资金是创业活动的"血液"。

(4) 组织是创业活动的基本保障。创业者必须通过组织团队来完成创业活动目标，毕竟一个人的知识、能力是有限的，而团队的作用是无限的。创业活动通过团队分工协作，充分发挥团队多元化的知识结构和能力，注重调动每个成员的积极性，这样才能使创业活动取得更好、更大的成果。

(5) 外部环境是创业活动的重要组成部分。创业者在进行创业活动时，需要认真研究外部环境对创业的影响，寻找在特定的外部环境下能够实现的创业机会，必须要适应当地的市场环境、政策环境、制度环境等。即便企业创办起来之后，创业者也必须使经营手段、营销策略适应外部环境，创业者的一切经营管理活动都应尽可能与外部环境相匹配，并随外部环境的变化而适时调整。

(6) 信息资源是创业活动的首要资源。创业者开始创业前，首先要进行信息的收集，去伪存真，由表及里地分析、整理、归纳、提炼这些信息，经过充分调查研究，寻求创业机会，最终达到创业成功。因此，信息资源的开发利用是创业者先思考，进而完成创业构思的耗时较长的过程。这种对信息资源的整合、创新组合，是创业成功的重要保证，信息资源是创业者进行创业活动首先寻求的重要资源。

(7) 创业文化是创业活动的基本推动力。创业文化的核心是创业精神，其内核是创新、首创。创业文化是新创企业生命力、凝聚力和创造力的源泉，影响着新创企业的建设与发展。新创企业需要人、财、物等，更需要先进的创业文化。创业文化是由精神文化、制度文化、环境文化、行为文化构成的有机整体，其各个构成要素相互联系、相互作用、相互影响，并在企业的精神层面达到高度统一。

(8) 创业定位是创业初始阶段需要明确的方向点，要回答创业要做什么。创业定位的正确与否直接影响创业的成功与失败。

从上述创业构成的8个要素的分析中，可以构建一个创业分析框架来描述各个要素在创业过程中的作用，以及它们之间的联系，如图2-2所示。

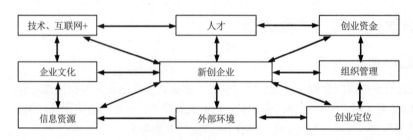

图2-2 创业过程中各个要素之间的联系

上述8个要素在创业活动中是相互适应、相互匹配的关系。在实际创业过程中，不能顾此失彼，要统筹兼顾，只有诸要素协调进行，创业活动才有可持续发展的动力。

2. 影响创业成功的主要因素

我们分析了创业的基本构成要素，但在创业过程中，影响创业成功的因素中必定有一些主要因素。只要抓住主要因素或矛盾的主要方面，其他问题或矛盾就可迎刃而解，可以有效提升创业成功率。从创业过程特别是能达到企业成功目标的角度看，主要有以下几个特别重要的因素或决定性因素，值得重点把握。

(1) 创业机会。在创业开始时，有各种各样的市场机会及表现形式，它们都有很大的不确定性，但哪一个创意确实符合市场需求、具有市场价值，这需要创业者进行机会识别和认定，这是任何创业者都必须首先迈出的第一步，也是创业活动中创业者和风险投资者必备的素质。因此，创业者对创业机会的把握，关乎创业的成败。

(2) 创业资源。创业资源是企业成长的基础，如果缺少创业资源，即使有了创业机会，往往也会丢失掉。因此，成功的创业者往往能够使内外资源优化组合，不断地开发、利用、积累创业资源，这样才能实现创业机会转化为有效的创业发展。创业资源的含义非常丰富，我们认为，创业资源是指新创企业所需要的各种要素资源和环境资源。具体来说，创业资源包括以下具体内容。

- 智力和人才资源：各类专业人才和管理人才，高级专家及顾问。创业者及其团队的知识、经验、知识结构合理性、判断力、创造力、才智胆识、社交技能、关系资本等。
- 资金资源：风险投资、银行及民间借贷、优惠政策给予使用的资金等。

- 科技资源：科研院所及科研成果，专利、技术诀窍、科研实验平台等。
- 组织管理资源：管理体制、运行机制、组织结构、管理诊断、营销策划等。
- 基础设施资源：基础设施建造状况、计算机网络信息系统、企业周边交通和生活配套设施等。
- 政策资源：各种创业优惠政策，包括财政金融政策等。
- 信息资源：各种渠道提供的信息、宣传推介、采购销售、市场反馈等。
- 文化资源：企业的精神文化、制度文化、行为文化、环境文化、学习氛围等。
- 品牌资源：优秀企业的品牌、产品品牌等。
- 声誉资源：人们对新创企业的认同感、忠诚度等。

资源对于创业者来讲，是创业成功的基础。创业者如果不能获取、使用、配置和控制资源，即使有最好的创业机会，也难以塑造出成功的创业者。当然，创业者本身就是新创企业的核心人力资源。对新建企业来讲，创业者这种独特的资源是无法用金钱买到的。根据《创业学——战略与资源》中的观点，创业的核心资源体现在以下方面。

- 有价值的资源。即这种资源帮助组织将其战略实施得既有效果又有效率时，就是有价值的。在创业过程中，有价值的资源能充分利用市场机会，取得利用效益最大化。有价值的资源包括财产、装备、人员，以及营销、融资和独特技能等。
- 稀缺资源。这种资源不能被竞争对手广泛获取。也就是说，这种资源对所有竞争对手来说并不充足，如果许多企业都能拥有或到处都可以获取，就不能称为稀缺资源。
- 难以复制的资源。如果某种资源在一个高价位上，即使是稀缺资源也是可以买到的，当然，如果价格高到没有了利润空间，那么这种稀缺资源的优势也就不存在了。对于有些资源，竞争对手无法进行复制(或无法模仿)，就称为难以复制的资源。例如，科技创新、知识产权保护；营销过程的人际关系；复杂的社会关系；创业者的独特状况、影响力等。
- 不可替代的资源。这是指那些不能被普通资源替换的战略资源。

当新创企业资源达到上述 4 个标准时，它们便可以成为企业核心竞争优势的基础。这些资源是新创企业资源寻找、整合的核心，对形成、保持企业的核心竞争力具有重大作用。

(3) 创业团队。创业团队是新创企业稳定运行与发展的基本保证。团队建设的好坏决定了创业能否成功。团队中的每个成员必须有相应的知识、能力、素质的角色定位，并与实际岗位相匹配，充分发挥每个成员的创造才能，使他们的知识、能力、素质优势互补，形成统一的价值观。在科学的管理体制和运行机制下，创业团队的创业效率和效果达到最佳化，促进新创企业快速稳定成长。

(4) 商业模式。商业模式是新创企业的一个框架，其核心内涵是，新创企业如何开发创新出用户需要的产品，且成本低，附加价值高，在市场上建立可信赖的价值，或是企业应用知识抓住价值的方式，同时能防御竞争者的进入，即形成有效的进入壁垒。良好的商业模式，可以把商业机会转化成商业价值，即市场价值(第五章将详细介绍)。

(5) 战略规划。战略与战术一词源于军事，后来应用于管理等各个方面。战略主要指方向性、全局性、长期性、全面性的军事安排，战术往往指具体的行动计划。新创企业制订战略规划，对于企业发展方向，化解创业风险，明确发展定位，具有重大意义和作用。新创企业要在市场竞争中取胜，特别要形成独有特色，在差异性上下功夫，在"新、特、优"上出成果，这样才能发展核心竞争力。当然，随着企业不断发展，也要根据外部环境的变化适时调整战略规划，使战略始终引领企业的发展。

(6) 组织制度。新创企业在开始阶段，组织制度建设还不够突出，企业规模小，人员少，管理事务较为简单，创业者能管理得很好。但随着企业规模的扩大、人员的增多，组织制度建设自然提到议事日程上来。创业者要明确组织结构和运行机制，明晰各职能部门的权、责，运用各种规范性的规章制度来管理企业。可以说，组织制度建设是新创企业得以稳定发展的必要条件和最基本的保障。

创业者们在创业过程中，其共同点都是工作非常"忙碌"，但有的成功，有的失败，其因素很多，其中一个重要因素是利用时间处理问题的方式不同。我们主张按重要及紧急程度来处理不同的事务，这样可以节省工作时间，提高工作效率和质量。永远不要先处理不紧急、不重要的事情。

【案例】

王传福：比亚迪新能源汽车的领跑者

1. 家贫志不贫，以优异成绩考入中南大学

王传福出身贫寒，他的成长道路充满艰辛，却同时磨炼了他的坚韧意志。1966年2月15日，王传福出生在安徽省芜湖市无为县的普通农民家庭。他的父亲是一名技艺出色的木匠，曾经担任大队书记的职务。其父为人正直、坚韧刚强、乐于助人、公私分明，在群众中有口皆碑。王传福的母亲则是传统的贤妻良母，教育孩子要忠厚本分。受家庭氛围的影响，子女们都继承了刚强正直的性格和坚强不屈的精神，王传福亦是如此，这在他以后的创业历程中得到了明显的体现。王传福有五个姐姐、一个哥哥和一个妹妹。加上父母，一家十口人就靠世代传下的木工手艺活为生，日子倒也过得平静安稳。但是好景不长，在王传福13岁时，父亲因为长期的病痛折磨去世。家庭的经济情况开始每况愈下，王传福的五个姐姐先后出嫁，妹妹被寄养，而哥哥王传方也从此退学开始工作赚钱养家。日子的艰难不易，母亲和兄长的殷殷期盼，不断鞭策着王传福。在青少年时期，他比同龄孩子显得稳重早熟，性格比较腼腆，不大爱说话，也不愿意与他人过多交往。但是他比同龄的孩子更加知道用功读书，将全部的精力和时间用来学习。因为他明白，家庭的希望都寄托在他身上，他唯有以优异的成绩作为报答，所以在他的心里永远有一条信念，那就是"永远要比别人做得好"。心有多大，舞台就有多大。王传福不服输、不断超越自己的精神，奠定了他后来事业成功的基础。在王传福即将初中毕业的时候，母亲又突然去世，命运给相依为命的兄弟俩以最沉重的打击。孟子说："天将降大任于是人也，必先苦其心志。"生活的苦楚，年少的王传福是尝够了。深受打击的王传福，只能每日沉浸在学习中，生活的苦难也让王传福养成了坚强、独立、强势的性格。父母留给一对兄弟的全部财产就是4间茅草房，但是父母给他们留下的精神影响却让兄弟俩受益无穷，在潜意识里影响着他们的一生。王传福母亲去世时，他正值初中毕业考试。王传福因此缺考了两门课程，没有考上当时热门的中专，而是进入无为县一所刚建立的普通高中——无为第二中学。因为家庭的不幸遭遇，王传福的哥哥王传方在18岁时就扛起了家庭的重担，中断学业工作赚钱。但无论生活多艰难，他始终要求弟弟发奋读书。王传福看到家庭的困难、哥哥的辛苦，心里有所动摇时，哥哥却说："再苦再累，卖房也要读书，只有读书才是唯一的出路。"他要求弟弟考上大学。当母亲去世时，大嫂张菊秀踏入了这个遭遇不幸的家庭。她身上所具有的中国传统妇女的贤良淑德重新温暖了兄弟俩的心窝。王传福高中的三年是整个家庭最艰难的时期，新进门的大嫂没有享受过新娘的快乐，而是要为柴米油盐发愁，照顾一家人的饮食起居。王传福从高中起住校，每周末回家向嫂子取10元的生活费。有一次，家里实在没有钱，而嫂子又不舍得他委屈自己，就在村子里挨家挨户地借钱，最后才筹到不到5元的散票子。而后来在王传福考上大学时，哥哥将结婚时所戴的一块"上海牌"手表和家里全部的新东西都送给了弟弟，并一路陪同他到长沙。在王传福求学期间，哥哥也决定将自己

的小生意搬到弟弟所在的城市，尽量能在生活上多照顾到他。王传方一直承担弟弟的学费和生活费，直到弟弟研究生毕业。长兄如父，哥哥不仅在生活上照顾弟弟，更教会他做人。勤俭节约、要有志气、尽量花自己的钱，是哥哥常说的话。手足情深，兄弟间的浓浓情谊延续至今。今天已经名传天下的王传福和哥嫂家住门对门，在生活上互相照应。1983年，王传福以优异的成绩考入位于长沙的中南矿冶学院冶金物理化学系，进入大学后，出身贫寒的王传福埋头苦学，一心把专业课学好。爱因斯坦有句名言：兴趣是最好的老师。王传福想做科学家，肯钻研问题，因此他的学习成绩在班上名列前茅。在本科时王传福就开始接触电池，这为他未来的事业打下了一个良好的基础。中国香港风险投资公司汇亚集团董事兼常务副总裁王干芝评价说："王传福是我见到少有的非常专注的人，他大学学的是电池，研究生也学电池，工作做的还是电池。"正是因为长期专注于电池领域，他才能做出成果。成功有时候靠的就是坚持。他在大学期间喜欢参加各种各样的校园活动，尤其喜欢舞蹈。有人将他称为学校里的"舞林高手"。读大学期间，王传福的名声就在学校里传开了。1987年，王传福从中南大学冶金物理化学专业毕业，同年进入北京有色金属研究总院攻读硕士，1990年毕业后留院工作，由于工作出色，被提拔为301研究室副主任。

2. 快速抓住创业机会，缔造中国"电池王国"

1993年，北京有色金属研究院在深圳成立比格电池有限公司，由于和王传福的研究领域密切相关，王传福成为公司总经理。在有了一定的企业经营和电池生产的实际经验后，王传福发现，要花2万~3万元才能买到一部大哥大，仅电池就要花费几百甚至上千元，国内电池产业随着移动电话的"井喷"方兴未艾，他敏锐地意识到中国电池行业会迎来巨大的商机。

1995年2月，他在深圳注册成立了比亚迪科技有限公司，开始了缔造中国"电池王国"的传奇历程。创业初期，王传福面临许多困难，缺资金、缺设备、缺原材料，他带领着20多个人在深圳莲塘的旧车间解决一个又一个问题。回想起当时的情形，王传福都有些不敢相信自己哪来这么大的勇气。在当时，日本充电电池"一统天下"，国内的厂家大多买来电芯进行组装，利润少，几乎没有竞争力。该如何打开局面呢？经过认真思考，王传福决定依靠自身技术研究优势，改造电池流水线，自主研发新型设备，把目光投向技术含量最高、利润最丰厚的充电电池核心部件——电芯的生产。事实证明，王传福的战略眼光和创新精神是创业成功的关键所在。当日本宣布本土将不再生产镍镉电池时，王传福立即意识到这将为中国电池企业创造前所未有的黄金时机，于是决定马上涉足镍镉电池生产领域。那时，日本的一条镍镉电池生产线需要几千万元投资，再加上日本禁止出口，王传福买不起也根本买不到这样的生产线。但世上无难事，只怕有心人。他利用中国人力资源成本低的优势，决定自己动手建造一些关键设备，然后把生产线分解成一个个可以人工完成的工序，结果只花了100多万元人民币，就建成了一条日产4000个镍镉电池的生产线。利用成本上的优势，通过一些代理商，比亚迪公司逐步打开了低端市场。经过努力，比亚迪的总体成本比日本对手低了40%。为进驻高端市场，争取到大的行业用户和大额订单，王传福不断优化生产工艺、引进人才，并购进大批先进设备，集中精力搞研发，使电池品质稳步提升。1996年，比亚迪公司取代三洋成为中国台湾地区无绳电话制造商的电池供应商。1997年，比亚迪公司镍镉电池销售量达到1.5亿块，排名上升到世界第4位。

在镍镉电池领域站稳脚跟后，不甘寂寞的王传福开始了更为环保的镍氢电池和锂电池的研发，并从1997年开始大批量生产镍氢电池，销售量达到1900万块，一举成为世界第7名。但此时恰逢东南亚金融风暴，半数以上产品出口遇到了困难。此时，王传福引进战略投资者，使公司注册资金从450万元扩大到3000万元。于是，公司开始购买先进设备，引进高端人才，成立研究院，开发锂电池,掌握核心技术,成功进入锂电池市场,大客户名单上出现了松下、索尼、GE、AT&T 和 TTI 等。2001 年,公司锂电池市场份额上升到世界第 4 位,而镍镉和镍氢电池上升到了第 2 和第 3 位,实现了 13.7 亿元的销售额,纯利润高达 2.6 亿元。目前,比亚迪的生产规模达到了日产镍镉电池 150 万块、锂离子电池 30 万块、镍氢电池 30 万块,60%的产品外销,手机领域的客户既包括摩托罗拉、爱立信、京瓷、飞利浦等国际通信业巨头,也有波导、TCL、康佳等国内手机新军。比亚迪以近 15%的全球市场占有率成为中国最大的手机电池生产企业,在镍镉电池领域,比亚迪全球排名第 1,镍氢电池排名第 2,锂电池排名第 3。2008 年,"股神"巴菲特以战略投资者身份入股,以 18 亿港元认购比亚迪 10%的股份。在 2009 年的巴菲特股东大会上,巴菲特称王传福是"真正的明星"。随着巴菲特的青睐,比亚迪的股价也一路飙升,从巴菲特入股时的 8 港元左右上涨到 2009 年 9 月 28 日收盘价的 61.9 港币,10 月最高股价达到 88 港币。亮丽的上升曲线让巴菲特赚得盆满钵满,实现赢利 180 亿港币,更最终让王传福登上了当年的中国首富宝座。

3. 力排众议进军汽车市场,二次创业开发新能源汽车

作为一个以电池制造和代工生产起家、已成为具有国际影响力的企业,王传福力排众议,决定进军汽车市场,开始了二次创业开发自主品牌环保汽车的征程。2003 年 1 月 23 日,比亚迪宣布,以 2.7 亿元的价格收购西安秦川汽车有限责任公司 77%的股份。比亚迪成为继吉利之后国内第 2 家民营轿车生产企业。2003 年 8 月,在陕西广东经贸合作推介会上,王传福再爆惊人之举,比亚迪与西安高新技术产业开发区、陕西省投资集团签订合资组建比亚迪电动汽车生产线合同,项目投资达 20 亿元人民币。王传福的思路是,通过电池生产领域的核心技术优势,打造中国乃至世界电动汽车第一品牌,"电池大王"将造汽车与自己的长项相结合。2004 年 1 月,深圳市有 200 辆比亚迪制造的锂离子纯电动汽车投入出租运营,成为全国第一家电动车示范区,真正实现尾气零排放。这种电动汽车一次充电后可行驶 350 公里,成本价在 10 万~12 万元,零售价在 14 万元左右。在做完必要的改进后,将全面进入北京市场,并且在上海、广州、西安等城市陆续上市。

比亚迪在 2010 年以前几乎连续 5 年实现净利润 100%的增长。迈进 2010 年,比亚迪高增长的势头也戛然而止。2009—2011 年,比亚迪的净利润分别为 37.9 亿元、25.2 亿元和 13.9 亿元,后两年分别同比下降了 33.5%和 45.1%。怎样在汽车领域打造新的利润增长点,其核心是抓好技术创新。王传福认为:"技术创新,技术底蕴,是我们坚定的战略,是我的梦想。没有先进的技术,品质不够好,自主品牌是做不起来的。"经过几年发展,比亚迪形成了集研发设计、模具制造、整车生产、销售服务于一体的完整产业链组合。汽车产品包括各种高、中、低端系列轿车,还特别开发出双模电动汽车及纯电动环保汽车,比亚迪成为中国最具创新性的新锐品牌汽车。

2013 年比亚迪推出 3 款新车,即配备夜视设备、超大触摸屏和 500GB 硬盘的中级车思锐,配备 1.5T 发动机和电动机的双模混合动力汽车,以及一款比 S6 尺寸更大的 SUV 车型 S7。2013 年比亚迪定的销量目标是 50 万辆,将在三年调整收官的基础上进行二次腾飞。而腾飞的基础则是技术,2013 年比亚迪在上海车展会发布了一项世界级技术,叫绿混技术。该技术的主要特点包括:把现在使用的铅酸蓄电池替换为铁锂电池;延长电池寿命达到 10 年;将电池电压由现在的 12 伏提升至 48 伏;推广启停和制动回收技术等。此外,在 2014 年北京车展上,比亚迪还发布了一项更震撼的技术——顶级驱动技术,用 4 个轮边电机真正做到全球第一辆独立的四轮驱动。比亚迪通过把可充电电池和电力汽车两个主业进行嫁接,要在 2025 年成为全球第一大商用车制造企业。

2015 年底比亚迪销售新能源汽车 6.2 万辆,同比增长 234.7%,销量跃居全球第一,占全球新能源汽车市场份额的 11%;实现营业收入 800.1 亿元,增幅 37.5%;实现净利润 28.3 亿元,同比

增长552.6%。销量同比翻番,跻身全球第一,利润增长5倍,比亚迪成为新能源汽车的领跑者。"2016中国民营企业500强"榜单,比亚迪以营业收入8000897万元排名27位。

比亚迪企业文化坚持以人为本的人力资源方针,尊重人、培养人、善待人,为员工建立一个公平、公正、公开的工作和发展环境。公司在持续发展的同时,始终致力于企业文化建设,矢志与员工一起分享公司成长带来的快乐。比亚迪坚持不懈,逐步打造"平等、务实、激情、创新"的企业价值观,并始终坚持"技术为王,创新为本"的发展理念,努力做到"事业留人,待遇留人,感情留人"。

王传福创业成功后,始终不遗余力地致力于公益事业,勇于承担社会责任。比亚迪投资4000多万元创办儿童福利院,汶川大地震时第一时间捐赠1000万现金,从生产线汽车上拆下1000只千斤顶,紧急空运灾区,救助和挽救更多的生命。由于在创业和管理等方面的贡献,他先后获得了国内外的各项奖励。例如,2002年获中国香港"紫荆花杰出企业家"奖,"中国优秀民营企业家";2003年入选"深圳十大杰出青年",被《商业周刊》评选为25位"亚洲之星"之一;获得2008年度CCTV经济年度人物"年度创新奖",给他的颁奖词是"他给了汽车一颗电动的心,巴菲特看中他的理由十分简单,前进的梦想能反复充电4000次";2010年被评为20世纪影响中国的25位企业家之一。

在总结创业过程中创业者应具有的创业精神时,王传福说:"生命有一种硬度,你若有不屈的灵魂,脚下就一定会有一片坚实的土地。成功最关键的还是要有冒险精神,许多时候不在于你能不能干,而在于你敢不敢干。"

思考:

你认为王传福拥有哪些创业精神?他是怎样抓住创业机会的?想要创业成功,需要哪些资源和必备的素质?请查阅比亚迪网站资料和王传福的演讲。

三、创业过程的阶段划分

从创业发展的观点出发,借鉴企业生命周期理论,对创业过程进行阶段划分。我们认为,创业过程大体包括4个时期,即孕育期、投入期、发展期和成熟期,如图2-3所示。

(1) 孕育期。孕育期是创业者思考、寻找、选择、抓住创业机会的时期,是创业的初始阶段。这时创业的方向和市场目标仅仅是粗线条的,还不能给予明确、肯定的答案。但初步的创意大体明确后,就是考虑各种有形或无形资源的投入,以及寻找合作伙伴,组建创业团队,进行前期的各种准备工作。

(2) 投入期。创业者已经明确创业方向和目标,投入各种资源要素,组建创业团队,构建商业模式,准备迎接

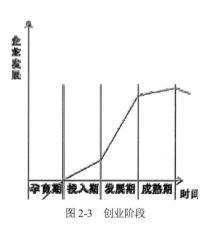

图2-3 创业阶段

市场及客户的检验,这是新创企业能否进入下一个阶段发展期的关键环节。如果新创企业的产品或服务被市场认可,并赢得客户好评,新创企业就能比较顺利地度过风险期,战略投资者经过评估进入,促进新创企业的快速发展。

(3) 发展期。在以产品或服务为导向的市场开发完成后，企业将进入以销售为导向的规模增长期。随着市场规模的扩大，企业资源也越来越多，盈利能力也持续性增强，不断促进企业的发展，企业快速成长，又进入了扩张期，并逐步形成经济规模，产品的市场占有率达到一定水平。这一时期，创业团队不断调整，管理效能提高，创业资源丰富，商业模式也相对稳定下来，风险降低，投入产出比较高，盈利能力和价值创造达到了较高水平，各项管理制度和运行机制比较完善，吸引风险投资开始进入新创企业，使企业发展有了更加坚实的基础。

(4) 成熟期。成熟期体现新创企业的核心产品或服务已经在市场上占有较大的份额，优质产品、品牌产品占有一定的比例，市场认同度较高，客户满意度较高，销售额及盈利额增长很快。企业组织结构非常完善，企业在市场上的知名度很高，具备了很强的核心竞争力。

但在企业成熟期，经营也存在潜在风险，管理者创业成功后自满、自大、自我陶醉在成功的喜悦中，被成功冲昏了头脑，故步自封，墨守成规，按部就班，创新精神降低，管理决策的失误，会使企业呈现出衰退的端倪，是企业停止发展并开始衰退的转折点。

下面介绍伊查克·爱迪思的企业生命周期理论。1989年他出版了《企业生命周期》这一管理学名著，在国际上具有很大影响力。爱迪思创建的新创企业生命周期模型，是一个钟形的曲线，分为成长阶段和老化阶段两大阶段，经过了孕育期、婴儿期、学步期、青春期、盛年期、稳定期、贵族期、官僚化早期、官僚期、逐渐死亡期和死亡期11个企业发展历史时期，成长阶段所代表的是企业活力、竞争力、发展力，反映出新创企业在短期和长期取得效率和效果的能力。盛年期表示企业已经成熟。企业如果不能对变化着的外部环境和内部条件做出反应，就开始走下坡路，首先是企业缺少创新精神，其核心是缺失科技的进步及各种管理的创新，而不是劳动力规模或自然资源的存量。爱迪思分析了不同时期的正常与不正常情况及应对措施。根据诊断的情况，爱迪思提出改革11个步骤、不同时期的诊疗方法等。企业生命周期理论给我们以下启示。

(1) 企业经历从出生至死亡的过程是个不可逆的客观规律，只有不断持续性创新企业，才有可能较为长期地存在并发展下去。

(2) 不同类型的企业具有不同的生命周期，其生命周期曲线的形态也存在较大差异。

(3) 创业要针对不同的企业生命周期阶段，采取不同的有针对性的解决问题的措施，并不断促进企业发展。

第三节 创业理论研究的现状分析

一、创业理论研究的进展与研究的重点内容

目前，在国际管理学研究中，越来越多的学者、研究人员致力于创业研究，但限于实证类研究，而创业理论研究较少。一些学者对创业研究成果进行分类，绝大部分文章集中考察创业个体、创业机会、组织行为、环境要素及其关系，如个体差异如何影响机会识别过程、如何整合资源开发机会、新价值创造过程中的内在特征等。在现有研究中，国内外有代表性的理论研究主要有以下几个。

(1) 卡特纳创业 4 个维度理论。他提出创业理论框架主要有 4 个维度：创业活动的组织实施者，包括个人成就感、控制力、风险承受倾向、工作满意度等特征；创业的战略实施，包括总成本领先与否、差异化程度、集中程度等；创业的过程与环境，包括锁定创业机会、积累资源、市场营销等；创业环境，包括顾客、市场、产业基础、进入壁垒等。

(2) 创业 3 驱动因素理论。蒂蒙斯认为，创业过程是一个高度动态的过程，其中，机会、资源、团队是创业过程中最重要的 3 个驱动因素，影响和决定了创业的过程及方向。他认为，机会是创业成功的首要问题，应投入大量时间和精力，寻求最佳的创业机会。他提出资源是相对的，创业者应更着眼于最小化使用资源并控制资源，而不必完全拥有资源，要合理利用资源。为此，要精心设计使用资源战略。团队是创业的关键因素，选择项目，吸引风险投资是团队的重要工作，可以体现团队的卓越才能。他强调创业要素的合适、均衡思考。

(3) 创业 4 维度理论。马和谭的创业理论研究。这是目前创业研究的最新研究成果，包括 4 个维度：创业主张、创业先行者、创业实践、创业绩效。他认为，创业主张包括创业目的和创业策略；创业先行者是创业领导者和执行者，包括创业者激情、坚定不移的信心；创业实践是指创业的行动模式，包括创业者的说服力、对资源的追求；创业绩效是创业活动的成果，包括个人财富、社会价值和组织盈利。

4 个维度存在以下几种效应关系。

- 直接效应：创业先行者、创业主张、创业实践对企业绩效的直接作用。
- 调和效应：创业先行者和创业主张通过创业实践影响创业绩效。
- 交互效应：创业先行者、创业实践、创业主张共同作用于创业绩效。
- 全效应模型：对上述 3 类效应关系汇总。

全效应模型如图 2-4 所示。

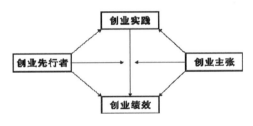

图 2-4 全效应模型

(4) 创业三要素理论。我国学者张玉利和杨俊以蒂蒙斯创业模型为基础，将机会感知、创业团队和资源获取三要素作为创业的内核，以个人特质、文化环境和经济环境作为影响创业的外生因素，从而产生创业动机，并付诸创业行为，构建创业模型。

(5) 威克姆创业的要素模型理论。他强调以创业者为核心，协调组织、资源、机会三要素的关系，并通过开放性学习型组织的建立，促进创业成功。此外，国内外学者有从投入产出、创业流程研究创业理论等。

(6) 普拉哈拉德提出的创业成功定律理论。他是企业核心竞争力理论的创立与开拓者，面对 21 世纪经济社会发展的大趋势，他提出鱼与熊掌都可兼得的理论思想，他提出："谁同时获得了鱼与熊掌，谁就是未来的商业主宰。"在他的新著作《企业成功定律》中，他强调无论新创企业还是原有成熟企业，要在激烈的竞争环境制胜，必须具备两种核心竞争力，即：N=1 和 R=G。其中，N=1 表示价值基于每位顾客独特的个性化消费体验；R=G 表示所有新创企业或成熟企业都应从全球多个来源的企业那里获取资源，以形成一个全球化的系统。他认为，洞察力来自那些发现新趋势并快速做出反应的企业，创新的根基来自最新、最科学的技术创新，搭建一个先进的信息与通信技术平台，运用互联网技术，将产品、顾客、供应商连接起来，共同创造价值。他还提出，推陈出新即出路；既要效率又要灵活；广罗人才比降低成本更重要；重视业务流程的改造；重新定位管理业务职能等新的管理思想与理论，这对创业有很好的指导意义。

(7) 互联网思维＋创业理论。美国众爱公司创始人和 CEO 戴夫·柯本与特蕾莎·布朗等出版了《互联网新思维》，这本书成为 2014 年《纽约时报》亚马逊社交媒体类畅销书。他们认为，颠覆和重塑企业的商业价值链，用互联网新思维创新创业，才能成为下一个十年的领跑者。他们提出创业或经营企业必须构建 6 大互联网新思维和互联网思维下创业经营成功的 8 大法则。

6 大互联网新思维是：①用户思维，打破企业与消费者的疆界，实现商业民主化；②简约思维，从产品到服务，力求专注与简单；③迭代思维，敏捷适应，力求做到精益求精；④服务思维，让客户愉悦，做好互联网服务；⑤社会化思维，迎来社会化商业时代；⑥平台思维，打造多方共赢的生态圈。

互联网思维下创业或经营企业成功必须遵循 8 大法则：①倾听，从说服到倾听，找到客户所关心的，而非你所认为重要的；②参与感，通过讲故事打破与用户之间的界限，实现消费民主化；③打造"以客户为中心"的企业价值链，以真诚的态度保持线下线上的高度一致；④简单，让消费者的生活简约到极致；⑤快速迭代，从细微处入手，快速适应，快速反应；⑥给客户想要的一切，营造非凡的客户体验；⑦做一家真正透明的企业，利用社交媒体，分享得越多，得到的越多；⑧让企业成为员工发挥最大潜能的平台。

(8) 精益创业理论。精益创业由美国硅谷创业家埃里克·莱斯于 2012 年 8 月在其发表的《精益创业》一书中首次提出。他以 IT 行业特别是基于利用互联网创业并以自己软件开发的实践，吸收丰田公司大野耐一和新乡重夫提出的精益管理理念和精益管理模式，提出创办新企业特别是高科技企业的精益创业管理思路与方法。他在书中提出，精益创业时创业者必须改变固有思维，它对创业成功至关重要。要树立新创企业成长的思维，需要坚持 5 条基本原则，具体如下。

一是创业者无处不在。他认为，新创企业就是在充满不确定的情况下，以开发新产品和新服务为目的而设立的个人机构。创业者哪里都有，精益创业适合所有企业。

二是创业即管理。新创企业需要某种新的管理模式，企业未来发展需要依靠创新。创业者必须学会掌握持续性创新和颠覆式创新共存的组合式管理。

三是经过证实的认知。这种反复被实践证实的认知，能建立可持续发展的业务。精益创业最重要的功能是学习，学习经过证实的认知。精益创业要做的每件事，包括开发产品的每项功能，筹备每次营销活动等，它们都是一次次实践，创业者需要获取经过实践的认知。这些都需要精确的计算数据，用数据说话，做出决定。他在创业实践中得出的一个重要结论是，成功地执行一项无意义的计划是导致失败的致命原因，而经过证实的认知则是解决这个问题的首要方法。成功案例和失败案例之间的差别在于，成功的创业者高瞻远瞩，有能力和工具发现他们的计划中哪些部分运作顺利，哪些部分误入歧途，然后调整战略。

四是建立概念与开发—产品与测量—数据与认知反馈系统，在这个循环中把时间缩到最短，这是精益创业的精髓所在。新创企业需要把点子变为产品，这个产品是最小可用品，应化繁为简，放弃一切无用功能、流程，功能简单，符合用户需求，避免过度开发，成本最小甚至是零成本。然后进入顾客中，倾听顾客的意见与建议，评价与测量顾客的反馈，其指标评价达到可衡量标准包括：可执行、可使用、可审查。调整自己的认识，进而决定战略是坚持下去还是马上转型，这是精益创业的核心所在。转型包括 10 种类型：放大转型、缩小转型、客户细分市场转型、客户需求转型、平台转型、商业架构转型、价值获取转型、增长引擎转型(包括付费式、病毒式、黏着式)、渠道转型、技术转型等，创新企业需要快速迭代。对于利用互联网创业而言，速度更加重要，因为跟不上用户需要，公司会停滞不前，甚至会被淘汰。固执与死守不放，将最终导致倒闭。顾客的需求流向决定了顾客与产品开发的互动关系，这是新创企业立身之本，要在这个反馈循环中做出选择,最终达到企业的愿景。没有这个过程就不是精益创业,因此,需要构建新创企业的生态系统。

五是创新核算。要提高创业成果,必须让每个参与的人都承担应有的责任,杜绝浪费,完成阶段性目标,保证价值增加,这需要创新核算。精益创业需要运用管理法则,才能从创业中获得成果。

二、创业理论研究述评

创业理论研究可以有效描述创业过程中涉及的主要因素及其关系。整体上创业过程趋于复杂化,不仅创业因素增加,而且创业因素之间的关系复杂化。不同专业背景的人,对创业因素会有所侧重。心理学更加关注创业者的特性,社会学更加关注创业活动的社会效应,经济学更加关注创业的投入产出。我们认为,当前的创业研究应侧重在以下6个方面展开。

(1) 创业机会。创业机会是企业活动的核心,因此,要深入研究创业机会与其他要素的关系。

(2) 创业者及团队。创业者是机会识别者、战略制定者及其执行者。创业者的个性特征、偏好及对企业的影响是需要侧重研究的方面。同时,创业能否可持续发展,需要有优秀的团队做保障,怎样建设优秀的创业团队是研究的重要内容。

(3) 创业资源。在有限的资源条件下,通过什么途径或手段获取有用的资源,并能使各种资源优化配置,取得更好的创业成果,是需要重点研究的。

(4) 创业战略。主要包括使命、战略规划、优化配置资源、创业成长、国际化、建立学习型组织,高层管理方面尚需进一步开拓研究。

(5) 互联网+创业。互联网(移动互联网)+创业创新是当代创业理论研究的重点和热点,未来将成为创业理论研究的核心内容之一。

(6) 精益创业。精益创业是保证创业成功的重要理论之一,应结合中国创业实践,探讨精益创业的基本规律。

【本章总结】

本章首先对创业的概念、内涵、分类进行了介绍,对创业与一般管理的区别、创业过程的特征、创业的构成要素及创业过程的主要因素进行了比较系统的分析;对创业过程的阶段及其特点进行了归纳概括,并介绍了伊查克·爱迪思的《企业生命周期理论》及其给我们的启示。本章还介绍了创业理论研究的现状,特别介绍了6大互联网思维、8大创业管理法则和精益创业理论等,并对创业理论研究进行了简要述评,提出今后创业理论研究的重点内容。

【复习思考题】

1. 怎样理解创业的概念与内涵?
2. 怎样认识创业的分类?
3. 怎样理解创业过程管理的特点?创业管理与一般企业管理的异同点。
4. 怎样认识创业构成的8大要素?怎样理解影响创业成功的6大主要因素?
5. 怎样理解创业过程的阶段划分?企业生命周期理论给我们哪些启示?
6. 结合案例,讨论创业发展过程的不同阶段及其特点。
7. 如何理解创业学研究的不同理论观点?你如何进行评价?
8. 新创企业成败的关键因素是什么?取得创业成功要抓好哪些重要工作?

9. 怎样认识6大互联网新思维和互联网思维下8大创业管理法则？举例说明。
10. 精益创业的5条基本原则是什么？举出利用互联网创业的案例并进行分析评价。

【实训实练】

1. 参加并组织一次校园内创业方面的活动，通过这样的活动，评价自己的创业能力、优势与劣势，并用学到的理论进行归纳总结，提高创业理论及应用水平和实践能力。

2. 调查了解校内外大学生创业典型事迹，总结他们创业的经验与教训，写出调查报告，以小组为单位在班级内讲述，进行互动交流，做好PPT，介绍时间不超过10分钟。

3. 写出自己的创业构想及目标，准备在哪个行业创业并将其作为自己喜欢的终生奉献的职业，是否有足够的资源特别是人脉资源完成创业过程目标，实现自己的创业梦想。以小组或班级为单位进行交流评价。

4. 调查了解校内外互联网+创业的典型，总结他们创业的经验与教训，写出调查报告，以小组为单位在班级内讲述，进行互动交流，做好PPT，介绍时间不超过10分钟。

【创业案例过程研究与思考】

史玉柱：中国大学生创业的"巨人"

1. 史玉柱创业从"首富"到"首负"

史玉柱是巨人集团的创办者，走过了大起大落又大起的N字形发展轨迹。史玉柱生于1962年，安徽怀远人，父亲是普通的公安民警，母亲是一位普通工人。他说："我不属于教师父母眼中的好孩子，小时候学习并不好。"史玉柱在怀远一中按着"一硝、二磺、三木炭"的方法还配过炸药，同学都称他"史大胆"，为此，他经常被父母批评甚至挨揍，这种冒险精神对他后来创业有一定影响。他喜欢玩魔方，经常躲在教室最后一排上堂课接下堂课不停地玩，在被老师遗忘的角落里，他是"别有一番滋味在心头"。他在事业成功后，用魔方比喻生活和人生："人生就是魔方，是色彩斑斓还是黯淡无光，全靠自己一双手。"在怀远一中读初二之前，史玉柱学习成绩不好，1977年恢复高考(当时他正读初二)，父母对他说，收收玩的心，你不笨，考上大学到外面闯荡，别窝在这小县城了。他突然"顿悟"，从此，上大学成了他奋斗的目标。初二开始，他对学习发起"疯"来，学习刻苦，没有休息日，最早到教室，最后一个从教室走。因此，他的各科成绩直线上升，成为学校人尽皆知的"黑马"。他极具数学天赋，成为老师的重点培养对象。他上大学选数学专业是受陈景润的影响，同时，他在数学王国里可以天马行空。1980年，史玉柱以怀远县全县总分第一，数学119分(差1分满分)的成绩考入浙江大学数学系。他特别想攻克"1+1"，但过了一个学期，他觉得要攻克陈景润的数学理想并不容易，他的数学理想破灭。从此，失意的史玉柱开始长跑，每天从浙大跑到灵隐寺又返回，9千米的距离，风雨无阻，坚持了4年，大学毕业的成绩在中等偏下水平。1984年史玉柱本科毕业于浙江大学数学系，被分配到安徽省统计局。这年在中国称为"中国公司元年"，张瑞敏、王石等都在这年创业，分别创办海尔、万科，日后都成了中国的"标杆性企业"。在统计局他负责数据的分析和处理，局里很重视他，派他出去进修学习。在西安统计学院学习时，他看到那里都是用计算机处理数据的，回到局里后，他自己编出程序处理各种数据，大大提高了工作效率，过去多人几个月的工作量，用电脑一两天就完成了。他的研究成果在全国统计系统年会上得到推广，并获得230元奖金和1个技术进步奖。相比当时每月54元工资，他很知足，此时他年仅23岁。编完软件之后，史玉柱又发表了农村抽样分析的文章，被当时安徽省一领导人看中，该领导还是深圳大学的客座教授，他问史玉柱愿不愿读研究生，史玉柱同意,并作为第三梯队预选干部于 1986 年被保送到深圳大学读软件科学专业研究生,1989 年 1 月研究生毕业,时年 27 岁。在读研究生期间,史玉柱干过勤工俭学、买卖录像机等,听过创业成功人士报告,特别是四通集团总裁创办四通的讲座,对他后来辞职创业的影响很大。从那时起,史玉柱有了创业的理想,立志做一个成功的企业家。回到省统计局,他就递交了辞职报告,父母、妻子全家反对,领导同志为他惋惜,但他已下定决心创业,并说"下海失败就跳海"。他从朋友那里借来一台电脑在家编软件,半年后即 1989 年 7 月,推出桌面中文电脑软件 M-6401,并送给原单位一套,这套软件可代替四通打字机,直接在电脑上打字,效果非常好。他决定到深圳创业,怀揣东挪西借的 4000 元及电脑软件,想把它卖出去。他承包了天津大学深圳科贸发展公司电脑部,月交 1 千至 2 千元,但电脑部无电脑,仅有一张营业执照,为了演示宣传产品,史玉柱以 1000 元的租金租用电脑半个月,对史玉柱的经济压力是巨大的。如何让市场知道这个产品,他想到打广告。没钱打广告,他就跑到北京,闯进《计算机世界》报社广告部,演示给广告部主任贺静华看,贺静华看后答应给打三期 1/4 版广告,史玉柱以软件版权作抵押,广告费半个月支付,最迟 1 个月后付款。直到广告见报 13 天才收到 3 张银行汇款,总额 15 820 元,史玉柱第一次"豪赌"成功。2 个月后营业收入即超过 100 万元,随后他又推出 M-6402 汉卡。软件是暴利的,直接的成本是软盘的费用,也就是 100 多元,但卖出的价格高达 3500 元一套。

1991 年,巨人公司在珠海成立。注册资金 200 万,员工 15 人。用"巨人"命名公司,是因为 IBM 是国际公认的蓝色巨人,他要做中国的 IBM,东方巨人。推出 M-6403 是一个重要的转折点,从技术来说,它代表了当时中国桌面印刷系统的最高水平,3 个月销售 4000 套,销量稳居全国同类产品首位。巨人汉卡 200 元成本,3100 元销售价格,毛利率很高,1991 年巨人公司实现利润 3500 万元。

在开发 M-6402 升级版本的过程中,他从临时住所搬到深圳大学一间学生公寓,与另一个伙伴合作开发,每周下楼一次买一箱方便面,过了 5 个月"集中营式的生活",没有星期天和节假日,春节也不休息,没吃过正餐,方便面吃掉 20 多箱。他回顾这段经历时说:"要想事业成功必须对自己冷酷无情。"企业家的精神就是拼命精神。半年开发期内他始终与电脑、方便面为伴,当带着研制新产品的喜悦回到临时住所时,妻子已经不辞而别,妻子提出离婚,经法院调解两人离婚,为此他大哭一场。之后,他对同事说,这一生中你们再也看不到我的眼泪,后来因总经理陈国出车祸去世,他又哭过一次。他说:"生活上的遗憾是我最大的遗憾。"

到 1992 年,巨人集团资本超过 1 亿元,在全国民营企业中仅次于北京四通公司,跃居第 2。巨人的成功吸引了新闻媒体的关注,大量报道宣传巨人公司及史玉柱的创业事迹,当时称为"巨人现象"。史玉柱总结出"夸父逐日"的巨人精神,并提出新的发展目标,即在 2 至 3 年内超过四通,成为中国最大的计算机企业。

2. 史玉柱盲目决策,栽了"大跟头"

随着事业的跨越式发展,史玉柱提出跨国集团的设想。他决定建中国第一高楼,珠海市政府积极支持,批给巨人集团 3 万多平方米土地,每平方米地价 125 元,市场价格每平方米 2650 元,地价只花了 1500 万元,而且售楼后再补交余下款项。1992 年史玉柱计划盖 38 层的巨人大厦,后因头脑发热一改再改,从 38 层蹿至 70 层,号称当时中国第一高楼,所需资金超过 12 亿元。有人曾把巨人大厦"长高",视为史玉柱"雄心"膨胀的"标尺"。因为当时广州要盖全国最高楼,定在 63 层,史玉柱要超过广州的楼层,经集团几个人研究后,史玉柱拍板定在 70 层。如果按原计划盖 38 层,资金仅需 2 亿元,工期 2 年;而增加到 70 层,预算资金需 12 亿元,约 6 年完工。巨人大厦由享誉世界的香港巴马丹拿国际公司设计，前期设计费用 2000 万港币，花了大价钱。做这个决策没人能够限制史玉柱，他讲："巨人集团董事会是空的，总裁办公会议是提出议案，可以影响我的决策，但左右不了我的决策，我最后拍板定事，当时是跟着全国房地产热昏了头。"史玉柱基本以集资和卖楼花(预售楼房)的方式筹款，集资超过 1 亿元。后来他总结这一致命决策教训时说道："当巨人规模越来越大，个人的综合素质还不全面时，缺乏一种集体决策的机制，特别是干预一个人的错误决策乏力，那么企业的运行就相当危险。"1993 年，巨人推出 M-6405 汉卡、中文笔记本电脑、中文手写电脑等多种产品，其中仅中文手写电脑和软件的当年销售额即达到 3.6 亿元，巨人成为中国第二大民营高科技企业。同年下半年，史玉柱注册成立康元公司，投资 300 万元启动保健品项目，并聘请留美博士袁彬主持开发工作，吸收世界 DHA(二十六碳六烯酸，主要从鱼脑中提炼出来)研究的新成果，开发出天然海洋健脑益智食品，并将产品命名为脑黄金。结果，康元公司两年先后调换 5 任经理，给巨人集团造成 1 亿元的巨额损失。1994 年初，巨人集团花 2400 万元买下珠海香洲工业区 9 号大楼，楼高 5 层，1 万多平方米，又花 3000 万进行装修，大楼标识写有"珠海巨人高科技集团总部大楼"。大楼 4 层有史玉柱豪华装修的 300 多平方米的多用途办公室，人称中国最大的私人办公室。在集团总部有巨人长廊，整齐摆放着孔子、马克思、拿破仑、牛顿、居里夫人等古今中外 11 位巨人塑像，还有 1 个只有座基没有塑像的位置空着，这引起许多参观访问者的遐想。在同年 6 月 14 日巨人集团总部大楼落成典礼上，史玉柱提出二次创业走"多元化"扩张之路，扩张规模宏大，目标惊人。他决定：投资 12 亿兴建巨人大厦；投资 4.8 亿在黄山兴建绿谷旅游工程；在上海浦东买 3 万平方米土地建巨人集团总部；斥资 5 亿，年内推出百个保健品。产值目标是：1995 年达到 10 亿元，1996 年达到 50 亿元，1997 年达到 100 亿元。同时，他剖析了集团存在的 5 大隐患：创业激情消失；大锅饭抬头；管理水平低；产品和产业单一；市场开发能力停滞。他提出让激情再回到巨人来，他说："倘若我活到 35 岁，就干完了一生应该干的事业，我死而无憾。"于是，他调整组织，重新任命干部，采用高度集权化的军事化管理模式，加大压力，以业绩作为奖惩标准，干得好有奖，干不好下去当普通员工，集团变成高度"人治"的企业。同年，巨人大厦动土，计划 3 年完工。8 月推出脑黄金产品，并套用口号"让一部分人先富起来"，打造出巨人脑黄金的广告中心语"让一亿人先聪明起来"。史玉柱冥思苦想很长时间，认为这句广告语有时代感和冲击力。同时，广告还配发了一系列的软文和图像，分为综合篇、儿童篇、成人篇、老人篇。而创意团队提出的 200 多种广告方案都被否定。1995 年 1 月至 3 月，脑黄金回款达 1.9 亿元，史玉柱决定在全国设立 8 个营销中心，下辖各地 180 个营销公司，销售队伍迅速扩大。1995 年 1 月 1 日国家实施《广告法》，相关部门认为，"让一亿人先聪明起来"的广告违反《广告法》，第一个予以叫停。巨人集团又做学生广告，推出"考、考、考，先健脑"；又做送礼市场广告，推出"今年过节不送礼，除非巨人脑黄金"。

　　1995 年 2 月 6 日，春节后上班第一天，史玉柱提出实施"百亿计划"，打好"三大战役"，实行"兵团作战"。巨人将 12 种保健品、10 种药品、10 多款软件一起推向市场，投放广告 1 个亿。对于完成任务好的送奖杯，后 5 名的送黑旗，并在旗上写是倒数第几名。史玉柱在保健品市场同时推出：脑黄金、巨人钙、巨不肥、巨五株、巨鲨软骨、巨人吃饭香、巨人胡萝卜素、巨人银杏、巨人养胃、巨人维他命、脑黄金奶粉等，同时展开全国"巨人健康大行动"，这种全方位立体式的宣传推广活动，在社会上引起了不良反响。1995 年 7 月，国家工商总局紧急通知，立即叫停"巨人健康大行动"及系列广告，巨人集团造成了重大损失，"三大战役"全部失败。因在广告中侵犯了娃哈哈集团的利益，写有"娃哈哈含有激素，造成小孩早熟"等内容，娃哈哈集团于 1996 年 6 月 18 日向杭州市中级人民法院提起诉讼，巨人集团派员工到娃哈哈集团当面道歉并协商解决，同意赔偿200万元经济损失。之后，史玉柱又亲自到杭州娃哈哈集团致歉，表示今后一定规范运作，至此，这件事才算结束。1995年5月29日，巨人集团销售额突破20亿元。7月，史玉柱提出"二次创业整顿"，包括思想整顿、干部整顿和管理整顿，核心是干部整顿，进行干部大调整，成立巨人干部学院，并提出"四严院训"：严谨的学风，严明的纪律，严肃的作风，严格的训练。开展"秋季战役"，史玉柱认为是一场生死之战，只问结果，不问过程，成则英雄，败则落马。到1995年底，巨人销售额全面下降，财务吃紧，为此史玉柱宣布进入"紧急状态"，迎来有史以来最寒冷的冬天。

1996年元旦，史玉柱为挽救下降趋势，展开"巨不肥会战"，在全国开展铺天盖地的广告宣传，其广告语是：请人民作证，如果巨不肥使你身材苗条，请你告诉别人，巨不肥好；如果巨不肥使你精力充沛，请你告诉别人，巨不肥好。3个月后，巨人集团销售额达到2600万元，形势开始好转，但因管理不善，巨人集团内部有人把"巨不肥会战"当成最后的晚餐，侵吞巨人集团利益的现象集中爆发，各种违规、违法、违纪案件层出不穷，几万、几十万甚至几百万资产被侵吞、流失，史玉柱无计可施，最后想出一个办法是组织各地经理、中层以上管理人员到广东某市的重刑犯监狱参观。这场"战役"全线溃败，标志着巨人危机的全面爆发。史玉柱对于创业和守业，这样反省自己，他说："当企业摊子越铺越大时，企业的整体控制系统和管理能力(缺失)就显得日益突出，这实际上是走入了一种原先没有料到的恶性循环。巨人也是这样，微观上做得很好，但全局管理出现大漏洞。我们能攻下山头，却守不住。"1996年6月，巨人大厦资金告急，巨人大厦共筹资1.2亿元，国内4000万元，香港地区8000万港币，没向银行贷1分钱。原计划地基6000万元，后因设计方案达到72层，地基共打68根桩，最短桩68米，最长桩82米，打桩费共1亿多元。筹资钱用完后，无钱盖楼，史玉柱决定将保健品方面的全部资金调往巨人大厦，保健品业务因资金"抽血"过量，再加上管理不善，迅速盛极而衰，巨人集团危机四伏。1997年1月至2月，全国新闻媒体共有3000多篇关于巨人的负面报道，可以说是雪上加霜，产品卖不出去，应收款高达2亿多收不回来，因为媒体讲巨人破产了，欠巨人钱的不还钱，被巨人欠钱的纷纷到公司讨债。史玉柱成为全国见报频率最高的名字。他说："媒体把我搞休克了，一怕债主，二怕媒体，媒体是双刃剑，可以捧上天堂，也可打入十八层地狱，也就是瞬间的事，连过渡都没有。"1997年春节，巨人集团近1万名员工被遣散，巨人倒下。过去给史玉柱的求爱信很多，现在没有了，有的是寻求合作或鼓励的信。有一次，史玉柱收到母校4个大学生联名写的信，信中写道："史玉柱，你不能倒，你是我们这一代人的偶像，如果你倒下了，你就会辜负一代人。"看过信的人都痛哭流涕。

1997年初，巨人大厦未按期完工，国内购楼花者天天上门要求退款。1月19日，巨人集团30多位核心成员汇集安徽黄山脚下太平镇，召开批评与自我批评内部会议，会上史玉柱进行自我批评，总结自己三大过错。一是决策过程不科学；二是太急功近利；三是不尊重员工的想法。媒体"地毯式"报道巨人财务危机，不久，只建至地面三层的巨人大厦停工。巨人集团名存实亡，史玉柱负债2.5亿。1997年6月，巨人集团除保留名字外，企业完全解体。在最困难的时候，史玉柱多次表示："老百姓的钱我一定还。"此后，他一直戴着墨镜，为的是减少不必要的麻烦。

思考：
巨人集团为何走向衰败？史玉柱做了什么错误的创业决策使企业倒下，你如何评价？

3. 史玉柱二次创业的成功

史玉柱又从策划脑白金起步，最大的目的是"还老百姓的钱"。1995年圣诞节前后，美国人疯狂购买一种保健品，名字叫"褪黑素"，主要作用是改善睡眠。史玉柱想开发这种产品，他认为，中国保健品市场潜力巨大，有很大的增长空间。当1996年巨不肥产品走下坡路时，史玉柱决定开发以"褪黑素"为主要原料的产品，并请留美生物工程博士袁彬主持开发工作，1997年初研制配方做试验，10月研制成功，同年12月国家批准生产，由胶囊和口服液两部分组成。当时，该产品主要针对送礼市场，体积大些，外观设计有冲击力。关于产品叫什么名字，史玉柱进行了"头脑风暴"，提出100多个名字，让别人去看、去选，结果第一个都选"脑白金"。史玉柱认为，产品的名字要易记，有想象冲击力，神秘与科技融为一体。经过反复研究讨论，最后确定产品名为"脑白金"。这个名字在精神上具有鼓励、暗示、想象、科技、神秘、高贵、大气、易记等特点，它既是符号，更是品牌。在保健品市场，如果把产品的主要成分说到名字里，是不可能做大的。脑白金定位在礼品，突出宣传送礼要送健康的消费理念，针对目标购买人群的子女进行宣传，主打送给老人，尽孝道。产品最后定价在68元，一般家庭是可以接受的。后来的实践证明，名字、定位、理念、定价都是正确的，是取得营销成功的重要因素。此间，史玉柱去珠峰攀登，路上和登峰两次遇险，两次死里逃生，大彻大悟，他说："死变活，白捡命，以后无畏困难，笑对人生。"

1998年3月，史玉柱开始在江阴进行市场调查（"今年过年不送礼，送礼只送脑白金"广告语创意灵感产生的源泉），为启动脑白金生产销售做准备，继而启动无锡、南京、常熟等市场。脑白金快速火遍全国，月销售额最高可达1亿元，盈利达4500万元。1998年10月，珠海市政府召开巨人大厦贷款现场会。

1999年3月，史玉柱暗中控制黄山康奇与怀化远宏两家公司。1999年7月12日，上海健特成立，从事脑白金研发与营销，史玉柱是策划总监。两年内脑白金成为国内著名品牌。2000年，脑白金销售额超过10亿元。2000年3月，上海健特和黄山康奇收购无锡华宏集团制药有限公司，更名为无锡健特。2000年9月21日，上海华馨在上海市卢湾区注册成立，注册资金5000万元，上海华馨接受上市公司青岛国货的大股东青岛市商总转让的2811万股。2000年史玉柱一再表示："老百姓的钱，我一定要还。"他非常讲诚信，这是他的人格魅力和事业成功的基础。

2001年1月，上海健特生物科技公司策划总监史玉柱通过珠海士安公司收购巨人大厦楼花还债。同时，新巨人在上海注册成立。2001年2月6日，在《解放日报》上，史玉柱印上了"感谢"两个大字。2001年4月23日，巨人投资公司成立，注册资本5000万元，史玉柱占有95%的股份。3天后，怀远宏强将所持上海健特90%的股份全部卖给巨人投资。2001年5月，史玉柱担任上海华馨的决策顾问。2001年11月初，央视2002年黄金时段的广告招标中，史玉柱的上海健特出资7600多万元竞投。2001年脑白金销售突破13亿元，在中国，短时间内仅一个产品年销售额就突破13亿且销售利润率高达40%以上的只有脑白金了。一年后，总经理陈国不幸出车祸去世，他痛哭一场并做出决定，今后中层以上人员不许开车出远门办事，每年清明节带集团班子成员为陈国扫墓。

2002年3月8日，青岛国货召开股东大会，出资12 200万元收购上海华馨所持无锡健特39%的股权。2002年3月9日，上海华馨出资3128万元收购上海健特持有的无锡健特10%的股权，青岛国货随后更名为青岛健特生物投资股份有限公司。

2003年12月15日，四通电子以11.7亿港元买下史玉柱旗下的脑白金与黄金搭档的一切无形资产75%的权益，成为当时中国香港上市公司金额最高的资产并购案。2004年2月4日，段永基接手史玉柱脑白金与黄金搭档案尘埃落定。2004年8月3日，四通集团董事长段永基宣布正式任命史玉柱为四通控股CEO；8月12日，史玉柱正式上任。2004年11月，上海征途网络有限公司正式成立。2005年9月，《征途》完成开发。

2006年4月8日，史玉柱在上海金茂大厦召开《征途》新闻发布会。2006年7月26日，史玉柱在开曼群岛注册巨人网络科技有限公司(2007年更名为巨人网络集团),筹备上市。2006 年 9 月,史玉柱宣布征途海外上市的时间表,目标是2007年第四季度上市。2006年10月11日,在《2006胡润百富榜》上,史玉柱以55亿元身家排名第30位。2006年11月,史玉柱对外公布《征途》月盈利高达850万美元。2006年12月1日起,《征途》的形象广告出现在央视节目中,业界一片哗然。

2007年1月1日,史玉柱获第三届中国游戏产业年会评选出的"最具影响力的人物"。另外,《征途》还获得多个奖项。

2007年3月1日,史玉柱在四通控股年报前夕辞去四通控股CEO职务。2007年5月20日,《征途》的同时在线人数超过100万,成为世界第三款同时在线人数超过100万的中文网络游戏。2007年9月21日,史玉柱宣布征途网络更名巨人网络。2007年10月10日,史玉柱以280亿元身家排在"2007年胡润中国百名富豪排行榜"第15位。2007年11月1日,巨人网络成功在美国纽约证券交易所挂牌上市,造就了21个亿万富翁,186个百万与千万富翁。至此,史玉柱身价突破500亿人民币,同年,史玉柱荣获中国CCTV最佳经济年度人物奖。

4. 史玉柱创业的经验与体会

(1) "宁可错过100个机会,不可投错一个项目""让微利行业靠边站"。

(2) "坚强的意志是成功的首要因素""失败并不可怕,关键是在失败后要有重新崛起的勇气""失败是最大的财富""失败是成功之母,成功是失败之父""只要善于总结经验,就会少走很多弯路"。

(3) "欠老百姓的钱一定要还,背着污点办不了大事"。

(4) "资金安全是第一位的,永不尝试多元化"(1995年巨人公司推出"三大战役":12种保健品、10种药品、十余款软件,投放广告花费1个亿,从此巨人集团由盛转衰)。

(5) "媒体是双刃剑,能把你捧上天堂,同样也能将你打入十八层地狱"(1997年1月19日深圳《投资导报》发表"巨人史玉柱身陷重围""巨人集团资产被法院查封"的新闻;2002年3月14日《南方周末》发表"脑白金真相调查""某些保健品为什么虚而能火"的新闻,后经协调,危机平息)。

(6) 巨人失败原因,他总结为以下4点:①投资失误(不是朝阳产业不做,不熟悉行业不做,团队特长不突出、能力不能发挥不做,发现投资失误苗头,立刻砍掉);②资金结构安排失误;③管理失误(权、责、利不配套,贷款管理混乱,抓管理无重点);④企业文化失误(做东方巨人,全国第一高楼,头脑发热,建72层;提出100亿计划:1995年产值过10亿,1996年产值过50亿,1997年达到100亿,实施三级火箭计划,头破血流)。

(7) "营销无专家,唯一专家是消费者""采用聚焦战略,逐个攻占市场""关键在于如何打动消费者""721法则:70%服务于消费者,20%做好终端建设和管理,10%精力处理经销商关系"。

营销绝招:广告轰炸+软文宣传=产品畅销。如《人类可以"长生不老"》《两颗生物原子弹》《一天不大便=吸三包烟》《中国人如何补充营养素》《人不睡觉只能活5天》《投资数亿三巨头合作》等在不同类型期刊宣传,引起消费者关注,提升购买欲望。

营销驱动型公司,老板要亲自抓营销。营销是个舵,老板不去管这个最重要的舵,那这个公司很容易出错。

(8) 用人心得是"人品好、业务好"。然后授权、培养,这样成长才能快一些。

(9) "战略上可以处于劣势,但战术上一定要处于优势"。集中优势兵力,打歼灭战。

(10) "充分授权，挖掘属下最大潜能，放在最能发挥优势的合适岗位上去"(如对陈国等人的任用)。要允许下面的人犯错误。

(11) "真诚地对待你的员工，他们才会为你的事业忠贞不渝，成为出生入死的精英团队"(巨人衰败，兄弟相随，不离不弃)。

(12) 建立团队是一个庞大的系统工程，是办企业的第一要素。有两点特别重要，一是收入，二是搭建自我价值实现的平台。

(13) 每份成功都是心血浇灌，不能投机取巧。把那一个点浇灌足了，让它充分滋润，就有可能成功。

(14) 创业的时候最好主攻一个方向，要做就做一个产品，一定要把你的核心竞争力那一点用足。聚焦聚焦再聚焦。凡是你想干的事越多，你失败得就越快。如果你搞多元化，则无法形成你的核心竞争力。

(15) 民主集中制很重要。公司的决策一定既有民主，又有集中。你是老板，是个天才，你也会犯错误。决策权一定要民主，决策完了之后，只要方向不出错误，就要坚定地执行。在公司机制上，要走民主集中制这条路。

思考：

史玉柱走了N字形的创业人生发展轨迹，他成功的最主要因素有哪些？他失败的原因有哪些？他的事例对你有何借鉴意义？运用创业理论说明史玉柱的创业决策及效果。

第三章

创业"机会之窗"

【教学目标】

学习完本章后,应掌握的重点:
1. 创意与创业机会的概念;
2. 创业机会的特征与类型;
3. 创业"机会之窗"的来源;
4. 蒂蒙斯创业"机会之窗"筛选评价指标框架;
5. 创业"机会之窗"发掘方法;
6. 创业"机会之窗"筛选评价方法;
7. 认识和科学处理创业风险。

【理论应用】

1. 举例说明创业机会的特点。
2. 举例说明创业"机会之窗"的来源。
3. 结合自身情况,谈谈如何识别创业"机会之窗",选择创业项目。
4. 运用头脑风暴法等方法,进行创意开发,挖掘创业"机会之窗"。
5. 不少人有创业意愿,为什么有人能发现创业机会,而有些人却看不到创业机会,谈谈你的认识。
6. 实地调查创业者,运用专家提出的创业"机会之窗"评价指标进行评价,看有哪些符合,还存在什么问题,并给出改进的建议。
7. 结合实际说明创业风险及处理风险的方法。

创业机会识别是创业领域研究的关键问题之一,创业者的创业过程开始于商业机会的发现。认识与发现创业机会是创业的前提。

【案例导入】

宗庆后——娃哈哈集团的缔造者

宗庆后,1945年出生于浙江杭州,娃哈哈企业集团创始人,现任集团董事长兼总经理。第十届、第十一届全国人民代表大会代表,先后荣获全国劳动模范、"五一"劳动奖章、全国优秀企业家、中国经营大师、2002年CCTV中国经济年度人物、优秀中国特色社会主义建设者等几十个荣誉奖项。

1945 年，宗庆后出生于江苏省宿迁市东大街，4 岁时举家迁回祖籍地杭州。父亲回杭州后找不到工作，全家都靠在杭州当小学教师的母亲的工资维持基本生活。1963 年，宗庆后初中毕业后，为了减轻家庭负担，先后在舟山的一个农场和绍兴的一个茶厂打工，在海滩上挖盐、晒盐、挑盐，在茶厂种茶、割稻、烧窑。那时候的宗庆后与别的年轻人一样，脑子里有过各种各样的梦想，他一干就是 15 年，并树立了"遇见困难不被吓倒，奋斗拼搏"的观念。直到 1978 年，33 岁的宗庆后回到杭州，顶替退休的母亲进入校办纸箱厂。此后 10 年间，他辗转于几家校办企业，背着工厂的产品全国各地售卖，几乎用脚丈量了整个中国市场。但宗庆后的努力并没有给生活带来多大改善，一家人挤在一个小房子里面，生活还是非常拮据。

  1987 年，42 岁的宗庆后决定自主创业，他希望能紧紧抓住创业机会，取得创业成功。他借了 14 万元，与两名老师一起承包了连年亏损的杭州上城区校办企业经销部。宗庆后每天戴着草帽、骑着三轮车走街串巷，叫卖棒冰、文具，风雨无阻。这是一段异常艰辛的岁月，那时候，企业又穷又小，中午十来个人挤在一起蒸饭吃，还受人家的气。渐渐地，宗庆后意识到做代销是难以长久的，要另寻出路。在送货的过程中，宗庆后发现很多孩子存在食欲不振、营养不良的问题，觉得这是一个机会之窗。1988 年，宗庆后找到浙江医科大学营养学教授朱寿民，在他的帮助下，国内第一款专门为儿童设计的营养液面世。1989 年，想要自主创业的宗庆后拿着全家的全部积蓄，建立了一个小小的娃哈哈食品厂。宗庆后在报纸上公开征集品牌名称，当时《娃哈哈》这首儿歌红遍中国，来信中有人提议取名"娃哈哈"，宗庆后随即拍板决定。从此，娃哈哈成为 80 后、90 后的童年烙印。新产品上线之初，宗庆后手里只有 10 万元，可是杭州电视广告报价却要 21 万元，宗庆后思考后决定硬着头皮也要上。于是，"喝了娃哈哈，吃饭就是香"这句经典广告词很快便家喻户晓。电视广告播出后效果非常好，第一个月娃哈哈就卖出了 15 万瓶。随后，短短几个月时间，娃哈哈销售额猛增至 488 万元。靠着广告轰炸、招当地代理商、大肆铺货的策略，娃哈哈的销量额屡创新高。之后，娃哈哈兼并国营老厂杭州罐头食品厂，以"小鱼吃大鱼"在全国引起轰动，推动企业飞速成长。1990 年，创业只有几年的娃哈哈产值突破亿元大关，完成了初步原始积累。1991 年，宗庆后带领着校办工厂的百来名员工在市场上进行综合考察。为了解决生产力问题，他拿出了 8411 万元兼并了拥有 2000 多名职工的国营老厂——杭州罐头食品厂，娃哈哈食品集团一举成立。1995 年，娃哈哈年产值突破 10 亿元，利税总额达到 1.8 亿元。1996 年，娃哈哈的产品从单一的儿童营养液管理扩展到三大系列，包括牛奶饮料和瓶装水。2002 年底，娃哈哈已经在浙江以外的 22 个省市建立了 30 个生产基地，一年生产饮料 323 万吨，占全国饮料产量的 16%。2013 年，娃哈哈创下高达 783 亿元的营收记录，宗庆后三度登上"福布斯中国内地富豪榜"首富的位置。娃哈哈一步步成长为全国知名企业，旗下产品几乎遍布全国的零售终端。

  2014 年以后，中国快消品行业的景气度转弱，加上电商的冲击，娃哈哈也陷入了困境。当主业出现瓶颈的时候，宗庆后决定开启多元化的新战略。数年间，娃哈哈尝试做童装、奶粉、白酒、商场等，但都没有溅起多大的浪花。2015 年以后，娃哈哈的销售业绩逐年递减。2017 年，娃哈哈的营收为 464 亿元，相比 2013 年业绩下滑，宗庆后承认而立之年的娃哈哈存在着较为严重的"大公司病"，创新能力也在退步，但宗庆后一直在努力试图让娃哈哈重生。2018 年，宗庆后积极推动娃哈哈改变，重新进军保健品行业，与拼多多合作，试水社交电商等。从开发 AD 钙奶心月饼、炫彩版营养快线，到跨界彩妆盘等，娃哈哈出现了许多变化。2019 年，娃哈哈继续进行多元化的改革发展，积极主动迎接新的挑战，开发新产品，目前产品涵盖包装饮用水、蛋白饮料、碳酸饮料、茶饮料、果蔬汁饮料、咖啡饮料、植物饮料、罐头食品、乳制品、医药保健食品等十余类200多个品种，其中，纯净水、AD钙奶、营养快线、八宝粥是家喻户晓的国民产品。除食品饮料研发、制造外，娃哈哈还是食品饮料行业少有的具备自行研发、自行设计、自行制造模具及饮料生产装备和工业机器人能力的企业，大力发展智能制造等高新技术，推动制造行业从"中国制造"迈向"中国创造"。2022年，娃哈哈集团实现营业收入432.14亿元，同比增长31.62%，实现利税125.67亿元，增长82.61%，上交税金38.01亿元。2022年9月，宗庆后个人财富800亿元，排在中国个人财富榜前列。

娃哈哈三十年多来一直坚持创新驱动发展，成立了集技术研发、产品创新为一体的综合性企业研究院。目前，研究院拥有国家级企业技术中心、博士后科研工作站、国家实验室认可委员会(CNAS)认可实验室等研发检测机构，拥有研发人员300余人，形成一支以博士、硕士、高级工程师为学科带头人的科研队伍；历年来获得国家、省、市级各类科技创新奖80余项，承担各级科研项目40余项，申请各类专利200余项，参与制定国家和行业标准70余项。

娃哈哈在快速发展的同时，始终坚持承担社会责任，回报社会。宗庆后坚持"办企业就要为人民大众谋福利"的理念，坚信要饮水思源、听党话、跟党走。他认为有责任、有义务先富帮后富，在实现共同富裕中贡献更大的力量。他说："只有持续地为社会创造财富才是真正的慈善。"他将努力将企业做大做强，积极回报社会。他们构建了"娃哈哈慈善基金会""娃哈哈·春风助学"专项资金、"产业扶贫""支持三农"四条制度体系，为先富帮后福、实现共同富裕开辟一条新的路径。"娃哈哈慈善基金会"履行社会责任方面累计捐赠近7亿元，荣获中华慈善奖；2020年"娃哈哈·春风助学"专项资金累计捐款1亿多元万元，是捐款金额最多的企业，为3万多学子特别是对口的困难学子送去温暖和帮助；娃哈哈通过产业扶贫在全国建有80多个基地，其中，很大一部分建在中西部贫困地区等。

杭州娃哈哈集团在宗庆后的带领下，不断开拓创新，锐意进取，1987年至2022年累计销售额8601亿元，利税1740亿元，上交税金742亿元。娃哈哈在全国29个省、自治区、直辖市建有81个生产基地，187家子公司，拥有员工近3万人，企业规模和效益连续20年处于行业领先地位，多次荣获国家重点企业、中国企业500强、全国质量效益型先进企业、中国食品工业科技进步优秀企业、全国质量管理先进企业、全国对口支援三峡工程移民工作先进单位、全国东西扶贫协作先进集体、国家西部大开发突出贡献集体、中国企业管理杰出贡献奖等国家奖项。

思考：

阅读案例并查阅相关材料，试概括宗庆后创业成功的基本经验，这对你有哪些启示？宗庆后是怎样抓住创业机会的？他的创业精神对创业成功有怎样的作用？他勇于承担社会责任，先富帮后富，在实现共同富裕中贡献更大的力量表现在哪些方面？怎样理解宗庆后坚持"办企业就要为人民大众谋福利"的思想理念，谈谈你的认识。

第一节　创业机会的特征与类型

一、创业机会的概念分析

　　机会是客观存在的。从机会的产生角度看，机会代表着一种可能性，创业者通过资源整合，满足市场需求或满足顾客某种价值要求，以实现市场价值的可能性；从机会获取的角度看，机会反映着创业者寻求创业的潜在价值；从机会来源角度分析，创业机会实际上是新技术、新产品、新材料、新服务，甚至是一种新的组织形式等，企业家以敏锐的眼光发现认知机会，并经过各种资源优化配置进而实现产品或服务的价值创造。

　　我们认为，创业机会实际上是一种可能的未来盈利或价值创造的机会，这一机会需要有实体企业或者实际的商业行动的支持，通过各种资源的优化配置、具体的创业经营措施来实施，以实现预期的盈利或价值目标。例如，中国互联网存在巨大的商机，尤其"北斗星"在太空的布局与运行，给中国产业及各行的创造者带来巨大的创业商机。

二、创业机会的主要特征

　　创业机会的主要特征可概括为以下几点。

　　(1) 创业机会孕育着营利性。这包括两个含义：一是营利性是创业的基本要求。营利性是创业者创业的基本动机，即吸引创业者创业的原动力；二是创业机会的盈利性是潜在的，需要通过创业活动把潜在营利性转化为现实营利性。例如：中国博客网，营利少，存在很大风险，如果不能转化为商业价值和利润，容易形成泡沫，创业机会也就此失去。

　　(2) 创业机会具有很强的实效性，需要依托实体企业或者具体的商业行为来把握商业机会。

　　(3) 创业机会常常表现出适时性，往往转瞬即逝。如果把握不及时，时过境迁，原有商业机会不复存在，如果其他创业者抢先一步，以快制胜，占领市场先机，原先具有的巨大商机也可能沦为一条市场信息。

　　(4) 创业机会一般发生于企业生命周期的早期发展阶段，在理论与实践中，称为"创业机会之窗"，如图 3-1 所示。

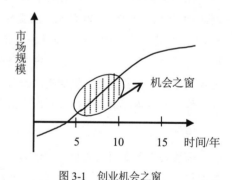

图 3-1　创业机会之窗

　　创业者在将创业机会转为商机时，不仅取决于个人的决心，还取决于许多外部环境和内部条件，如创业环境及拥有的资源状况。如果主观条件不具备，也会限制和影响创业行动的实施。因此，在创业机会的识别和开发上，创业者应做好各方面的准备工作，一旦发现有价值的创业机会，应立即决断，抢占市场，实施创业行动。

　　(5) 创业机会具有潜在价值。创业机会是客观存在的，但是动态变化的创业机会其潜在商业价值依赖于创业者的开发活动，也就是说，创业者及其各类相关者积极加入机会识别中来，不断创新开发创业思路或点子，创业机会的盈利模式才能逐步可行，并建立起新兴企业。如果创业者的创业方案与创业机会不能得到很好匹配，甚至严重失误，创业机会的潜在价值就不能实现。

杰夫·贝索斯——亚马逊网上书店之父

1986年，杰夫·贝索斯在普林斯顿大学取得电子工程学和计算机系双重学士学位，毕业后，先后在高科技公司、银行等公司工作。1994年，30岁的杰夫·贝索斯在华尔街纽约银行家信托公司避险基金工作，是公司最年轻的资深副总裁，其年红利就高达6位数以上。此时，他在互联网上进行搜索，发现每年使用互联网的用户以高达2300%的速度暴增，这让他无比地兴奋，并预感到应用互联网的创业机会，他必须采取行动，抓住创业"机会之窗"。于是，他毅然辞职，决定创办公司，但创办什么样的公司他心里没底。有一天，他来到一家书店，忽然想到可以创办网上书店，并用世界上流域最大的河流作为网上书店名。但他没有创业资金，于是从父母那里借来30万养老金，在西雅图郊区租来的房子的车库中创办了全美第一家网上零售公司——亚马逊公司。他开始经营得并不顺利，仅有300名左右免费使用客户。为突破网上销售技术瓶颈，他用1年多的时间开发了新的软件和建立数据库，1995年7月"虚拟电子商务"大门打开，从此，亚马逊书店以跨越式增长发展。一般较大的传统书店有25万种图书，但亚马逊书店有250万种以上图书可供选择，顾客可在3秒内得到回复。亚马逊书店是全球折扣最多、价格最低的网上销售商之一，基本没有库存。目前，亚马逊有3万个"委托机构"，他们在各自的网站上为亚马逊推荐书籍，如果实现交易，抽取15%的佣金。亚马逊书店已经是一个涵盖全品类全球最大的B2C网络购物中心，未来还将是云服务云计算的高科技公司。2016年，《福布斯》公布的全球100强市值公司中，亚马逊公司挺进前5名，公司市值高达3959亿美元，位列第五位。杰夫·贝索斯在谈到创业时这样讲："将来当我年届八旬回首往事时，我不会因为离开华尔街而后悔，但我会因为没有抓住互联网迅猛发展的大好机会而后悔。人们满怀激情地相信互联网和电子商务的未来，我们确信，一味专注于短期利润，肯定是个大错误，我们必须关注长期的利润。"

2021年《财富》世界500强，亚马逊排名第三，营业收入3860.64亿美元，利润213.3亿美元。2022年亚马逊市值(高点)16590亿美元，全球排名第五，低于苹果、微软、沙特阿美美、谷歌。杰夫·贝索斯个人财富1898亿美元，位居世界第二位。

思考：

你怎样认识和评价杰夫·贝索斯的创业，谈谈你的看法？

三、创业机会的类型

从不同的角度划分有不同的创业机会类型。从资源角度划分，有不可再生资源创业型、可再生资源创业型和新能源创业型。还可以从趋势、问题、组合角度划分类型：趋势型机会是创业者从观察产业、社会、经济、制度等的变动趋势来寻找创业机会；问题型机会是通过找问题及解决问题来找出新的创业机会；组合型机会是通过技术、产品的变革组合，获得新创业机会。

从市场和产品两个角度划分创业机会的类型如下。

1. 市场型

(1) 面向现有市场的创业机会。比如，迈克尔·戴尔的市场营销创业通过组装计算机、客户直销、零库存、减少销售中间环节，获得更高效益，取得成功。

(2) 面向空白市场的创业机会。空白市场是未开发的市场，如农村大型连锁超市开发等。

(3) 面向全新市场的创业机会。比如，新产品市场无竞争对手，无经营模式可循，要开发全新市场，但要特别注意市场的成长性，通过促销手段，把市场规模做大。

2. 产品(或服务)型

(1) 提供现有产品的创业机会。虽然产品无改进和创新，但有市场、有空间、有机会、有需求，那么创业机会就有一定的可行性。防止与能力强的对手进行直接竞争。

(2) 提供改进产品的创业机会。改进产品(或服务)分为较小、中度、重大3个层次。比如，打字机—电子打字机—计算机文字处理系统，使改进后的产品不断提供创业机会。

(3) 提供全新产品的创业机会。全新产品是市场上从未有过的产品，风险大但价值也大。比如，陈格雷在无意中发现了盒子的社会价值，为此，成立盒子创造社，运用动漫系列产品，以张小盒为品牌，进行全新产品开发，受到市场上用户的欢迎，取得了很高的社会效益和经济效益。

创业机会分类从市场与产品两个维度、三个层次可组成9个组合(创业者可看自己属于哪个方格)，如图3-2所示。

阿帝科威利根据创造的价值，以及探索到的市场价值及发展情况对创业机会进行了分类，如图3-3所示。

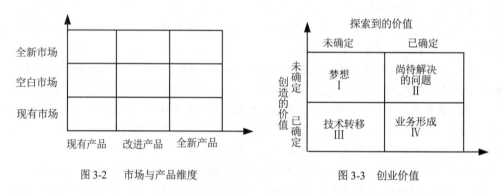

图3-2　市场与产品维度　　　　　图3-3　创业价值

第一象限Ⅰ：梦想、潜在市场价值和创造的价值都不确定。
第二象限Ⅱ：潜在市场价值确定，但创造的价值不确定是否有需要解决的问题。
第三象限Ⅲ：潜在市场价值不确定，但创造的价值已确定，通过技术转移完成创业过程。
第四象限Ⅳ：潜在市场价值和创造的价值都已确定，业务已经形成。

第二节　创业"机会之窗"的来源与筛选

一、创业"机会之窗"的来源

有人认为，创业"机会之窗"的来源纯属偶然，这种偶然不是创业机会常态。即使有偶然性，因创业者准备不足，导致创业活动匆忙上马，从而使创业活动夭折的可能性很高。因此，创业"机会之窗"的识别与开发并非"守株待兔"，而是需要创业者平时的积累，并做好各方面的准备，才能够准确地抓住商机，使偶然变为必然。

一般来说，经济社会发展过程中，总是伴随各种各样的变革，包括政治和制度的变革、社会转型和经济结构变革、技术变革、人口结构的变革、产业结构的变革、社会文化的转变等，每一次变革都会带来新的"机会之窗"。总之，创业来源于运动变化，没有运动变化，就没有创业"机会之窗"来源。

英国利兹大学教授菲利普·A. 威克姆编著的《战略创业学》提到，创业战略"机会之窗"的发现开发，主要通过新产品、新服务、新的生产方式、新的经销渠道、改进服务、建立人脉关系等方面表现出来。寻找商业"机会之窗"主要通过启发式探索即分析市场特征、产品特征、买家特征，并综合分析相互的关键关系发现新的商业机会。运用定量与定性的综合分析寻找商业机会。

从经济角度来看，一般创业机会来源主要是从供给与需求角度分析，通常可找到创业机会，也可以从新发明、新产品、新材料、新市场、社会变动、政治变化等，寻找到机会来源。创业"机会之窗"来源主要包括以下几个方面。

1. 市场环境等方面的变化

创业机会产生于市场环境的变化。市场供求变化及市场结构的变化会出现新的创业机会。创业者应特别注意从宏观层面对创业机会的把握。比如，供给侧结构变化、城市化加速、人口结构变化、老龄化社会、居民收入水平和消费水平的变化、产业结构变化及发展趋势、消费结构升级、人们思想观念变化、政府政策的变化等。在把握宏观环境变化的同时，也要有重点地对创业机会方向进行寻找，特别是注重变化比较大的方面，更易寻找到新的商机。

2. 新产业的出现和新技术的发明

新的知识和新的技术往往能带来新的产业，创新使新产业能满足消费者的需求。新产业出现后，带来许多新的创业机会，形成新的创业热潮。但盲目追赶新潮流趋势的背后，也存在一定的风险。有的创业者因头脑发热，盲目创业而吞下了巨大损失的苦果，如网络泡沫等。但许多新技术发明带动了新创产业发展，例如，以 IT 产业为核心的新技术，成就了硅谷，使其成为创业者的天堂，造就了许多成功人士，在实现人生价值的同时，还推动了美国经济的持续发展。因此，判断新产业出现所带来的创业机会是否可行，需要深入分析新兴产业的规模、结构、市场供求关系等，然后做出创业决策。例如，利用互联网技术进行对传统行业的融合，在饮食行业利用 App 等新技术进行销售，在互联网订餐等。

3. 产业与市场结构的变化，产生新的商业模式

一个产业的生命周期要经过初创期、成长期、成熟期、衰退期，产业在发展过程中，要经过波特提出的 5 种竞争力(潜在入侵者、需求方、供给方、现有企业竞争者、替代品)的博弈，并使市场结构发生重大变化，给创业者带来新的商机，并产生新的商业模式。例如，网络的出现带来 B2B、B2C 模式等。新的商业模式或改进的商业模式，使创业者更加重视企业发展战略规划，做好应对竞争者的挑战。新的商业模式可来自创业者工作经历、学识、创业经验、竞争对手存在的问题等。当然商业模式是否可行，还有待在市场竞争中考察验证。

4. 消费者提出的新价值诉求

创业的根本目的是满足用户需求，实现自我价值和社会价值。创业价值就在于能否为消费者创造价值或附加价值，因此，创业者如果更从消费者角度出发，将更易于抓住商业机会。

按照市场环境的变化、新技术发明及产业结构变化、商业模式的开发、客户价值的诉求来认识创业机会的来源，体现了以市场作为配置资源的决定作用，从宏观到微观、从间接到直接的创业活动过程，基本符合人们的认识规律。比如，消费者强烈要求解决食品安全问题，这一新的价值诉求必然孕育着新的创业机会。

5. 新经济、新业态、互联网+

新经济和新业态的出现，一定会产生新的创新创业机会，互联网+新的创业模式会在许多行业、企业产生大量的多种方式的创业机会，是未来创业"机会之窗"来源的主渠道。

管理大师德鲁克运用系统分析法，提出挖掘创业"机会之窗"来源的方式，共有以下7种。

(1) 经由分析特殊事件来挖掘创业机会。例如，冯仑等人创办太美国际网游平台，创新国际旅游市场，借助南极国际探险，先后开发国际旅游市场，实行差异化战略，取得巨大成功。

(2) 经由分析矛盾现象来挖掘创业机会。金融机构服务对象过去主要是国有企业，但中国民营经济发展已超越国有企业，金融机构要取得更好的投资收益，必须要转变观念，更好地为民营经济发展服务，挖掘这一服务对象可获丰厚回报。

(3) 经由分析作业程序来挖掘创业机会。全球生产体系发生了重大变化，中国已成为世界制造业"基地"。世界工业巨头纷纷抢占中国市场，无论是计算机生产，还是汽车等工业品生产，由于全球生产体系重新布局及作业程序的改变，都带来许多创业机会。

(4) 经由分析产业与市场结构变迁的趋势等来挖掘创业机会。国家逐步放开交通等产业的准入门槛，在交通、能源(新能源)服务业中能挖掘更好的创业机会。

(5) 经由分析人口统计资料的变化趋势来挖掘创业机会。例如，老龄化、高等教育大众化等都会带来新的市场机会。

(6) 经由价值观与认识的变化来挖掘创业机会。例如，饮食需求变化、健康保健食品等都有许多新的商机。

(7) 经由新知识新技术的产生来挖掘创业机会。例如，人类基因组的完成、3D打印机的产生、中国北斗系统的完成，都会产生大量高附加价值的创业机会。

创业机会由系统分析、研究、挖掘，但必须经创业者孕育实施才能完成创业过程，并给顾客带来更大的价值或附加价值。创业机会的来源也可从以下几个方面寻找。

- 找缺点，发现机会。
- 叠加复合创新机会。
- 借外力找机会。
- 挖掘新资源转换新机会。
- 兴趣爱好找机会。
- 突出优势找机会。
- 扩大眼界找机会。
- 解密寻找机会。
- 进入成长产业链找机会。
- 联想寻找机会。
- 整合资源要素找机会。
- 随波逐浪找机会。

此外还有借力模式(人、政策等)、代理模式(选好的项目做代理)、配角模式(易起步、易生存、风险小、有效果)等来挖掘创业机会。

【案例】

孟兵：创办中国互联网餐饮第一品牌

孟兵，26 岁，西少爷创始人兼 CEO。孟兵和其他几位西少爷创始人都曾在一流的互联网公司工作。这 4 个毕业于西安交通大学的高才生，平均年龄不足 25 岁。2013 年年底的一次偶然机会，让这些只摸过键盘、鼠标的互联网人，决定放弃高薪的工作，转而和面粉打起交道，他们要卖肉夹馍。他们以"古法烤制"的关中肉夹馍为核心产品，主推西安美食，旨在让更多的人品尝到正宗的西安味道。西少爷包含了品牌发起人浓厚的西部情结，以及对母校西安交通大学的热爱(数十名品牌发起人大多毕业于西安交通大学)。西：源于西安，朝向西方。少爷：代表不落窠臼、不安现状、无所畏惧、坚守梦想的一群人。其获得国内最高规格创新创业大赛全国总冠军及其他多种奖项。

西少爷是中国互联网餐饮第一品牌。2014 年 4 月 8 日，西少爷第一家店在北京"宇宙中心"五道口开业，随即火爆全城，成为各大媒体头条，一年内高速发展并开出多家连锁店。店内主要售卖肉夹馍，以及擀面皮、小豆花、胡辣汤等具西北特色的快餐食品。该品牌的创始团队分别来自全球著名互联网公司百度、腾讯等，创立之初便受到全球媒体的广泛关注，掀起一阵"互联网+"热潮，成为争相学习的创业典范。西少爷肉夹馍的核心产品是在陕西关中肉夹馍的基础上做出创新改良。从思维到理念，从产品到架构，西少爷将互联网完美引入，给顾客带来全新的餐饮体验。

2015 年中央电视台《经济半小时》对这家店进行了报道，2016 年 2 月 14 日记者又对这家店进行了访谈。从互联网工程师到售卖肉夹馍，一个月卖出 30 万个，"西少爷"孟兵要做国际化品牌。

西少爷肉夹馍的经营特色如下。一是用户体验至上：包装袋采用不渗油的进口材料；每个吧台都提供 USB 充电口，让离不开互联网设备的人们在店内体验充电宝一样的便捷感；外带店还会提供专门的雨伞为排队的顾客遮阳挡雨。二是西少爷首次提出将互联网引入传统餐饮：从核心产品到细微服务，每一个环节都追求互联网式的极致体验；改变了传统餐饮行业千百年来的"口味+服务+成本最小化"模式，取而代之的是全新的"产品+用户体验至上"模式。三是主营品类有特色：西少爷肉夹馍、牛馍王、健康蔬菜夹馍、秘辣蔬菜夹馍、孜然肉夹馍、岐山擀面皮、西食堂小豆花、手打牛丸胡辣汤、长安醇豆浆、老西安酸梅汤、冰峰汽水等，这些都源于西安经典小吃，但又独具匠心，在其基础上进行了一定程度的改良创新，给顾客不一样的味蕾体验。

西少爷肉夹馍的品牌理念是：专注、完美；是作品，而不是产品；不要小看你带来的改变。

西少爷的第一家店铺只有 10 平方米，但其却创下 100 天卖 20 万个肉夹馍的纪录。2014 年 5 月全球媒体相拥而至，门庭若市，短短一个月就已经有将近一亿的估值投资。2014 年 6 月西少爷创造全球最高平效(终端卖场/平米的效率，平效=销售业绩÷店铺面积)。2014 年 7 月全流程标准化体系建成，完成蜕变。2014 年 8 月第一家分店成功入驻 shopping mall，西少爷开始连锁之路。2014 年 9 月第二家分店顺利入驻中关村购物中心，紧邻肯德基，用同样的位置、截然不同的业绩给了西少爷打造全球连锁品牌的自信。2014 年 10 月创业街店开业，在这个具有国际一流创业孵化服务机构的地方，西少爷成为每个创业者的典范，在这里随处可见创业者们边吃肉夹馍边工作。2014 年 11 月第 100 万个肉夹馍售出。2014 年 12 月朝阳大悦城店开业，带来全新的潮流趋势。

2015 年，历经整整一年，西少爷升级第一家望京店面，将 10 平方米扩大至 200 余平方米，打造西少爷肉夹馍旗舰店。望京 SOHO 是世界 O2O 中心，而西少爷占据了 SOHO 最好、最中心的位置，成为 SOHO 的"心脏"，旁边是微软中国和奔驰的中国总部。升级店开业第一天即送出 7600 个肉夹馍，成功掀起 office 商圈美食新浪潮。

他们把互联网行业的工作经验运用到了卖肉夹馍这件事情里。网络产品的研发和卖肉夹馍，在4个年轻人看来，没什么不同。互联网跟传统行业的结合，这个市场会非常大，在这有很多机会，所以他们也进入这个领域。对于几位年轻的合伙人来说，西少爷肉夹馍的本质是一个互联网公司，这不仅仅是因为几个合伙人都有丰富的互联网从业经验，而且早在创业初期他们就明确了公司的定位。

孟兵说："不管是肉夹馍还是煎饼，或者体感设备、可穿戴设备，或者其他任何东西，这些东西对我们来讲都只是一个产品而已。"如何才能把肉夹馍当互联网产品来经营呢？2014年4月6日，小店开张前两天，微信朋友圈里开始疯狂转载一篇名为《我为什么要辞职去卖肉夹馍》的文章。文章写道："伴随着最后一班火车的通过，我站在五道口刚刚装修好的西少爷肉夹馍店外，看着夜色下来来往往的人群，我想起自己北漂这3年没日没夜地和Java C++ Python(编程软件)加班到深夜，和100万人挤13号线地铁的毫无存在感，想起五道口成为"宇宙中心"那天，我却为了省钱被迫搬到昌平租房的酸楚。面对现实沉重的压力，我开始怀疑自己的价值。我北漂到底是为了什么？我真的要当一辈子码农吗？我写了上百万行的代码，为什么一点点成就感都没有？我想，那都是我逝去的青春。"通过微信的转载和传播，这篇《我为什么要辞职去卖肉夹馍》的文章在48个小时内，转发超过45万次，一时间很多人都知道这4名互联网工程师辞职，在高校云集、上班族众多的五道口，开了一家西少爷肉夹馍店。

2014年4月8日开业当天，准备好了的1200个馍没到中午就售卖一空，接下来每天都是如此火爆的场面，日均销售2000个。孟兵说："爽啊，别看这地方小，就感觉跟印钞机一样，从早到晚，一直在收钱，一直在收钱，而且还排了很多顾客，顾客一直抱怨，你收钱怎么这么慢，能不能快点。然后我们出去吃饭都是拎着一个书包，结账的时候书包往桌上一放，拎出来一个大纸袋，里面全是钱，感觉特别土豪。"

孟兵对采访记者说："我是一个特别自信的人，从小就自信，我相信西少爷会发展得特别快。我的梦想比较大，两年开50家店，未来能开一万家店，那即便一年开100家，我也得开到126岁，所以我可能速度要更快。"2016年，孟兵的目标是每个月都要新开2~3家店。到年底，西少爷将成为有着超过30家连锁店的餐饮品牌，卖出一千万个肉夹馍。就只靠肉夹馍一款产品，西少爷的收入就会超过1亿元。它不是一个特别大的数字，但它是一个伟大的开始。孟兵说："我希望西少爷可以成为中国文化的一个标志，可以成为中国文化全球化中的一个重要的组成部分。所以我觉得，这件事就特别有意义，如果说只是去卖一些馍，赚一些钱，我觉得意思不大。我希望把西少爷开到全世界。"

张天一：创办伏牛堂米粉(线上线下)餐饮有限公司

伏牛堂是一家主营米粉的餐饮有限公司，由北京大学法学硕士张天一和几位小伙伴联手创立。几位合伙人想打造北京第一家正宗的常德米粉店，除了给在京湖南人提供一个常聚的平台，伏牛堂更致力于改变餐饮行业整体的职业认同。凭着正宗的口味及迅速聚拢的人气，自2014年4月4日开张以来，伏牛堂受到包括人民日报、中央电视台、经济日报、华尔街日报等在内的多家海内外主流媒体的关注，短短3个月内就得到风险投资，发展迅速。18个月卖50万碗米粉、计划销售3000万盒盒装粉，伏牛堂踏实前进欲做米粉界的小野二郎(小野二郎被称为"寿司之神")。凭借一碗地道的湖南常德牛肉米粉，每家伏牛堂几乎都是这样火爆，短短一年半的时间，张天一和他的伏牛堂顺风顺水，飞速发展。2015年底已经有7家米粉店。

伏牛堂是由北京大学毕业生张天一牵头，北京外国语大学法学硕士柳啸、放弃了美国高校MBA全额奖学金的宋硕及在深圳早已有稳定工作的周全共同发起的餐饮创业项目。张天一说，他的创业是被逼出来的，看着周围的人挤破头向公务员、事业单位、500强靠拢，他突然觉得"活着没意思"，毕业了找工作，然后买房买车，结婚生娃……他问自己，回老家这些不都有了吗？那为什么留在北京？不想朝九晚五，也不愿意做大单位背后的一颗螺丝钉，最后他只能选择创业。说干就干，大学期间就开过饺子馆的他最终将创业项目锁定在餐饮行业，他想到了常德牛肉米粉，一来米粉是南方人的一种主食，很有市场；二来常德米粉的准备工作主要在前期，牛肉牛骨汤需要提前10小时熬制，而真正操作的时候，从煮粉到出餐，全部过程不超过30秒，具备了标准化操作的可能性。

张天一的拜师学艺经历历尽曲折。2014年2月，张天一和表弟周全回到常德，开始走街串巷试吃米粉，据说当时一天吃十碗吃得都上火了。最终，他们挑中了几家口味极好的店，想拜师学艺，但都被拒之门外。失望之时，无意间发现了一家口味非常正宗的米粉店，在征得老板同意后，他们经历了拜师、学艺等一系列过程，又进行了标准化提炼，买了一把小秤，在无数个夜晚一小勺一小勺地称量每种中草药、配料，又通过常德餐饮协会邀请当地最有名的几家米粉店的主厨品尝，最后才制作出这几种配方。回京后，张天一说服宋硕、柳啸加入，4人开始找门面，最终选定了金台夕照环球金融中心一家30平方米的小店。

创业要有"霸蛮"精神。总理在视察中关村创业一条街时，看到伏牛堂工作人员工作服背后印有"霸蛮"两字，他问是什么意思？工作人员回答，"霸蛮"是湖南方言，意为认死理，吃得苦。在刚开始做伏牛堂时，只有他们4个合伙人，牛肉要自己切、自己炒、自己炖，米粉要自己进货、自己泡、自己发、自己煮，所有的工作都要他们自己做，每天都需要工作16个小时以上，且基本都是非常繁重的体力劳动。张天一说创业就要有"霸蛮"精神，不怕苦不怕累，坚持往前走。

2014年4月4日，北京市朝阳区东三环中路1号环球金融中心店开业，第一个周日营业额破两万。人力资源和社会保障部副部长曾在一次新闻发布会上表示：像张天一这样的学生，体现了大学生就业观的一次转变。5月，北大原校长周其凤也来到伏牛堂餐馆，并给予了充分的肯定；张天一受邀参加湖南卫视人气综艺栏目《天天向上》；人民日报社会版对伏牛堂进行报道；伏牛堂登上优酷首页，获得将近千万的点击和关注；伏牛堂获得险峰华兴天使轮融资。2014年6月，张天一入选腾讯90后全球创业家俱乐部，并在腾讯产品家沙龙发表了巡回演讲，在朋友圈获得百万级转发，成为90后创业的代表性人物之一；北京市朝阳区朝外大街朝外SOHO店顺利开业，员工发展至20余人。2014年7月，获得真格基金徐小平投资。2014年8月，人民日报要闻版、央视的《经济半小时》和《真诚沟通》等对其进行报道，获得IDG资本投资；美国华尔街日报、日本NHK电视台、产经新闻、英国BBC等海外主流媒体对其进行报道，使之在国际上拥有了一定知名度。2014年9月，伏牛堂参与FAST COMPANY 中国30家创新公司的复评环节。2014年10月，伏牛堂登上央视《对话》栏目，引起广泛关注；与福成集团达成合作意向，共同开辟湖南米粉标准化生产新时代；再次获得人民日报的报道。2014年12月，伏牛堂长楹天街店开业，王府井店进入开业筹备环节；在央视《青年中国说》栏目上，创始人张天一与格力集团董事长董明珠展开交锋，引起广泛关注。

几年前，北大硕士毕业来卖牛肉米粉，这不同寻常的选择让很多人大跌眼镜，包括父母，那时的张天一承受不小的压力。张天一对记者说："觉得人家都是拿着offer(录用通知)，很'高大上'，这个部那个部，这个总行那个什么的，因为人总是社会动物，肯定是有思想斗争的。"北京大学法学院硕士研究生，这个不知道让多少人都无比仰慕的身份，似乎也注定了他同样会有一个令人艳美的职业去向，但在张天一看来，这样的路走起来并不那么轻松。

张天一还说："我有个生活感触非常深刻，就是东三环那条路，国贸桥那儿永远堵车，我就想国贸是一个好地方，人人都想去，但是你看人人都想去个好地方，结果可能并不是大家都到得了好地方，实际上都堵在通往好地方的路上了。我是个急性子的人，堵车会让我非常着急，这会体现在我做的人生选择上，我会选一些看上去不那么主流的路，可能别人会认为绕，但是我知道它这条路不堵车。"这条在旁人看来绕远，但在张天一看来不会堵车的路，就是自己创业、卖米粉。而让他能坚持己见的另一个原因是他一次偶然看到的日本纪录片。这部纪录片讲述了全球最年长的三星大厨——小野二郎的故事。50多年来，小野二郎一直在研究如何做好寿司。他的寿司被誉为值得花一辈子排队等待的美味，小野二郎也因此被称为"寿司之神"。

怎么才能让千里之外的粉丝也吃到伏牛堂的牛肉粉呢？2015年，互联网让张天一想到了一个很棒的办法，做盒装的牛肉粉。通过电商的形式，伏牛堂的牛肉粉可以卖到全国各地。2015年11月份上线以来，仅依靠一年多来伏牛堂积累的粉丝，这款盒装粉就做出了200万的销售额，这让张天一信心满满，不仅单独成立了事业部，还定出了一个非常高的年目标。全年的目标是该事业部能赚公司总营收盘子的30%，那就是3000万。伏牛堂的规模还在不断扩大。他希望每一家店都能像第一家店一样火爆，踏踏实实地站稳脚跟。这个90后的年轻人，正带着他年轻的梦想，一路走下去。

张天一对记者说："我觉得牛肉粉这个事情，如果它能够比我的生命更长，哪怕它是一个再小的生意，也能让我的生命释放出很大的价值和升华。"

思考：

两个创业者选择的都是传统的小吃，但都抓住了互联网+创业的"机会之窗"，采取了线上线下的形式，取得了较快的发展，阅读两个案例后，你怎样认识和评价他们的创业故事？如果要做大做强还需要做哪些工作？有人说，"舌头决定成败"，谈谈你的看法。

二、创业"机会之窗"的筛选评价

创业"机会之窗"识别过程是一个从感性到理性的认识过程，也是一个不断调整的动态过程。因此，运用什么样的筛选评价指标体系评价创业机会存在一定的模糊性。但如果没有较为科学的评价指标体系，那么创业机会识别无法给予一个科学判断。因此，创业机会筛选评价指标体系的建立是十分必要的。应从创业机会的外部环境、内部条件和成长预期3个方面进行系统全面的评价，这样更有利于筛选出价值更大的创业机会，只有把3个方面综合统一起来进行评价，才能比较准确地把握筛选出来的创业机会，实施有效的创业。

1. 创业"机会之窗"的外部环境分析

创业机会的外部环境分析是创业过程最重要的工作，创业者在创业机会筛选评价中，特别要关注创业机会的外部环境发展变化，必须考虑外部环境是否有利于创业机会的商业价值，创立新企业后也要根据外部环境的变化制定可行的创业机会开发方案。

1) 外部环境的分析(如图3-4所示)

(1) 政治环境分析：从国家的政治、法律方面考察市场环境特征。例如，国际关系、国家与政体、政治稳定、方针政策、法律法规、对企业组织活动的特别限制和要求、是否对有些产业在政策上给予倾斜等，这些都对创业者创业产生直接的重要影响。

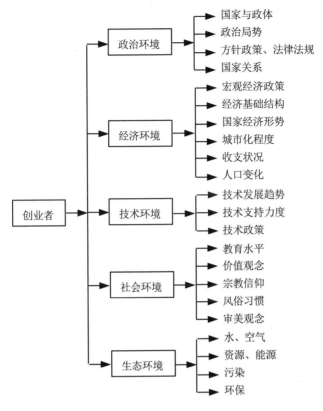

图 3-4 外部环境的分析

(2) 经济环境分析：可以从宏观与微观经济环境两个方面进行分析。宏观经济环境包括：国家宏观经济政策、经济基础结构、城镇化程度、国家的人口数量及其增长变化趋势、宏观经济走向、国民收入状况、国民经济发展水平、发展速度指标等。微观经济环境包括：企业所在或所服务区域的经济状态及消费者的收支状况等因素。经济环境因素与新创企业的发展关系密切。中国著名经济学家于光远曾提出"中观经济学"，主要指省、地区的经济发展研究。

(3) 技术环境分析：包括国家或地区对科学技术的投入及各种政策支持状况，企业所处产业的技术水平和未来发展趋势。对于高科技创业活动而言，识别技术环境特别重要。

(4) 社会环境分析：指的是国家或地区范围内的价值取向、教育文化水平、宗教信仰、居民风俗习惯、审美观念等。社会环境对新创企业的企业文化有直接影响。

(5) 生态环境分析：指的是人与自然和谐，保证人类可持续发展的外部生态环境。不能以牺牲环境为代价获取发展。生态环境主要包括：水、空气、土地、沙化、气候、资源、能源等生态平衡，运用一系列环保手段保证生态环境不被污染，或把污染降到最低限度，化解生态危机，促进生态、经济、社会系统可持续发展。

例如，美国"硅谷"、中关村创业园都具备"鼓励创业，容忍失败"的文化氛围。中关村独创出留学生创业服务体系：全方位人性化的服务体系；高效务实的创投孵化体系；共建大学、科研院所，共享资源；项目融资，推介体系；政府资金支持体系。政策环境、人文环境、资信环境、人才环境、融资环境五大环境越来越好，更多留学人员回国创业。到 2012 年 12 月，留学人员企业3000多家,留学人员1.6万人,呈现很好的发展势头。其发展目标为：研发一批世界一流科技成果；培育一批世界知名企业家；推出一批中关村跨国公司；到国外"合作"开办企业。

2) 产业环境的分析

产业环境对创业活动的影响更为直接,产业环境分析常用的是迈克尔·波特的五力竞争模型,如图3-5所示。

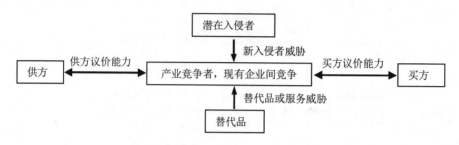

图3-5 迈克尔·波特的五力竞争模型

在战略分析方面应用较广。创业中的竞争者或多或少地要应对上述五种力量的威胁,创业者在创业时需要分析五力构成、状态,并进行分析评价。

2. 创业"机会之窗"的内部条件分析

内部条件是创业机会能够得以开发所必备的。虽然外部环境分析非常重要,但缺少必要的内部条件,创业活动也会失去动能,甚至无法实施创业活动。内部条件是否适应或达到选择实施创业机会的项目开发运作,需要进行全面系统的分析,内部条件分析主要从4个方面进行。

1) 产品(服务)的分析

产品层面的分析主要考察创业机会自身的内在属性,如产品(服务)是否具有一定的创新性、是否满足市场顾客要求、是否具有独特价值等。创业机会的产品分析主要包括两方面的内容。一是创业机会的产品独特性,这是占领市场的基础,雷同产品很难吸引顾客。独特性包括产品性能、包装、标识、品牌、售后服务等方面。二是创业机会的产品创新程度,主要是从技术角度评价创业机会。技术优势可构建起市场优势,否则创业者的竞争优势难以存在或巩固。根据创业机会的产品和市场特征,从市场优势和产品优势两个维度区分强弱两种创业机会,分为4种类型,如图3-6所示。

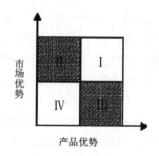

图3-6 市场与产品分析

Ⅰ型：创业机会的市场特征和产品特征都具有优势。

Ⅱ型：产品优势较弱,有追赶者或使用者,但市场优势相对较强。

Ⅲ型：产品优势较强,保持技术领先地位,但市场优势相对较弱。

Ⅳ型：创业机会在市场和产品两个维度都不具备优势。如果创业者寻找的创业机会属此类型,则不宜创业。在实践中,创业机会常常是Ⅱ或Ⅲ型。

2) 创业团队分析

创业团队是支持创业机会开发的人的因素。在分析创业团队要素时,应重点思考以下几个方面：创业者组织怎样的创业团队开发创业机会；团队的分工与合作；团队成员的价值取向及统一目标；是否有合适人选保证创业开发方案实施到位。只有优秀的创业团队才能符合创业机会开发需要。

3) 创业资源的分析

资源要素是支持创业机会的物的因素。在分析创业资源要素时，重点思考以下几个方面：创业资金来源，创业者能够投入多少；新创企业建立后，创业者又通过什么渠道获取新资源；企业内部怎样使资源使用效率最大化；资源缺失，新企业怎样应对。只有创业者充分考虑了企业的资源获取方式及可能，并实现资源最优配置，才能支持创业机会的发展需要。

4) 商业模式的分析

这是支持创业机会开发的全面综合性的管理、体制因素。创业者及其团队应对未来发展规划有一个全面的发展定位，这是非常重要的。商业模式明确，适应企业内部条件和外部环境发展，创业活动才会实现稳定健康发展。在分析商业模式要素时，重点思考以下几个方面：创业机会发展定位，发展方向及目标；影响创业机会发展的主要因素及如何处理这些因素；创业者如何经营管理企业，如何进行产品开发和销售，一旦市场变化，将怎样进行调整应对。只有创业者及其团队对企业未来发展方向科学定位及发展规划清晰明确时，商业模式的支持因素才能符合创业机会的发展需要。

3. 创业"机会之窗"的成长预期分析

创业机会的成长预期分析是对创业机会潜在价值的最终判断。创业者对新创企业的成长预期包括各项财务指标和成长性指标及收获条件。只有对创业机会的外部环境、内部条件和成长预期做出综合评价，创业成功才有一定的把握，创业者心里才有数、有底气。

创业"机会之窗"筛选评价综合框架，如图3-7所示。

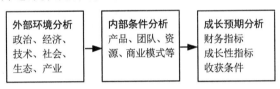

图3-7 创业"机会之窗"筛选评价综合框架

4. 蒂蒙斯创业"机会之窗"筛选评价指标

美国百森学院蒂蒙斯教授是国际公认的创业学理论家，他提出了全面的创业机会筛选评价指标体系(或模型)，其中设计了7个维度(或称为一级指标)54个二级指标。具体内容如下。

第一维度行业与市场有以下几点。

(1) 市场容易识别，常常带来收入。

(2) 顾客可以接受产品或服务，愿意付费。

(3) 产品使用者购买产品成本能在一年内偿付。

(4) 产品的附加价值高。

(5) 产品对市场影响力大。

(6) 产品生命周期长。

(7) 项目所在行业是新型行业，竞争不完善。

(8) 市场规模大，销售潜力可达到一千万到十亿。

(9) 市场成长率在30%~50%或以上。

(10) 现有市场容量全面增长。

(11) 年内占据市场主导地位，市场份额达20%以上。

(12) 拥有低成本供应商，具有成本优势。

第二维度经济因素有以下几点。

(1) 达到盈亏平衡点时间在 1.5～2 年以内，盈亏平衡点不会再提高。

(2) 税后利润在 10%～15%或以上。

(3) 投资回报率在 25%以上。

(4) 项目对资金要求不是很大，可以再融资。

(5) 潜在内部收益率在 25%以上。

(6) 现金流量占销售额的 20%～30%或以上。

(7) 毛利率达到 40%以上，而且能持久。

(8) 资产集中度较低。

(9) 运营资金不多且能逐渐增加。

(10) 研发工作对资金要求不高。

(11) 销售额的年增长率高于 15%。

第三维度收获条件有以下几点。

(1) 项目带来高附加价值，具有较高的战略意义。

(2) 收获期能够实现很高的市场/权益比率。

(3) 存在已有的或可预期的退出方式。

(4) 资本市场环境有利，可实现资本的流动。

第四维度竞争优势有以下几点。

(1) 固定成本和可变成本低。

(2) 对成本、价格和销售控制较高，拥有很高的经营杠杆。

(3) 已获得或可以获得专利所有权的保护。

(4) 竞争对手较弱。

(5) 拥有专利或具有某种独占性。

(6) 拥有良好的网络关系，容易获得合同。

第五维度管理团队有以下几点。

(1) 创业团队是一个优秀管理者的组合，拥有杰出关键人员和管理团队。

(2) 技术能力达到了本行业内的最高水平。

(3) 管理团队的正直廉洁程度达到最高水准。

(4) 管理团队知道缺少哪些知识。

(5) 不存在任何致命缺陷。

第六维度创业家的个人标准有以下几点。

(1) 个人目标与创业目标相符。

(2) 创业家可以做到在有限的风险下实现成功。

(3) 创业家能接受薪酬减少等损失。

(4) 创业家渴望进行创业这种生活方式，而不只是为了赚大钱。

(5) 创业家可以承受适当的风险。

(6) 创业家在压力下状态依然良好。

第七维度理想与实现的战略差距有以下几点。

(1) 理想与现实情况吻合。

(2) 管理团队已经是最好的。
(3) 在客户管理服务方面有很好的服务理念。
(4) 所创办的事业顺应时代潮流。
(5) 所采用的技术具有突破性，不存在许多替代品或竞争对手。
(6) 具有灵活的适应能力，能快速进行取舍。
(7) 始终在寻找新的创业机会。
(8) 定价与市场领先者几乎持平。
(9) 能够获得销售渠道，或已经拥有现成的网络。
(10) 能够允许失败。

蒂蒙斯提出的创业机会筛选评价指标比较全面，是目前进行创业项目及创业成长最主要的评价框架。当然，对不同的创业项目及机会筛选其评价指标的运用应有所侧重，不能一概而论，应结合创业实践来运用。这个评价指标体系将创业机会识别以后新创企业成长中涉及的因素都纳入其中，可以比较全面系统地对创业机会识别及新创企业的运行状况进行分析评价，但指标多，主次不清，有的指标难以量化，各个维度和评价指标还会交叉重叠，这在一定程度上影响了筛选评价的实效性。

我们认为，对于新创业的创业者和团队而言，如果应用蒂蒙斯提出创业机会筛选评价指标进行评价，很难迈出创业这一步，因为绝大部分创业者是达不到这些指标要求的。因此，我们提出对于新创业"机会之窗"筛选评价框架，应从市场、回报、未来发展3个维度共10项评价指标进行评价筛选，这有利于促进创业者迈出创业第一步，便于在创业中进行调整完善，促进创业的发展。

第一维度市场包括以下几点。
(1) 创业机会是否具有市场潜力，市场的规模大小，顾客需求是否旺盛，能否为顾客带来新的附加价值。
(2) 依据波特的五力竞争模型进行创业机会的市场结构评估，创业机会的市场渗透力如何。
(3) 预测未来的市场占有率，市场估值(战略价值)有多少。
(4) 分析产品的独特价值、成本结构、价值链。

第二个维度回报包括以下几点。
(1) 税后利润至少高于5%，达到盈亏平衡点的时间应少于2年。
(2) 投资回报率要高于25%，毛利率要高于40%。
(3) 资本需求量较低。
(4) 资本市场的活跃程度，退出和收获回报的难易程度。

第三个维度未来发展包括以下几点。
(1) 未来发展的战略规划、发展目标。
(2) 具体实施完成战略规划发展目标的对策措施。

第三节　创业"机会之窗"的发掘与评价

创业"机会之窗"识别过程是创业机会的发掘评价过程，是对创业机会的潜在价值及自身能力能否达到实施创业反复权衡的过程，经过不断地开发创业机会、筛选创业机会，使之成为真正实施运作的项目或企业。

一、创业"机会之窗"的发掘

1. 影响创业"机会之窗"识别的主要因素

创业机会是普遍存在的,但为什么有的人能识别并抓住创业机会,而有些人却不能识别,看不到创业机会呢?从大量的创业成功与失败的案例中,我们归纳出以下5个主要因素。

(1) 先前创业或实践经验(或历史经验)。这是指某个人先前的创业或工作经验有助于识别本行业内的创业机会,或识别出高度专业化的市场需求或用户新的价值诉求。这些人比行业外的人更容易看到创业"机会之窗"。

(2) 认知能力因素。机会识别是一种认知过程,有的人凭借特殊的"敏感""警觉""第六感",就可以发现新的商机,这种认知能力比一般人强很多,是一种习得性的技能。这种能力是在不断反复实践的基础上后天获得的。认知能力越高,获得的创业机会就越多。

(3) 人际关系网络。个人社会关系网络的广度与深度会影响创业机会的识别。拥有更多、更广人际关系网络的人比没有或少有关系网络的人,更容易获取更多的创业机会和创意。

(4) 创新创造性。机会识别是一个创新创造的过程,是持续不断的创造性思维发散的过程。创新创造性思维能产生更多的新思路、新创意,从而能寻找、识别出新的创业机会。

(5) 互联网+的新思维。是否具有互联网+的新思维对识别创业机会影响很大。有新经济、互联网+新思维的创业者,在寻找创业"机会之窗"方面有更多的优势,其创业成功的概率和获得的回报会更大。

2. 挖掘创业机会的步骤与方法

通常创业机会系统性识别、发掘,需要遵循创业机会创意开发和创业机会调查两个步骤。

1) 创业机会创意开发

一般而言,创业者可能更喜欢独自搜索相关信息寻找创意,但从寻找创业机会成效看,往往利用"外脑"或几个人共同讨论研究能取得更好的效果。"三个臭皮匠顶个诸葛亮",多人多方面研究开发更有机会,可从更广的角度予以分析评价,提出更多的创业机会备选方案,其成功概率会更大。为使创业机会挖掘效果更佳,在机会创意开发中可采用借鉴以下方法。

(1) 头脑风暴法。头脑风暴法是进行创意特别是创造性创意的好方法,核心是强调打破条条框框,另辟蹊径。国内外许多著名的咨询公司(如兰德公司)或创业团队等都经常采用此方法开发新创意。

在运用头脑风暴法时,首先应确定目的,选择参与者与协调人,进行广泛自发的讨论,强调不承认任何常规,不被任何规则束缚,以超常规的思维,随心所欲地提出想法,甚至是荒诞的想法,自由奔放,各抒己见,但绝不准对提出想法和意见的人进行批评、阻止、干扰、压制、打击、讽刺和评价。要给提意见、想法、点子的人以无限的空间,提出的方案越多越好,也鼓励其他参加讨论的人进行补充、改进和综合,使意见更加完善。最后由创业者或团队进一步提炼提高,再召开非正式的专题会议讨论,对某一创业机会形成初步共识,提出初步创业机会方案,按优先顺序排列,经过粗略评价或详细评价后,形成较为完整、详细的创业机会开发方案。

(2) 检核表法。检核表法是设问法中的一种创造方法。爱因斯坦曾说,提出一个问题往往比解决一个问题更重要。

检核表法是从 9 个方向的不同角度进行设问,启发我们提出与思考问题,进行多角度创新的一种方法。

- 能否改变:功能、颜色、形状、运动、气味、外形等。
- 能否增强:性能、时间、频率、尺寸、强度、扩大新成分等。
- 能否减少:缩短、变窄、去掉、分割、减轻、压缩、微型等。
- 能否代替:成分、材料、过程、能源,能否替代,用什么代替。
- 有无其他用途:新用途、新使用方法、改变现有使用方法等。
- 能否代用:新设想、模仿等,如微爆破消除肾结石。
- 能否颠倒:正负、上下、头尾、位置、功能等。
- 能否组合:混合、合成、配合、协调、配套、特性等。
- 能否变换:互换、模式、布置顺序、工序、速度、频率、规范等。

【案例】

幻灯机创新运用检核表法

能否调整:电视幻灯机。

能否扩大:巨幅广告幻灯机。

能否缩小:儿童玩具幻灯机。

能否代用:简易塑壳幻灯机。

有无其他用途:服装裁剪幻灯机。

能否借用:吸顶式动景幻灯机。

能否颠倒:户外动静监视器。

能否组合:壁挂式多功能幻灯机。

能否变换:带状幻灯片。

(3) 类比法。天文学家开普勒曾说,类比是我最可靠的老师。类比就是把具有一定相似性的两个不同事物进行比对。在创新中运用类比法,就是比较对象之间的相同点与不同点,探求同中求异、异中求同,从已知探索未知,在比较中寻找创业机会。

【案例】

独特线条的可口可乐瓶子

可口可乐瓶子的发明者是一名叫罗特的制瓶工人。一次,他看到女朋友身穿一套膝盖上面部分较窄、令腰部凸显得很有魅力的裙子。罗特越看越觉得线条优美漂亮极了,他想,如果能把瓶子做得像这条裙子的形状一样,那么瓶子的外部线条曲线美就有了,能给人以赏心悦目的感觉。于是,他马上进行反复多次的研究试验,经过半个月的努力,新型瓶子终于问世了。1923 年,罗特以 600 万美元的高价把自己的专利技术卖给了可口可乐公司,他本人成了富翁,而可口可乐公司也有了更能吸引顾客的线条优美的饮料瓶。

(4) 列举法。列举法就是罗列出研究对象的特点、缺点和希望目标,并提出解决问题的措施,进而形成独创性的思路。

【案例】

圆形毛牙刷的产生

加藤信三运用缺点列举法改造牙刷形状，解决了牙龈出血的问题。加藤信三是狮王牙刷集团的员工，他已经有好几次使用牙刷刷牙却把牙龈刷出血的经历，他很苦恼，但牙刷毛柔软，又不能很好地消除牙缝中的"垃圾"。他尝试在使用前把牙刷泡在温水里，让毛变得柔软些，或者多用点牙膏，但刷牙效果都不够理想，使用起来还不方便。有一天，加藤信三突然发现问题出在牙刷毛的形状上，原有牙刷毛顶端是四角形的，这种棱角会将牙龈刺破。问题找到了，他就把牙刷毛的顶端磨成圆形，这样再刷牙就不会把牙龈刺出血了。他把新的改进想法向公司提出来，公司采纳它的设计并及时推广，狮王牌牙刷顶端全部改为圆形，受到了消费者的欢迎。在众多牙刷品牌中，狮王牌牙刷一枝独秀，长盛不衰，一度占到日本牙刷35%左右的市场份额，为公司带来了丰厚的利润。

(5) 和田十二法。该方法由中国创造学会许立言等提出。和田十二法在上海和田小学使用，因此称为和田十二法。该法涉及12个动词，从问题入手，对问题表象充满好奇心，也叫动词检核表法、思路提示法。和田十二法的具体应用如下。

- 加一加：加什么，组合后有什么效果。
- 减一减：减什么，能更少吗？
- 扩一扩：在功能结构上能扩展吗？
- 缩一缩：在功能结构上能缩减吗？
- 变一变：事物在形状、颜色、味道、音响、气味、功能、结构上能变吗？
- 改一改：事物哪些缺点可以改进？
- 联一联：事物可用哪些东西联系或组合？
- 学一学：有什么可模仿学习的？
- 代一代：该事物能否用到别的场合产生新用途？替代效果好吗？
- 搬一搬：该事物搬到别的场合能产生新用途吗？
- 反一反：该事物的正反、前后、上下、横竖、里外颠倒后有什么效果？
- 定一定：通过改进或提高确定下来，还需做什么规定？

此外，还有希望列举法、反向思维法、强制关联法、多功能组合法等。

【案例】

苹果手机具备呼机、商务通、MP3、MP4、照相、摄像、游戏、广播、互联网、图书馆、GPS、报纸杂志、电影、电视、地图册、电脑等多种功能，就是运用一系列创新开发的方法完成的。

2) 创业"机会之窗"调查研究

虽然经过机会搜索，对创业机会有了初步认识，但这些认识往往是感性的，缺乏理性的分析，特别是缺少第一手的调查材料，即客观现实的调查研究，没有这一环节的调查研究，还不能做出创业的决定。系统的调查研究是实施创业的前提，是挑选、确定创业机会的重要依据。

一般的调查研究方式包括：访谈法、问卷法、观察法。

访谈法：概括调查研究所确定的要求和目的，通过个别访问或集体交谈的方式，系统而有计划地收集资料的调查方法。访谈法包括面对面交流、电话访问、网上交流等方式，并需要做好记录和录音。

问卷法：运用统一设计好的问卷向被选取的调查对象了解情况或征询意见的方法。这个方法较为常用，特别是进行较大规模调查时，如人口调查等。创业者应注重采用这一方法，经过数理统计分析后，可获得较为可靠的调研结果。问卷调查法的样本量应当达到一定标准。

观察法：观察者有目的、有计划地运用感觉器官(眼、手等)和辅助工具，调查了解目标对象的自然状态(实际状况)的方法。例如，运用观察法分析市场环境、顾客购买行为等很有效。这一方法能够客观真实地收集到可靠的资料，补充其他方法的不足。观察法通常与其他方法结合使用。

【案例】

三个爸爸儿童净化器

三个爸爸儿童净化器于2016年7月推出，主要解决老百姓家庭空气净化难题，特别是为儿童和孕妇提供安全健康的生活环境，尤其适用于雾霾严重的地方。"三"是众数，指你们和我们。他们提供的产品是智能净化装置，其产品高达卫士进行PM2.5实际检测，结果出风口PM2.5实际检测为零，甲醛去除率为97%。此产品可以适时检测室内外空气质量，多人远程随心控制，实时查看滤芯剩余寿命，方便及时更换。产品还安装了儿童锁，不怕小孩错误触碰；可以智能调节风速，节电安全环保。其功能是无臭氧、体积小、风量大、噪声小、除雾霾效果好。目前得到高榕资本及雷军等创业家的关注与投资，已经融资千万美元。其联合创始人陈海滨、戴赛鹰对未来发展充满信心。

二、创业"机会之窗"的挖掘评价过程

创业"机会之窗"的评价，首先应对创业机会的外部环境和内部条件进行评价，尤其注重市场层面和产品层面的分析评价。然后分析判断创业机会的优势、劣势具体表现在哪些方面，之后再设计创业成长规划。应借鉴战略分析、组织分析等工具，分析创业成长规划是否可行，在分析比较的基础上，为创业机会制定成长规划。创业者最终得到创业机会的成长预期，如果符合创业者的价值追求目标，那么就可以进行创业实施活动；否则，就应考虑创业机会的定位和评价问题，是否放弃或进行调整，继续做出决断。需要强调的是，创业机会挖掘评价过程应充分发挥集体讨论创新创意开发决策，甚至潜在的投资者应尽可能参与调查研究评价，这样的筛选评价更为客观，不会出太大的问题，可以防止创业者个人主观盲目决策而造成无法挽回的损失。

三、创业"机会之窗"的筛选评价方法

创业"机会之窗"的筛选评价方法常用的是问卷打分法或确定选择因素判断法。

1. 泊泰申米特(Potentionmeter)的问卷打分法

这个方法通过让创业者填写针对不同因素的不同情况，预先设定好评价指标权值的选项问卷打分，能较快得到特定创业机会的结果。该方法共有11项评价因素，每个因素得分可在-2~+2分中进行选择，通过对所有因素得分的加总得到最后总分，总分越高，创业成功的机会就越大，高于15分可进行创业策划，低于15分将被淘汰，11项评价因素如表3-1所示。

表 3-1　泊泰申米特的问卷打分法

1. 对税前投资回报率的贡献	7. 商业周期影响
2. 预期的年销售额	8. 为产品制定高价值的潜力
3. 生命周期中预期的成长阶段	9. 进入市场的难易程度
4. 从创业到销售高增长的预期时间	10. 市场检验的时间范围
5. 投资回报期	11. 销售人员的要求
6. 占有领先者地位的潜力	

2. 贝蒂(Baty)的选择因素判断法

这个方法是通过对 11 个选择因素的设定评价，对创业机会进行筛选判断。如果某个创业机会低于 6 个评价标准，则创业机会不可取；如果某个创业机会符合 7 个以上评价，则创业机会成功概率较高。

(1) 现阶段这个创业机会只有你一人发现。
(2) 初始产品生产成本是否可以承受。
(3) 初始市场开发成本是否可以承受。
(4) 产品是否具有高回报的潜力。
(5) 是否可以预期达到盈亏平衡点的时间。
(6) 产品是不是高速成长产品家庭中的第一个成员。
(7) 是否拥有一些现有的初始用户。
(8) 是否可以预期产品的开发成本和开发周期。
(9) 是否处于一个成长中的行业。
(10) 金融界能否理解你的产品和顾客对它的需求。
(11) 潜在市场是否巨大，是否能够快速形成核心竞争力。

四、创业"机会之窗"测试体验

经过创业者筛选出的创业机会，还必须经过市场消费者等相关利益者的测试体验，只有消费者认可并有意愿购买你开发的产品或服务，才能进入全面开发实施阶段。

第四节　创业风险管理

一、创业风险的构成与分类

1. 风险的属性

1) 风险的含义

风险是指在某一特定环境和时间段内，发生损失的不确定性或可能性。它有两种含义：一是强调风险的不确定性，说明风险产生的结果可能带来损失、获利或是无损失也无获利，属于广义风险，金融保险风险属于此类；二是强调风险表现为损失的不确定性，说明风险只能表现出损失，没有从风险中获利的可能性，属于狭义风险。

2) 风险的基本属性

人们重视风险与风险管理,起因于风险的属性。风险的基本属性包括自然属性和社会属性。

(1) 风险的自然属性是由客观存在的自然现象所引起的,大自然是人类生存、繁衍生息的基础。自然界通过地震、洪水、雷电、暴风雨、滑坡、泥石流、海啸等运动形式给人类的生命安全和经济生活造成损失,对人类生存发展构成风险。自然界的运动是有规律的,人们可以发现、认识和利用这些规律,降低风险事故发生的概率,减少损失的程度。

(2) 风险的社会属性是在一定的社会环境下产生的,风险事故的发生与社会制度、技术条件、经济条件,以及生产力与生产关系的运动等都有一定的关系。例如,战争、冲突、经济危机、恐怖袭击等是受社会经济发展规律影响和支配的。风险的社会属性也包括经济属性,强调风险发生后所产生的经济后果,只有当灾害事故对人身安全和经济利益造成损失时,才体现出风险的经济属性。如股市风险、企业的生产经营风险等,都可能造成相关的经济损失。

风险与机会相伴,风险与收益共存。任何有价值的创业机会都存在风险。当创业机会表现为损失的不确定性时,这种具有损失的状态称为机会风险。例如,政策变化、技术研究失败、团队分裂等,说明创业过程总是有风险的,风险是客观存在的。

2. 机会风险的构成

构成机会风险的主要因素有风险因素、风险事故和风险损失3个方面。

(1) 风险因素。风险因素是风险事故发生的潜在原因,是造成损失的内在或间接原因。根据性质不同,风险因素可分为物的风险因素和人的风险因素。物的风险因素是指有形的可预见的状态,如技术创新风险等;人的风险因素包括道德风险因素(故意)和心理风险因素(过失、疏忽大意)等。

(2) 风险事故。风险事故是造成损失的外在的或直接的原因,是损失的媒介物,即风险只有通过风险事故的发生才能导致损失。创业风险事故是指创业风险的可能性变成了现实,造成了损失,如市场供求关系的变化造成销售额下降等。

(3) 风险损失。风险损失是指非故意的、非预期的、非计划的经济价值或利益的减少,这种减少可以用货币来衡量。风险损失包括直接损失和间接损失。创业风险损失是指由风险事故给创业者带来的能够用货币计算的经济损失。

上述三者关系为:风险是由风险因素、风险事故和损失三者构成的统一体,风险因素引起或增加风险事故;风险事故的发生可能造成风险损失。

二、机会风险的分类

风险分类有多种方法,常用的有以下几种。

1. 按照风险来源的主客性分类

按照风险来源的主客性可分为主观风险和客观风险。主观创业风险是指创业者主观因素导致创业失败的可能性;客观创业风险是指客观因素导致创业失败的可能性,如市场变化等。

2. 按照风险影响的范围分类

按照风险影响的范围可分为系统性风险和非系统性风险。系统性风险是由于创业的外部环境发生变化而自身又无法对其进行控制或施加影响的风险,如资本市场的风险等。非系统性风险是创业者本身的创业活动而发生的风险,如团队、技术等风险,可通过一定的管理措施防范或化解风险。

3. 按照风险的可控程度分类

按照风险的可控程度可分为可控风险和不可控风险。可控风险是创业者在一定程度上可以控制或部分控制的风险,如团队风险、财务风险等。不可控风险是创业者无法控制的风险,如外部环境变化造成的风险。

4. 按照创业的过程分类

按照风险在创业过程中出现的环节,机会风险可分为机会识别风险、团队组建风险、资源寻找与配置风险、新创企业成长管理风险等。

5. 按照创业管理的内容分类

按照创业管理的内容可分为机会选择与评价风险、外部环境风险、人力资源风险、技术风险、市场风险、财务风险等。

6. 按照风险致损的对象分类

按照风险致损的对象可分为财产风险、人身风险、责任风险。财产风险即各种财产损毁、灭失或者贬值的风险;人身风险即个人的疾病、意外伤害等造成残疾、死亡的风险;责任风险即法律或者有关合同规定,因行为人的行为或不作为导致他人财产损失或人身伤亡,行为人所负经济赔偿责任的风险。

三、创业风险管理的程序与应对策略

1. 创业风险管理的一般程序

创业风险管理的程序包括风险识别、风险评估、风险应对3个阶段。

(1) 风险识别。风险识别是创业者对可能发生的创业风险进行风险预测的过程,风险识别过程是将不确定性转变为明确的风险陈述。创业者要深入调查研究创业过程可能产生的风险,分析原因。运用风险分析流程图、建立风险因素清单和风险档案等方法进行风险识别。

(2) 风险评估。风险评估是创业者对创业过程中可能发生的风险大小、可能造成的损失程度、风险发生的时间、风险事故发生的概率进行系统全面的分析评价,并对造成的损失做出估算。风险评价可采用定性与定量相结合的方法,客观评价风险后果,做好风险预警工作。

(3) 风险应对。风险应对是创业者选择最佳的风险管理技术,及时有效地进行风险防范和控制,以实现用最小的投入获得最大的安全保障。创业者应制定风险应对策略和风险行动步骤。风险应对策略有接受、避免、保护、减少、研究、储备和转移几种方式,风险行动步骤详细说明了所选择的风险应对途径。

风险应对的方法主要有回避风险、预防风险、自留风险和转移风险4种方法。

① 回避风险。回避风险是指主动避开损失发生的可能性。虽然回避风险能从根本上消除隐患,但这种方法具有很大的局限性,因为并不是所有的风险都可以回避或应该进行回避。如因害怕出车祸就拒绝乘车,车祸这类风险虽可由此而完全避免,但会给日常生活带来极大的不便,实际上是不可行的。一般情况下,只有在风险发生的频率或造成的损失很高时,才采用回避风险的方法。

② 预防风险。预防风险是指采取预防措施,以减小损失发生的可能性及损失程度。预防风险涉及成本与潜在损失比较的问题,若潜在损失远大于采取预防措施所支出的成本,就应采用预防风险手段。预防风险通常在损失的频率高且损失的幅度低时采用。以兴修堤坝为例,虽然施工成本很高,但与洪水泛滥造成的巨大灾害相比,就显得微不足道。

③ 自留风险。自留风险是指自己非理性或理性地主动承担风险。"非理性"自留风险是指对损失发生存在侥幸心理或对潜在的损失程度估计不足从而导致创业活动暴露于风险中;"理性"自留风险是指经正确分析,认为潜在损失在承受范围之内,而且自己承担全部或部分风险比购买保险要经济合算。创业自留风险适用于发生概率小,且损失程度低的风险。

④ 转移风险。转移风险是指为避免承担风险损失,有意识地将创业面临的风险全部或部分转移给另一方承担,通过转移风险而得到安全保障。这是应用范围最广、最有效的风险管理手段,例如,保险转移、合同转移等方式。

2. 风险应对策略

创业者应根据风险评估的结果和具体的环境,选择科学的风险应对策略。例如,对于损失小的风险采取风险自留的方式,对于损失大的风险采取风险转嫁的方式等。风险应对策略如表3-2所示。

表3-2 风险应对策略

程　度	高　频　率	低　频　率
高程度	回避风险、预防风险、转移风险	风险避免、预防风险
低程度	回避风险、风险预防	风险自留

【本章总结】

本章主要考察动态环境中的创业机会识别、挖掘、筛选、评价、决策的过程。应特别重视创业机会的识别、挖掘、评价,分析创业机会可行性,为创业活动打好基础。在创业实践中往往有的创业机会不被看好,却能创造很高的创业价值;相反,有些被看好的创业机会在实践中却被证明是不可行的。因此,在创业"机会之窗"识别挖掘上,要进行充分的调查研究,进行系统综合的理性分析与评价,这样创业成功的概率会更大。在创业过程中,还要注重创业风险管理工作,分析创业风险的构成与分类,了解创业风险管理的一般程序及应对策略。

【复习思考题】

1. 进行创业开发需要进行哪些准备工作?
2. 创业机会具备怎样的特征和可行性?
3. 结合实例说明什么是创业"机会之窗"。
4. 简述创业"机会之窗"的类型与来源。
5. 简述影响创业机会识别的主要因素。
6. 试比较创业"机会之窗"的评价维度和指标方法,谈谈你的看法。
7. 怎样运用头脑风暴等方法进行创意、创业"机会之窗"的挖掘?
8. 创业"机会之窗"筛选评价有哪些方法?
9. 简述创业风险的构成、创业风险管理的一般程序。怎样防止和规避创业风险?

【实训实练】

1. 将横竖各3个点组成的9个点的正方形,用直线3折一笔连接起来,笔不可以离开纸面;如果完成了,还可以用直线2折连接起来。这个实训练习说明了什么问题?
2. 学生按兴趣成立若干小组(5人左右一组为宜),运用头脑风暴法提出创意创业项目,每人至少提出30个创意。要特别注意寻找能改变人们生活和工作方式的思路;寻找绿色环保、健康可持续发展的思路；寻找在高新技术不断创新条件下的经济发展方式变革的思路；寻找在产业结构调整中处于发展期的某些项目等。创业思路要大气，要有气魄。心有多大，"业"就有多大。根据我们学到的筛选评价指标进行分析评价，经过比较分析确定1~3个创业项目，选出小组代表在全班互动交流。要求制作PPT进行汇报，不超过15分钟。

3. 用互联网+创业，提出创业项目或创意，要求每人至少提出10个有创新性的创意创业项目，并写出内容简介、独特价值，以及论证实施的可行性和科学性。

【创业案例过程研究与思考】

牛根生：抓住创业"机会之窗"，成为草根创业英雄

1. 牛根生抓住创业"机会之窗"：老牛跑出"火箭"的速度

1999年8月，蒙牛集团由牛根生等自然人出资成立，集团总部设在呼和浩特市和林格尔盛乐经济园区。蒙牛生产基地在自治区境内以总部呼和浩特为轴心，向西延伸，进入包头、巴盟等地区；向东延伸，进入兴安盟、通辽等地区；向外省延伸，进入北京、天津、山西、山东、湖北、河南、安徽、甘肃、新疆、浙江、黑龙江等地区。开发的产品有液态奶、冰淇淋、奶粉及奶片等100多个品种。目前，从利乐枕牛奶市场占有率来看，蒙牛居世界第一；从液态奶市场占有率来看，蒙牛居全国第一；从冰淇淋市场占有率来看，蒙牛居全国第二。5年时间，蒙牛业务收入在全国乳制品企业中的排名由第1116位上升至第2位，创造了在诞生之初1000余天里平均一天超越一个竞争对手的草原传奇，是第一个与国际一流大投行合作，通过对赌协议实现融资上市的中国企业。

蒙牛坚持"奶农的利益是产业基础"的信念，在生产基地的周边地区建立奶站3000多个，大规模发动农民，运用农民的力量，联结奶农300万名，累计收购鲜奶超过1500万吨，创造就业机会100多万个，为农牧民累计发放奶款近400亿元，累计创造产值1000亿元，缴纳税款40多亿元，被誉为西部大开发以来最大的"造饭碗企业"。蒙牛是中国最大的乳品供应商，全球液态奶(UHT)冠军，代表中国首次跻身全球乳业第2名。蒙牛还大力扶持奶农养殖奶牛，发放种草补贴、推进品种改良、推导疫病防治、提供养牛保险、培训现代养殖技术，仅发放的养牛贷款每年就达1亿元以上。

创业以来，由于每个消费者的关心和呵护，蒙牛得以快速成长。而牛奶产业一手引领13亿人健康，一手连接千百万奶农的特殊责任，更让蒙牛时刻警醒、不舍昼夜，努力让蒙牛成长的每一天，都能够承担起乳品企业独特的历史责任，都能够竭尽所能、实现强壮中国的梦想。2009年，中国的蒙牛乳业集团首次进入世界乳业20强的行列，这表明以蒙牛为代表的中国乳业开启了全球乳业发展史上的"中国时代"。有些国内外媒体惊呼，老牛跑出"火箭"的速度。

到目前为止，内蒙古蒙牛乳业(集团)股份有限公司拥有总资产100多亿元，职工近3万人，乳制品年生产能力达600万吨。包括和林基地在内，蒙牛乳业集团已经在全国16个省区市建立生产基地20多个，拥有液态奶、酸奶、冰淇淋、奶品、奶酪5大系列400多个品项，产品以其优良的品质覆盖国内市场，并输送到美国、加拿大、东南亚及中国香港、中国澳门等多个国家和地区。2013年蒙牛乳业集团销售收入达到433.6亿元，净利润16.3亿元。国际信用评级机构标准普尔和穆迪给予蒙牛A-和Baa1信用评级，这是迄今为止国内快消品企业获得的最高评级。

2. 置之死地而后生：牛根生创业厚积薄发

1999年前后，曾经是伊利生产经营副总裁的牛根生协助郑俊怀建立了伊利模式，因某些矛盾没有得到很好的处理，牛根生成为失业者并开始创建蒙牛，又以牛的精神——每天进步一点，每天突破自我，就能走在前面，创造了跨越式发展的奇迹。

牛根生1958年出生，还没满月就被父母以50元的价格卖给一户姓牛的人家，养父给这个苦

命的孩子取名为"根生"。养父的职业是养牛，牛根生跟着养父一起养牛。牛根生从小生活在贫穷家境中，倍尝世间冷暖，养成了吃苦耐劳、独立坚强、迎难而上、不屈不挠、勇往直前的优秀品质。他在养父死后继承父业进了养牛场工作，成为一名洗瓶工。他凭着任劳任怨、务实肯干的"牛"的精神，获得"呼和浩特市特等劳动模范"称号。

他用6年的时间从一名工人逐渐成长为车间主任、厂长、伊利集团副总裁。牛根生的人格魅力受到职工的赞扬，他靠人格魅力吸引人才，干出了一番事业。他为人低调，从不居功自傲，赢得众人的尊重。牛根生的养母一直告诫他"吃亏是福"，他把这一理念融会贯通到生活中。他认为，动摇就是最大的失败，你想失败就动摇，动摇只有一种结果，那就是失败，而如果不动摇，则有两种结果，一种是失败，还有一种是成功。创业的前提是，首先要把人做好。如果人做不好，做的就不是人事。企业家把人做好的三个条件包括：第一，理解人性；第二，得有眼光；第三，有胆量，总裁的"裁"需要胆量。他推崇一句话："超乎常人想象的关怀，是明智；超乎常人想象的冒险，是安全；超乎常人想象的梦想，是务实；超乎常人想象的期望，是可能。"他与人为善，经常对身边的人倾囊相助，这为他赢得了宝贵的声誉。他相信以和为贵，和能发展，对任何人都和气相待，他说："太阳光大，父母恩大，君子量大，小人气大。"他善解人意，不在乎吃亏，诚信为人，懂得分享。他的付出得到了回报，当他创业最困难的时候，许多人才纷纷来到他的身边，共同创业，有的从资金上给予支持，使他顺利地渡过了难关。当企业发展后，牛根生捐出全部股份，拿出三亿多资金扶持奶农和牧民，形成了"财散人聚，财聚人散"的生活哲学，于是有了"蒙牛神话"和巨大成就。

1999年，牛根生在一片荒地里埋下一块奠基石，在白纸上画下一幅行军图，在一杯牛奶前许了一个百年愿望——蒙牛起航。这个企业的诞生，使得中国乳业从"食草动物时代"直接进化到"霸王龙时代"，乳业竞争开始变得残酷无情。老牛农民出身，了解民间的力量与需求，从第一天创业，他就在琢磨找钱和省钱这两件事——资本运作和发动农民。正是资本运作与农民养牛运动，改变了中国乳业内战的生态平衡，使蒙牛的崛起成为可能。发动农民还好解释，问题是，作为一个中学都没毕业的人，牛根生为什么有这么敏锐的资本运作意识呢？1996年，伊利是第一批带着职工原始股上市的乳业企业，牛根生作为高层，也分得了几千股，套现时已是十几倍的盈利。所以，牛根生及内蒙古乳业行业的投资者，都尝过资本运作的甜头。1999年初，牛根生小团队在呼和浩特四处放风，请亲朋好友、上游合作商以几元一股的价格投资蒙牛原始股，两个月募集了1400万元现金，成立了蒙牛乳业股份有限公司，摆出了上市的架势。

当时的蒙牛虽然还在租用民房办公，但销售额已经突破了千万元大关。然而问题来了：没有奶牛养殖场，没有牛奶运输车，甚至没有办公室，没有工厂，蒙牛该怎么做牛奶呢？

牛根生的解决之道是发动农民群众"干革命"。他在这个行业里第一个大规模推广了企业省钱的创新模式——中国农民养牛运动。这项运动的发起人桂冠，非蒙牛莫属，为此还有了顺口溜——家有一头牛，老婆孩子热炕头；家有五头牛，比蒙牛的老牛(牛根生)还牛。农民真的被发动起来了，纷纷赶场去买牛。面对暴涨的需求，监管似乎也显得无能为力。从21世纪初开始，牛奶产业的源头就开始出现乱象，不合格的奶牛横行，不是带病产奶就是不产奶，经济损失最终落在了农民头上。而一哄而上、家家养牛，又使养牛的成本暴涨。没有运输车、没有挤奶工，牛根生开始推广"社会合作建奶站"。

按照牛根生的说法，每个自然村庄里，每个养牛的区域里总有有钱的，也总有有权的，有钱的和有权的加起来以后，完全可以做奶站。个体户买车运奶，送到蒙牛，省了蒙牛的大钱，办了蒙牛的大事。这个后来居然成就了另一个乳业新兴职业——奶站，奶站向农民收奶，于是出现了后来的"盘奶""管道奶",甚至出现了"奶神""奶霸""关系奶""调奶师"。牛根生确实成功地对农民进行了一场养奶牛"运动",这给蒙牛创造了低成本扩张的机会。2002年10月19日,"第五届中国成长企业CEO峰会"在人民大会堂召开,在大会表彰的1999—2001年度中国超速成长百强企业(非上市、非国有控股)中,蒙牛乳业以1947.3%的成长速度名列榜首,成为中国成长企业百强之冠。

2002年,摩根士丹利和鼎辉、英联风险投资基金以对赌协议模式对蒙牛进行投资,投资总额2600万美元,当时是中国乳业企业获得的最大的一笔投资。赌局很简单,分成前后两场开赌。首先是上市前赌局,2002年9月开赌,蒙牛必须在赌局开始之后的一年,实现超过100%的业绩增长,否则,蒙牛控制权被外资没收。幸运的是,到了2003年8月,牛根生提前完成任务。蒙牛股份的财务数据显示,销售收入从2002年底的16.7亿元增至2003年底的40.7亿元,增长144%,税后利润从7786万元增至2.3亿元,增长194%。其次是上市后的赌局,从2004年到2007年,蒙牛每年必须保持业绩增长率达到50%,2007年底销售额超过120亿元,否则,蒙牛控制权被外资没收。结果,蒙牛的销售额在短短几年内增长到40亿元,再从40亿元增长到120亿元,蒙牛没有被外资没收,而是有了更大的发展,达到中国乳品行业前所未有的高度。

农民养牛运动伊利学得很快,三鹿学得更快。三聚氰胺的重大事件震动国内外,在一片声讨和诉诸法律中,2008年三鹿倒了,蒙牛、伊利同样遭遇前所未有的危机,必须直面生存问题。这时候牛根生想到了国进民退,做了更大手笔的转移——投靠中粮,同时,找风险投资家宁高宁共同渡过金融危机之后的困难。宁高宁出手就是几十个亿,给牛根生解了燃眉之急,顺势拿下中国乳业半壁江山的控制权,实现了双赢。2009年,牛根生经历了人生的大起大伏,早已悟到做企业家的真谛,那就是"不求首富,但求不倒",实现可持续发展。

3. 坚持质量第一:打造中国乳都和乳业硅谷

蒙牛奉行"产品等于人品"的质量理念,追求"出厂合格率100%"的质量目标。企业通过了ISO9001、ISO14001、OHSAS18001、GMP、HACCP五大体系认证,通过了绿色食品认证。"蒙牛"商标于2002年被认定为"中国驰名商标";液态奶荣获"中国名牌产品"称号,并被列为国家免检产品;产品覆盖32个省、自治区、直辖市和特别行政区。公司在质量管理上创造性地采取了两项举措,被概括为"一净一稠"。一是着眼"净",在国内第一个建起了"运奶车桑拿浴车间"。奶罐车从奶源基地每向工厂送完一次奶,都要在高压喷淋设备下进行酸、碱、蒸汽及开水清洗,上上下下,里里外外,杜绝了残留陈奶污染新奶,最大限度地保持了草原牛奶的原汁原味。二是着眼"稠",添加了"闪蒸"工艺,在百分之百原奶的基础上再剔除掉一定比例的水分,从而使牛奶闻起来更香,喝起来更浓。据中国质量协会、中国消费者协会、清华大学中国企业研究中心联合发布的《2003年中国用户满意度手册》显示,蒙牛牌液态奶的"消费者总体满意度"在全国同类产品中名列第一。2001年,为了进一步深化以地区品牌带动企业品牌的大品牌战略,蒙牛率先倡导将呼和浩特建设为"中国乳都",将企业发展与地方经济紧密结合在一起。4年后,在蒙牛与草原兄弟企业的共同努力下,乳都梦想得以实现,中国轻工业协会和中国乳制品工业协会正式命名呼和浩特为"中国乳都"。

2003年,经中国载人航天工程从市场到工厂、从工厂到牧场的层层选拔,并通过物理、化学、微生物等方面的多次检验,蒙牛牛奶被确定为"中国航天员专用牛奶"。当"神舟"五号一飞冲天,国人百年梦圆之时,蒙牛也悄然跃上中国液态奶市场的冠军宝座,开始了自己在中国液态奶行业的领跑历程:销量全国第一,消费者满意度第一,品牌辐射力第一,中国香港市场"新产品表现优秀奖"。1年后,蒙牛牛奶成为国家体育总局训练局全体运动员备战奥运会的"运动员专用产品","天上航天员,地上运动员"成为蒙牛高品质的代名词。

2006年10月，在第27届IDF(国际乳品联合会)世界乳业大会上，蒙牛一举夺得被誉为全球乳业"奥斯卡"的IDF世界乳业创新大奖，为中国乳业赢得首枚世界金牌。2007年，蒙牛成为中国首个年度营业额超过200亿的乳品企业，成功跨入世界级乳业战舰的行列。

2008年"问题奶粉"事件后，为了确保产品质量、保护消费者利益，蒙牛主动将市场上的产品全部下架，承担损失达1亿元。同时对所属奶站实施100%托管，并通过人盯人、人盯挤奶厅、人盯运奶车，24小时监控的"三盯一封闭"措施严防原奶掺假，赢得了消费者信任。为了更好地促进生产管理，蒙牛启动了"牛奶安全工程"，向消费者和中外媒体敞开了牧场和工厂，公布从收奶、生产、包装到成品入库、出库的全过程，增强了社会各界对中国乳业的信心。同时，蒙牛推进牧场化战略，规划再建设20座超大型牧场，进一步提升原奶的品质，这成为蒙牛下一步稳健发展的新起点。2009年3月，国家统计局中国行业企业信息发布中心、中国商业联合会中华全国商业信息中心、AC尼尔森等权威机构发布数据显示，蒙牛在全国同类产品中的销售总量，以及液态奶、酸奶、乳酸饮料、冰淇淋等产品销量均为第一。在多个省市开展的乳业品牌调查活动中，蒙牛是消费者的首选乳品品牌。

自成立以来，蒙牛一直与多个国内外权威科研机构合作，展开全方位研发，平均9天申报一项专利，平均6天就有一个新产品问世。2007年7月，蒙牛斥资12亿元建成了世界领先水平的高科技乳品研究院暨高智能化生产基地。这里拥有全球最先进的设备，是国内规模最大、科技含量最高的乳品研发中心。它汇聚了英国剑桥大学、澳大利亚蒙纳士大学、中国科学院等16家国际国内乳品技术提供商及科研单位的最新成果，结合蒙牛研发力量，形成了一条国际领先的完整研发生产链，打造出中国的"乳业硅谷"。

依托良好的自然环境，蒙牛在全国合作、参股建立了9个万头以上级别的超大型牧场。牧场采用了世界先进的散栏式工业化养牛方式，引进了优良牧草，优选上万头世界顶级奶牛，引进了国际上最先进的挤奶设备，在全球范围内聘请了优秀的专家，实现了全自动的TMR喂养、全自动清粪、全自动挤奶及全自动粪污处理。

国际领先的生产工艺是确保产品质量的重要因素。蒙牛在国内建立了40多座生产基地，每滴原料奶在几小时内通过全程保鲜的现代化运输链，运送到各地的智能化单体车间。从原奶进入工厂到成为一包合格的牛奶出厂，需经过13个工艺环节的处理和控制，而全部的工序都在封闭无菌的状态中进行。从奶源、生产、包装、出厂到产品售后，蒙牛都采取了严格的层层监控体系，以最大限度确保消费者的安全。在蒙牛分析中心，配置的液相色谱——质谱联用仪、气相色谱——质谱联用仪等世界上最先进的仪器和设备，可以检测农药残留、兽药残留、致病菌鉴定、营养成分、维生素、添加剂、重金属、微量元素等共367项，切实保证出厂的产品全部符合食品安全的要求。针对不同人群、不同营养需求、不同饮用时机设计的不同产品系列，构成了蒙牛庞大的牛奶矩阵，产品包括液态奶、冰淇淋、奶粉、酸奶、奶酪等5大类300多个品项。从中国第一款高端牛奶特仑苏，到中国第一款专为儿童营养需求设计的未来星儿童奶；从全球首款含有真实水果颗粒的牛奶饮品真果粒，到全球首款含有谷物颗粒的妙点谷物奶餐等，蒙牛研发生产的多个首创性牛奶产品开辟乳业市场的蓝海，为提升国人饮奶量开辟了全新的渠道。持续的科技创新投入成为蒙牛快速、持续成长最重要的推动力。

4. 勇于奉献：乐于承担社会责任

蒙牛的成长离不开员工、奶农、股东、经销商共同构建的和谐链条。蒙牛坚信，只有消费者、股东、银行、员工、社会、合作伙伴的"均衡收益"，才是真正意义的"可持续收益"；只有与最大多数人民群众命运关联的事业，才是真正"可持续的事业"。心怀感恩，蒙牛用实践努力构建和谐的氛围。勇于奉献，乐于承担社会责任，只要是关系经济繁荣、国家民族的大事，蒙牛就一定会站在前列。

2005年，蒙牛董事长牛根生捐出自己与家人的全部股份(市值最高时超过40亿元)，创立"老牛基金会"，广泛用于资助失学女童和贫困大学生、帮扶五保户与农牧民、慰问英模人物与烈士家属等社会公益事业。企业家捐出全部股份的在全球属首例，牛根生被誉为"全球裸捐第一人"。为此，世界一流高校——美国哈佛大学专门邀请牛根生到校做企业家的社会责任专题报告。

对蒙牛而言，一个企业如果不关心国家、民族的大事，老百姓肯定也不会关心你的事，这样的企业跑不快、走不远、跳不高。投身公益、回报社会，是一项必须坚持的善举，更是企业成长的必由之路。因此，不论是在创业之初，还是在领跑乳业的今天，蒙牛都一直把奉献社会视作企业成长的重要部分。"非典"时期，蒙牛捐款捐奶价值高达1200万元，是全国首家为抗击"非典"捐款的企业；2003年教师节前夕，蒙牛向全国16个城市125万名教师每人赠送一箱牛奶，总价值超过3000万元；2008年，蒙牛先后向遭受冰冻雨雪灾害的南方地区和遭受地震灾害的四川地区分别捐赠1000万元和1200万元等。只要是关系经济繁荣、国家民族的大事，蒙牛就一定站在前列。

2006年4月，一位国家领导人在重庆视察奶业工作时深情留言："我有一个梦，让每个中国人，首先是孩子，每天都能喝上一斤奶。"一个多月后，蒙牛率先投入1亿多元，与中国奶业协会、中国教育发展基金会等单位共同发起了"每天一斤奶，强壮中国人"大型公益活动，按照每人每天一包的标准，免费为全国500所贫困地区小学的在校生供应一年的蒙牛牛奶。作为这一活动的主要决策人，牛根生和杨文俊承受着巨大的压力。500所小学大都选在边远地区，居民并不具备购买牛奶的能力，对蒙牛的拓展市场没有直接促进作用，而这1个多亿的资金，对蒙牛来说也不是小钱，作为一家在中国香港地区上市的公司，拿出这样大一笔钱做这项公益活动，压力可想而知。董事会就此有过激烈辩论，但经过反复沟通，最终获得一致通过。2006年6月，国家领导人到内蒙古自治区视察工作，亲切会见了蒙牛乳业集团总裁杨文俊等企业家代表，当得知此次公益送奶活动时，连声称赞"这是一件大好事"，并勉励蒙牛一定要"把好事办好"。

2007年6月6日，国家体育总局训练局、NBA关怀行动、微软、新浪、华润万家、家乐福等爱心伙伴与原来7家发起单位共同开启"中国牛奶爱心行动"，调动各自的资源，为更多的孩子带去充足的牛奶营养。蒙牛也再度挑选500所小学进行为期一年的免费捐赠，使受益于爱心牛奶的小学总数达到1000所，蒙牛为此累计投入超过两亿元。2008年7月28日，原第十届全国人民代表大会常务委员会副委员长、全国妇联主席、中国儿童少年基金会理事长顾秀莲与蒙牛乳业集团总裁杨文俊在北京共同宣布：国内第一支旨在提升公众营养指标、关注全民饮奶状况的专项基金——"中国牛奶爱心基金"正式诞生。位于北京通州的光爱小学成为"中国牛奶爱心基金"成立后的第一所受助小学。

目前，蒙牛提出新的企业价值观：集团远景是做质量最好、最专业、最专注的乳制品企业；集团使命是为消费者奉献安全、优质、放心的乳制品，与客户、员工、股东及所有利益相关方共同成长。企业的价值观是阳光、高尚、责任、创新。"百年蒙牛强乳兴农"的企业使命要求蒙牛踏踏实实、勤勤恳恳地努力每一天，为国家创建一个具有国际竞争力的卓越企业，为民族创建一个具有百年发展力的世界品牌，为父老乡亲提供致富途径，为提升消费者的健康品质服务，为员工搭建人生价值的实现平台。蒙牛正不断开拓进取、坚持科学发展、努力创新、整合全球有效资源，用健康美味的牛奶产品为全球消费者创造优质生活，建设世界乳都，打造国际品牌，早日实现"愿每一个中国人身心健康"的企业愿景。

思考：

简述蒙牛集团跨越式发展历程。怎样理解并评价牛根生抓住创业"机会之窗"，"老牛跑出火箭的速度"？牛根生是怎样创业并组织领导企业发展的？他的人格魅力体现在哪些方面？他有哪些创业精神值得学习并发扬光大？

第四章

创业团队

【教学目标】

学习完本章后，应掌握的重点：

1. 创业者的基本特征与类型；
2. 创业者应具备的基本素质；
3. 创业团队的界定及四大组成要素；
4. 创业团队的组建与管理过程。

【理论应用】

1. 描述你所知道的创业者的特征与类型。
2. 列举出你知道的创业者的综合素质。
3. 举例说明组建创业团队的程序和方法。
4. 调查采访成功的创业团队，总结他们是如何创业管理的，基本经验有哪些？

抓住创业机会之后，首要的问题是组建创业团队。团队工作效能是成功创业的重要保证。在世界范围内有影响力的大企业，绝大部分是以团队形式建立和工作的。团队的价值观念、能力、水平是吸引风险投资的主要考虑因素，在一定意义上，风险投资是投资在团队上。

【案例导入】

张瑞敏——海尔互联网+新发展"神话"的缔造者

张瑞敏，现任海尔集团董事局主席兼首席执行官。

海尔集团发展"神话"是20世纪中国出现的创业管理奇迹之一，也是代表当代中国制造业最有影响力的国际化品牌之一。据世界权威市场调查机构欧睿国际发布的全球大型家用电器调查数据显示，海尔大型家用电器2014年品牌零售量占全球市场的10.2%——这是海尔大型家电零售量第六次蝉联全球第一。同时，海尔冰箱、洗衣机、冷柜、酒柜的全球品牌零售量也分别蝉联全球第一。据国际权威的品牌价值评测机构Interbrand和Brand Z统计，2014年度海尔的品牌总价值高达1038亿元，位居家电行业之首。2015年销售额突破2000亿元，利润近100亿元，利润增长是销售收入增长的2倍以上。

1984年12月26日，张瑞敏调到海尔任厂长，当时该厂是亏损147万元的集体小厂。于是，张瑞敏从制定13条制度起步，经过二十几年艰苦卓绝的奋斗，使海尔成长为一个国际知名的跨国企业集团，被世界家电协会及同行称为用20年的时间完成家电业100年的创业发展历程，海尔是全球同行业企业增长速度之首,海尔品牌被联合国评为全球100个世界知名品牌之一。海尔总裁张瑞敏也因此登上哈佛商学院和全球财富论坛等国内外经济管理顶级研讨会的讲台,交流展示海尔的创业管理经验。他带领团队坚持技术与质量高起点,打造海尔冰箱名牌;以市场为坐标导向,实行多元化的发展战略;走先难后易的市场路径,争创国际一流的海尔品牌;以人为本的人力资源管理,培养具有国际竞争力的人才;构建了员工收入由市场决定价值的分配体系,为员工发展搭建立体化人才培训平台,目标管理与绩效管理相统一,当天的目标必须当天完成。他们创新团队管理理念与机制,提出"打造联合舰队,靠团队联合作战取胜""人才斜坡球体理论""人才选拔赛马机制""OEC管理",销售网、虚、物流网、服务网四网融合等新理论,体现了当代具有中国特色的管理理念,涵盖了现代创业管理的新内容,这些管理理论既是中国的,也是世界的,代表了当代最高的创业管理境界和水平。截至2014年底,海尔在海外已建立起7个工业园、24个营销中心、37 000多个销售网络,在德国、日本、美国、新西兰建立了4个研发中心。

海尔集团董事局主席兼CEO张瑞敏在2015世界互联网工业大会上提出走下"跑步机"融入互联网新理念。传统经济时代,企业就好像是在跑步机上跑,即便显示跑了10 000步,但是停下来你还在原地,不停下来你也还是在原地。比如说企业目标就是产销量第一,那我就多生产,但生产出来给谁不知道。若我给了经销商,经销商再去卖,卖不动就形成了两大问题,第一是库存,第二是应收账款,形成这两个问题没有办法,只能降价。在互联网时代,企业要跟上时代的发展,一定要离开跑步机、融入互联网+新发展。具体到海尔而言,互联网工业变革之路该怎么走?一是企业平台化,二是用户个性化,三是员工创客化。

所谓企业平台化,就是颠覆传统的企业科层制,变成海尔的生态圈,整个企业变成网络,连接网络节点,所有资源都聚合在一起,共同来服务和创造用户。用户是交互的节点,企业的改进和努力都是为了提高用户体验。如今,海尔平台上已孵化出2000多个创客小微。雷神游戏本、水盒子……一个个"爆款"的诞生,都出自创客小微之手。在2015中国青年互联网创业大赛上,海尔内部孵化的创业小微"雷神"和isee mini分别获得了金奖和铜奖。

所谓用户个性化,就是要让用户全程参与企业的研发、设计、生产、售后和体验等。传统经济是大规模制造下的产销分离,而海尔正在建设的智能互联工厂,希望能做到"三化",即无缝化、透明化、可视化。企业所做的一切和用户之间没有任何的距离,用户都可以看到,用户可以根据个人喜好选择个性定制。企业可以将信息自动传递给各个工序生产线及所有模块商、物流商,海尔生产线可以同时兼容不同模块,同时生产。用户通过手机终端可以实时获取整个订单的生产情况。目前,郑州互联工厂已实现用户交互可视、订单可视等10个互联工厂关键能力节点。用户还能对产品直接评价或提出意见。在互联工厂,用户不仅仅是产品的"消费者",更是产品的"创造者",一个"人人自造"的时代正在到来。

所谓员工创客化,就是要把员工变成创客。海尔制定了一个动态合伙人制,员工来了之后可以入股投资,目标是达到"三自",即自创业、自组织、自驱动。所谓自创业,就是你在市场上发现了机会,就可以去创业;所谓自组织,就是你发现了这个难题,你要创业,可以在全球形成一个组织;所谓自驱动,就是现在企业没有人来管你了,而是用户管你。企业不给员工发薪水,他们的薪水要靠自己在市场上创造的价值得到,我们叫作"用户付薪"。在互联网时代,企业必须变成互联网的节点。对内打破组织,对外则推倒围墙。"世界就是我的研发部",这是海尔开放创新的核心理念。在传统企业中,企业位于用户和合作伙伴中间,用户与合作伙伴的交互行为都要经过企业这一步。而海尔的开放创新平台则拆掉了这堵墙,让用户和合作伙伴在平台上零距离交互,企业变成提供交互场所的平台。一台计算机什么也不是,但是连到网上去,什么功能都有,企业也是这样。在这过程中，企业要去中心化和去中介化。目前，在HOPE平台能够触及的一流资源有200万个以上，注册的资源用户超过10万。应该说用互联网改造工业，这个探索到现在为止没有一个现成的模式可以去借鉴，海尔一直在探索和试错。

目前，海尔探路互联网+工厂新模式。海尔已经实现40多条智能无人互联线体，实现700多个工序的自动化升级。在互联工厂，用户不仅仅是产品的"消费者"，更是产品的"创造者。"

全球首个电机智能互联工厂——海尔·斐雪派克电器电机智能互联工厂在黄岛海尔工业园开工生产。至此，海尔互联工厂的数量增加至7个，海尔集团在构建智能制造新生态上又落下重要一子。

在海尔看来，互联工厂不只是工厂的概念，而是打造生生不息的生态系统，通过互联网使用户获得最佳体验，在满足用户个性化需求的同时更好地实现企业价值。2012年，海尔开始探索互联工厂。从一个工序的无人，到一个车间的无人，再到整个工厂的自动化，最后再到整个互联工厂。海尔的制造转型最终要建立起互联工厂生态系统，从用户创意交互定制开始，到研发、模块化采购、智能制造、智慧物流、智能服务，再到用户使用，以及产品的不断迭代，提供产品全生命周期的最佳体验。海尔在探索和试错中引领着中国制造业转型的方向。凭借定制平台，海尔智能家电等销量累计超过100万台(套)，收入实现10倍速增长。2015年8月，海尔推出行业首个透明工厂，以网络播报的形式将海尔透明工厂展现在全球观众面前，让非海尔用户也可以监控到"海尔制造"的实时场景。之所以"底气"这么足，源于海尔对自身智能制造水平的自信。

如果总结海尔创业成功的经验，可以用"七个一"来概括：一种精神(敬业爱国，追求卓越；2005年又提出"创造资源，美誉全球"；2012年提出互联网+转型)；一个好的带头人(张瑞敏)；一个好的执行团队(联合舰队)；一个科学的战略规划和发展路径；一个好的管理体制和运行机制(基础管理+创新管理+激励机制)；一个世界知名品牌(品牌的影响力超过青岛地区)；一个高效益企业集团(经济效益+社会效益)。2001年张瑞敏获得CCTV中国经济人物奖，给他的颁奖词是："他让中国企业家看到了管理的力量，他让中国消费者享受了服务的魅力，他让哈佛的学子认识了中国人创造的企业文化。更重要的是，这位思想能力和实践能力相得益彰的企业家，在中国入世这一年，他领导企业在国际化的道路上走得更远。"目前，海尔正在实施新的发展战略，互联网+转型，进入新能源领域，抢占太阳能市场，海尔又进入一个新的发展期，必将为中国经济社会发展做出更大的贡献。

思考：

查阅海尔集团网站张瑞敏带领团队创业发展的历程，你认为海尔在创新创业管理特别是团队管理方面做了哪些创新？实施互联网+转型发展，你怎样认识和评价他们新的创新创业经验？

第一节 创 业 者

一、创业者的个性特征

现有创业研究中，人们关注的是什么样的人能成为创业者，他为什么选择创业，成功创业者有什么特征、素质，以及创业者创业成功的活动规律。因此，研究创业者与创业团队活动是很有必要的，创业并不是任何人都适合的。

创业者是创业活动的领导者和执行者，是能识别并抓住商机，能够承担风险，为创业投入时间精力、满足市场某种需求，创造价值取得回报的人。有的专家认为，创业者也包括参加创业的其他团队成员。创业者不是"神话人物"和特殊群体，而是普通老百姓，他们能创业成功，是因为努力拼搏，抓住商机，有独特的技能和素质，充分发挥自己的个性特征。创业者的个性特征是推进创业活动的催化剂，在一定的环境下对人们的行为产生影响，对创业活动有重要导向作用。虽然创业者千差万别，创业选择路径、行为方式也有所不同，但创业者在创业的背后，还有一些相同的创业思维和创业特征。创业者的个性特征可分为客观特征(自然属性)和主观特征(社会属性)。客观特征是创业者先天具备的，也就是与生俱来的，是后天无法改变的。主观特征是创业者的一些创业理念、处事风格和行动模式等，往往是后天逐渐形成的。也就是说，创业者在改变客观世界的同时改变着主观世界。

创业者的主观特征在很大程度上受到其客观特征的影响。例如，不同年龄的创业者对创业的态度不相同，青年积极，老年人相对保守等。创业者的个体特征与创业活动的关系，如图4-1所示。

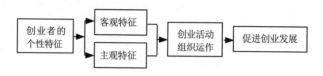

图 4-1　个体特征与创业活动的关系

二、创业者的类型

国内创业者从创业动机角度大体可分为以下几种类型。

第一种，生存型创业者。主要是为生活而创业，多数是下岗工人、农民工、大学生等，相关调研报告显示，这三类人占全国创业总数的 90% 左右。他们主要从事贸易，少量从事实业，也有的是加工业，成为大企业的很少。30 年前的创业时代已经过去，过去是供应不求，短缺时代，遍地是机遇，机遇成就大业；现在是供过于求，竞争激烈。

第二种，事业型创业者。这种创业者把人生梦想作为终生追求的目标，有很强的创业成就感、事业感。

第三种，主动型创业者。他们又分为两种：盲动型创业者，创业冲动如同赌博，往往失败，但一旦成功就是快速成长；冷静型创业者，谋定而后动，打有准备的仗，成功率高。

第四种，价值型创业者。喜欢做老板的感觉，展现自我价值，赚钱不是唯一追求。这类创业者快乐创业，快乐生活。

按原来的职业划分创业者类型，有的是专业技术人员，如乔布斯等；有的是经理人员，如牛根生等；有的是行政人员，如王石等；有的是农民、工人创业，如四平红嘴集团的卢志民等。

三、创业者的客观特征

1. 年龄特征

创业者的年龄与创业能力存在一定的关系。有工作经验和社会阅历的人，在创业领域更成熟，成功的概率更高。年轻人有创业激情，但经验阅历不足，有盲目创业倾向。但创业活动中，真正成功有巨大成就的往往是年轻人，比如，比尔·盖茨 21 岁编写软件程序；史蒂夫·乔布斯 17 岁组装电脑；1988 年布林和佩奇创办 Google 时，分别是 24 岁和 25 岁；史玉柱 30 岁创办巨人集团；陈天桥 26 岁创办盛大公司；马化腾 27 岁创办腾讯公司；杨致远 21 岁创办雅虎公司；俞敏洪 29 岁创办新东方学校。

2. 性别特征

创业者的性别与创业活动之间的关系是创业领域中一个重要讨论话题。整体来看，女性创业活动比男性少，女性在创业活动中会遇到更多困难。因此，政府有关部门给妇女创业活动提供政策咨询、培训等一系列跟踪服务活动，积极支持促进妇女创业。

3. 教育背景

教育背景可分为两个方面：一是创业者的专业背景，对于创业者来说，他们在创业时更愿意选择自己热爱的专业领域或相关领域；二是创业者的学历层次，不同学历层次的创业者对选择创业项目存在较大差异，高科技创业活动更需要高学历者。

4. 地理区域

地理区域从两个方面看：一是城乡差别，来自农村的创业者掌握的资源有限、市场有限，农村创业活动程度比城市低；二是区域差别，中西部创业活动程度低于长三角、珠三角、京津地区。

四、创业者的主观特征

创业者的主观特征是创业研究的热点问题。研究创业者的主观特征对创业机会评价、团队建设、商业计划撰写、战略管理等都有重要意义。

创业者主观特征包括以下内容。

1. 创业者的基本特征

我们认为，创业者与一般经理人的重大差别正是由于在创业的成就(价值)、风险、创新、自信这4个方面不同而体现了创业者的基本特征。

1) 成就感需要(自我价值需要)

创业者一般有强烈的成就感，有满足自我价值实现的需要。与一般经理人相比，经理人更倾向于获得权力而不是成就感。打工是经理人的潜意识，为别人成功做嫁衣。而创业者不甘于打工活动，更喜欢创业活动的自我价值实现的心理满足感，许多经理人放弃权力及优越的生活，而选择自主创业，正是追求成就感，实现自我价值。

2) 勇于承担风险

在研究创业者和一般经理人的风险承担倾向时，一般经理人承担风险倾向小于创业者。尤其在面临新业务开拓时，创业者敢于承担风险，有"壮士断臂"的勇气。风险承担是评价创业者和一般经理人的重要标志。创业者必须面对市场上的不确定性，并最终承担决策的责任。一般经理人只是等老板决策，而执行者承担的风险是有限度的。但是，创业者在进行创业活动时，并不是无谓地冒风险，而是要积极地识别市场风险，规避不必要的市场风险。

3) 有创新偏好

创业者的创新活动是创业过程中的天然属性。这些创新活动包括开发新产品、新工艺、新市场、新行业等创造性经营管理行为，在许多情况下，并不是表现为创业者应对市场竞争的被动行为，更多地表现为创业者主动积极地进行创新活动，是发自内心主动迎接挑战的自我超越行为。创新是创业者最主要的行为特征，比起一般经理人这点是很鲜明的。

创业者都千方百计发挥自身的特质，不断推动创业活动向前发展。一方面要承担和规避创业活动风险，另一方面要努力推进创新程度和价值的提升。一般经理人转向创业活动，主要是创业会给他们提供更大发展平台，展现自己的才华，拥有自己的事业，摆脱各方面的约束。

4) 强烈的自信心

强烈的创业自信、创业自觉，会给创业者以坚韧不拔的毅力和满腔热情，顶住各种压力，克服各种困难，在激烈的市场竞争中实现创业梦想。创业者在创业时纵使遇到再多的困难，也要坚持做到"困难无其数，从来不动摇"。

2. 识别创业机会与创业者的个体特征

创业者的个人特征与识别创业机会有直接关系。许多成功的创业者个体特征都具有对市场高度的敏感性与灵活性，价值与风险感知力强，创业成功控制欲望强烈。创业者的个人特征对于机会识别来说是非常重要的。与创业机会识别相关的个人特征包括以下几项。

1) 敏感与灵活性强

创业者对创业机会搜寻更加敏感，更具有高度的警觉性。有时候一些潜在盈利机会还未充分体现出吸引力时，就被创业者预先感觉到，使创业者更能占据市场先机。成功的创业者都具有高度的创业机会警觉性，反应相当灵敏，而且会随外部环境变化进行灵活调整。而缺乏警觉灵活性的创业者往往要等到机会的各项特征都非常明确之后才行动，而此时已经错过创业的最佳时机。

2) 价值与风险感知能力高

价值与风险感知能力与创业机会发现有很大关系。创业者比一般管理者的价值与风险感知力更强，会及时抓住创业项目的价值与规避创业风险。创业者不仅依赖于计划，更强调计划执行过程中的风险及后果，能够感知或预测系统性风险并渴求控制等因素。风险感知力有助于创业者恰如其分地分析创业机会的风险和收益，能够避免创业者采取高风险的行动，能够在一定程度上控制经营风险，也能为创业机会评价提供必要的依据。

3) 很强的控制欲望

创业成功控制欲望是指一个人对于他所采用的行动能否改变现状的自我认知，并能控制自己人生发展的程度。控制欲望强的创业者能在选择机会和承受压力时把事情做得更好。他们喜欢创新，擅长制定未来发展规划，偏好共同合作参与的工作环境，以领先于竞争者。他们有强烈的事业心和积极主动的创业精神，在创业过程中有新的突破，并掌控创业过程，希望把命运掌握在自己手中。

在研究创业者的个性特征中，美国佛罗里达中央大学的布鲁斯·R.巴林格等人认为，成功的创业者应具备4种个性特征。

(1) 创业激情。这是创业成功者的第1个特征。这种激情来源于创业者的执着，坚守创业可以积极地影响人们的这种信念。创业可以取得回报，可以实现价值，有创业激情可以舍弃安定的工作去创建自己的企业，可以在有了财务安全保障之后继续进行创新创业活动。

(2) 聚焦产品和顾客。这是成功创业者的第2个显著特征。创业者对产品和用户非常专注与热切，他们痴迷于制造能满足广大顾客需求或潜在需求的产品。

(3) 不怕失败，坚韧不拔。这也是成功创业者普遍具备的显著特征。

(4) 执行智能。这是指将创意变为可行企业的能力。任何创意如果不能转化为实在的行动，实施有效的创业活动，创意就是空中楼阁。在一定意义上说，执行力是创业成功的必备特征。

比尔·盖茨从中学、大学到成为世界首富的成长过程中,有些研究专家总结出他独特的个性特征包括以下 8 个方面。

(1) 先前经验,进行程序交易。
(2) 敢于挑战,具有挑战乐趣。
(3) 坚韧不拔,努力干好。
(4) 雄心壮志,25 岁前要赚到 100 万。
(5) 商业智慧有眼光,创造性模仿。
(6) 捕捉合作机会,与 IBM、苹果公司合作。
(7) 有敢于冒险的精神。
(8) 把握机会,超前快速行动。

上述创业者的性格特征与创业活动之间的关系并不是绝对的,在很多情况下,并不是拥有某些主观特征的人实施创业活动就一定成功,但在创业之前对自己进行正确的评价和认知却是很有必要的。

【案例】

马化腾的个性特征与 QQ 的创办

马化腾从大学毕业后,曾在电信系统从事互联网传呼研究开发工作,但他从不满足,也不"安分守己"。他有一个创新创业的梦想,创业激情始终在心中燃烧,并结合开发研究工作,不断寻找市场创业"机会之窗"。直到 1998 年初,他发现可以在寻呼和互联网两大业务中找到创业空间。于是,他立刻结合业务专长,与 5 个合作伙伴一起,创造性地独立自主开发出基于互联网使用的网上中文 ICQ 服务系统,这个系统集寻呼、聊天、电子邮件、文件传输等多功能于一身,用户体验给与一致好评,网上用户持续大幅度增加,一片蓝海的市场空间完全被打开,呈现爆发式增长。马化腾不满足于现状,突破自我,主动积极寻找商机,结合先前工作经验和专业技能,另辟蹊径,为实现自己的创新创业梦想努力拼搏,终于成就了马化腾和 QQ 的发展。(2016 全球市值 500 强发布,中国大陆有 44 家企业入围,腾讯以市值 2313.8 亿美元名列第二位,马化腾个人财富 166 亿美元,世界排名第 46 位)

思考:
马化腾有怎样的人格特征,他的创新创业精神从何而来,谈谈你的认识和看法。

五、创业者应具备的综合素质

中国创业者在市场经济大潮里,涌现了一批又一批成功的创业者。他们有的成为中国的创业"明星",有的成为"先烈",他们的经验值得借鉴。当然,也有许多创业失败者,甚至结局惨烈悲壮,他们的教训也值得借鉴。无论成功与失败,他们都引导我们必须认真回答一个共同的问题,即中国的创业者应具备哪些素质?概括来说,创业者应具备 6 大方面的素质,即政治思想素质、创新素质、知识素质、能力素质、心理素质和身体素质。

1. 政治思想素质

首先,创业者要有良好的政治素质。创业者要能坚持把国家利益、民族利益放在首位,坚持把国家富强、民族振兴、人民安康幸福作为自己的政治理想,自觉按党的路线、方针、政策办事,自觉维护人民利益和国家利益。在政治的大是大非上，创业者应旗帜鲜明，认真践行，绝不能做任何危害国家、民族和人民利益的事情。创业者应有很强的社会责任感，对中国的社会福利事业、公共事业、慈善事业做出自己应有的贡献。

其次，创业者要有良好的思想素质。在市场配置资源起决定作用的条件下，创业者要牢固树立与市场经济相联系的6种现代理念或观念。

1) 诚信理念

企业经营是开放式经营，是诚实守信经营。企业与外界建立了许多合同等方面的关系，能不能守约守信自然成为创业者的道德标准。诚实守信的价值理念要把企业信誉作为生命来看待，这是创业者应具有的道德素质，也是创业者促进创业成长的最重要的基础。

2) 市场竞争理念

始终坚持市场竞争是配置社会资源基础的理念。许多成功创业者的经验告诉我们，创业必须按市场经济规律办事，必须有很强的市场竞争意识、市场开拓意识和市场机会识别意识。创业者要在市场经济中创业，在创业中开拓市场。

市场竞争理念是一个开放的理念，是一个充满竞争战略和策略的理念，是一个市场投入产出比高、市场占有率高的理念。有些创业者虽然处在市场竞争中，但市场竞争观念封闭，往往习惯于自己与自己比，经常满足于一得之功或一孔之见，满足于"进步不大，年年有"，满足于"小富即安"。他们看不到区域市场、国内市场、国际市场的变化及发展，眼界狭小，不能"风物长宜放眼量"。这种封闭或半封闭的经营理念与市场竞争理念格格不入，不冲破这种理念，不建立起全球化、国际化配置资源和竞争理念，创业者很难进入国内外市场并取得竞争优势，所创产业不可能"做大做强"，更难以成为"百年基业"。有的创业者缺少长期发展规划，不掌握市场竞争谋略和技巧，"生打硬拼"，往往"头破血流"，损失巨大，甚至连老本都搭上了。还有的只注重产值、销售收入，不积极培育核心竞争力，表面上企业在发展，实际上潜伏着发展的危机，甚至正在被对手挤出市场却全然不知。

3) 经济效益与社会效益理念

有些创业者虽然不断讲效率、效益，但实际落实不到位。有些创业者对低效率、高浪费的现象熟视无睹，对跑冒滴漏，办事拖拉，不计成本等现象不当回事。创业者的效率、效益理念没有真正建立起来，损失浪费经常出现，甚至造成重大损失。在注重经济效益的同时，必须重视社会效益，以可持续发展的理论指导创业活动。

4) 为用户创造价值的理念

市场竞争归根到底是争取用户的竞争，谁拥有更多的客户，谁就有更多的市场份额。客户能为创业者带来效益。由于科学技术的扩散速度越来越快，企业在技术等方面上的差距越来越小，市场竞争日益转移到为用户服务领域。有专家认为，用户第一，服务取胜，为用户创造价值的时代已经到来。如果要赢得服务质量上的竞争，靠的是全体员工牢固树立用户第一和优质服务的理念，全面提高专业化的服务技术水平，为用户创造更多的价值或附加价值，真正把用户第一的理念落到实处。

5) 风险理念

创业者是市场优胜劣汰的竞争者，敢于冒风险，敢于承担风险，同时又能够有效地规避不必要的风险。创业价值始终与风险共存，不敢承担风险就不可能抓住发展机遇。创业之路不是平坦的，而是在勇于承担和敢于冒险的前提下，才能创业成功。因此，不经历大风大浪，企业是不能可持续发展的。创业风险存在潜在的失败因素，但失败是成功之母，允许失败，允许犯错误，总结失败的教训，可以使创业者更聪明、更有智慧、更能取得创业成功。

6) 法制观念

市场经济也是法治经济。创业者必须牢固树立法制观念，以法创业，守法经营。这是创业者必须守住的"创业底线"。如果破坏这条防线，假冒伪劣、走私、偷税、诈骗等违法行为就会产生，直至把创业拖进"死胡同"。在创业初期，创业者一定要打牢法制基础，切不能"一朝犯法，满盘皆输"。

再次，创业者要有奋斗精神。我们认为，一个人奋斗精神的培养决定他未来发展的高度和水平。未来发展(特别是专业发展)必须与奋斗精神养成紧密结合，这样才能达到发展目标，这是新时代大学生的必由路径。

理想发展信念是人生规划与奋斗的灵魂，它能引领奋斗的方向和目标，孕育奋斗的精神和意志，催生奋斗的责任和使命。理想发展追求的目标不同，决定了奋斗的意义与价值、生命的境界与风貌。如果囿于自我目标的实现或追求个人"安逸和享乐"，我们只是"小我"；新时代大学生要立鸿鹄之志，为了国家、为了民族甚至为了人类，做理想发展目标的奋斗者。

我们要在"求真""务实"上刻苦学习、用功着力。"求真"就是要培养我们用马克思主义的立场观点和方法，发现问题、分析问题、认识问题，在实践中明真理，信真理，激发不畏专业学习的艰难曲折，保持奋斗前进的精神境界。"务实"就是要脚踏实地，一步一个脚印地把目标计划落到实处，落实到位。

我们要把学习专业发展的奋斗精神融入日常、落在平常，紧密结合职业生涯规划，在学好每门课程、做好每件事情、完成每项任务、履行每项职责中，体会并发展学习奋斗的价值；要立足成长与专业发展的实际，瞄准人生关卡，结合我们不同的人生目标与职业选择，有针对性地强化我们面向未来的理想发展奋斗精神，用理想信念照亮发展奋斗方向，涵养学习奋斗的精神风貌。人是需要有理想信念、钉子精神的。

我们要坚持知行合一，奠定理想发展的厚重基础。智育——包括获得知识和形成科学世界观，发展认识能力与创造能力。一方面，知识包括专业知识，是世界观、人生观、价值观形成的基础，决定着智慧的思想方向性和创造方向性的形成，知识的价值在某种意义上说，可以改变命运。要求得真学问，必须要下得苦功夫、笨功夫，贵在勤学、苦学，只有下苦功夫才能求得专业方面的真知识。另一方面，知识的获得与深化、能力的发展与提高，必须要知行合一，重在实践，身体力行。通过"勤学""苦学""力行""头悬梁锥刺股"的学，才能为专业发展奠定雄厚的知识基础。这就必须要做到以下几点。

(1) 为自己压担子"增负"，学习或增加课程难度、拓展课程深度、提升学业挑战度，变闲暇时间为"下笨功夫、苦学"时间，在刻苦学习上发力用劲。

(2) 坚持问题导向，实现课前、课上、课后专业学习的联通，发现专业学习问题、解决专业学习问题的联动，养成探索精神。

(3) 必须要刻苦读书，既要研读专业经典书籍，又要关注专业前沿探讨。掌握最前沿的专业学术动态。

在专业学习领域，我们必须保持全过程、全身心刻苦学习，为全面发展奠定基础，养成不懈奋斗的理想目标发展的精神状态。

2. 创新素质

目前,要打造中国经济的升级版,面临着经济结构新的重大调整期,面对着严峻的挑战和转型升级,当然也存在着发展的机会。国家强调实施"创新型发展战略",是一种开拓进取型经济。创新意味着打破旧的条条和框框。可以说,创业者的创新素质高低在一定程度上决定了创业的成功与否,决定了新创企业能否可持续发展。约瑟夫·熊彼特说:"创新是从事创造性的破坏。"彼得·德鲁克讲:"创新理论认为,变革是正常的,而且是健康的,在经济中的主要任务是做出某种与众不同的事情来,而不是把已经在做的事情做得更好些,是专门打翻和瓦解旧有的一套。"因此,创业者始终在寻求变革,对变革做出反应,并把变革作为机会予以利用。他认为创新是新事业开拓的具体手段,创新的行动就是赋予资源有创造财富的新能力。创新创造出资源,当然,也创造出社会价值和财富。创新就是改变资源的产出量。许多创业者都认为,创新则生,守旧则亡,创新来源于不断开拓的精神,敢于打破旧的条条框框,敢于走前人没走过的路,敢冒失败的风险,不断开拓出新境界、新局面,在创新中走向成功。当前,要在技术创新、互联网+创新、管理创新方面有新突破,增强技术创新、互联网+创新和管理创新能力,从"中国制造"向"中国创造"过渡,不断创新出有世界影响力的品牌,使创业成功之路越走越宽。创业者特别要有创造力,包括批判力、想象力等。

3. 知识素质

创业者应具备丰厚的知识储备,知识就是力量,知识就是财富,知识就是创业资本。一般来说,创业者应具备以下4种知识。

1) 基础知识

基础知识主要指具备高中毕业生的知识水平,包括语文、外语、数学、物理、化学、生物、历史、地理、政治等。这是创业者最起码具备的知识。当然,大学生应具备更加宽厚的基础知识。虽然早期有的创业者知识储备并不广博丰厚,但后天的刻苦使他们具备了各方面的基础知识,尤其管理知识更加突出优秀。

2) 人文社会知识

创业者是在社会的大环境中进行创业的,与社会发生各种各样的联系。创业者应不断丰富自己的人文社会知识,特别是关于哲学、政治、经济、文化、道德、法律、历史等方面的知识,更应努力了解和掌握,这是做出科学决策并有效实施的基本保证。创业者在进行较大项目开发时,更应注重从宏观的政治经济等方面认识问题,从长远角度、战略高度进行规划,从哲学上进行理性思考,这对其人文社会知识的修养提出了更高的要求。

3) 新的科学技术知识

科学技术是第一生产力,科学技术日新月异,科技成果以几何级数增长,谁在科学技术上领先一步,就会在市场竞争中占有先机,也会创造新的财富源泉。创业者应力求在自己从事的业务领域中成为专家,成为"大家",成为"大师",要比一般专家有更加广博的知识面,这是创业者力争必备的专业技术资源。当前,要特别注重学习掌握互联网+、大数据、云计算、物联网等新的知识与技能。

4) 管理知识

创业者的创业活动在一定意义上是一项管理活动。管理水平如何将直接影响企业成长。现代管理理论及管理技术是一切创业者必学的科目,是形成独特管理艺术的基础。谁能在实践中灵活运用管理理论并开发新的管理模式,谁就能在市场竞争中创造出新价值,这是不言而喻的。

4. 能力素质

创业者与一般管理者不同，要求有较强的能力特别是创业能力素质，尤其要具有较强的决策能力和管理能力。这包括领导能力、观察能力、认知能力、抽象思维能力、概括能力、协调能力、自我发展能力和学习能力。创业者作为高层决策者，其决策能力、执行能力、组织协调与沟通能力、整合能力、学习能力应更强一些，这对于发挥团队不同层次管理效能的作用是十分重要的。

5. 心理素质

创业者应具备良好的心理素质，这是创业成功的重要保证，也是形成独特领导风格的决定因素。创业者心理素质体现在意志、情感、追求、风度这些方面。

(1) 意志。意志是指创业者有百折不挠、不屈不服、勇于战胜困难的勇气和持之以恒的精神。创业者无论是在创业之初，还是在创业发展阶段，都会遇到各种各样的困难。在各种困难面前表现出什么态度，体现出创业者的意志品质。是积极战胜困难的心态，还是畏难思退、左顾右盼，这会对创业者及工作团队的工作成效产生极大影响。坚强的意志品质使创业者经受困难考验，越战越勇，不会被轻易击垮，即"精神不倒"。当有的创业者感到没有希望时，他们却能"背水一战"，在艰难时刻发现新的转机。这是外部环境的变化对创业者提出的基本要求。意志品质应包括：目标坚定性、科学的决判性、不屈不挠性、实事求是性、吃苦耐劳性、脚踏实地性等。

(2) 情感。创业者的情感体现在对事业、对工作的强烈热爱，是一种积极向上的心态，关心人，关爱人，以人为本，以情感人，晓之以理，动之以情，以自己的真诚情感去感动别人、影响别人。创业者运用情感，创造出一种和谐融洽的人际关系、群体风气、工作氛围和个人亲和力。创业者特别要注重克服消极的情感，如冷漠、孤傲、嫉妒、虚伪、重物不重人等。

(3) 追求。追求是人的志向，是人的价值观、人生观、世界观的反映，是理想信念的行为和动机指向。创业者应有远大的目标、崇高的理想、坚定的信念、乐观向上的精神、强烈的事业心和社会责任感。创业者追求的不仅是自我价值的实现，更重要的是追求事业的成功，为社会做出更多、更大的贡献。不是单纯追求金钱、地位、名声，不是为了眼前利益、一己之私，而是追求人类的福祉。

(4) 风度。创业者的风度是指"宰相肚里能撑船"，对事对人宽容大度，高瞻远瞩，临危不乱，光明磊落，机智幽默亲切，从而增加个人人格魅力。

宽容大度体现了"厚德载物"的容人雅量、宽广的胸怀，能广招天下英才为我所用，善于与有个性甚至有缺点的人一起工作，甚至与反对过自己并证明了是错误的人一起共事，这是不易做到的。高瞻远瞩是站得高，看得远，这是创业者比一般人强的地方。当然，高瞻必须有科学思维，远瞩必须明理，视野开阔，不为蝇头小利而斤斤计较，否则是不可能成就一番大事业的。

临危不乱体现的是从容不迫，面对任何险恶形势，都能镇定自如，脸不变色，心不慌。这样的创业者才能力挽狂澜于既倒，成为团队的中流砥柱，成为团队的核心领导者。

光明磊落是办事为人公道正派，公正公开透明，这才能使部下心悦诚服，得到大家的信任和爱戴。

创业者如果对事对人"暗箱操作"，时间长了会失去民心民意，这离创业成功也会越来越远，离创业失败会越来越近。机智幽默亲切是创业者大将风度的表现。机智是随机应变的智慧，幽默是调节人际关系的润滑剂，亲切是和睦的基础。创业者具备这些风度，可以在意想不到的事件中化险为夷，化干戈为玉帛，这是创业者个人魅力的表现。

6. 身体素质

创业者要有强健体魄，这是实现理想、发展规划目标的重要条件。创业者的身体素质非常重要。有的创业者严重透支身体，未老先衰，心有一股热血、抱负，但因体力不支，不能完成未来事业，抱憾终生。创业者必须科学工作，科学生活，科学锻炼身体，保持充沛的精力和体力，有良好的精神状态和身体素质去面对繁重的工作任务。健康的体魄、健全的人格、坚定的意志是奋斗者最基本的身心素质要求。身体作为精神和知识的载体，是人的专业发展乃至全面发展的前提性条件。

我们要充分利用早操和课外活动，放下手机，走出宿舍，走向操场、球场、游泳池、体育馆，培养自觉锻炼的习惯，享受体育活动的乐趣；要培养团队协作的精神、积极向上的人格、百折不挠的意志，当我们走出学校的时候，不仅有知识、能力、品格，即德智体美劳全面发展，还必须有强健的体魄，支撑我们专研深造，我们才能在专业领域取得令人骄傲的专业成果，报效我们的国家和人民，成为全心全意为人民服务的一流专家。

上述创业者应具备的6个方面的素质，是创业者应终生努力学习和实践的。只有这样，才能成为一个成功的永葆青春活力的创业者。

【案例】

新东方教育集团创办者俞敏洪提出大学生创业要具备的8大能力

俞敏洪在加拿大多伦多大学创业论坛的视频讲话中提出，大学生创业要具备8个能力，只要注重培养这8个能力，就有可能取得创业成功。

第一个，目标能力。 首先，你得问自己一个问题：为什么要创业？你有什么样的目标？想把它做成什么样的状态？我们不是为了创业而创业，而是为了做好一件事情，做大一件事情，并且前提是你在进行自我评估后发现这是有可能实现的，这个时候你才能够开始创业。如果说你都没有目标，只是一时冲动，只是觉得你应该去干点什么，并且对所干的事情没有太多热爱，那创业就只不过成为一种风气，而不是现实，你也不一定能做成大的事情。就我个人而言，我当初做新东方的时候，有一个非常明确的目标，那个时候从北京大学把大学老师的工作辞掉后出来做培训机构，我希望自己能做成一个真正有意义的培训机构，也正是有这个目标，新东方的培训事业才蒸蒸日上、不断前进。随着培训的开展，新东方的目标也在不断改变，从最初的做一个学校变成想在全中国各地开设新东方学校，到现在我们已经做成美国上市公司。总而言之，你的目标是上升的，但基础是不会变的，比如说我最初做新东方的基础就是想做成一个有品牌、有品位、为学生的前途负责、让学生喜欢的培训学校，从本质上来说，新东方到今天依然是这样的。所以我觉得目标能力对创业来说非常重要，而且你全心全意热爱这个目标的能力也非常重要。除此之外，你需要注意的一个问题是：你的这个目标一定是能够做大的，而不仅仅是为了自娱自乐。比如说你喜欢书法，就一下子去创立一个书法公司，这不太容易。

第二个，专业能力。 如果你对一个专业不懂就去创业，失败的可能性也很大。就像你开了一个饭店，假如你自己不是厨师，又没有太雄厚的资金一下子请很多大厨师，就很难把控你这个饭店的质量，而且很容易被大厨师炒鱿鱼。比如你请了一个大厨师，他做的饭很好，招来很多顾客，这时候他一看自己的地位很重要，就反过来跟你要价，说不给更多的钱就不干，你一生气把他开了，这样一来你饭店的菜也做不好了，最后面临倒闭了。十几年前我开始做新东方的时候，周围的很多培训机构都是被优秀老师炒鱿鱼给炒倒了。也是因为他们课上得很好，学生很满意，老师就开始向老板要价，老板自己不懂教学又咽不下这口气，最后老师都跑到别的培训机构去了，老板就只能把学校关掉。新东方当初能做下来很重要的一个原因是我自己就是个"大厨师"，也就是说新东方当时开设的很多课程，我自己都能教，因此我的老师在拿到他们觉得比较满意的工资时，就不会跟我提出过分的要求，他们知道，一旦提出过分要求，我自己能把他们的课给上了，同时又不会对新东方造成太大伤害。所以当你白手起家、身无分文，或者资金有限的时候，有一个重要前提：你必须是你创业的这个领域中的专家，是一个能控制住专业局面的人。比如你开一个软件设计公司，自己都不懂软件，你首先把控不了质量，其次把控不了人才，会很麻烦。原则上你必须在想创业的这个领域具备相当的专业知识、达到专业水平，才能有对专业的把控能力。

第三个，营销能力。一旦开始创业后，你该怎么做？比如说你的公司开了，产品也造出来了，下一步怎么办呢？如果产品造出来没人买的话，那公司白开了，有无数的公司都是开起来之后却关门了，其根本问题之一就是他们不懂如何推销自己的产品，推销自己的公司品牌。因此我们要做的是把公司的产品或服务"卖"出去，更重要的是随着产品的销售，卖出公司的品牌，即让大众认可你公司的品牌，让大家都知道这个产品是从你公司卖出来的。这就涉及营销，营销分两部分：实的营销和虚的营销。所谓实的营销，比如我做新东方，营销的是新东方的课程，告诉学生为什么要来上这个课，上完能有什么收获。但是无数的培训机构一直以来也在营销课程，却始终只是小机构，而新东方能做大，这是什么原因呢？很简单，因为我们营销了品牌。就是说，新东方开始不断有内涵，到最后人们不是因为听到新东方有什么课程来上课，而仅仅只是听到新东方三个字就来上课，这个时候品牌营销就算是成功了，这就是虚的营销。在中国做企业，品牌营销往往还跟个人营销结合在一起，即你个人的形象有时候能够代表企业形象，所以往往要把个人的道德、行为和企业的道德、行为结合起来。比如大家讲到新东方的时候会说，新东方就是俞敏洪，俞敏洪就是新东方。因此在中国，个人品牌的成长很大程度上就是企业品牌的成长，而企业品牌的成长倒过来也带动个人品牌的成长，这两个加起来形成你的公司强有力的虚的营销。加上你的产品本身也能被老百姓所接受，这样产品才会有价值。举个例子，一个生产鞋的公司，没有任何名气，尽管鞋的质量跟著名品牌鞋的质量不相上下，但品牌鞋卖一千，他这个也许只能卖一百，这中间差的九百块钱是怎么来的呢？是品牌营销，你没品牌所以价格提不高。所以一个公司要成功，品牌营销有时候甚至比产品营销还要重要，品牌营销的价值是无限的。所以，利用营销能力把产品推销出去，把品牌推销出去，把你自己推销出去，变成了企业发展的一个重要手段，也是创业者必须具备的能力。

第四个，转化能力。第一种转化是把科学技术转化成生产力，这是我们常说的一句话。你拥有了技术，拥有了能力，但没法转化成产品卖出去，是不行的。如果比尔•盖茨一辈子待在实验室的话，我估计他就是个穷光蛋了，他把自己的研究成果转化成了微软产品，推销到全世界，他就成了富翁。所以把科学技术转化成生产力、转化成产品的能力是非常重要的。第二种是转化你个人的能力，一般情况下，知识分子创业都有一个前提条件，就是能把在大学里学的专业知识转化为社会能力、管理能力。比如我从北大出来，完全不知道社会是什么样子，如果说抱着书生意气，抱着在学校里的那种单纯思想和行为方式去干事情，难度会比较大。因此，如果你不能把大学里的专业能力转化为社会能力、管理能力，就会很麻烦，你管自己一个人的时候也许管得很好，但管一帮人并不一定，那么你就需要学会从管自己一个人转换成管一帮人，也就是说把专业能力转换成综合能力，把专业才能转化成领导才能。而这种转化是要经历很痛苦的过程的，我个人从北大出来，到最后觉得自己当了新东方的领导，管着一百多人的团体管得比较得心应手，至少花了五年的时间。能力是能够成长的，现在我在新东方手下管着近一万人的教师和员工，依然没出现什么大的差错，表明了新东方管理能力的加强。所以人的能力是在不断转化的，关键是你自己要努力去转化，比如有很多大学生性格很内向，不愿意跟社会人士打交道，那你要想创业的话，这个交道是不能不打的，不打的话你就封闭了自己，同时把可能成功的机会也封闭了。

第五个，社交能力。进入社会，首先你要理解社会，要理解别人为什么要这么做。比如我刚开始出来的时候，社会上那些风气我完全不懂，跟他们打交道的时候觉得特别吃力，新东方的发展也处处受制于人，一会儿居委会的老太太来把我骂一顿，一会儿城管的人来了又把我罚一通，最后弄得没办法。我慢慢学会了把自己变得心态平和，去理解这些社会上的人，最后当你开始混迹于这个社会，并且思想和境界又超越这个社会的时候，你大概就能干出点事情来了。你不能显示出不愿意跟社会打交道的样子，但你看事情的眼光又是超越社会的，"大隐隐于市，小隐隐于山"就是这个概念，小的隐士、没有什么出息的隐士才跑到山里隐居起来，不愿意跟社会打交道，那些大的圣人、智者都是在社会中跟人打交道而思想境界又超于常人的人。做企业也是这样，一个企业家，如果不能和社会同存却又不超越于社会，就会很麻烦，所以我觉得社交能力对一个企业家或创业者来说，十分重要。

第六个，用人能力。仅仅一个人做事情不能叫创业，那叫个体户，所以想创业的话你就得找一帮人，你的合作伙伴，你的同事，你的下属，这些人，从一开始你就得用对了，挑了没有能力的人最后做不出事情来，挑了过于有能力的人最后跟你造反、老是跟你过不去，你也做不出事情来。把人招进来了就得让人服你，因此就得展示你的个人魅力，还得展示你的判断能力、设计能力，让大家觉得跟着你走是有前途的，哪怕在最艰难的时候大家也愿意跟着你。用人能力是有巨大力量的，它是领导能力的一个典型体现。当刘邦打下天下，手下问他为什么能做到的时候，他说了这样一番话：其实我自己一点本领都没有，但我能够用萧何、韩信、张良等这样的人才，是他们帮助我打天下。这就体现了领导能力的重要作用，一个孤军奋战的人也许能成为英雄，但他却不能成就事业。刘邦，不管他有没有打过仗，他都是我们心目中的英雄，他还是领袖，因为他创建了一个几百年的帝国朝代，容纳了那么多的有识之士。所以，用人能力对我们来说是非常重要的，假如新东方没有相当一批人才，是做不到今天的，新东方有一句话叫作：一只土鳖带着一群海龟在这儿干，这只土鳖就是我，而海龟呢就是围绕在我身边的新东方几十个高层管理者，他们大部分都是海外留学归来的。大家都知道，海归本身眼界是比较高的，很容易看不起土鳖，所以我就必须抱着为他们服务的心态，同时我自己的学习能力必须超强，在很多方面必须接近甚至超越他们，他们才会服你，才会跟着你干。当然，当你想做出一番大事业的时候，会发现身边的人越来越多，各种各样个性、想法的人越来越多，你要能把他们统一在一起，既要运用利益的杠杆，又要动用感情的杠杆、事业的杠杆把他们完美地结合在一起，这是一件挺不容易的事情。

第七个，把控能力。首先是对企业的把控，企业的发展速度是什么？发展节奏是什么？什么时候该增加投入？什么时候应该对产品进行研发？其次是对人的把控，当一个人走进你的公司之后，他会根据自己的能力和贡献每天衡量自己到底应该得到什么，人与人之间永远会寻找一种平衡关系；人与人之间还有另外一种关系，就是每天都在衡量我在对方心中的分量到底有多重，当对方觉得你的分量重、他没有分量的时候，他是不会来跟你计较的，等到对方觉得他的才能、他的技术或者他的领导力已经达到能和你较劲的时候，对方不提出来，那他就是傻瓜。所以，人与人永远都是在一种平衡中间，而这种平衡需要你对人性进行很深刻的了解，并且随时把握每个人的动向，满足他们的需求，同时还能压制住他们不合理的要求和欲望，能够让他们跟你一条心、不断往前走。其实对人的把控能力、对环境的把控能力、对企业发展步骤的把控能力，构成了你创业能否成功的重要条件。

第八个，革新能力。所谓革新能力就是需要你不断把旧的东西去掉，把新的东西引进来，进行体制上的革新、制度上的革新、技术上的革新及思想上的革新。从我自己做事情的过程来看，一个人或者一个企业家成长的过程，就是不断否定自己的过去、承认自己的现在、追求自己的未来的过程。一旦你觉得现在这样就已经挺好，做成这样已经不错，就不会有更大的发展空间。我在新东方，经历了无数次的否定，你看新东方从个体户发展到家族店，然后变成哥们合伙制，接着变成国内股份制有限公司，然后发展成国际股份制有限公司，最后变成美国上市公司，每个步骤都是脱了一层皮的，因为每一次改变都意味着要进行大量的利益改革和结构改造，大量的人事改革和改造，如果你改不过来，企业就有可能面临崩溃。当初跟我一个时期做外语培训班的人，很多到现在依然是夫妻店，还是我15年以前的状态，但新东方迅速把夫妻店改变成了现代化的企业，每年培训150万名学生。每一次的改革伴随着阵痛，但也伴随着发展，而改革还得把握好步骤，如果改得不好、改得太猛了，企业也有可能崩溃掉；但如果停滞不前，也会崩溃掉。因此，每走一步都要小心，不能不走。对创业的改革也非常重要，比如在技术方面，你不更新的话，最后就会失去市场，也会失去机会。在这一点上我个人非常佩服苹果公司的老总，他刚开始在苹果，后来被苹果公司弄出去之后他又做动画片，电影也做得很好，后来又开始研究平板电脑、多功能手机等，在全世界都热销。所以每走一步，他的思想都是超前的，他是一位创新、革新的英雄和时代的弄潮儿，我们要做企业就得向这样的人学习。

总而言之，以上提到的8种能力，是我觉得在创业中最重要的8种能力，也是人们能成就大事业的8种能力。

思考：

俞敏洪总结了创业成功的8大能力，你是怎样认识的，谈谈你的看法。对照8大能力你在哪些方面是不足的，应采取什么措施弥补？

第二节　创业团队

一、创业团队的界定

创业者对创业活动具有重要的领导作用，但现代企业的创业活动特别是高科技企业的创业活动已经不仅仅是个人创业活动的行为，创业成功更依赖于外部的各种资源，并以团队的形式来创业。创业者创业离不开高效的创业团队。无数成功的案例告诉我们，卓越的创业团队可以打造出卓越的企业。通过团队的力量，完成创业成长过程，这比个人独创企业的成功率更高。因此，需要研究创业团队的特征及与创业活动的关系。

不同的学者从不同角度界定了创业团队的定义。有的学者认为，一群人经过创意构想阶段后，决定共同创立企业，这群人就是创业团队。还有的学者认为，一个团队由少数具有技能互补性的人所组成，他们认同一个共同目标和一个能使他们彼此担负责任的程序；团队由一群认同并致力于达成一个共同目标的人所组成，这群人相处愉快并乐于一起工作，共同为达成高品质的结果而努力；创业团队是指当企业成立时对企业有掌控力的人或是在营运前两年加入的管理成员，对于企业没有所有权的雇员不算在内；创业团队是那些全心全意投入企业创新过程，且共同分享创业的困难及乐趣的成员，他们的共同目标是全心全意让组织成长。

我们认为，创业团队是围绕创业者的一群创业合作伙伴，在创业过程中以开创新的事业(或企业)，拥有共同的价值定位、价值追求和发展战略为目标，能够共同承担创业风险并能按规则办事，共享创业收益，能优势互补，紧密协作的正式或非正式组织。

创业团队需具备 4 个重要的组成要素：人(合作伙伴)、战略规划、定位、制度，如图 4-2 所示。

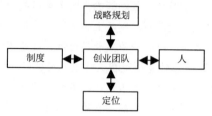

图 4-2　创业团队组成要素

1. 人(合作伙伴)

创业团队构成的是以创业者为核心的一群合作伙伴，人是新创企业中最活跃、最有价值的核心资源，也是推动新创企业发展的根本动力。创业者不仅自身有知识、能力和素质，而且在选择团队成员时，也要考虑成员各方面的综合因素，使创业团队成员结构合理且能够优势互补。创业者必须以人为本，加强与团员的协调沟通，通过共同目标和价值观来凝聚团队成员。

2. 战略规划

创业团队在创业活动中应有一个创业战略规划目标，该目标应成为创业团队的奋斗理想和使命。缺少共同目标和使命的创业团队没有凝聚力和战斗力。因此，创业团队组建时，要制定创业战略规划目标并把这一规划目标与创业成员发展结合起来，组成一个命运共同体，为一个共同的理想事业去拼搏奋斗，而不仅仅把创业活动作为一个发家致富的工具。创业团队通过制定科学的短期、中期及长期发展规划，科学系统地分步实施，从而有效指导团队的创业活动。因此，创业团队成员追求的最高目标应该是实现自我价值和社会价值，以及较高的成就感、使命感，而不仅仅为了眼前利益。

3. 定位

定位主要指创业的发展方向，也包括团队成员在创业活动中具体做什么工作，即分工定位的问题。合理定位能够充分发挥团队成员的优势，使他们的工作能力达到最大化，潜质(能)得到充分释放，并形成 1+1＞2 的合力，推进新创企业健康成长。

4. 制度

制度是团队运行的规则，决定着团队工作的稳定及发展。决策、工作运行、权力结构等都要靠制度来约束与激励。比如，根据责权利相统一的原理，必须赋予每个成员一定的权力，成员承担相应的责任，获得一定的利益。这不仅有利于凝聚员工，以权行事，参与创业管理，还有利于在规定的权限下进行决策，提高新创企业的工作效能。

因此，为了有效地推进创业进程，创业团队应战略规划明确，人员配置合理，定位准确，权责明晰，按各项规章制度(公司章程、董事会及各项工作制度等)办事，这样才能使团队建设及创业活动达到较好的工作效能和创业成果。

二、创业团队的分工与合作

创业团队的工作目标必须通过成员的合作分工才能完成，即团队成员应各有其位，各司其职，各负其责，位职责相统一，优势互补，通力合作，相得益彰，防止机构重叠、人浮于事、工作效率低下。

首先，创业团队成员必须有一个核心的创业者作为团队的领导者或团队的领袖。他的领导地位往往是在一开始创业时由创业团队的共同认可形成的,一般来说,创业者首先提出创业机会并实施组建了团队。在领导团队创业活动中,除了有创新偏好、风险承担倾向,以及成就感需要的基本主观特征,还应有较好的决策能力、组织协调沟通能力和各种资源的优化配置能力。

其次,创业团队还需要有能力进行内部整合且执行力较高的人,能够把创业团队的战略规划顺利实施,具有较高的专业能力、管理能力和管理水平。

再次,在创业团队中,应有专门从事市场营销对外协调的成员,尤其具有较强的公共关系工作经验,社会关系密切,人脉关系广泛,而且有相当高的公关技巧和能力。

最后,如果创业的公司是高科技公司,应有技术研究主管人员,负责技术开发创新工作,其研发工作能力和水平对于新创企业来说是至关重要的,关系到新创企业的核心竞争力和可持续发展的能力。如果条件允许,创业团队还需要有财务、法规等方面的专业人才,从事这些方面的管理工作。

团队成员应把自己承担的工作职责完成好,应坚持7:2:1领导原则。团队领导者:70%考虑战略组织资源等,20%考虑营销,10%考虑研发。产品经理:70%技术开发,20%协调计划,10%改进产品设计。市场经理:70%产品推销,20%反馈上游部门,10%给团队领导做咨询等。其他方面的管理也应该坚持这一原则。创业团队虽然有分工,但也要坚持协调合作沟通,通过协同管理提高组织工作效率和效益。

第三节 创业团队的组建和管理

一、创业团队组建步骤

创业者如何组建团队没有统一、现成的模式。创业团队成员能够走到一起,取决于共同的目标、性格、价值观等因素。虽然没有统一组建团队的现成公式和模式,但创业者可以遵循一些普遍使用的步骤来组建一支良好的创业团队。

1. 识别创业机会,明确创业目标

创业机会的识别是建立创业团队的起始点。创业者选择什么方向与目标进行创业,直接关系到需要选择什么样的人共同创业。比如,创业者在创新机会的政策层面有优势,就需要选择有能力与相关部门进行沟通的人开展工作;创业者在创业机会的产品层面拥有优势,就要选择优秀的技术人才做产品研发工作;如果创业者在创业机会的市场层面拥有优势,那么要选择有市场营销经验的人才做市场推广工作。因此,组建创业团队前创业者首先要关注创业机会在人力资源方面的支持要素。另外,还要明确创业目标,这是凝聚团队成员力量的融合剂,只有共同完成目标,才能使个体获得价值。

2. 制订创业计划,选择合适的创业伙伴

在创业机会识别整合的基础上,创业者需要撰写一份创业计划书(见第六章)。撰写创业计划书有3个目的:一是厘清发展思路,明确优势劣势,整合利用现有资源,挖掘拓展各种发展要素,促进新创企业发展;二是创业(商业)计划书也是一份吸收合作伙伴的正式合作意向说明书,这对想了解创业者创业目的、加入创业团队、开展合作是比较有利的,也是必要的;三是创业计划在明确总体目标后,还要制定不同创业阶段需要完成的阶段目标任务,以保证总目标完成。一份周到细致有说服力的创业计划书，能够吸引人才及风险投资者，这对于组建优秀创业团队是十分重要的。

创业者应根据自己的情况，从创业需要出发，寻找那些能与自己形成优势互补，有大体相同的价值观或目标的创业合作者。创业者可通过媒体广告推广、亲朋好友介绍、互联网发布等形式寻找创业合作伙伴。选择创业合作伙伴应主要考察对方的综合素质、工作能力和知识结构。尤其要注重考察合作伙伴的品德，包括诚信、坦诚、责任心、忠诚等方面。创业者应看重合作伙伴的人品，因为这是能否进行交往与深度合作的基础，是决定创业成败的第一大事。创业者能否识别优秀的合作伙伴，取决于合作者是否拥有识人用人的能力。这里需要指出的是，有些创业者选择亲属共同创业，初始阶段能够为了一个目标齐心协力去拼搏，但随着企业进一步发展，亲属团队会因为权限利益分配等问题，出现致命的分裂，从而导致创业半途而废。因此，构建亲属创业团队一定要谨慎处理，在"责、权、利"等方面要制度化、法治化。

3. 落实合作方式，加强调整融合

在寻求到合作伙伴后，双方还需要明确合作方式，主要有合伙制、公司制两种。双方还要就创业计划、股权分配等具体合作事宜进行更加全面的协调沟通。要制定创业团队的管理规则，用制度来处理好团队成员之间的权责利关系。要把个人发展与企业成长结合起来，把短期目标与长期目标结合起来，站在长远角度来选择和落实合作方式。同时，要加强对创业团队的调整融合，因为随着工作深入与新创企业发展，有些问题会逐渐暴露出来，因此，团队的调整融合也是持续、动态的过程。

4. 要考虑创业失败风险底线

创业合作伙伴的加入意味着放弃其他发展的机会，创业者必须要考虑这些创业合作伙伴的机会成本。参加创业的合作伙伴是在权衡成本与收益之后的选择，如果成功则能实现创业价值，而创业失败会有哪些后果，合作伙伴和创业者也应该认真考虑周全。一般说来，创业暂时失败的时候也正是企业生死存亡的关键时刻，如果创业合作人员萌生退意，则会在很大程度上打击创业团队的凝聚力，企业可能会运行不下去，甚至分裂解体。因此，创业者和创业团队成员必须理性地认识能够承受多大的创业失败压力，要做好沟通协调工作，防止可能出现的严重分歧与矛盾影响创业的成功。

二、创业团队与一般团队的区别

创业团队与一般团队是有明显区别的，主要有以下几点。

1. 目的性不同

创业团队更强调开创性，即开创新企业或新事业，强调组建有创新能力的群体，用创新的思维和氛围实现创业团队目标。而一般团队是完成已经被实现的目标，或解决某类或某些具体的问题。目的性是完全不同的。

2. 职位的层级不同

创业团队成员一般处于高层管理职位。因为早期创业者及其合作伙伴都是在起步阶段形成的，基本上是未来发展战略规划的参与者、组织者，一旦新创企业建立起来，就会直接进入高层管理

团队。创业团队成员之间关系平等密切，能够协作沟通，创新创业氛围浓厚，创业团队有很强的凝聚力。而一般团队成员不一定都在高层管理职位上，高、中、低管理职位都有。

3. 权益分享不同

创业团队成员在新企业建立后，大多采用股份有限公司形式。根据创业团队成员的出资金额、技术拥有程度、管理贡献等方面的不同，在企业中拥有不同的股份，一般情况下创业团队成员都占有一定的股份，而一般团队成员并不一定拥有股份。

4. 关注视角不同

创业团队关注的视角是战略发展问题，即未来成长期发展战略目标的实现、历史使命和价值实现，这都是关系全局性的战略决策性问题，而一般团队成员只关注战术性、局部性、执行性的问题。

5. 领导方式不同

创业团队成员在处理合作关系中，特别强调以民主、自主管理方式为主，即使是创业者在与团队成员沟通的过程中，也主要以协商方式而不是权威命令方式进行，创业团队成员对创业组织的承诺是刚性的，贡献是很高的。而一般团队成员是垂直性的权威领导方式，强调上下级的服从与被服从的领导关系，团队成员的组织承诺很低，按组织规则进行工作，基本不承诺对组织上的贡献等。

6. 团队规模不同

创业团队组建时应有多大的规模，这要根据创业时的具体情况来规定，不能一概而论。但一般来说，创业者开始组建团队时规模不宜过大，往往是从几个合作伙伴开始做起。因为大规模的团队会带来高成本，工作效率低下，协调沟通不够顺畅，决策和执行往往滞后，甚至会延误最佳发展时机。组建创业团队应坚持"精干高效"的原则。随着创业管理事务扩大或有新的创业发展方向，可考虑适当扩大规模，以适用渐进的方式进行团队规模的扩张，切忌盲目扩大，给团队建设带来不必要的资源浪费，特别是阻碍创业工作的展开。创业者要从最佳的管理幅度组建创业团队，而一般团队为完成工作任务目标，往往工作人数较多，规模较大。

7. 创业团队的互补性不同

创业团队的多样性是指创业者为补充各种要素资源的不足，当各种资源与创业目标存在差距时，必须通过吸收或调整创业成员，以达到优势互补，强化团队的彼此合作。在考察创业成员的多样化状况时，更主要的是围绕与团队目标任务紧密相连的因素。比如，团队成员的教育背景、工作经验、工作经历等，这些因素的多样化能够较快提升团队的工作成果和效率，取得较好的工作成果，但对于考察创业团队成员的客观特征方面，往往作为一个参考，如性别、年龄等。创业团队成员之间的协调性对于发挥团队整体能力非常重要。创业团队成员协调性好，能促进创业企业健康成长，反之，则会影响甚至阻碍创业企业成长，带来无法挽回的损失。创业团队协调性的根本基石在于创业的共同信念与愿景，在于创业团队共同的价值取向、奋斗目标、企业文化、互相信任和利益分配机制，从而实现 1+1＞2 的工作协调效果。创业者必须把团队的良好协调性作为重要的团队建设目标，充分发挥团队成员的作用，这反映了创业者的组织协调能力和水平。一般团队则是由上级确定搭建的，为完成临时特定工作任务而组建，其价值理念、使命、互补与协调性往往考虑不全，而创业团队是非常重视这些因素的。

8. 创业团队人员之间的心理契约不同

创业团队成员之间有很强的心理契约，他们往往会认真履行通过交流的意见，对创业决策产生重大影响。而一般团队则缺少心理契约，对公司创业影响很小。

三、创业团队的管理

创业团队的管理着重强调创业型领导者的领导能力，善于运用激励机制调动团队成员的积极性，对团队成员的矛盾和问题能够妥善处理，并能传承和发扬企业家精神。

1. 创业型领导者的角色

创业型领导者应有能力创造一个使命与愿景，确定企业发展战略规划，并能组织团队成员完成战略目标，采用的是共同一致行动的领导方式。他有能力动员、号召团队成员主动积极地开展创造性工作，为新创企业构建一个可持续成长的管理基础。我们认为创业者要扮演5个创业型领导角色。

(1) 提出挑战性目标角色。这是指创业者能进行科学决策，整合资源，提出愿景规划，提出具有挑战性的目标，使创业团队成员将他们的能力发挥到最大程度。其领导特征体现在绩效，能力主义导向，设置高目标，雄心勃勃，有知识，信息灵通，拥有特殊的洞察力等方面。

(2) 勇于担当角色。这是指勇于承担未来失败的责任，能预测未来可能发生的变化并采取措施应对；能树立创业自信理念，并能影响团队其他人员。

(3) 建立人际关系角色。这是指创业者能与反对者进行有效谈判，熟练掌握并运用人际关系技能，通过富有策略的谈判，解决反对者的阻力，获得主要股东及利益相关者的支持，给予创业团队成员自信和希望，消除实现发展目标的各种障碍。

(4) 协调鼓劲角色。这是指创业者能建立一个令人向往的心理目标，可以集聚团队成员使其鼓足干劲与能力。为一个共同使命目标，团队成员满腔热忱，集合全团队能力，不断向新的目标迈进。

(5) 阐明约束角色。这是指明确团队成员能做什么事情和不能做什么事情，有明确的规章制度。其领导特征是整合人与物的资源，鼓励创造性思考，开创新的局面，积极、果断、迅速地做出决策。

2. 建立创业团队的激励机制与约束机制

1) 建立创业团队激励机制

创业团队成员能否长期有效合作，激发每个创业团队成员的积极性，需要认真解决激励问题，建立科学合理的激励机制。能否解决好这个问题关系到创业企业的生死存亡。新创企业的收益要分配给团队成员作为相应的报酬。激励机制的核心是报酬制度的建立，报酬包括股票、薪金、补贴等经济报酬，以及一些非经济报酬，如考察学习、参加培训等。激励机制的建立要能更大程度调动团队成员的积极性，把新创企业做大做强，"蛋糕"越大收益越大，可供分配的也越多。要有利于稳定创业团队成员，特别是核心创业人员，要确保新创企业的发展与长期支付能力相适应，防止在有的创业团队成员有突出贡献时没增加薪等激励，也要防止因经营不善资金短缺等问题不给团队成员发薪金，较长期不发报酬造成人员流失等严重问题。

西方国家常采用股票期权计划，目的是激励员工长期努力工作，个人的价值目标与公司的长期发展目标相一致。股票期权是指股票持有者有权在某一特定时间内以某一特定价格购买或出售该企业的股票。股票期权强调的是一种权利而不是义务，如果公司的经营效益好，股票价格上涨，拥有该权利的公司高级管理人员可取得股票,获得股票市场价格与执行价格间的差额收益,如果股票价格下跌,持股人可以不行使权利。股票期权的激励机制主要是通过授予员工股票期权,让职工与公司紧密联系起来,兴衰共担。持有者努力工作,提高公司业绩,股票价格会上涨,持有者行使期权获利更丰厚,持有者工作更加努力。这是一种具有长期激励作用的激励机制。新创企业在运用激励机制时,要对创业团队成员按创新、德、能、勤、绩、廉进行评价,尤其要对贡献比较大的员工适时予以激励。

2) 建立创业团队约束机制

创业团队在建立激励机制的同时,还必须构建强有力的约束机制,要运用制度建设并认真执行各项规章制度。制度建设主要包括:公司章程、董事会、监事会、总经理(首席执行官)及各部门的详细的管理工作制度。任何人在制度面前一律平等,不能破坏规章制度,超越工作权限,以损害公司利益谋取私利。在创业团队工作过程中,工作及情感性的矛盾冲突是不可避免的,如个性差异,信息沟通不畅,利益分配不均、不公平,个人价值目标与企业价值目标不一致等。因此,必须靠约束机制使这些矛盾冲突得到解决,保证公司各项工作运行都在可控制的范围内,防止约束机制缺位或执行不力给公司造成重大损失。

3. 创业团队的社会责任与企业家精神

创业团队在领导企业发展的同时,还必须勇于承担社会责任。创业团队的社会责任包括:对国家的责任、对员工的责任、对消费者的责任、对投资者的责任、对环境的责任、对社区建设及教育等方面的责任。敢于担当社会责任,是评价创业团队优劣的重要标准之一。

创业团队要打造企业家精神,不仅仅指创业个体的企业家精神。创业团队的企业家精神,是团队成员的精神支柱,是创业成功的基石。创业团队要建设学习型组织,培养敬业精神,建立竞争型团队,塑造团队先进文化。创业团队应尽快形成创新创业的合力,勇于进行开拓进取,支持创业团队的价值创造,共同承担创业风险;应积极进行创业过程中的沟通协作,履行对组织的承诺,善于分析成功的原因,总结失败的教训,抓住创业的好机会;应通过团队的共同努力,促进新创企业可持续发展。因此,创业团队的集体创新创业,体现了企业家精神的核心,共同的价值理念与协调沟通,能有效保证战略目标的实现。

企业家的精神可以概括为:弘扬爱国敬业遵纪守法艰苦奋斗的精神;弘扬创新发展专注品质追求卓越的精神;弘扬履行责任敢于担当服务社会的精神。

【本章总结】

本章从研究创业者的特征入手,阐述了创业者的特征、类型,对创业者的客观特征和主观特征进行了分析。本章明确指出了创业者应具备的6个方面综合素质,并从逐个方面进行阐述;明确了创业团队的含义及界定,构成创业团队需具备的4大要素,团队成员的分工与合作;介绍了创业团队组建的4个步骤,创业团队与一般团队8个方面的区别,创业团队的管理;重点介绍了创业型领导者的5个角色,创业团队的激励机制和约束机制的建立与运作,简述了创业团队的企业家精神。

【复习思考题】

1. 创业者的客观特征和主观特征包括哪些方面?为什么说创业带头人对创业成功具有关键性的作用?你觉得自己是否拥有成为创业者的潜质?如果不具备,还需要做好哪些准备工作?
2. 为什么说创业团队的建设是非常重要的?简述创业团队的组建步骤。

3. 概述创业者应具备的素质。
4. 创业团队的界定及组成要素是什么？
5. 创业团队与一般团队有何区别？
6. 创业型领导者的 5 个角色分别是什么？
7. 为什么要建立创业团队的激励机制与约束机制？
8. 怎样理解创业团队的企业家精神？
9. 有人说，"就业睡床板，创业睡地板"，作为大学生的你怎样理解这句话？
10. 怎样理解新时代的"奋斗精神"？培养奋斗精神的路径有哪些？

【实训实练】

1. 通过调研、网上查询或结合教材案例，分析成功创业企业优秀团队的特点，在总结其基本经验的基础上，组建创业团队，开展校内外创业活动或参加学校、市、省的创业大赛。根据创业项目的要求，挑选创业理念与目标相同、优势互补、综合素质高、能有效实施创业项目的团队成员，共同进行创业开发与运营管理。

2. 你在创业时，选择团队成员有哪些原则要求，怎样激励团队成员积极努力工作，并拟定组建创业团队的计划和方案。

3. 概括你的创业精神，写出你的创业素质，评价你的创业能力，以及优势和劣势，描述你的创业战略。

4. 讨论交流创业家的精神内涵，用关键词概括出来，进行排序并说明原因。

【创业案例过程研究与思考】

刘永好：中国现代农业产业化重点龙头企业的创造者

刘永好，当代中国著名企业家，1951 年 9 月生于四川成都，毕业于德阳机械制造学校(今四川工程职业技术学院)，高级工程师。2022 年 11 月，刘永好以 66 亿美元的财富位列《2022 福布斯中国内地富豪榜》第 49 位。2023 年 1 月 6 日，中央电视台《对话》栏目组邀请中国有影响力的 21 位民营企业家进行座谈会，刘永好作为代表之一表达了对中国经济高质量发展特别是民营经济的发展充满信心。

刘永好在农业领域创新创造的新希望集团（以下简称"新希望"），是首批中国农业产业化重点龙头企业之一。连续十年位列中国企业 500 强，在"新、和、实、谦"核心文化观的指引下，新希望一直把"养育人、创财富、促进社会文明进步"作为企业核心理念，把"为耕者谋利、为食者造福"作为其经营宗旨，近 40 年来，已带动超过 450 万农民朋友走上致富道路。新希望也是中国光彩事业和新农村建设的积极践行者，获得国家多项荣益。刘永好先后荣获中国十佳民营企业家、中国改革风云人物、中国十大扶贫状元、中国企业管理杰出贡献奖、亚太最具创造力华商领袖、优秀中国特色社会主义事业建设者、全国劳动模范等荣益称号。新希望多次获得中国民营企业 500 强、中国制造业企业 500 强、四川民营企业 100 强、中国杰出贡献企业、农业产业化国家重点龙头企业等多项荣益称号。

1. 社会生活磨炼了意志心态，也是创业的重要资源

刘永好在 20 岁之前没有穿过一双像样的鞋子，没有一件新衣服。1966 年，年仅 15 岁的刘永好为了跟着老师去北京，特地挑了一件家里最好的呢子衣服。衣服是父亲 1949 年在地摊上买来的，据说还是进口的毛料，在父亲和三个哥哥手中辗转了 17 年才到了刘永好的手中，早已看

不出原来的颜色，样式也不知道改了多少遍，但刘永好把它当作宝贝。两年后，17岁的刘永好来到了成都市郊的新津县古家村，当地没水没电、缺医少药，连一条完整的公路都没有，老乡们都认为这里是一个"兔子都不拉屎"的地方。刘永好一天的工分是1角4分钱。许多年以后，刘永好在名牌大学座谈时谈到了这段经历说："我当了四年零九个月的知青，我觉得非常荣幸，因为这段经历不仅锻炼了我的意志和心态，还锻炼了我的身体。在农村能够学到很多东西，我了解了中国的农民，了解了中国的市场，懂得了艰苦创业，我觉得这是非常重要的一课，是一定要上的。"如果没有农村社会生活的磨炼，后来在创业遇到困难、挫折时，是很难坚持到底的。

2. 白手起家，勇敢迈出创业的第一步

实现梦想往往是需要代价的。1980年春节，二哥刘永行为了让自己四岁的儿子能够在过年的时候吃上一点肉，从大年初一到初七，在马路边摆了一个修理电视机和收音机的地摊。短短几天时间，他竟然赚了300块钱，相当于10个月的工资。这件事如同一颗重磅炸弹在兄弟们的心里炸开了花。刘永好有3个哥哥，分别是大哥刘永言、二哥刘永行、三哥刘永美，刘氏四兄弟一起沟通商量后决定："既然能靠修理无线电挣那么多钱，我们是不是可以办一家电子工厂呢？"许多人都有创业梦想，但真正实践肯干的却很少，从来就不缺乏有梦想的人，却非常缺乏将梦想付诸实践的人。但是四兄弟说干就干，敢于实践、迈出第一步是刘氏兄弟一个很重要的特质。刘永言学计算机、刘永好学机械、刘永行会修理家用电器，生产电子产品并不是难事。很快，中国第一台国产音响横空出世，起名为"新意音响"。刘永好拿着音响来到乡下想和生产队合作，他们出技术和管理，生产队出钱，工厂各占一半。但万万没有想到，合作的事情报到公社后没有被批准，这让刘氏兄弟的美梦"胎死腹中"。但这并没有影响他们继续创业的激情。24年后，在向《人力资本》记者谈及这件事时，刘永好仍然感到无限惋惜，他说："我们失去了一次机会，我们的音响只能成为我所在学校校办工厂的一个产品。后来，这个产品为学校创造了一定的价值，居然还被评为省级科技成果。如果当时我们做音响的话，说不准现在我们有可能成为中国的'电器大王'。"

音响虽然没有做成，但创业的强烈愿望与梦想被点燃了。当时，全国也没有几个万元户，刘永好把当"万元户"作为自己人生的新理想。到了1982年，想创业要做什么呢？搞音响投资大，何况还有那么多条条框框，很难做成；但搞养殖业不需要很多投资，技术含量低，自己也比较熟悉，于是，他们决定从养殖业开始做起。在左邻右舍鄙夷、不屑或怀疑的议论声当中，刘永好和兄弟们在自家的阳台上养起了鹌鹑。

在四兄弟中，三哥陈育新(刘永美)率先"停薪留职"，下乡当起了"育新良种场"的场长。为了保险起见，刘永好和大哥、二哥决定随后再跟进。良种场的主营业务是孵小鸡、养鹌鹑和培育蔬菜种子。没有孵化箱，他们就到货摊上收购废钢材，然后到工厂租用工具自己做。但天有不测风云，1984年4月的一天，资阳县的一个专业户找到他们，一次性下了10万只小鸡的订单，这可是笔大买卖。被冲昏了头的四兄弟马上借了一笔数额不少的钱，购买了10万只种蛋。但令他们万万没有想到的是，2万只小鸡孵出来交给这个专业户之后不久，他们便听说这个专业户跑了。他们去追款，发现交给这个专业户的2万只小鸡，一半在运输途中闷死了，一半在家里被大火烧死了，对方已经是倾家荡产。剩下几万只小鸡马上就要孵出来了，但他们又没有饲料，这时候又是农忙时节，农民不会要，借的钱又要马上还，四兄弟真的是绝望了。回忆起当时的情景，刘永好的语气中还是透露出一丝悲凉。最终，他们决定留下来，不逃、不躲，正视并解决这个问题。想来想去，既然农民不要，那就把种蛋和小鸡卖给城里人。于是，兄弟四人连夜动手编起了竹筐，

刘永好带着鸡仔去农贸市场卖。

人就是这样，没有逼到分上，谁都不知道自己的潜力有多大。当你坚持到不能再坚持，执着到不能再执着的时候，事情也就成了。从受人尊敬的人民教师到被学生看不起的市场小贩，刘永好经历了商业人生的第一次磨难，直接的结果是其心理逐渐走向成熟，内心从此变得坚强起来。

3. 寻找新商机，转战猪饲料市场

新津县许多养殖专业户看到刘氏兄弟靠养殖鹌鹑发了家，纷纷向刘氏兄弟请教养鹌鹑的技术，他们将自己养殖鹌鹑的技术和经验毫无保留地传授给了新津县的养殖专业户。但俗话说"教会徒弟，饿死师父"，1987年新津县的养殖专业户小兵团作战，使用刘氏兄弟的饲料和农具，在孵化率、产蛋率和饲料转换率三项指标上都比刘氏兄弟高出2%~3%。在家禽养殖和家禽饲料方面，刘氏兄弟不愿意和身边的农民兄弟短兵相接，以免造成两败俱伤，这时他们想到了将产品升级，转战猪饲料市场。

当时，泰国"正大"的饲料公司（"正大综艺"节目的赞助方），已经占据了中国猪饲料市场的半壁江山。"正大"在成都投资一亿元建了一家饲料厂，价格高，但对猪的增肥效果奇好，所以，农民购买"正大"饲料还需要排长队。有些农民问刘氏兄弟："你们为什么不生产和'正大'一样的猪饲料呢？"四兄弟商量后决定建饲料厂，1987年希望饲料公司在古家村买了10亩地，投资了400万元，建立了希望科学技术研究所和饲料厂，又投入400万元作为科研经费，找了国内外一批专家进行研制开发。1989年，"希望牌"1号乳猪全价颗粒饲料推出市场，擅长销售和市场推广的刘永好开始将自己的销售和广告做好，这样才能做大做强。

他们当时租了一台刻印机，请一个字写得好的朋友写好广告语。创意和广告稿出自刘永好，他在每家每户的猪圈上都贴了广告，后来又做墙头广告。那时这种广告方式成本低，效果特别好。只用了三个月的时间，"希望牌"饲料的销量就追上了"正大"，"希望牌"饲料的质量不比"正大"差，每吨的价格却便宜了60元。

正大公司面对希望公司的不断蚕食，决定每吨降价20元，希望公司也降了20元；正大公司再降100元，希望公司干脆降价120元，一时间，"希望牌"饲料的销量狂涨了三倍，刘永好的市场营销策略取得了巨大成功。最后，正大公司主动找到刘永好，双方达成了协议——"希望"以成都市场为主，"正大"以成都之外的市场为主。这实际上宣告了"正大"退出成都市场。经此一役，奠定了"希望牌"饲料在中国猪饲料市场的霸主地位。许多年后，正大集团总裁谢国民参加中央电视台的《对话》节目，央视邀请刘永好前去作为嘉宾。下属们觉得要给昔日的手下败将当"绿叶"，非常没面子，但刘永好却力排众议说："正大公司是我们的老师，我们要好好向人家学习！"

1992年，中国第一个经国家工商总局批准的私营企业集团——希望集团，在希望饲料公司的基础上成立了。集团成立不久，按照兄弟四人的价值取向和各自特长，刘氏产业被划为三个领域：老大刘永言向高科技领域进军；老三负责现有产业运转，并且开拓房地产；老二刘永行和老四刘永好一起到各地发展分公司。产业明确之后，就该划分产权。刘氏兄弟选择了最简单的方式——平均划分资产，兄弟四人各占整个产业25%的股份，就这样将复杂的事情简单化，成功解决了产权划分问题。

对于分家，刘永好这样评价："我们兄妹几个都很优秀，有创业激情，能吃苦耐劳，很多地方都值得互相学习。"正是这种互补型的团队组合，保证了原始积累的实现。创业时，我们考虑的是如何不倒下去。企业发展壮大了，面对着金钱、荣誉和掌声，看法就会不一致。两次调整，

是从家族企业向现代企业过渡和规范管理，是谋求更大的发展。虽然是亲兄弟，也不可能每件事情都磨合得很好，何况每个人都很能干。经过两次调整，有分有合，大家都发展得很好。合的部分是希望集团，作为存量一直都没有变，刘永行是董事长，刘永好是总裁。在上市公司新希望中，以刘永好为主，大哥刘永言和三哥刘永美都有股份。实际上，他们分的只是产业发展方向和地域。

4. 专注实体企业发展，不断做大做强

刘氏四兄弟创业始于中国全面改革开放的1982年。当时，他们到四川成都新津县农村创业，从种植养殖起步，历经磨难，坚持不懈，专注实体企业发展，经过六年时间，积累了千万元的财富，并在80年代末期转向饲料生产。随后的8年时间里，他们奋斗拼搏，让企业滚雪球式地发展，不断做大做强，创出了中国最大的本土饲料企业集团——希望集团。希望集团是中国100家最大的饲料生产企业的第一名，曾被评为全国500家最大私营企业第一名。不管生意做得如何大，刘永好始终小心翼翼地坚守、专注自己的主业。

希望集团的创业者们在推动企业快速发展的同时，还注意到家族式企业在管理方面的弊端，为了使企业跟上发展的潮流，他们对原有的管理体制进行了调整并明晰产权。1995年5月15日，刘氏四兄弟明晰产权并进行资产重组，从此分开各自发展。刘永言创立大陆希望公司，刘永行成立东方希望公司，刘永美建立华西希望公司，而刘永好组建了新希望集团并任董事长。

1996年，新希望集团依靠正确的企业发展战略和全体员工的勤奋努力，立足西部，面向全国，实现了快速发展。集团聘有上万名员工，共有80多家企业，海外有4家公司。新希望产业范围不断扩大，涉及饲料、乳业及肉食品加工、房地产、金融与投资、基础化工、商贸物流、国际贸易等领域。刘永好在新希望集团的迅速崛起中做出很大贡献，其企业思维和创新精神受到好评。为此，新希望集团获得中国企业协会授予的企业杰出管理奖。

在发展过程中，新希望集团始终专注于实体企业发展，在注重高质量发展的同时，不断推动企业做大做强，实现以农牧为基础适度多元化发展的格局，抓住时机扩大海外市场。集团从创业初期的单一饲料产业逐步向上、下游延伸，成为集农、工、贸、科一体化发展的大型农牧业民营集团企业，也是中国农业产业化国家级重点龙头企业，中国最大的饲料生产企业和中国最大的农牧企业之一，拥有中国最大的农牧产业集群，是中国农牧业企业的领军者，致力于打造世界级的农牧企业。从2012年特别是2019年以来，新希望集团不断超越自我，不断创新突破，取得了令人瞩目的成绩，先后获得多项国内外荣誉称号。

5. 保持艰苦奋斗精神，勇做承担社会责任的创业家

刘永好始终保持艰苦奋斗的品格，勇于承担社会责任，且从不居功自傲。他喜欢吃麻婆豆腐和回锅肉，只要待在成都，中午便会回家吃妻子做的饭。平日里，他最主要的工作餐是盒饭。除此之外，他还习惯和各部门基层员工在集团餐厅共进午餐。他吃饭速度很快，且饭盒中不会剩下一粒米。他不喜欢穿西服，身上的T恤衫和休闲裤加起来不过几十块钱。他原来的座驾是一辆桑塔纳，最后下属实在看不过去，劝他换了辆奔驰。每次坐飞机出行，他也只坐经济舱，当然机票最好是打折的。他的发型十几年来没变过，是那种花几块钱就可以理的自然式，十多年来，他一直去同一家理发馆理发。他一天工作12个小时以上，生活的主色调就是学习。无论和谁交谈，他都会拿出随身携带的本子，碰到有用的便往上记。他没有架子，从来不骂人，脸上永远带着温和的微笑，说话的时候也非常注意措辞，从不会让人听了感到不舒服。基层员工见了他不会感到有压力。他的艰苦奋斗精神、善于学习精神和专注精神是他创业成功的"密码"，这是非常难能可贵的。

《人力资本》记者曾向刘永好提出一个问题说:"22年前,你们4兄弟凑了1000块钱开始创业,如果用作投资,大概相当于现在的10万元。假如现在你的财富突然间一夜蒸发,你认为你还能东山再起,再度成为富豪吗?"刘永好一字一句认真地回答道:"其实,多年的磨炼对于我来说,拥有了多少财富并不重要,重要的是,我拥有了创造这些财富的能力!假如我这个企业什么都没有了,我的所有财富都消失了,但是我的自信还在,我的见识还在,我的这种经历和能力还在,我可以从头再来。对于我来说,自信和勤奋是无价的。"说完,他记下了这个问题,这是刘永好的习惯,无论和谁交谈,身边都不离一个本子和一支笔,碰到有用的东西就一定记上。

刘永好成功创业,在实现人生价值的同时,始终坚持践行承担社会责任。新希望是中国光彩事业和新农村建设及扶贫事业的积极倡导者与践行者。1993年,刘永好联合国内9位民营企业家联名发出倡议,动员民营企业家们到中国西部贫困地区投资办厂,培训人才,参与社会扶贫。这引起了中国民营企业界的热烈反响,全国先后有3800名民营企业家参与进来。新希望集团作为倡议者之一,扮演了积极参与的角色,在中国西部和中部的贫困地区投资近2亿元,兴建14家光彩事业扶贫工厂。2008年6月11日,新希望集团董事长刘永好回到母校四川工程职业技术学院,为自己出资、原址重建的"永好楼"(原第一教学楼)揭牌,并为母校的学弟学妹做了一场主题为"感恩"的励志演讲。

在中国有些地区遇有灾害时,刘永好带头捐款捐物,多次获得表彰。2020年1月30日,新希望集团捐赠3000万元帮助"三农",2021被评为四川省民营企业社会责任十佳优秀案例企业。他们不懈追求"农业创造价值,农民分享价值,价值留在农村,城乡和谐发展"的社会目标,以农牧产业龙头企业优势带动农村经济发展,带领广大农民增收致富。近40年来,新希望集团在"老、少、边、穷"地区已投资超过40多亿元,在贵州、西藏、甘肃、四川、云南等地区投资了40多个项目,并安置国有企业下岗、转岗员工10000多人。2010年以来,在"新农村"建设方面,新希望集团已在四川、贵州、云南、山东、重庆等省市逐步开展产业带动的帮扶工作,联系和帮扶82个村走上了致富之路,发展建设原料种植和畜禽养殖基地4.6万亩,辐射带动的基地共300万亩、农户近300万户,使所在地农村农民年平均增收700元以上。新希望还将建设3500个富农信息站,以及农业产业链全过程管理系统,为农户和经销商提供农业产业链全过程管理、市场供求、科技资讯、农产品交易等综合信息服务。为农户严控产品质量,对客户负责、对社会负责,已根植于新希望人心中,并成为企业文化的一部分。

思考:

你怎样认识和评价刘永好的创新创业历程?请概括刘永好创新创业的基本经验。你从刘永好的创业过程中,学习到了哪些创业精神和优良品格?刘永好是怎样取得创业成功的,你怎样评价他的专注农牧并适度多元发展?以小组为单位,在班级交流讨论。

第五章

构建商业模式

【教学目标】

学习完本章后,应掌握的重点:

1. 商业模式的定义及构成要素;
2. 商业模式的构建过程,特别是互联网+新的商业模式;
3. 商业模式与其他管理的关系。

【理论应用】

1. 举例说明商业模式的内涵及特点。
2. 结合实际论述商业模式设计的框架和原则。
3. 举例说明商业模式创新(互联网+新的商业模式)的重要性和路径。

在市场经济的条件下,凡是企业或公司,都在推销自己的产品或服务,都拥有自己的商业模式。到底什么是商业模式,目前还没有统一的标准的定义,众说纷纭,这给商业模式的研究和开发带来了较大的模糊性。本章主要探讨创业者在创业中如何构建有效的商业模式。

【案例导入】

雷军——中国"小米模式"的创造者

1. 知识、能力、经验的积累,为创业打下雄厚的思想与物质基础

1969年,雷军出生在湖北仙桃的一个教师家庭。1987年,雷军考入武汉大学计算机系,仅用两年时间就修完了大学所有学分,甚至完成了大学的毕业设计。受《硅谷之火》中苹果公司创业故事的影响,在大学四年级的时候,雷军开始和同学王金国、李儒雄等人创办三色公司,其间他与王金国合作编写了雷军的第一个正式作品——BITLOK 加密软件,并且组建了黄玫瑰小组;此外还用 PASCAL 编写免疫 90,此产品获得了湖北省大学生科技成果一等奖。当时他们研发的是一种仿制金山汉卡的产品,随后出现了比他们更大的公司,量大价优的山寨产品把他们拖垮了。1992年,23岁的雷军毕业后进入金山软件公司工作。金山公司是雷军的第一个职场,他工作特别努力,有人说他是"工作狂"。由于工作出色,雷军先后担任金山公司北京开发部经理、珠海公司副总经理、北京金山软件公司总经理职务。1998年,雷军担任金山公司总经理,2000年年底,出任北京金山软件股份有限公司总裁。15年之后,金山公司在中国香港地区的香港联交所上市,雷军提交辞职报告,当年38岁。少年成名,急流勇退,在很多人看来,这样的人生很完美,雷军大可以自由淡定,想干嘛干嘛。但是,此时的雷军身为一个成功者,却有着深刻的挫败感。

雷军是一个脚踏实地、志存高远的人。他曾向记者讲述在大学时期看过一本名为《硅谷之火》的书，之后就确立了一个梦想：做一家世界一流的公司。根据原金山高级副总裁王峰(微博)的回忆，当年雷军下班之后约他在办公室谈工作，一谈就到半夜。15年来，对于雷军来讲，这种劳模式的生活实在不稀奇，他的知识、能力、经验有了厚重的积累。回顾过去，所有的"旧金山人"都承认这是一段"激情燃烧的岁月"。这家公司的执行作战能力和行政组织能力都非常强，号称"成则举杯相庆，败则奔走相救"。不过，这样一家勤奋团结的公司却花了8年时间才上市。2007年10月16日，金山在中国香港联交所挂牌的时候，雷军发现，他投注了15年心血的公司市值不过6.3亿港币。这个数字，当时远远不及同年在中国香港地区上市的阿里巴巴(市值15亿美元)，更别提2005年在纳斯达克上市的百度(市值39.6亿美元)了，就连跟盛大网络、第九城市和巨人游戏这些游戏界同行相比，金山也被远远抛在了后面。

为什么金山没有成功，有位金山前高管的话可以作为参考："本质上讲，金山是一个没有真正意义上的创始人的公司。从张旋龙到求伯君再到雷军，都不是从第一天起就坚定不移的创始人。金山是个'傍大款'的公司，跟四通合作是看重它的资源。金山从WPS到词霸，从词霸到毒霸，从毒霸到游戏，一个个打过来，因为上市的财务报表压力，每个新业务坚持一年多就放弃。到了后期，大家都很彷徨，领导们说的理想主义竟然有了机会主义的意思。但是，这是一家有技术追求的公司，活得又够久，出了一大批高级技术人才，大家对金山都很有感情。问题是，当企业发展的速度跟不上人才发展的速度，该怎么办呢？"早些时候，大约是金山进攻游戏领域的时期，雷军在一次拓展训练中发表讲话，说自己不容易，大家不容易，活得太窝囊，说到动情处潸然泪下。当时，二十几个副总裁和部门经理拥上去，把雷军团团围住，大家抱头痛哭。2006年年底开始，金山经历了频繁的人事变动和人才流失。雷军以他的中关村劳模精神继续待在金山，一直到金山上市辞职。

在离开金山的一年里，雷军经历了深刻的反思。他不止一次对媒体提到他对于金山生涯的"五点反思"，即人欲即天理、顺势而为、广结善缘、少即是多和颠覆创新。雷军慢慢确认了一件事情：在一家改良导向的公司里，他是做不成革命者的。意识到这一点，雷军若有所失。雷军是个亿万富翁，但他缺一样东西：再一次成功的机会。他说："金山就像是在盐碱地里种草。为什么不在台风口放风筝呢？站在台风口，猪都能飞上天。"在金山的15年他不仅收获了巨大的物质财富，更为重要的是他的创业精神财富、知识财富、能力财富有了几何级数的增长，为实现做世界一流企业的创业梦想打下雄厚的基础。

2. 创业激情燃烧，打造小米手机新的商业模式

在金山公司工作后期，雷军作为天使投资人投资于一些发展潜力大的以互联网为主的企业，也认真研究过互联网的发展趋势。早在2004年，金山和别家公司共同投资的卓越网以7500万美元出售给亚马逊，雷军个人获利上亿元。他先后投资的项目包括：逍遥网、尚品网、乐讯社区、UC优视、多玩游戏网、拉卡拉、凡客诚品、乐淘、可牛、好大夫、长城汇等20多家新创企业。离开金山后，雷军仍然通过做天使投资在业界保持着相当的影响力。他在自己的新浪博客上陆续写文章发表观点，他认为，未来移动互联网将10倍于PC互联网的规模。2007年年底，iPhone的出现为雷军带来了巨大的希望和热情。他买了很多iPhone手机到处送人。不过，雷军在崇拜乔布斯之余，一直在给乔布斯的产品挑毛病：待机时间太短、不能转发短信、用着硌手、信号不稳定等。"我就搞不懂，手机为什么能卖那么贵，iPhone使我对做手机有了浓厚的兴趣。这种软件、硬件和互联网结合的趋势让我开始琢磨怎么做手机。"也是从这个时候起，他把早年间"不炒股、不投资"的原则暂时放到

一边,试探性地投资了拉卡拉、我有网和多玩网等几家企业。截至2008年年底,他还投资了多看、乐讯、优视科技、凡客诚品等17家创新型企业。这些企业沿着移动互联网、电子商务和社交三条线整齐分布,雷军自称"无一失手"。2011年夏天,易凯资本董事长王冉在微博上说:"全中国都是雷军的试验田。"

雷军喜欢下围棋,做事情原则性很强,不会东一榔头西一棒槌地行事,这段天使投资生涯为他后来的创业做了很好的铺垫。他说:"辞职这几年也没闲着,投资就是在练兵,我想做移动互联网,但是移动互联网我不懂。不懂就要交学费,最好的办法就是多听多看别人是怎么做的,那不就懂了么,不需要在第一线。技术是有累积性的,在经过一段时间投资研究之后,我对这个行业已经了解通透了。"

2009年8月,雷军邀请林斌一起飞往珠海,两次探访魅族公司,并且和魅族创始人黄章有过深入交流。一位投资人说:"魅族做得非常好,它通过BBS做网上营销,经营两年,培养200万粉丝,卖出大概60万台M8手机。M8的参数配置跟苹果咬得很紧,但价钱是苹果的一半。市场上真正的互联网手机就这么两家。"林斌从微软的11年到谷歌的4年,他的职业生涯一直很稳定,过着标准的外企高级职业经理人的生活。2009年9月,林斌的顶头上司李开复宣布辞职,谷歌宣布退出中国。林斌答应雷军的邀请,他只问了雷军两个问题,但是反复问过4次:"你什么都有了,创业图什么?你有没有雄厚的资金支持?"雷军说了一句话,彻底打消了林斌的顾虑。他说:"拿不到钱我自己出,我就有这么多。"2009年10月,雷军向一直保持密切联系的林斌发出邀请,合伙创业,同时,他们要组建高水平的创业团队,才能完成创业的战略目标。

2009年11月的某个晚上,雷军和晨兴资本合伙人刘芹通了个漫长的电话。两人从晚上9点谈到第二天早上9点,雷军换了三块手机电池,刘芹换了三个手机。最后,刘芹答应加入投资雷军这项未知的事业。雷军在12个小时里说的四个字打动了刘芹:敬畏之心。雷军说:"我对创业仍有敬畏之心。"刘芹问:"为什么敬畏。"雷军说:"因为我看过太多人死了,不是因为他叫作雷军,就不会死。"

2010年4月6日,14个人一起喝了碗小米粥,一家小公司就开张了,小米就这样悄悄创办了。

雷军从一开始就决定要打破手机硬件行业的游戏规则,他要用互联网的方式来做手机硬件。他总结了六大趋势,并且当作创业教材反复宣讲:手机电脑化、手机互联网化、手机公司全能化、颠覆性设计、要做能打电话的手机、手机要做出爱恨情仇。在这六大趋势的基础上,雷军描绘了一张大致的发展蓝图,构建出一个新的商业模式:搭建一个融合谷歌、微软、摩托罗拉和金山的专业团队;先做移动互联网,之后再做手机;用互联网的方式做研发,培养粉丝,塑造品牌形象;手机坚持做顶级配置并强调性价比;手机销售不走线下,在网上销售;在商业模式上,不以手机盈利,借鉴互联网以品牌和口碑积累人群,把手机变成渠道。这个商业模式已经形成,具有鲜明的特色,取得了显著的成效。

3. 打造核心产品的竞争力,采取创新性互联网营销策略

他们不仅配置高水平的硬件,不断开发新的软件,而且采取创新性的互联网营销策略,来满足和打动"米粉"发烧友的心。小米公司的核心业务被称为"铁人三项",即手机版免费即时通信工具米聊、基于Android的MIUI操作系统、小米手机。在"铁人三项"里,最早诞生同时也是小米公司目前为止开发最成功的产品应该是MIUI,MIUI系统给用户带来更好的使用体验。为了顺应手机智能化的趋势,小米对MIUI操作系统进行了持续不断的升级更新。传统的手机厂商不到万不得已的时候不会升级操作系统,小米的基本理念是:手机不久将会替代PC成为大众最常

用的终端,所以其系统必须不断升级。从 2010 年 8 月 16 日起,小米一共发布了 100 多个新版本,平均每周升级一次。精简、高效、及时升级的 MIUI 从推出伊始就受到很多用户欢迎,并且形成了良好的口碑。

米聊也是让小米公司备受称道的一款产品。小米公司 2010 年年底推出手机端免费即时通信工具——米聊。米聊以国外同类产品 kik 为模板,因在国内首次推出手机免费版的语音即时聊天工具而吸引了不少用户。米聊在国内手机语音聊天方面开创先河,使其在国内语音即时通信市场占据了先机。根据小米公司公布的数据,米聊已经有超过 1300 万的用户量。

有了 MIUI 和米聊的成功发展,小米手机还在工程样机阶段,就已具有超高人气,有不少小米产品的追随者翘首以盼,为小米手机进入市场打下坚实的基础。同时,在网络营销方面有着多年经验的小米团队,趁机将"发烧级手机"和"互联网手机"的理念炒得火热,进一步捧高了小米手机的人气。而且在当时看来双核手机还是稀有品,而小米手机装配了号称比肩苹果手机的双核处理器,不仅勾起了手机发烧友的好奇心和占有欲,还吸引了媒体关注的目光。小米手机成功地打造了两大卖点:创新不逊于苹果,低价堪比山寨手机。

小米采用了互联网+营销的策略。

产品:小米手机一经出台,就快速将其瞄准于发烧友手机用户,核心卖点是高配和软硬一体。小米手机一代是中国首款双核 1.5G 智能手机,采用的是目前全球最快、最强大的手机芯片——高通 SanpdrangonS3(MSM8260),比主流的绝大多数手机 CPU 主频快 200%,是目前主频最快的智能手机之一。小米手机配备 1930 毫米掩码电池,超出主流智能手机电池容量 30%,可支持互联网待机长达 450 小时,连续通话 15 小时。此外,小米手机采用 800 万像素、2.4 最大光圈、数字防抖、自动对焦+LED 相机配置,完全能满足手机发烧友的需求。

价格:这是影响产品需求和购买行为的主要因素之一。产品的价格策略运用得当,会促进产品的销售,提高市场占有率,增加企业竞争力。反之,则会制约公司的生存和发展。小米手机初步定价为 1999 元,与小米同时期推出的高配置智能手机相比简直是天壤之别,这意味着与同配置手机相比,对于手机发烧友来说,高配置、低价格这种性价比高的小米手机无疑有着无限的吸引力。接近成本的定价迅速为小米手机吸引来一大批忠诚的"米粉",高性价比的概念让小米手机一时成为市场上硬件配置最具竞争力的"品牌手机",而且小米作为以手机为核心平台的"互联网企业",硬件收入并不是雷军设想中的利润来源。

渠道:在中国消费者智能手机性价比的背景下,小米手机以其优越的配置、低廉的价格不断地制造话题,吸引人们的注意力,更重要的是小米将产品定位为"发烧友手机"。手机发烧友对手机有着相当的研究,其喜好与评价具有很大的影响价值,小米手机的创新性功能和高配置,以及其互联网开发模式,正是为了吸引手机发烧友,通过先圈住手机发烧友这一先导性群体,基于"发烧友"在消费大众心目中的强专业性、高信任度及高可靠度,放大口碑的效应,由他们带动普通大众用户,从而逐渐积累用户群体。

品牌:个人品牌植入品牌推广。雷军作为成功的互联网人士和天使投资人,他的奋斗史、职业经历和成功故事对年轻一代具有极大的感召力,他的个人魅力和影响力在无形之中嫁接到了小米手机身上。产品发布会也是精心雕琢,不仅仅是雷军的演讲形式,在发布会的逻辑设计上也有着明显的乔布斯风格。在小米手机成功发布之后,雷军不仅利用自己的微博高密度宣传小米手机,还频繁参与新浪微博访谈、出席腾讯微论坛、极客公园等活动,接受传媒杂志采访,并利用这些机会不遗余力地为小米宣传造势。

小米完全根据移动互联网的市场特性,打造新的互联网+销售模式、推广模式及定价模式三大模式。互联网市场一个最重要的特征就是由众多点相互连接起来的，非平面、非立体化的，无中心、无边缘的网状市场结构。互联网市场表现为以下4个方面的特征。一是草民大众化。互联网一个最大的市场特征就是草根文化，表现为亿万个人构成的网点汇聚在一个时点的一大张网上，真正体现了草根阶层的需求，是自下而上"接地气"的大众化发展模式，这既有利于商家真正了解用户需求，也有助于商家在第一时间直接面对客户并及时得到回馈信息。二是全面开放界面。这是指面对如此庞大的大众消费群体，所有的意见呈现出巨大的开放局面，迎接着人们在系统内外的互动。互联网在公开共享的平台上展开运营，面对全面的终端开放，成为这一市场的不二准则。三是充分交流，快速响应。互联网+使用户与商家实现了充分交流，互联网公司会十分重视UI界面的设计，方便用户沟通，友好体验至上，客户建议至上。在互联网这个信息万变的平台，唯有与客户之间进行充分的交流，快速响应用户需求，及时满足市场需求才是最终的制胜法宝。快速响应并满足客户需求才能永葆企业可持续发展。四是增加粉丝黏性。当今的互联网黏合的是成人粉丝，这些粉丝既有客户也有商家，还有利益相关者。特别是随着移动互联网时代的到来，微博、微信等重要社交媒体的出现，网民变成了移动互联网的粉丝。粉丝的一个重要特点是黏合性，而黏合的一个最重要的行动特征就是快速及时地回应，这样，当一种产品形成了众多的粉丝，那就意味着商家捆绑住了用户，关注的人越多，网络品牌价值就越大，一旦寻找到合适的盈利模式，万众粉丝就可以发挥无穷的聚合力量，产生乘数般的扩散效应。

小米的销售模式采用的主要是电子渠道加物流支持的模式，电子渠道是指小米手机的官网是小米手机唯一官方销售渠道，人们只能在小米的官网上订购到小米手机；物流是指小米手机由于是采用官网订购这样一个销售形式，所以必须解决送货的问题，因此小米选择与关系很密切的"凡客"物流作为配送渠道，从而完成了整个网上购物流程。另外，小米也与联通及电信进行了广泛合作，这也拓宽了线下销售途径。除此之外，小米还采用网络事件营销、社区及论坛宣传营销、微博营销、口碑营销及饥渴营销等。

4. 努力打造中国升级版快速成长的"苹果"，成为行业有影响力的优秀公司

小米创业初期，正赶上一场"三国杀"——一个是苹果，一个是摩托罗拉、三星和HTC，还有一个是诺基亚和微软的结盟。这场战争给雷军带来了商机，移动互联网的快速发展给了人们一个挑战，以及打出自己一片天地的机会，他抓住了这次机会并且成功了。小米不仅刷新了中国互联网企业的成长速度，而且开创了一种全新的商业模式和发展战略路径。

小米的成长经过曲折的发展历程，不断调整战略布局，以变革、创新保持竞争优势。他们先组建一个做移动互联网的强势团队。移动互联网的研发分为工程、产品和设计3个层面，每个位置上都需要一个高手。雷军和林斌先后找到金山旧部黎万强，微软旧部黄江吉，前谷歌中国高级产品经理洪峰，美国摩托罗拉总部核心项目组核心专家工程师、摩托罗拉北京研发中心高级总监周光平，前北京科技大学工业设计系主任刘德等共14人，他们都是这方面的专家高手。他们开发的MIUI是个"活的操作系统"，是一个基于Android的主程序操作系统，在开发两个月之后迅速发布；每周快速更新版本，及时获得用户反馈意见，积累大量的论坛粉丝。这些高水平创业团队成员，各司其职，各负其责，很快完成了第一代小米手机的开发工作。2011年8月16日，雷军站上798的舞台，发布了这台代号为"米格机"的第一代小米手机。这台外观朴素的手机，定价1999元，号称顶级配置：双核1.5G，4英寸屏幕，通话时间900分钟，待机时间450小时，800万像素镜头。其中，屏幕由夏普提供，处理器由高通提供，开模具服务由富士康提供，代工生产由英华达提供。他站在台上，每发布一个技术参考，台下就是热血粉丝团的一阵欢呼。雷军很享受这种向乔布斯致敬式的模仿秀表演。"米格机"发布后，用户突破50万。在这个100页的PPT里，有一个被雷军故意忽略的细节。在讲到小米手机的软件应用时，屏幕上出现巨大的两个橘黄字体：米聊。雷军并未多谈，一带而过。米聊是一款基于移动互联网的跨平台即时通信应用，在很多人看来，米聊也许才是小米未来的秘密武器。截至2014年7月底，米聊用户从2011年的400万到超过5000万(最大的竞争对手是腾讯微信)。雷军说，他要靠米聊挣钱，他要把米聊做成手机上的Facebook。一旦有一天，MIUI的注册账号和米聊的注册账号绑定了，他就获得了一份多达百万并且可以无限增长的真实客户名录，这里面有姓名、手机号码甚至驾照号码。"这不就是互联网的挣钱办法吗？你说，阿里巴巴一开始挣钱吗？百度一开始挣钱吗？腾讯一开始挣钱吗？都不挣钱。一旦有了大量用户和品牌资源，就有各种各样的办法可以挣钱。"至此，小米科技和雷军靠高水平团队开发MIUI独立操作系统，提升品牌、积累手机粉丝，在手机销售增长的基础上，绑定米聊及更多的手机应用，做一个中国升级版的App Store。小米从软件、硬件和互联网开局，创造了手机行业的奇迹，迈出了坚实的一步。他们采取的战略布局是"流量分发，增值服务"。

小米手机的高性能低价格，培养了大量的"米粉丝""发烧友"，小米手机成为他们心爱的"玩具"。为什么"米粉丝""发烧友"这么快就发展起来了？主要是高配置低价格。他们采用全球首款四核处理器，拥有超强的图形处理系统，超大的内存，全高清视网膜屏幕，1300万像素相机，以及通话、上网、游戏、音乐、刷公交卡、打印照片、分享文件等功能，所以网上销售异常火爆。2012年1月4日小米手机开放第二轮购买，半小时10万台售罄；2月16日小米手机电信版开放预订摇号，2天内92万人参与；1月11日小米手机开放第三轮预订，2小时50万台预订完毕；2月28日小米手机开放第四轮预订，3分钟15万台电信版小米手机预订完毕；3月17日小米手机第五轮10万台开放购买，3分钟售罄30万台；4月6日小米公司两周年庆典"米粉节"，小米手机电信合约机公布，第六轮10万台开放购买，6分钟售罄；4月10日小米科技副总裁黎万强表示下半年推出小米二代手机(小米M2)；5月18日，小米公司通过官网预订和销售小米手机青春版，10分52秒售完15万台；5月29日，小米公司通过官网预订和销售小米手机电信版，售完10万台。小米公司平均每分钟在网上销售高达1万台以上小米手机。

2013年7月31日，发布红米手机。8月底完成了第四轮融资之后，国际投资机构给予的整体估值达到100亿美元，其市值已经超过许多老牌的手机制造厂商，小米科技成为位列阿里巴巴、腾讯、百度之后的第四大互联网公司。从初创到估值100亿美元，仅用了34个月的时间，大大低于新创企业46个月的时间周期，创造了小企业成长的国际速度。

2014年，手机出货量6112万台，销售额743亿元。在3年的时间里，从2011年的销售额5亿元提高到743亿元，此外，小米建成了6大仓储中心、18家顶尖水准的小米之家旗舰店、436家维修点，售后服务和物流体系更加完整有效。同时，小米开始走向国际市场。如今小米手机有"米格机"的第一代手机、小米1s、小米2、小米2s、小米2A、红米手机、小米盒子、小米3、米聊、小米电视、小米路由器、小米移动电源等多款数码产品及配件产品。

2014年11月，雷军宣布"未来5年将投资100家智能硬件公司，小米模式是完全可以复制的"。12月，小米投入12.7亿元入股美的股份公司，并入股优酷、爱奇艺、荔枝FM等内容公司。至此，小米边界分明，只做手机、电视、路由器三大产品线，掌控小米网、MIUI(手机)、供应链等核心环节，形成软件、硬件、服务、内容等"生态链"系统。小米与金山联合向世纪互联注资2.3亿美元，未来的发展战略取向是云服务和大数据。小米通过"生态链"系统链接一切可以链接的智能设备。大量终端数据汇聚小米，最终建成一个数据采集服务中心，小米将成为一家数据公司。

2015年，小米手机销售8000万部，营业额达到800多亿元，国际投行评估小米手机的市场价值为 450 亿美元。雷军曾说:"我们作为一家手机公司,关键是插上了互联网的翅膀,互联网是一种思维,是一种考虑未来的方法。"所谓互联网精神,就是开放、透明、合作,而将这些要点投射到设计、营销、增值服务各个环节,再向生态链上下游延伸,包括与"米粉"技术开发,靠卖软件和构建生态系统赚钱,靠口碑和饥渴营销与粉丝经济取胜,从而打造出中国升级版的"小米模式"。一个具有国际影响力的卓越公司正在崛起。2013 年 2 月份,雷军当选全国人民代表大会代表,他被评为 CCTV 中国经济年度人物。2014 年当选《福布斯》(亚洲版)年度人物。2016 年胡润中国大陆十大富豪排行榜发布,雷军以 920 亿元位列第五位。

2017 年年初,雷军预测未来的 5 年到 10 年,将是中国手机企业在全球大放光彩的 5 年到 10 年,"一带一路"倡议能帮助中国制造走向世界,助力中国品牌在世界立足。目前,小米已经在中国香港资本市场上市,未来要走好新国货品牌之路,进行线上与线下布局,进一步扩大国际市场,进行国际化的战略布局。

思考:
1. 雷军创业前做了哪些准备和积累?
2. 试概括雷军的创业精神。
3. 小米手机的商业模式有哪些创新点?其互联网+营销策略有哪些特点?
4. 你认为打造具有国际影响力的卓越公司还需要做哪些工作?
5. 概括说明雷军创业成功的关键要素,并结合实际,谈谈中国创业者要创业成功的关键要素是什么?

第一节 商业模式的定义及特征

一、商业模式的定义及构成要素

近些年来,商业模式这个词很流行。在 20 世纪 90 年代中期,COM 公司充分利用商业模式这个词汇吸收资金。现在,诸多企业都采用这一概念,还有 B2B、B2C 等概念。商业模式是创业学研究的独特领域。

什么是商业模式?从不同的角度有不同的定义,我们列出以下几个。Shafer 等学者认为,商业模式是企业主要的核心逻辑和战略选择,用于在一个价值网络内创造和捕获经验,是企业应用知识抓住价值的方式。Morris 等学者认为,商业模式是把创业者战略中的相关决策元素整合在一起,来创造持续竞争优势的内在逻辑。有的学者认为,商业模式是一种包含了一系列要素及其关系的概念性工具,用以阐明某个特定实体的商业逻辑,它描述了公司所能为客户提供的价值,以及提供给这一价值的要素。

蒂蒙斯把商业模式定义为一种有关产品流、服务流与信息流的框架结构,它描述了不同的商业参与者及他们所扮演的角色,它们的潜在利差及他们的收入来源。我国有学者将其定义为,它是一个企业如何利用自身资源,在一个特定的包括了物流、信息流和资金流的商业流程中,将最终产品和服务提供给客户并最终收回投资获取利润的解决方案。

1997 年 10 月,硅谷风险投资顾问罗伯森·斯蒂文问田溯宁(亚信 CEO):"你公司的商业模式是什么?"田反问:"什么是商业模式?"罗答:"一块钱通过你的公司绕了一圈,变成了一块一,那么，商业模式是指这一毛钱是在什么地方增加的？"这个含意是，商业模式的核心应是创造增加价值模式。商业模式是用不同的资源搭配组合方式创造出新的盈利组合。管理学家德鲁克说："当今企业之间的竞争，不是产品之间的竞争，而是商业模式之间的竞争。"

中国人民大学企业创新与竞争力研究中心发布的 2014 年《中国企业成长调查研究报告》认为，商业模式是企业为创造价值而设计的交易活动的组合方式。商业模式包括 4 个方面：①价值主张；②资源与能力；③交易模式；④盈利模式。还包括 10 个维度：①产品与服务；②目标客户或市场；③合作伙伴；④核心能力；⑤所使用的技术；⑥销售模式；⑦合作网络；⑧交易方式；⑨收入来源；⑩成本结构。

在分析整理文献的基础上，结合各方面专家对构成商业模式的元素进行分类，同时考虑中国经济转型，新经济、新技术、互联网+等快速发展的背景，我们认为，商业模式是商业运行的内在机理。商业模式实际上是创业团队整合资源的能力，是创业团队进行战略规划，充分开发创业机会，创造和捕获价值，构筑价值网络，通过良好的资源组合和运营，并实现经济效益与社会效益目标的内在逻辑。这体现了商业模式具有系统性、连续性、多层次性、多角度性。商业模式有以下 5 个主要方面。

(1) 商业模式体现在创业机会战略构成与选择方面，核心是价值、使命、市场和产品开发的结合，战略、竞争、品牌，消费者(目标、范围)、价值陈述、能力、竞争力、收入/定价、竞争者、差异化等。这是创新企业独特竞争优势的根本源泉，也是商业模式的构成基础。

(2) 商业模式体现创造价值，包括创新(包括互联网+创新、探索性创新、开放性创新、内部创新、外部创新、内外结合创新、商业模式创新等)、资源整合、团队合作协同的创业过程，如何有效支持创业机会的进一步开发，特别是创业团队和创业资源两个要素的有效整合和运营，共同推动产品和市场的持续开发，人、财、物、信息等资源要素都是创业过程必不可少的支持条件。

(3) 商业模式还体现在捕获价值方面，包括成本、财务、经济效益与社会效益等。

(4) 商业模式还体现在价值网络构筑方面，包括供应商、消费者信息、各方面利益相关者、沟通与联系、信息流、产品/服务流动等。

(5) 商业模式还体现在创业的未来成长战略上，即企业发展战略、竞争战略。成长规划等是商业模式的主要构成部分。商业模式概念的解读，如图 5-1 所示。

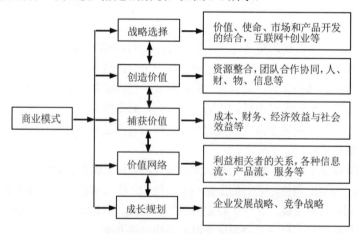

图 5-1 商业模式概念的解读

有专家在研究商业模式的要素内涵中，提出有 5 个方面的架构设计与机制安排。一是你的客户是谁。这是描述企业商业模式创新所必须或者识别企业商业模式创新所必须了解的内容。二是你向客户提供何种价值。这是一个关乎客户价值主张的问题。为了吸引规模更大、更具商业价值的客户群体，企业必须推出新的客户价值主张。这些价值主张附着于企业的产品、服务或解决方案等载体上，其逻辑出发点是客户的独特需求。任何企业要想长期生存发展，必须能够有效满足一定数量客户的市场需求。这是识别企业商业模式的基础性问题。三是你是如何创造这些价值的。这是一个关乎企业运营模式的问题。这些创造价值的方式都可以归纳为企业的运营模式。与前两个有关企业商业模式的基础性问题相比，该问题已经触及商业模式的核心。四是你是如何成功交付这些价值的。这是一个关于企业营销模式的问题。成功交付企业创造的价值，意味着找到目标客户，劝说客户购买并将产品、服务或解决方案交付给客户。营销模式与运营模式一样，都属于商业模式的核心问题。五是你是如何创造收入并持续经营的。这是一个关乎企业盈利模式的问题。盈利模式并不等同于营销模式，价值交付也并不意味着完全或者同时收回成本并实现盈利。盈利模式的关键词包括成本控制、收入模式等，在成本控制和收入模式上任何独特的制度安排都可以被描述为企业的商业模式。盈利模式是企业商业模式的终极问题，任何商业模式创新都必须能够建立或提高企业持续盈利的能力。

企业商业模式的创新可以从以上 5 个方面进行观察和评价，根本上是要看企业的核心竞争能力、资源掌控能力和持续盈利能力是否得到显著提升。在移动互联与大数据背景下，只要大胆进行商业模式创新，就有可能涌现出一批在国内外有影响力的标杆企业。

思考：
在移动互联与大数据背景下，怎样进行商业模式创新？谈谈你的看法。

二、商业模式的特征

成功的商业模式一般应该具备以下 3 个主要特征。

(1) 全面性。商业模式的全面性反映了创业者是否对创业发展中遇到的各类问题进行了全面的思考，是否具备了全面的应对措施，是否制定了具有可操作性的发展方案及不同职能部门和基层单位的保证发展目标实现的方案与措施。如果缺乏全面性的商业模式，很可能因为在某一方面的错误甚至是失误，影响战略目标的实现。

(2) 独特性。成功的商业模式要有鲜明的特色，特色在一定意义上说，就是商业价值，它直接影响市场占有率。因为，独特性是能够向客户提供新的功能、新的价值，甚至提供价格低而价值高的独特产品或服务。商业模式独特性的来源是创业者的创新、所拥有的独特资源、合理优化配置资源并构成有效运营而构建新的发展战略。

(3) 难以模仿性(别具一格)。成功的商业模式是难以模仿的，是别具一格的，这是企业形成竞争优势的基础。迈克尔·波特指出："如果一个公司能够提供给顾客某种具有独特性的东西，那么这个公司就把自己与竞争厂商区别开了，就形成了别具一格的商业模式。"而且，难以模仿的商业模式是可持续的，能够在一定时间内保持企业的发展速度，而其跟随者不可能在短期内就进入获利。这需要创业者对商业模式实施有效的保护，如知识产权的保护等。

全面性、独特性、难以模仿性构成了商业模式的基本属性特征，任何一个方面的缺失，都对商业模式造成损害，这三者关系类似"木桶理论"。因此，创业者在准备创业时，尤其要注意防止某一方面强而另一方面弱的残缺的商业模式。

第二节 商业模式的建立

一、商业模式的构建过程

构建商业模式在创业前就应考虑准备。商业模式的构建大体分为4个阶段，如图5-2所示。

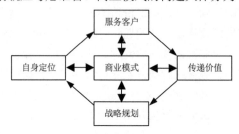

图 5-2 商业模式的构建

1. 自身定位

互联网+创业的新时代，创业者创业时应有明确的定位，如企业是做什么的？能为社会或用户提供什么产品或服务？其业务范围有哪些？未来发展的目标是什么？这些都要给予明确回答。企业要从实际情况出发，在此基础上构建商业模式。资源整合能力是创业者的战略规划基础。除从创业机会、创业团队、创业资源等方面考虑外，还可以从以下几个角度考虑自身定位。

当前企业发展能力及对市场环境变化的反应能力，现有营销能力及对客户需求制订有效的营销计划；当前技术开发能力及未来能否适应发展的需要；现有生产能力及满足产品的原设计功能和价值；现有财务能力及未来财务发展状况；规避风险的能力；现有组织结构及人员配置是否合理，能否满足需要；现有企业的特色和优势能否持续下去；互联网+创业定位。

2. 服务客户

服务客户即明确目标客户群，这是非常重要的。创业活动的根本目的是服务客户，为客户创造价值，取得信任和认可，实现创业价值。因此，服务客户应切实注意的是，服务的客户是不是真实的，即能为企业发展带来价值的消费群体，要切合实际、可行、有效果。准确、清晰的服务客户定位是商业模式构建中的重点，可从以下几个方面考虑。企业提供的产品(服务)运用于哪些群体；这些群体愿意消费购买吗？这些群体对产品(或服务)有什么要求、希望，包括价格、功能、技术、服务等方面；企业还能为这些群体提供什么价值等。

3. 传递价值

创业者构建商业模式需要把自己的定位与客户的定位连接起来，即把自己的产品(或服务)通过有效的营销方式(互联网+营销)让顾客购买，真正消费，为顾客增加价值。商业模式实际上搭建了企业通往客户的桥梁，只有这座桥建起来，才能完成传递价值。用马克思的话说，即"实现惊险的一跳"。如果不能顺利实现传递价值，企业就会陷入现金流枯竭的危机。实现价值传递可从以下几个方面考虑。为了搭建与客户的关系，实现价值传递，需要明确设计互联网+营销，是自建销售渠道，还是采用其他销售渠道，或经销商、代理商；提高客户的忠诚度可采取哪些具体措施；企业收入还包括哪些形式，怎样保证现金流通畅；为了更好地实现价值传递，企业还可与哪些合作伙伴结成有效的联盟关系等。

4. 战略规划

战略规划即制定中长期发展战略规划，企业在未来一段时期，分阶段来进行规划实施，让全体人员看到企业的中长期规划，鼓舞士气，有目标、有措施、有方向，将战略规划作为企业发展的行动指南。对于未来的战略规划可以从以下几个方面考虑：未来发展定位，特别是目标定位；实现未来发展目标应有哪些措施，重点是什么，怎样具体落实这些措施；未来客户构成和消费倾向有什么变化，采用什么样的价值传递模式适应这些变化等。

上述几个方面构成了一个系统的商业模式，在评价现有商业模式时，也应积极借鉴这一框架。

在研究商业模式创新方面，奥斯特瓦德提出了创新循环模型，分为以下 4 个阶段。

(1) 环境分析。首先建立创新性团队，通过讨论达成共识，规划出商业模式的框架。

(2) 创新商业模式。借鉴其他创业成功的商业模式，在原有商业模式的基础上，重新设计有突破性的商业模式。

(3) 组织设计。怎样落实新的商业模式，怎样分解业务单元和业务流程，即完成组织设计工作。

(4) 执行商业模式。即制定商业模式落实行动计划，在执行过程中进行评价与反馈，重新进行调整，完成新一轮商业模式创新循环。

【案例】

迈克尔·戴尔——构建互联网+新商业模式的革新者

迈克尔·戴尔这个年轻的电脑奇才从大学辍学，30 多年来，通过创立自己的电脑技术公司和商业模式，不断发展壮大，成为享誉世界的电脑公司和世界上最好的商业模式之一，成为具有国际影响力的跨国公司。

早在 20 世纪 80 年代初，戴尔就开始关注个人电脑生产企业的工作模式，并且发现了一条更好的路径。这种方法可以降低许多不必要的成本，让人们以更低的价格买到自己想要的电脑。这条更好的路径就是构建"互联网+客户直销"新模式，客户在网上完成订单，绕过了分销商这个中间环节。

戴尔电脑公司从网上消费者那里直接拿到订单，然后购买配件组装电脑，并规定在 7 天之内把产品送到用户手中。这就意味着戴尔电脑公司不需要车间和设备生产配件，也无须在研发上投入资金。消费者得到了自己想要的电脑配置，戴尔公司也避免了中间商的涨价。这真是一个奇妙的商业创意！戴尔通过为消费者消除中间环节获得了大量财富，他以很低的成本获得了技术，比其他个人电脑制造商获得了更为丰厚的利润。

戴尔电脑公司的互联网+直销商业模式就是利用现有的价值链，并且除去一个不必要的、成本昂贵的环节(在经济学术语中称之为"非居间化"或"脱媒")。从消费者的角度看，这种互联网新价值链更有意义。戴尔电脑公司的副总裁凯文·罗林斯曾经感叹说："我们现在就像卖菜的农夫，搞不好东西就会烂在手里。"他的意思是说，电脑技术的发展非常之快，如果公司不能迅速将电脑卖掉，产品就很容易变成一堆过时的机器，而过时的电脑就像已经开始腐烂变质的蔬菜、水果。这种关于库存和速度的认识，促使戴尔电脑公司在过去十多年里表现不俗。因此，现在不论在什么行业，很多 CEO 都在讲，速度是他们优先考虑的问题之一。

十多年来，直销模式让戴尔电脑公司保持了一种令竞争对手疲于应付的速度，也让他们与客户建立了直接沟通联系。这种联系又让他们及时掌握客户想要什么样的产品，何时需要这样的产品，在为客户提供物美价廉的产品和服务的同时，自己的公司也会得到长足发展。只有拥有优秀的商业模式，为客户提供物美价廉的服务才有可能实现。

戴尔电脑公司自身的成本结构大大降低了各种支出，因此它可以为客户提供更多价格低廉的电脑。这是一种非常明晰的模式，戴尔电脑公司所有的管理者都深刻领悟了这种模式，从而也大大帮助他们很快适应变化。这就是戴尔成功的互联网+商业模式。

不同的公司有不一样的商业模式，戴尔公司成功的互联网+商业模式特征可概括为以下5点。

(1) 互联网+客户，对客户要求的关注让企业真正为顾客创造更大的价值。
(2) 重视客户反馈，建立专人客户负责制，制定适合客户的解决方案。
(3) 实行精细化管理，低成本战略。
(4) 建立顺畅的供应链管理渠道。
(5) 零库存。

思考：

怎样评价迈克尔·戴尔利用互联网+新创的直销模式？怎样认识创业与创新管理模式的关系？如果你通过创业来构筑新商业模式，会从哪几个方面考虑？

二、商业模式的构建方法

商业模式9格画布(如图5-3所示)是一种关于企业商业模式构建的思想与方法，是关于全局的集体智慧和长远设计，直观、简单、可操作性强。在创业项目开发中，商业模式画布起到了构建和完善商业模式的作用，可以在项目运作前通过头脑风暴避免错误，减少失败决策带来的损失。商业模式画布常被用于设立创新型项目或打造与众不同的商业模式。商业模式画布的优点在于让讨论商业模式的会议变得效率高、可执行，同时产生不止一套的方案，让每个决策者心中留下多种可能性。错误的方案会被删除，以防患于未然；优秀的方案可以在较短时间内确定下来，同时还会产生很多备选方案用来应对变化。商业模式9格画布是会议和头脑风暴的工具，它通常由一面大黑板或一面墙来呈现。这块板子按照一定的顺序被分成九个方格，方格的内容如下。

(1) 价值主张——客户需要的产品或服务，包括质量、功能、价格、时间、服务等方面，能切实解决客户的问题和痛点。
(2) 客户关系——客户接触到你的产品后，你们之间应建立怎样的关系，是一锤子买卖还是长期合作。
(3) 客户细分——你的目标用户群，如一个或多个集合。
(4) 渠道选择——你和客户如何产生交易联系，如实体店、网店、中介等。
(5) 关键业务——创业运作中最核心的业务。
(6) 核心资源——创业你必须拥有的资源，如资金、技术、人才等。
(7) 重要伙伴——与哪些人或机构进行合作。
(8) 成本结构——你需要在哪些项目付出成本。
(9) 收入来源——你将如何取得收益。

按照以上顺序依次在9个板块里填写内容，最好是以便笺纸的形式，每张纸上只写一个点，直到每个板块拥有大量可选答案。然后，讨论者摘掉不好的便笺纸，留下最好的答案。最后，按照顺序让这些便签上的内容互相产生联系，就能形成一套或多套商业模式。

重要伙伴	关键业务	价值主张	客户关系	客户细分
	核心资源		渠道选择	
成本结构			收入来源	

图 5-3　商业模式 9 格画布图

三、商业模式的再造

上述构建商业模式的 4 个方面并不是固定不变的，必须随市场、客户等外部环境的变化而变化。

全球有影响力的管理咨询公司——埃森哲公司对 70 家企业的商业模式研究分析后，总结出以下 6 种新的再造商业模式。

(1) 通过量的增长扩张现有商业模式。美国主营 B2B 业务的 GRAINGER 公司向全球超过 100 万家工商企业供货，运用多种途径使客户订货非常容易。它通过强化以方便顾客为价值诉求的商业模式，不断开拓新业务，因此客户大幅增加，效果明显。

(2) 更新已有商业模式的独特性，这是强调向客户提供新产品和良好服务。海尔每年都推出 n 种新产品，更注重全方位细致周到的服务，不断提高市场竞争力。

(3) 在新领域复制成功模式。企业用收购的办法推出新品牌，或复制市场认可的品牌，并注入新的生命力。如美国 Gap 公司复制全新的"酷品牌"零售模式，其旗下的贝贝等品牌每年销售都取得良好的业绩。

(4) 通过兼并增加新模式。通过购买或出售原有业务，构建新模式。万达集团原是做房地产业务，在扩展主体业务的同时，又购买国内外影院、新建影院、成为国内外最大的影院经营商之一，构建了新的商业模式。

(5) 发掘现有能力增加新的商业模式。有些公司根据自身的独特技能建立新的商业模式。例如，吉利的李书福从照相、生产电冰箱配件、造电动摩托车起家，当财富积累和能力具备时，又进入汽车行业创业，成为中国民营企业造车第一人，从生产低档汽车到收购国外沃尔沃汽车品牌，成为中高档汽车制造商，建立和增加新的商业模式。

(6) 根本改变商业模式。例如，某互联网企业从为 IBM 代理卖 PC 机到独立生产 PC 机以后，不断扩展 IT 产业的上下产业链，分拆成各类独立运作的部门，通过资本运作和风险投资，进入农业等领域，从而改变了原有的商业模式。

在互联网+的新经济下，我们还必须建立互联网思维，构建互联网+新的商业模式。

商业模式是一个新概念，是一个新的通向财富之门的模式。有的创业者却片面追求商业模式的独特新颖，这对投资者有吸引力，但对企业未来发展、运用经典管理理论和法则解决新问题缺少关注。有的进入网络行业的创业者在网络泡沫破灭后，走上不归之路。有的创业者构建了具有自己特点的商业模式，但为适合所谓的新模式而放弃了自己的商业模式，结果降低了自己的竞争优势。有效的商业模式应是创业者在一定时期内稳定的决策依据和行为模式，除非市场变化很大，否则不调整会对自身产生极大损害。构建新的商业模式，应做好以下几项工作。

一是做好构建商业模式的各项准备工作,练好基本功。

二是创业者应掌握通行的管理法则,学习有效的管理理论、原则、技术等,提升创业能力;应认真评价自身的优势和劣势,扬长避短,借鉴新的适用的管理法则,为己所用。

三是在构建商业模式中,要纳入互联网+新思维,应以企业价值最大化和为顾客创造价值最大化二者兼顾为核心,并以此作为评价商业模式和通行管理法则的依据和标准之一,而不应进行简单的取舍。

第三节　商业模式与管理要素

商业模式是创业领域的独特概念,有自己的构成要素和属性,需要与其他管理要素特别是盈利模式、价值链、战略规划相区别。

一、商业模式不等于盈利模式

盈利模式是回答企业如何获取利润,商业模式的内涵比盈利模式更宽泛,包括机会识别评价、战略规划、执行、反馈等。盈利模式是商业模式的核心表现形式,盈利模式回答赚不赚钱,商业模式回答怎么赚钱,两者不可混为一谈。

二、商业模式不等于价值链

价值链分析法是哈佛大学的迈克尔·波特提出来的,是通过行业分析确定企业竞争优势的工具。企业生产与销售过程分为相互独立又相互联系的多个价值活动,并形成一个独特的价值链。价值链的价值活动分为两类:基本活动和支持活动。基本活动包括:进料、后勤、存储、分配、出产、营销、采购。支持活动包括:计划、人力资源管理、技术开发、采购。从价值链观点看,企业多项活动相互联系,其价值创造是通过基本活动与支持活动实现的,任何链条环节出现问题,都会影响价值增值甚至带来重大损失。商业模式与价值链的联系和区别体现在以下3点。

(1) 相互交叉。企业价值创造过程是商业模式的一个重要构成部分。企业价值链体现在更广泛的价值系统中。在供、产、销、服务过程中,这些价值链都影响企业的价值创造活动。因此,分析价值链价值运行过程,有助于构建适宜的商业模式。

(2) 价值链重在对企业内部进行分析,特别是对成本的分析。而商业模式分析的目的是企业整体发展规划、开拓市场、提升内部经营效率等。

(3) 价值链分析更针对成熟企业,商业模式更注重新创企业。

三、商业模式不等于战略规划

战略规划由企业制定,是能与经营目标、经营能力及市场机会相适应的长期系统全面的发展规划。战略能将方案转变为实际行动,战略管理包括战略定位、战略选择、战略行动。战略定位要求:调整内部环境,不利因素、有利条件、相关利益者要求,以及机遇与挑战;明确下一步发展方向。战略选择是指公司和业务层面战略制定的基础,要在未来发展方向的比较评价中,做出选择。战略行动是由方案转变行动、付诸实施等。

商业模式和战略规划之间有交叉联系，也就是说，商业模式也不可缺少战略规划，而任何管理好的企业都要有清晰的战略发展规划及实现价值增值的商业模式。但商业模式主要反映在新创企业，战略规划更多是在成熟企业。商业模式是新创企业全面整体的核心特征，而战略规划是管理职能的重要部分。

【本章总结】

本章简述了商业模式的定义及构成要素，论证了商业模式构建及再造模式，讨论了商业模式与盈利模式、价值链、战略规划之间的联系与区别。创业者在创业时，必须准确清晰地确定商业模式，完成创业各项准备工作，促进新创企业的发展。

【复习思考题】

1. 简述商业模式的定义和特征。
2. 对于创业者来说，为什么要构建商业模式，特别是互联网+新的创业模式？
3. 设计商业模式时，创业者应重点考虑哪些因素？
4. 商业模式的构建过程及再造有哪些方式？
5. 简述商业模式与其他管理要素的关系。
6. 如果商业模式发生调整，战略规划是否也要进行调整？
7. 互联网有了爆炸性的增长，产生了新的创业模式，试举例说明。

【实训实练】

1. 查阅小米、当当网等企业的网站，简述他们的发展历程，分析并概括他们的商业模式有哪些特点。
2. 运用学到的商业模式构造的理论，提出你要实施的创业项目是怎样的商业模式，有哪些特点？用简短的语言概括出来。
3. 举例说明互联网+新的业态，以及其他新的商业模式。
4. 用商业模式9格画布法构建一个新商业模式。

【创业案例过程研究与思考】

史蒂夫·乔布斯：苹果公司的技术创新引领模式

谈到乔布斯，微软公司创始人比尔·盖茨说："很荣幸曾经与他共事，这是无上的荣誉。"微软联合创始人保罗·艾伦说："我们失去了一个无与伦比的科技潮流先驱和导演者，他懂得如何创造出令人惊叹的伟大产品。"腾讯董事会主席兼CEO马化腾说："他是我的偶像，创造了世界上最优雅的产品，我们还能崇拜谁呢？"

1976年，21岁的乔布斯与沃茨尼亚克筹资1750美元组装出第一台可销售的桌面电脑苹果I，销售价格666.6美元，同时创办苹果公司。1977年苹果公司发布了苹果II，这是世界上首台被广泛使用的个人电脑。1980年苹果III问世，苹果公司上市，当天股价从22美元涨到29美元，市值12亿美元，乔布斯个人财富4亿美元。1983年，全球首台由鼠标控制的电脑"丽萨"发布，但被市场冷落。1984年Macintosh正式问世，开创了图形界面的先河。1985年，乔布斯从美国总统里根手中接过美国科技奖章，但他与董事会成员在技术开发和发展战略上发生矛盾与分歧，同年被苹果公司董事会驱逐。但他保留1股苹果公司股份，其余全部股份在资本市场卖出，同时创建了NeXT公司，研发电脑硬件和软件。1986年，乔布斯收购Pixar公司。1989年，乔布斯开发出 NeXT 电脑，售价 6500 美元，但效果不理想。1989 年，乔布斯参与制作的电影《锡兵》获得奥斯卡奖。1995 年，乔布斯参与制作的《玩具总动员》成为年度收入最高的电影。1990 年 10 月 15 日，MacLC & Macintosh Classic 问世，同时发布的 System 7 和 QuickTime 也意味着多媒体时代的到来。1991 年 10 月 2 日，苹果公司与摩托罗拉、IBM 公司缔结同盟，开始共同研发 Power PC 的产品。同年，苹果公司推出第一代的 Power Book 产品。1994 年苹果公司推出第一代 PowerMacintosh，这是第一台基于 PowerPC 的超快芯片产品，从此苹果开始进入商用市场。1996 年，乔布斯回归苹果公司。1997 年，乔布斯出任苹果公司临时 CEO 兼董事会主席，年薪 1 美元；2000 年，去掉"临时"字样。此时的乔布斯，正因其公司成功制作的第一部电脑动画片《玩具总动员》而名声大振，个人身价已暴涨逾 10 亿美元；而此时的苹果公司却濒临绝境。乔布斯于苹果危难之中重新归来，苹果公司上下皆十分欢欣鼓舞。就连前行政总裁阿梅利奥也在迎接乔布斯的欢迎词中说："我们以最隆重的仪式欢迎我们最伟大的天才归来，我们相信，他会让世人相信苹果电脑是信息业中永远的创新者。"乔布斯重归故里，心中牵系"大事业"的梦想。他向苹果电脑的追随者们说："我始终对苹果一往情深，能再次为苹果的未来设计蓝图，我感到莫大荣幸。"这个曾经的英雄终于在众望所归下重新归来了！1998 年，苹果发布 iMac 一体机电脑，销量大幅增长，苹果复兴，股价飙升 400%。因设计该电脑，乔布斯荣获克莱斯勒设计学院奖(在公司处于最艰难时期，比尔·盖茨资助了 1.5 亿美元)。2001 年 3 月 24 日，苹果公司推出革命性的系统 OSX，宣布苹果系统进入新时代。2001 年 5 月，苹果公司推出新款 iBook，并宣布苹果产品要成为数字化生活的核心。同年 10 月，苹果公司推出第一款 MP3 播放器(iPod)，销量突破 440 万部，获得极大成功。2002 年，苹果公司推出几款极漂亮的机型，iPhoto 面世；同年，发布平板显示屏一体机个人电脑 iMac，并赢得多项设计大奖。2003 年，苹果发布 64 位 PowerMacG5 个人电脑，推出 iTunes 音乐商店。2004 年，苹果发布 iPod mini 电脑，并创造了 10 年以来销售收入的最高纪录，达到 30 亿美元以上。2005 年，乔布斯宣布下一年度的苹果电脑将采用英特尔处理器，苹果推出第五代 iPod 播放器；苹果推出第二代 iPod mini 迷你数码音乐播放器与 iPod shuffle，其无显示屏的设计引起部分使用者的不满；苹果推出 iPod nano 超薄数码音乐播放器，采用彩色显示器。2006 年，乔布斯推出了第一部使用英特尔处理器的台式电脑和笔记本电脑，也就是 iMac 和 MacBook Pro；推出第六代 iPod 数码音乐播放器，称为 iPod classic；推出第二代 iPod nano 数码音乐播放器，采用和 iPod mini 相同的铝壳设计；推出第二代 iPod shuffle 数码音乐播放器，其外形类似一个夹子，体积更加小巧。2007 年，苹果公司发布 iPhone 智能手机，这是全球首款无键盘的智能手机；推出第三代 iPod nano 超薄数码音乐播放器，外形由细长转为宽扁，且乔布斯在 Mac World 上发布了 iPhone 与 iPod touch。2008 年，乔布斯在 Mac World 上发布了 iPod nano 第四代和 iPod touch 第二代；乔布斯在 Mac World 上发布了新设计的 MacBook 和 MacBook Pro，以及全新的 24 英寸 Apple LED Cinema Display；乔布斯在 Mac World 上从黄色信封中取出了 MacBook Air，这是当时最薄的笔记本电脑。2009 年，苹果负责全球营销的高级副总裁菲利普·席勒在 Mac World 2009 大会上发布了重新设计的 17 英寸屏幕的 MacBook Pro 笔记本电脑；苹果推出升级版的 iMac，但外形并未改变，其使用了 NVIDIA 公司新款显卡，并小幅度降低了 iMac 价格，同时升级更新的包括 Mac mini 和 Mac Pro。苹果推出新款 iPod shuffle，这是第一款可以语音发音的数码音乐播放器，体积更加小巧，几乎是上一代一半的大小，由于部分操作键转至耳机线缆上，所以暂时不支持第三方耳机，而且必须配合 8.1 版本或更新版本的 iTunes 使用。

  2009 年 6 月 23 日，乔布斯回归苹果总部工作。2010 年，苹果发布 iPad 平板电脑，引起轰动，接着发布第二代苹果 TV 机顶盒，可将互联网等的内容直接转到电视上；苹果 iPad 正式在美国发售。在与比尔·盖茨竞跑了 30 多年之后，史蒂夫·乔布斯这位苹果公司创始人终于将苹果送上了纳斯达克的顶峰位置，苹果公司的市值在当日纽约股市收市时达到 2220 亿美元。苹果公司仅次于埃克森美孚，成为美国第二大市值的上市公司，微软当日市值为 2190 亿美元；北京时间凌晨 1 点，苹果公司年度盛会 WWDC 2010(Apple Worldwide Developers Conference 2010)正式开幕，在大会上，乔布斯正式发布了一直引人瞩目的苹果第四代手机 iPhone 4，其显示屏像素也由原来的 480×320 升级为 960×640。2011 年 8 月 10 日，苹果公司股价收于 363.7 美元，市值总计 3370 亿美元，超过埃克森美孚石油公司，成为全球第一大上市公司。世界上共有 224 个国家和地区，按 GDP 排名，苹果公司可排全球第 29 位，其市值超过 196 个国家和地区，是全球第一大资讯科技公司。2011 年 8 月 25 日早晨，苹果董事会宣布，行政总裁史蒂夫·乔布斯辞职，董事会任命前营运总裁蒂姆·库克接任苹果行政总裁。乔布斯被选为董事会主席，库克加入董事会，立即生效。2011 年 10 月 5 日乔布斯辞世，享年 56 岁。2016 年《福布斯》发布全球 100 强市值公司，苹果公司以 6414 亿美元市值连续 5 年蝉联榜首。经过不断开拓国内外市场，2019 年苹果公司市值首次突破 1 万亿美元，2021 年市值突破 3 万亿美元，是全世界市值最高的跨国公司。

思考：

怎样认识苹果公司的技术创新引领模式？你怎样概括史蒂夫·乔布斯的创业人生？我们应学习他的哪些创业精神？请参阅 2015 年史蒂夫·乔布斯在斯坦福大学的演讲。

第六章

撰写商业(创业)计划书

【教学目标】

学习完本章后,应掌握的重点:

1. 商业计划书的界定、特点及分类;
2. 商业计划书的写作格式及内容;
3. 商业计划书的评价。

【理论应用】

1. 举例说明撰写商业计划书的重要性。
2. 举例分析商业计划书的结构、内容。
3. 试写商业计划书,并评价优缺点。

本章主要分析商业计划书的特点、分类及构成要素,撰写原则,撰写程序与方法及注意事项,帮助创业者如何写好商业计划书,为他们提供撰写商业计划书方面的指导。

撰写商业计划书的主要目的是引进风险投资,进行融资,规划企业未来成长的路径。商业计划书是新创企业的发展计划指南。良好的商业计划书往往被称为创业企业吸引风险投资的"敲门砖"或"金钥匙"。据国外调查显示,拥有商业计划书的企业平均比没有商业计划书的企业融资成功率高出100%。国外大体有30%的创业者有书面商业计划书,国内大体有8%的创业者有书面商业计划书。这说明,国内创业活动在很大程度上还缺乏理性分析基础,而商业计划书是成功创业活动所不能缺少的,是非常重要的环节。商业计划书是创业学研究的独特领域。

商业计划书是谋创业胜算之书。天下第一兵书《孙子兵法》中说:"夫未战而庙算胜者,得算多也;未战而庙算不胜者,得算少也。多算胜,少算不胜,而况于无算乎!吾以此观之,胜负见矣。"译文如下。开战之前就预计能够取胜的,是因为筹划周密,胜利条件充分;开战之前就预计不能取胜的,是因为筹划不周,胜利条件不足。筹划周密,条件充分就能取胜;筹划疏漏,条件不足就会失败,更何况不做筹划毫无条件呢?我们根据这些来观察,谁胜谁负也就显而易见了。

创业计划竞赛是近几年在高校进行的重要赛事,它借用风险投资的运作模式,要求参赛者组成竞赛小组,提出一项具有市场前景的技术产品或服务,以获得风险投资为目的,撰写一份完整、具体、可操作的商业计划书。

创业计划竞赛源于美国。1983年,得克萨斯大学奥斯汀分校开始举办首届商业计划竞赛,之后,美国十余所大学包括麻省理工学院、斯坦福大学等世界一流大学每年都举办这项赛事。商业计划竞赛推动了高新技术的发展和大学生的创业热情。

中国于1998年由清华大学开始举办商业计划竞赛,1999年由共青团中央、中国科协、全国学联主办,清华大学承办的首届"挑战杯"中国大学生创业计划竞赛成功举行,全国120余所高校400件作品参赛,在全国高校掀起了创新创业的热潮,并产生良好的社会影响。有的创业计划正在实施,在校园内,创新意识、创业能力的教育逐步深入,并在更大范围内激发了创业热情,引发了在全社会范围内对创业活动的关注,越来越多的人加入创业活动。

【案例导入】

李鹏一页纸的创业计划书

产品名称: 发酵罐气流能量回收

产品关键词: 专利产品、国内空白、年节电100亿度、政府强力推广

公司简介

本公司成立于2005年8月,从事节能节电业务,拥有自己的技术与知识产权,包括电机节电器技术、发酵罐排放气流压差发电等多项专利。

项目简介

发酵罐排放气流压差发电与能量回收:发酵罐是药厂与化工企业普遍使用的生产工具,用量非常大,如华北制药、石药、哈药这样的企业,每家企业使用的大型(150吨以上)发酵罐均在200台以上。因生产需要,发酵罐前端需要用压气机给罐内压气,压气机功率一般在2000千瓦~10 000千瓦,必须24小时运转,每年电费在900万~4000万元。如果要满足发酵罐生产,就需要多台压气机工作,所以,压气机耗电通常是这些企业很大的一项费用支出,经发酵罐排放的气流仍含有大量的压力能浪费在减压阀上,如安装本公司研制的"发酵罐排放气流压差发电与能量回收"装置,可以回收压气机耗费电能的1/3左右。

同行简介

目前该技术国际统称TRT,应用于钢厂的高炉煤气压力能量回收,主要的供货商有日本的川崎重工、三井造船,德国的GHH,国内的陕西鼓风机厂,年销售额在20亿元以上。

推广简介

本项目关键技术成熟并已经掌握,本公司已经与某制药集团达成购买试装与推广协议,项目完成时,预计可以在该集团完成5000万元以上的销额。

项目优势

1. 本公司已申请项目的多项专利。
2. 市场中先行一步,属市场空白阶段。
3. 符合国家产业政策,国家要求各地政府落实节能减排指标,项目属于节能减排项目。
4. 各地方政府有节能奖励:如"三电办"有1/3的投资补贴,制药集团可获得1600万元政府补贴。
5. 可以申请联合国CDN(清洁生产)资金(每减排一吨二氧化碳申请10美元国际资金,连续支付5年),制药集团可每年节能6000万度,减排二氧化碳6万吨可获得国际资金支持300万美元。

用户价值

1. 减少电力费用支出。以某制药集团为例,如全部安装装置,一年可以节约电费3000万~3600万元,收回投资周期少于2年。

2. 维护成本低。无须增加人员，寿命在30年以上，可以为用户创造15倍以上的价值。
3. 降低原有噪声20分贝以上，符合环保要求。
4. 其他政府奖励。

目标用户与市场前景

目前，本项目主要针对国内药厂、化工厂，从与某集团达成的协议看，该集团内需求量约为100套，而全国存在同样状况的有多家药厂，再加上许多化工企业也采用了相同或类似的生产工艺，所以其均为本公司的目标市场。总市场容量预计在100亿元以上。

这份创业计划书在投资洽谈会上，吸引了与会投资家的眼球，国际私募基金风险投资人陆东等人会后纷纷找李鹏，表达对项目的兴趣与合作的愿望。

思考：

看完本案例后，你认为结构完整的创业计划书和一页创业计划书各有哪些优点？你对准备创业计划书有哪些新的看法？如果你打算创业，应准备怎样的创业计划书？

第一节 商业计划书的界定、特点与分类

一、商业计划书的界定

商业计划书是新创企业在创业机会、创业团队、创业资源、商业模式、发展规划等方面的综合概括，是创业者的价值体现，是指导创业活动的纲领性书面文件，也是一份宣言书、计划书、指导书。从创业过程的整个视角看，商业计划书的编写体现了承上启下的功能，对指导创业活动意义重大。创业计划的基本目的在于分析创业机会，说明创业者的使命、目标、未来发展规划、商业模式等，系统分析成功创业的有利条件与不利因素，吸引风险投资或其他融资方式，进而进行创业行动。商业计划书的界定如图6-1所示。

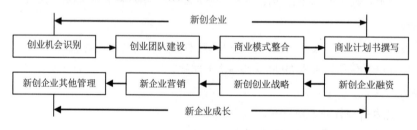

图6-1 商业计划书的界定

二、商业计划书的特点

商业计划书是创业活动的纲领性文件，是指导创业活动的基本线路图，有以下5个基本特点。

1. 创新性

创新性是商业计划书最鲜明的特点。它是通过创业者的新创意和创新的商业模式使创业变成现实。这种创意与新产品(或服务)市场、资源、营销等各种资源要素、内部条件、外部环境的有机

整合，充分体现了商业计划书创新性的本质特征，也是商业计划书与一般工作计划或项目建议的根本不同之处。

2. 客观性

客观性是商业计划书的又一重要特点。商业计划书不是凭主观意念写出来的，也不是拍脑袋拍出来的，它必须是创业者进行了大量的市场调研后，经过详细的数理统计分析所提出来的具有可行性的创业设想和创业模式，它是商业计划书的生命力所在，也是实施创业设想的基础。因此，这种客观性充分体现了实践性。

3. 系统性

系统性是商业计划书的重要特点。商业计划书体现了创业过程的系统性。创业者的创意、机会识别、市场调研与分析、市场开发与运营、产品或服务过程、发展战略、营销策略、管理团队、财务分析、退出方式等都纳入商业计划书，每个部分都是系统中的子系统，每个子系统都为整个系统目标服务。

4. 增值性

增值性主要体现在创新活动的高风险与高收益上。商业计划书的最大价值体现在创业项目的高收益，只有通过商业计划书的创新并能带来高收益的创业项目，才有可能实现商业计划书的高收益。同时，这种高收益必须是在第一手调查数据的基础上，客观地证明商业计划书的可操作性，而不是一个概念和逻辑推理的过程。因此，商业计划书必须经得起市场的考验，并能清楚明晰地证明盈利能力和盈利水平，以及投资回报率等。

5. 简洁易懂性

商业计划书应做到表述内容简洁明确、深入浅出、结构紧凑、格式完整、行文统一、脉络清晰、语言平实易懂、数据分析可靠。要坚决杜绝空洞无物、语句冗长、华而不实、艰深晦涩、让人费解等现象的出现。

三、商业计划书的分类

商业计划书可以从不同角度进行分类。根据编写商业计划书的目的即获取资源的方式，大致可以分为以下4种类型。

1. 融资资源类商业计划书

这类商业计划书主要用于面向投资者，特别是向风险投资者募集资金。这是最重要的商业计划书。投资者是否投资首先要评估投资项目，即从认真审阅商业计划书开始。因此，这份商业计划书对于能否顺利引进投资关系极大。在编写这类商业计划书时，应以投资者需求为出发点，要充分证明项目的市场容量、可持续的盈利能力、盈利水平、投资回收期、市场前景，有完善、务实的可操作性实施计划，有能够实现项目目标的优秀管理团队、公司发展战略和财务计划等。

2. 吸引人才类商业计划书

这类商业计划书是为了吸引新成员或关键岗位的员工。其目的是将创业目的、创业思路、创业方案告诉他人，从而统一意志、统一思想、统一价值观，达到心理上的高度信任与沟通服务。

因此，一份有良好发展前景的商业计划书对吸引创业团队成员作用很大，这类商业计划书除对创业机会、商业价值、市场现状、产品或服务的客户群、市场收益、风险等进行分析外，特别要对如何吸纳新的合作伙伴，希望别人以怎样的方式参与创业，给新进入者哪些利益、权限等做出详细说明。

3. 政策资源类商业计划书

对于国内的创业活动来说，政府部门制定的各种扶持性优惠政策具有重要意义。只有在政策允许和鼓励的条件下，新创企业才能获得更多国内外的优秀人才、贷款、投资，以及各种服务和优惠政策等。为了取得这些资源，新创企业必须有一份能得到政府认可的商业计划书。这类商业计划书特别要强调产品、市场、项目投资的可行性、项目实施方案、投资估算与资金筹措、项目效益、项目风险、团队状况，尤其要特别关注创业企业的社会收益和社会成本，以及可持续发展，并做出综合结论，表明希望政府给予具体的政策支持等。

4. 网络资源类商业计划书

这类商业计划书主要针对企业大型客户群、原材料供应商、行业协会等可能合作的对象。这些合作伙伴对创业者的帮助是很大的。为了与这些合作伙伴深入良好合作，创业者也需要向合作伙伴提交商业计划书，明确阐明自身的优势、劣势，以及双方进一步发展合作可获得的好处，特别要强调合作过程中双方的责任、权限、利益分配等。

此外，商业计划书从详略角度分，可分为详细商业计划书和概略商业计划书。详细商业计划书不仅对整个创业构想进行全面阐述，而且对计划中的重点部分进行详细分析论证，商业计划书篇幅较多，一般有 25 页左右 A4 纸，并附有 10 页左右的辅助性文件，主要寻求数额较大的风险投资家。概略商业计划书比较简明且有很少的辅助性材料，篇幅在 10 页左右，主要是为了申请银行贷款、吸引投资商的兴趣等。除此之外，还有非常简略的商业计划书。无论是哪一类型的商业计划书，创业者都要清晰阐明现有资源和能力、未来发展模式，特别是盈利能力和水平，以及投资回报期等。如果对这些重要内容阐述不清，就很难吸引各类资源。

第二节　商业计划书的构成要素与撰写原则

一、构成商业计划书的要素

创业者的创业思维和发展规划要在商业计划书中充分体现出来，必须要阐明主要的构成要素，而且这些要素缺一不可，这些要素包括以下 6 点。

1. 产品(或服务)的价值

首先要在商业计划书中详细阐明产品(或服务)的价值，包括社会价值和经济价值。要明确指出产品(或服务)的鲜明特征、功能、质量等重要指标的水平；要说明产品(或服务)在市场上的竞争力，以及市场容量、发展前景、企业完成产品(或服务)生产的实力，特别是技术能力、管理能力、商业模式等；要让投资者觉得投资这个项目是非常值得的，很有发展前景，不能错过投资发展的机会。

2. 市场状况和竞争力分析

产品(或服务)是要在市场上销售出去，完成这"惊险的一跳"的。要实现商品价值向货币价值的转变，必须要认清行业市场上的特征，分析市场容量、目标市场、消费者购买倾向、产品或服务市场竞争力状况等。这些市场状况和竞争力分析，需要给予有说服力的论证说明，而非创业者的主观臆断。创业项目只有市场前景广阔、市场空间巨大、发展前景良好，才能真正吸引投资者。

3. 核心的创业团队

核心的创业团队是创业成功的组织人员保证。创业者能否带领核心成员创业成功，其关键因素为是否有一支强有力的核心创业团队。这支团队若能够优势互补，形成合力，心往一处想，劲往一处使，全心全意谋发展，对投资者的吸引力是很大的。在一定意义上说，投资者注重的是创业者及其核心团队的整体知识结构、能力和综合素质。同时，还应说明创业活动所进行的各种前期准备，以及他们的创业意志和决心，以表明创业团队的凝聚力和战斗力。

4. 企业经营与财务状况

这是针对已经创立的企业。如果创业者在创业之前撰写商业计划书，那么，企业经营状况可以不用写，但财务预测分析要写；但如果已经创业了，就应该在商业计划书中说明企业的经营与财务状况，说明企业的良好经营历史和一定的发展潜力，特别要对企业的财务状况尤其是良好的业绩、盈利能力、盈利潜力、投资回收期做出较为详细的说明。如果企业在经营过程中，曾获得过优质独特的资源或者和某些重大的合作伙伴发生合作关系，这些都可以构成商业计划书的亮点或卖点。

5. 市场拓展(营销)方案

这是商业计划书中的重要方面。创业者要在商业计划书中较为详细地说明如何销售产品或服务，特别是采取怎样的营销策略进一步拓展市场，巩固原有客户，开拓新的目标客户。如果市场拓展方案不到位，不能详细说明市场拓展的目标、方法、手段、措施等内容，那么，即使产品或服务有很好的吸引力，也难以实现预期的销售目标。这对于创业活动特别是吸引投资者是非常重要的。因此，创业者应该明确、具体地论证如何进行产品或服务销售，如何进一步拓展市场及拓展前景，市场拓展方案和措施是否可行，实施后的效果等。

6. 企业成长预期

好的商业计划书可以展现创业企业未来成长的预期。投资者不仅关心当前企业状况，而且更看重企业的未来发展趋势，关注投资的盈利及回收期。能否取得持续性投资取决于企业发展前景，因此，创业者应在商业计划书中对企业的未来发展进行展望，给投资者以坚定的信心。但这个展望或发展前景不是拍脑袋臆测出来的，而是进行了充分的调查研究论证，用数据分析说话，以客观事实作为依据，预测结果令人信服，给投资者一颗"定心丸"。

二、撰写商业计划书的程序

编写商业计划书大体分为以下5个阶段。

第一阶段：商业计划书的构想，并初步提出写作框架。

第二阶段：外部环境的调查。特别要对市场状况进行调查，要充分了解整个行业的市场状况、产品功能或特色、产品成本、产品价格、销售渠道、客户分布和潜在现有竞争对手状况、市场发展变化趋势等，并形成调查研究分析报告。

  第三阶段：内部条件的分析。对创业团队尤其是核心队员状况、组织构架、制度建设、利益分配、资源获取、配置使用等进行分析。

  第四阶段：财务分析。对企业进行价值评估，对重要财务指标进行量化分析，要全面、详细、准确地进行投入与产出价值的论证说明。

  第五阶段：商业计划的撰写。根据上述工作，把相关的信息综合起来，去粗取精、由表及里地分析研究，按照商品计划书的写作格式，进行商业计划书的写作。在完成写作后，仍然要进一步论证商业计划的可行性，做更为细致的修改，不断完善，并根据获得的新信息或市场的新变化不断调整、完善商业计划书。

三、撰写商业计划书的原则

  为了更好地在商业计划书中阐明创业者的观点，写出高质量的商业计划书，在撰写商业计划书时应坚持以下几个重要原则。

1. 目标清晰明确

  商业计划书的阅读对象性很强，不同的阅读对象有着不同的关注重点。因此，商业计划书的目的指向应该清晰明确，并要在商业计划书中得到充分体现。切忌用一个格式写出"万能"的商业计划书，空泛而又面面俱到，适应各种各样的需求。一份好的商业计划书应该目标清晰明确，特点鲜明，长期目标定位准确，鼓舞士气，吸引投资方的"眼球"。

2. 关键要素齐全

  为了能让商业计划起重要作用，必须使商业计划书的关键要素完备。缺少关键要素的商业计划书，会使投资者觉得不够可靠、准备不足，或遗漏隐瞒什么情况，这些都会降低投资者对创业项目的评价，会影响其投资决策。因此，商业计划书的关键要素必须齐全。比如，企业的基本情况，产品或服务分析、市场分析、团队建设、经营战略、财务分析、盈利状况、退出方式等方面都必须提及，并要写得精彩。

3. 论证分析透彻

  商业计划书是一个需要用数据论证的书面报告，能否让人信服，不是靠空论和堆积华丽的词句，而是在充分的调查研究基础上，在掌握大量的第一手数据的情况下，经过深度加工整理、综合提炼，再透彻分析论证之后，用直观、朴实、准确、精练的语言，概括出创业者的观点意见，并描述出发展变化状态、优势和劣势，让阅读者真正感受到这是一份值得信赖的、可靠的、有说服力的商业计划书，并在其脑海中留下深刻的印象。

4. 细节同样重要

  好的商业计划书不仅形式规范，编排程序符合要求，重点突出，而且在商业计划书的细节方面，也是精益求精，没有纰漏，让阅读者感到这是一份内容与形式完美统一的精心撰写出的商业计划书，让投资者相信创业者的态度高度认真，没有理由不进行投资活动。细节决定成败，一份丢三落四、漏洞百出的商业计划书，是不可能让人心悦诚服的，是不可信赖的。因此，商业计划书的细节同样重要，不可轻视。

四、识别商业计划书的陷阱

在评价商业计划书时，特别要识别暗藏的陷阱。目前，已经发生的给投资方造成巨大损失的陷阱有以下几种。

1. 陷阱一：隐形债务

在商业计划书里，财务报表是投资方最关注的部分之一。这是因为投资方看重的是投资回报率等重要的财务指标。商业计划书的"财务分析"属于融资方的保密资料，一般是不对外的。目前，投资方难于把握的是隐形债务陷阱问题。融资方为吸引投资方，往往在做财务分析时，把财务能力、效率扩大化，甚至采用欺骗作假手段，而且还难以让投资方识别出来，这种隐形债务是给投资方设的陷阱，也是最头疼的事情。

2. 陷阱二：团队集体辞职

团队建设状况是投资方认定是否投资的一个重要因素。融资方往往把团队建设特别是核心成员写得很优秀，甚至会拉来一些知名人物作为挂名成员，无限夸大成员的能力和水平，当投资方进行实质性投资运作时，才会发现创业团队存在很大问题，成功融资后"团队集体辞职"的现象会使投资方损失惨重，不仅包括现有投资损失，还有未来潜在的巨大损失。

3. 陷阱三：专利保护

很多投资方之所以留意投资某个项目，是因为重视的是自主专利技术，创新企业具有独立的知识产权。但如果知识产权保护不力，投资方也往往吃亏上当。大体有以下3种情况。

第一种："竞业禁止"的技术骨干冒险创业。在高新技术的研发部门，公司对技术骨干的控制约束很严，一般会跟技术骨干签订"竞业禁止"合同。按照合同规定，该公司技术骨干在辞职离开该公司后，两年内不得在同行业工作。但有的公司技术开发骨干离职后，会自己组织或参加新的公司，利用原公司的技术或自己掌握的技术进行融资。这将面临被原公司追索起诉的风险，一旦原公司发现并起诉，那投资者自然遭受重大损失。

第二种：专利申请期间的冒险创业。有的技术骨干辞职到新公司，带着原公司正在申请专利的新技术加盟到新公司，并对公司进行包装融资。因为该项专利正在申请注册，所以能够迷惑投资方而融到资金。

第三种：有些技术含量比较低的项目，由于创业者没有及时进行专利保护，因此有些同行会利用这些技术(比如包装、外形设计等)。等到创业者自己开始进行市场推广时，才发现市场上已存在利用这些技术创造的产品，这会给投资方带来一定的损失。

4. 陷阱四：隐瞒市场风险

为了增加投资者对该项目的市场信心，有的融资方夸大市场容量、市场竞争优势，甚至虚构市场发展预期，充分利用一些不确定性的市场因素或者隐瞒市场风险，达到"圈钱"的目的；有的甚至利用政府的红头文件、证明文件来证明市场潜力巨大。如果投资方被这种诱惑拉投进去，一定会造成损失。

总之，融资方的以上手段比较隐秘，是难以在商业计划书中发现的。这就需要投资者擦亮眼睛，明辨真假，防止上当受骗。

第三节　商业计划书的写作格式与内容

商业计划书的格式大同小异，一般情况下，商业计划书包括以下几个方面：封面或封页、目录、摘要、企业简介、目标市场分析、产品(服务)描述、创业团队/管理团队、营销计划、生产计划、研发计划、成长计划、财务分析、风险分析、投资者的退出方式、附录。商业计划书的结构如图6-2所示。

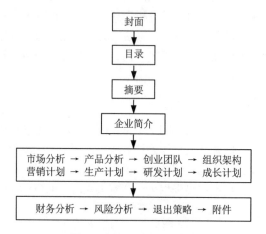

图6-2　商业计划书的结构

一、摘要

摘要是商业计划书的精华或核心内容，是整个商业计划书的高度浓缩，是用最精练的语言表述亮点，是打动投资者进行投资决策的前奏。摘要如同给人的第一印象，第一印象好，就可以把投资人吸引住。摘要应写得清晰明了、极富说服力和感染力。虽然摘要内容较少，但要精练，它必须让风险投资人有兴趣并非常渴望获得更多的信息，能够客观准确地理解创业者的目标、市场和产品状况、商业模式的特点、财务特别是盈利状况和发展远景，使他们愿意更加深入阅读并了解这份商业计划书，难以舍弃，好像"过了这个村就没有这个店"的感觉，给他留下十分深刻的印象。摘要主要包括以下几点内容。

(1) 创业项目的市场前景非常广阔，空间巨大。顾客认同度相当高，购买欲望强烈。
(2) 创业项目的产品具有独特的经济价值和社会价值。
(3) 创业团队结构合理，目标一致，互补性强，有能力完成创业项目任务，并取得优良成绩。
(4) 创业发展战略规划科学，定位准确，各项准备充分，商业模式符合创业发展战略规划的要求，适应外部市场环境的变化趋势。
(5) 创业成长的财务分析，风险规避，论证透彻，数据可靠，令人信服。
(6) 投资者的投资回报有保证，且投资回报能持续较长时间，退出方式可行。

撰写摘要之前，应先对整个商业计划书进行研读讨论，不断补充完善，在对整个商业计划书有全面准确的理解和把握的基础上，再动笔撰写摘要，这样写出的摘要重点突出、逻辑清晰、特征鲜明、论证充分、表达准确、语言平实、短小精练，能抓住投资者。摘要切忌烦琐冗长、语言晦涩、令人费解。

二、企业简介

企业简介是商业计划书正文的第一部分。要全面而又简明扼要地分析创业设想、发展趋势、目前现状,让投资者充分了解企业在社会的地位及发展沿革,特别是企业的核心竞争力和优势。企业简介主要包括以下几点内容。

(1) 企业名称、企业地址、电话号码、传真号码、电子邮箱地址、网址和通信地址、联系人等信息。

(2) 主要业务介绍,所属行业介绍。

(3) 企业发展历史与经营现状介绍。

(4) 企业发展规划及实施措施。

(5) 企业组织结构、团队状况。

(6) 企业所有制性质。如果企业是隶属于一个大型企业的子公司,则应阐明组织上的层级关系及资产关系。

(7) 对报告机密的概述。

三、目标市场分析

市场分析是商业计划书主体部分的第一个重要部分,即创业项目在市场上的状况和竞争能力,创业目标是风险投资者最看重的部分。在进行市场分析时,需进行以下3个层次分析。

1. 目标市场定位分析

目标市场是企业所关注的终端市场。创业者生产的产品或服务最终要销售给哪些目标顾客群,这需要对目标市场进行细分,在市场细分的基础上进行准确的产品定位。不仅如此,还必须进行产品或服务销售现状的分析,包括销售量、销售收入、市场份额、销售利润等,在进行目标市场细分和定位时,可以从以下几个方面分析。

(1) 按地理区域:从气候、人口分布、人口密度、城镇大小等地理环境细分。

(2) 按消费者状况:从年龄、性别、职位、文化程度、民族、家庭状况、经济收入、宗教信仰等方面细分。

(3) 按消费者的生活方式:从购买频率、购买数量、商品知识、对营销方式的敏感程度等购买心理特征细分。

(4) 按消费者寻求的产品特定效用细分消费者特征。

在进行目标市场细分时,要从企业目标、产品、优势和劣势、机会和威胁、竞争者战略等因素分析目标市场的合理性、可行性。如果创业者在创业时已经有了一些订单或合作意向书,这说明潜在市场已经有了现实市场,应当把订单或合作意向书展示给商业计划书的阅读者,因为这可以有效证明该产品具有广阔的市场前景,已经有了购买者,这都是需要注意的。市场细分不是越细越好,目标市场也不是越小越好,而是要考虑市场的容量足够大,发展的空间足够广,企业价值的增长持续稳定。

2. 行业市场分析

进行行业市场分析的目的是使投资者了解该行业的发展状况、新创企业的发展潜力、企业成长性的预期。这需要对可能影响市场需求的购买行为因素进行分析,对行业市场的发展状况、存在问题、未来发展等方面进行详细分析论证。行业市场分析可以从以下几个方面考虑。

(1) 该行业生命周期处于哪个阶段,是初创期、发展期,还是衰退期?该行业未来发展趋势如何?

(2) 该行业销售额及利润率处在何等水平?市场容量有多大?

(3) 决定该行业发展的宏观环境,包括国家的政策导向、社会文化变化、技术发展等因素。

(4) 企业在行业内部是否拥有良好的网络关系,包括与上下游企业、同行业经营者、客户群体、行业协会等利益相关者的关系。

(5) 该行业竞争者、供应商、顾客群等方面的情况。

(6) 进入该行业的障碍是什么,有哪些困难,应如何解决,可能跟随的进入者有多少,能构成多大的威胁?

进行行业市场分析一定要用数据论证,在运用第一手调查统计资料的基础上进行论证分析。可将调查统计分析数据及论证结果附在商业计划书后面。

3. 竞争对手分析

竞争对手分析是市场分析中的重要环节,只有知己知彼,才能百战百胜。创业者要对竞争对手进行详细分析研究,并用调查来的数据进行论证。比如,竞争对手所占的市场份额、年销售量、市场开发、财务状况、优势与劣势、核心竞争能力等进行对比分析。如果创业者进入的是全新的行业市场,那么也应该证明不存在竞争对手的原因。如果未来会产生新的竞争对手,那么,这些竞争对手会在什么时候进入,会带来哪些变化,这些都应该做出陈述。

竞争对手分析可以从以下几个方面考虑。

(1) 哪些企业可能成为未来的主要竞争对手,现在的竞争对手情况如何?

(2) 竞争对手的发展战略和市场竞争战略是怎样的?

(3) 竞争对手可持续发展的能力如何?

(4) 竞争对手的财务状况如何?

(5) 与竞争对手相比,自身的优势和不足之处体现在哪些方面?

(6) 创业者如何应对竞争对手的竞争,能在多大程度上承受竞争对手所带来的压力?

为了更充分地阐述竞争对手的优势与劣势,需要对最主要的竞争对手进行比较详细的分析,可以利用图表等形式进行对比分析,让投资者相信,企业有能力在市场竞争中取胜。如果竞争对手实力很强,暂时无法超越也应予以说明,并阐明赢得竞争优势的措施,打好有准备之仗。

四、产品(服务)描述

产品特点是创业机会的核心特征,投资者在评估创业项目时,需要对产品是否适应市场的需求做出评估,需要对产品的特征做出说明。首先是产品的独特性,即与竞争者的产品比较、有哪些价值、可以增加的附加价值。由于产品存在独特性,客户才愿意购买创业者提供的产品。如果创业者生产的产品与竞争者相同甚至不如竞争者,则很难吸引投资者。其次是产品的创新性。产品创新性是创业项目的核心,如果创新性具有不可模仿性,或在较长时间不能被竞争者模仿,那么,创业者就可以保持产品竞争的领先地位。如果创业者或核心技术开发研究人员拥有产品技术专利,则可以充分地展示出来,这可以证明创业者的产品能够有效防止他人的盗用和模仿。

对产品(服务)的描述,可以从以下几个方面考虑。

(1) 产品的基本信息,包括名称、品牌、特征及性能用途等。
(2) 市场上是否有或将要有同类产品,与同类产品比,产品独特性体现在哪些方面?
(3) 产品创新性体现在哪些方面,技术含量多大?
(4) 产品在市场上的价值是否合理?产品的市场前景和竞争力如何?
(5) 让顾客购买产品的关键性因素有哪些?
(6) 产品是否拥有知识产权保护措施?如果企业有好几种产品,应分别加以说明。对于产品不够完善的方面应予以说明,对进一步改进的措施及解决方案要详细具体,落在实处。

五、创业团队/管理团队

创业团队素质是否很高,组织结构是否合理,能力是否强大,是决定创业能否成功的重要因素。因此,投资者特别看重创业团队的优势,特别注重对创业团队的考核评估。在商业计划书中,往往把创业团队的核心成员介绍放在企业简介之后,便于投资者较快看到这方面的信息,增强投资者的投资倾向。这部分主要包括以下两个方面的情况介绍。

1. 管理层核心人员介绍

管理层核心人员主要是本企业董事会成员及主管业务的重要人物介绍,一般由3~6人组成。应重点介绍核心人员的详细经历和个人背景,要特别强调他们的创业成功经验。如果有高层管理顾问也可以进行介绍,这可以从侧面说明创业团队的成长能力和未来企业的发展有人才支撑。

管理层核心的成员介绍包括以下几点。

(1) 管理层核心成员的自然情况(年龄、性别、籍贯等)。
(2) 管理层核心成员的工作经历、教育背景。
(3) 管理层核心成员的职业道德、能力和综合素质。
(4) 管理层核心成员的工作成效,尤其注重在设计开发、财务、质量、营销等管理方面的成功经验。
(5) 主要雇员合作伙伴介绍。
(6) 咨询顾问、独立董事介绍。

2. 团队成员与组织架构

重点介绍团队成员的分工配合情况,明确其在企业内的职责,包括股东、董事。管理机构、管理体制和运行机制,各部门的构成及人员配置可用一览表的方式展示出来,还可以把激励机制和约束机制的重点内容反映出来,这可以使投资者相信管理团队通过体制和机制调动员工的积极性来实现企业的发展目标。这部分内容介绍包括以下几点。

(1) 主要股东介绍,以及所有权结构、持股比例、权限等。
(2) 管理团队分工,以及其依据是什么,重要项目负责人是谁。
(3) 薪酬制度。
(4) 教育培训。
(5) 决策机制、激励机制、约束机制等。

介绍管理团队要实事求是,对以往的工作成果可以用图表的形式进行表示,并进行概括性分析。应特别强调团队成员的互补性、目标的一致性、工作的协调性等,这有利于吸引投资者进行投资。

六、营销计划

营销计划核心是为完成产品或服务在市场上的销售而进行的一系列的营销策划工作。这个营销计划体现了从产品生产直至到达用户使用的全过程。一个好的营销计划不但包括 4P 原则，符合外部市场情况，而且具有很强的可操作性，有详细具体的运作措施，以保证营销计划目标的实现。这可以大大增强投资者对创业者企业的投资信心。营销计划主要包括以下几个方面的内容。

1. 营销规划

营销规划是创业者进行营销活动的全面系统的营销方案，既包括整体规划，也包括实施规划的各项准备工作及具有可操作性的具体措施，可以从以下几个方面进行描述。

(1) 总体营销计划、营销机构及人员配置。

(2) 市场开拓计划。

(3) 销售程序、销售预测。

(4) 市场营销中处理应急情况的对策。

2. 销售渠道开拓

销售渠道是企业的产品能够到达消费者手中的有效渠道，是进行产品市场开拓必须要认真解决的问题。创业者不论是自建销售渠道，还是与经销商或代理商合作，都必须在营销计划中充分反映出来。在有些情况下，虽然企业生产的产品有一定的竞争力，但由于销售渠道不畅，甚至销售渠道设置比较混乱，不能很好地进行产品推销和售后服务，使企业在市场中造成了很坏的影响，顾客不良情绪很大，满意度下降，这对于新创企业是致命的。因此，必须在营销计划中说明分销渠道建设情况，可从以下几个方面描述。

(1) 分销渠道的构成及实现方案。

(2) 人员配置、激励机制与约束机制。

(3) 销售渠道建设方向及各阶段目标。

(4) 销售渠道建设中可能遇到的问题及解决方案。

3. 产品宣传

由于新创企业产品在市场上还不为客户所熟悉，需要同经销商和代理商进行适当的产品展示或者通过广告等推广手段来实现。比较有效的促销手段包括试用、赠送、折扣、礼品捆绑、有奖销售等。创业者应制定比较具体的促销方案。这部分内容可以从以下几个方面来描述。

(1) 企业采取何种方式让客户群知道将要推出的产品，企业将采取哪种类型的广告。

(2) 企业是否参加国内外产品展销会，或是独自开办产品展销会。

(3) 企业用于推广产品的费用是多少，如何控制费用支出。

(4) 企业参加或独自开办产品展销会，或者进行广告宣传的具体措施。

(5) 预测推广产品的效果，若效果不佳，应采取哪些对策措施。

4. 产品定价

价格是营销计划的重要组成部分，创业者需要说明产品的价位及定价依据。创业者需要综合考虑市场竞争强度、竞争实力、产品新颖程度，以及消费者的价格敏感程度等因素来制定价格。价格的高低与企业的盈利程度关系极大。要充分论证制定价格的合理性、科学性，让投资者相信在这一价格体系下,企业的盈利预期是可行的。产品定价可从以下几个部分进行论证。

(1) 产品的价格大致是多少,制定价格的依据是什么。

(2) 与同类产品相比较,价格是高是低,造成价格差距的原因是什么。

(3) 消费者对价格是否敏感,如果价格发生变化,将会在多大程度上影响销售。

(4) 产品价格未来的变动趋势是怎样的,其发生变化的原因是什么。为了更直观地反映营销计划,更好地落实营销计划,可以运用图表数据的形式向投资者说明,让投资者相信营销计划周密,而且措施可行,可以实现营销目标。

5. 售后服务

消费者在购买产品的同时,更加重视售后的服务质量。提高售后服务质量,可以增加产品的附加价值,会有效增强用户对产品的认可度,提高对企业的忠诚度。因此,企业必须对产品的售后服务做出系统性的安排,保证及时、有效、高质量的售后服务,让用户满意、放心,无后顾之忧。

七、生产计划

生产计划是商业计划书的重要组成部分。创业者要尽可能地把生产组织过程全方位地展示给投资者,比如原料采购,供应商状况,雇员配置,生产资金使用,厂房、土地规划安排等。这些生产流程的设置反映了创业者对于企业生产的规划。对于尚未创立的企业,生产计划则反映了创业者对生产计划的准备实施情况。

生产计划是企业成本中重要的组成部分,是构成企业未来财务计划的基础。生产计划可以让投资者了解企业未来的生产投入成本规模、投入是否过大、是否进行压缩、成本结构是否合理等问题。生产计划部分可以从以下几个部分进行描述。

(1) 厂房和基础设施(水、电供应,通信,道路等)的配置。

(2) 现有的生产设备,以及将要购买的生产设备。

(3) 原材料需求和供应。

(4) 生产工艺流程状况是否先进。

(5) 生产过程特别是主要生产环节介绍。

(6) 未来生产能力的调整(扩张、压缩)。

(7) 生产成本的分析。

(8) 质量的控制和改进。

(9) 生产过程的人力资源配置与管理。

在生产计划中,许多投资者很希望了解创业者是否需要较多的固定资金投入,其投入是否合理,特别是对于额度较大的专用设备及聘用的专业人士,更需要进行论证,防止过大的投入给创业者特别是风险投资者带来潜在的生产经营风险。

八、研发计划

研发计划对于高科技企业来说是非常重要的。研发计划应反映现有技术状况及未来发展的趋势。即使创业者的产品具备很强的技术领先优势,如果创业者不能持续地进行研发工作,就很有可能被其他企业所赶超,而没有技术领先优势的高科技企业,则很难在市场竞争中赢得竞争优势。因此,在研发计划中,创业者需要介绍投入研发的项目、资金、目标等内容,还要介绍研发成功后的市场占有率及其消费者的认可程度，以及发展空间和前景。显然，这对于投资者来讲，更具有很强的吸引力。这部分可从以下几个方面进行描述。

(1) 现有技术的现状及未来发展趋势。
(2) 拟开展的项目研发情况、公司的研发能力。
(3) 用于研发的费用总额。
(4) 研发计划的发展方向和目标。
(5) 研发计划实施后的效果。
(6) 研发计划的成本预算及时间进度。
(7) 创业者在制订研发计划时，要从实际情况出发，认真评估自己的研发实力，并做出有说服力的详细说明，切忌脱离实际盲目拔高带来的负面效果。

九、成长计划

成长计划主要用来规划企业未来的发展，包括发展战略规划、竞争战略规划、经营管理规划。

十、财务分析

财务分析是商业计划书中非常重要的部分，因为投资者要从财务分析中判断企业经营的财务损益状况，是否能够获得理想的投资回报。这部分可以从以下几个方面进行论证。

1. 历史财务数据

这里主要针对已经成立的企业的历史财务状况。一般来说，创业者要提供过去 3 年的财务状况，分析财务状况优劣的主客观原因，让投资者相信财务分析是真实可信的，力图让投资者相信企业未来的成长会越来越好。如果企业尚未建立，这一部分可以省略。财务分析部分需要提供以下内容。

(1) 3 年以来的资产负债表，3 年以来的损益表，以及 3 年以来的现金流量表。
(2) 常用的财务指标及相关分析。
(3) 财务状况分析，特别是针对不良财务数据，需要指出其原因和解决办法。

2. 财务发展规划

未来的财务规划是在分析企业生产经营状况的基础上，着重对未来的财务状况进行预测分析，并将预测依据、预测方法、预测结果在财务规划中反映出来，增加财务预测的可信度，让投资者了解未来财务规划的客观性、合理性。这部分内容可从以下几个方面论证。

(1) 未来 3～5 年内企业运营所需费用、收入状况。
(2) 未来 3～5 年内财务状况预测，运用财务报表显示。
(3) 未来 3～5 年内预计吸收的投资总额，并在历年财务报表中表示出来。

在做财务发展规划时，应清晰准确地反映财务预测结果，论证充分，规划完整、细致。基于预测结果，要提供 1～2 年内每个季度的财务报表分析。当企业的发展逐步稳定后，则只需提供年度财务报表。

3. 融资需求

融资方式、融资条件及投资者要求等方面的问题，是创业者必须回答的问题。在创业融资需求量计划中，创业者可提供几种可能的融资方式，例如，普通股、优先股和可转换债券等几种融资工具，向投资者建议，经过协商后确定下来。创业者对融资方式的细节问题加以说明，特别是投资者的投入和收益，以及要求的相关管理权限等。通常，创业者可以从以下几个方面进行描述。

(1) 融资需求量及融资方式的选择。
(2) 融资抵押和担保情况、融资条件(是否拥有特别的条款)。
(3) 资金注入方式，是否分期注入。
(4) 投资者是否可介入企业经营管理，以及是否拥有一定的经营管理权和决策权等。

为了更好地编制财务分析规划，提供高质量、有说服力的财务方案，可以请财务专家做顾问或直接参与编写财务规划。

十一、风险分析

风险分析是商业计划书的必要构成部分，因为任何投资都存在风险，作为投资者要尽可能全面地弄清企业可能面临的风险，以及风险的处理方案。因此，创业者需要在商业计划书中对风险进行详细分析，刻意地回避风险反而会让投资者失去信任。就创业活动而言，风险包括以下几个方面。

1. 生产技术方面的风险

由于新创企业面临更大的市场动荡环境，缺少市场经验，在生产经营方面的风险往往比大型企业大，生产经营技术方面的风险可以从以下几个方面考虑。

(1) 市场不确定性因素，在市场开拓中可能遇到的障碍、困难和风险。
(2) 生产不确定性因素，在生产中可能遇到的问题、障碍等。
(3) 技术发展不确定性因素，在技术开发方面可能遇到的困难、障碍等。
(4) 知识产权侵害。

2. 管理团队方面的风险

作为新创企业，其管理团队成员大部分缺少一定的社会工作经验，以及行业、企业管理经验，因此，管理团队方面的风险是客观存在的，不用隐瞒。管理团队方面的风险包括以下几个方面。

(1) 管理经验不足，这是新创企业普遍存在的问题，需要经过一定时间的工作磨合后才能成熟起来。
(2) 经营期限短，各种资源的综合利用需要一定的协调期。
(3) 对创业核心团队特别是创业者的过度依赖，使得企业发展完全依赖于某个人或几个人，特别是拥有关键技术的专业技术人员。如果他们发生变故，会存在很大的风险性。

3. 财务方面的风险

财务风险主要指企业未来财务上可能出现的问题。新创企业由于资源并不充足，可能面临资金短缺的风险。财务风险主要包括以下几个方面。

(1) 可能的现金流危机，企业的现金周转是否存在较大的不确定性。
(2) 企业是否有足够的清偿能力。如果企业出现问题，甚至破产清算，那么投资者能收回多少资金。
(3) 企业是否有较强的偿债能力。

4. 其他方面的风险

除了上述3个方面，还有可能出现的风险有：一些突发事件，具有不可抗力的自然风险，政策的不确定性等。这里应再指出的是，创业者在商业计划书中不仅要指出存在的各种风险，更重要的是应对风险的各种准备工作、具体措施、落实状况。如果创业者有系统的应对创业风险的措施，就不会造成较大的损失，或可以把损失降到最低限度，这将使投资者更加坚定投资的决心。

十二、投资者的退出方式

投资者在阅读商业计划书中，不仅看重投资回收，还关注投资如何退出。因此，创业者必须论述投资者的退出方式，并做出比较详细具体的说明。这部分可从以下几个方面描述。

(1) 投资者可能获得的投资回报，分期收回资金说明。

(2) 公开上市可能性，投资者可在资本市场出售股份。

(3) 兼并收购可能，通过出售企业给其他公司，投资者也能够收回投资。

(4) 回购股份(协议转让)，即创业者按怎样的偿付回购条款购买投资者手中的股份。投资退出方式是商业计划书的最后部分，应明确投资者的退出方式，并以客观充分的论据阐述可行的退出方式，让投资者的盈利实现无后顾之忧。

十三、附录

附录通常包括合同文本、分析数据图表格、相关法规、供应商、顾客来信评价等。

如何制作完美商业计划书的 PPT，有专家提出最好不超过 10 页，要讲"干货"，具体包括：目前市场存在的主要问题；问题的解决方案；产品或服务的目标用户；未来的市场潜力；竞争对手分析；核心竞争力；财务计划；盈利模式；团队介绍；投资人列表。如果能写出并练习口头表述清楚这 10 个方面的情况分析，获得风险投资的概率将大大提升，创业将有一个非常良好的开始。

第四节　商业计划书的评估

一份好的商业计划书要全面、有特点、价值高，这是所有投资人共同追求的目标。国内外任何投资机构在进行风险投资前，必须对商业计划书进行科学严谨的审查评估。因此，商业计划书的优劣是获得投资的关键所在。对商业计划书的评估重点一般从以下几个方面进行。

一、优质的创业资源

创业资源既有有形的也有无形的，既有物质的也有精神的。优秀的商业计划书应考虑以下资源。

(1) 优秀的人力资源。人是创业活动的主体，是创业活动的生力军。只要有优质的人力资源，创业活动就可以达到较高水平，甚至创造出奇迹。创业活动不是创业者一个人的活动，而是合作伙伴共同协作的创造性活动。其创业团队在知识结构、能力结构、素质结构等方面能做到互补，能够产生 1+1＞2 的效果。因此，优秀的创业团队是最重要的创业活动基础，也是一份好的商业计划书的基础。

(2) 较为充裕的财务资源。创业资金是创业者创业活动的必要条件之一，能否筹集较为充裕的财务资源是能否顺利进行创业活动的前提。其资金来源可以是个人私蓄、亲朋好友借款、银行贷款，也可以是风险投资等。

(3) 稳定的客户资源。任何企业都必须有一定的客户群，通过销售产品或服务，不断扩大市场占有率。稳定的客户资源是企业生存发展的基本保证。客户既是创业者必须始终坚守的理念,也是最重要的销售资源。例如,海尔集团就一直坚持顾客第一的思想,一切为用户着想,为用户服务,并逐渐打造出世界知名品牌,在国内外市场取得了巨大成功。

(4) 专有技术资源。这是指企业的产品是否有核心技术作为支撑,并在一定时间内不可替代。如果创业者拥有独一无二技术资源,则会形成别具一格的竞争优势,这是投资者非常看重的亮点。

(5) 先进的管理资源。创业者是否拥有先进的管理理念、管理手段、管理方法,以及经营企业的能力,不仅包括市场开拓能力、组织协调能力、环境适应能力、应变能力、决策能力,而且包括了解行业发展信息的能力,熟悉行业发展及其相关企业的情况,真正做到"知己知彼,百战不殆"。

上述资源虽然都很重要,但对于新创企业来说,在不同的阶段是有所侧重的。比如,在创业启动阶段,不能过分强调有形的物质资源,"见物不见人",只重"硬件"建设,而忽视"软件"作用。如果过分抓物质资源,尤其是资金资源,往往会形成创业活动的障碍。资金资源虽然很重要,但还不是最重要的,相比之下,人脉关系,行业、企业管理经验能力,市场开拓,产品开发等无形资源往往比土地、原材料、资金等所起的作用更大,更有成效。在创业启动阶段,创业者是难以获取充足的资源的,大环境却要求创业者有更高水平的资源整合能力,尤其是对无形资源的整合和使用能力。许多成功的创业者开始创业时资源并不丰富,但他"不求所有,但求所用",充分发挥创业团队的经验和能力,善于捕捉和把握每一次获取利用资源的机会,从而把不可能的创业活动变成了卓有成效的业绩。因此,好的商业计划书不仅拥有优质的创业资源,更为重要的是体现出创业者良好的资源整合能力。

二、较高的创业收益

获取较高的创业收益是投资者的主要目的之一。评估商业计划书的预测收益主要有以下几项。

1. 稳定的经营收益

投资者把稳定的经营收益作为衡量创业成功的主要标志。经营收益(毛利和税前利润)是与同行业其他公司相比较进行计算的。经营收益的高低必须有充分的统计数据,且每项数据正确可靠,让投资者相信创业者提供的经营收益包括预期收益都是有客观依据并可实现的。

2. 资产管理状况

资产管理是有些高层管理人员常常忽视的领域。创业者应在商业计划书中充分反映资产管理状况、资产优良状况,以及现金管理、应收账款和存货管理等方面的状况。这些论证分析对潜在投资者、银行家及各类不同的投资人都是非常重要的。在分析资产管理各项指标时,应与同行业其他公司相比,并参照国内外同类企业的指标进行分析研究。

3. 运用系数法进行公司评估

评估公司未来一个时期的预测收益,可采用系数评估法。目前,没有统一通用的标准。假如公司是发展中的行业,投资者可考虑使用15或25甚至30以上的系数,而对于面向客户的行业,则可使用5到10的系数。

例如,某创业公司5年之后销售收入达到3000万元,税后利润为10%,即300万元,乘以系数20,得到总价值6000万元。如果公司拟上市或转让第三方时,这个数字就可以作为该公司的价值。投资者对公司的价值评估是为了证明进行投资是否物有所值，投入之后应在公司中占有多大比例的权益资本。

4. 顺利的退出方式

投资者投资后的价值增值能否顺利退出，在投资运作中占据重要地位，因为投资者的目的是取得阶段性的投资价值。当达到投资者预定的资本收益之后，一般就会退出，寻求新的项目，进入新的项目选择和投资阶段。这种滚动投资的方式，是以四两拨千斤的杠杆作用实现自身资本的迅速增值。对于投资者投资的退出方式，主要有：股权协议转让、产权交易所挂牌上市、股份回购、管理层回购、清盘等。在创业计划书中，投资者选择何种退出方式，需要与创业者进行谈判，并在取得共识后签订有法律效力的文本，以减少后期因某些原因而带来的麻烦。

【本章总结】

本章先后讨论了商业计划书的基本概念和属性、商业计划书的分类、构成要素、主要特征、写作原则、撰写程序、主要内容、应注意的问题，以及对商业计划书的评估。创业者应从实际出发，条理清晰地表达创业的目的、价值取向、主要项目的论证分析及其预期效果，以吸引投资者参与投资，取得良好的创业效果。本章的根本目的是谋划创业，为创业成功起到保证作用。

【复习思考题】

1. 简述商业计划书的概念与作用。
2. 简述商业计划书的特点。
3. 简述商业计划书的构成要素及撰写原则。
4. 简述商业计划书的内容和结构。
5. 撰写商业计划书应注意哪些问题？
6. 为什么说撰写商业计划书是重要的？怎样进行商业计划书的评估？
7. 怎样理解"商业计划书是创业指南"这句话？

【实训实练】

1. 选择校内外一个比较熟悉的创业活动项目或参加创业大赛，参考教材案例或在网上搜索到的创业计划书，以小组为单位，写一份内容翔实、论证充分、定性与定量相结合的创业计划书。请学生推荐或自荐在班级内进行交流，制作PPT，汇报不超过15分钟。

2. 选择一个有价值的创业项目，按项目简介、公益性阐述、创业性阐述、实践性阐述四个方面，完成一份参加全国大学生"创青春"(挑战杯)创业大赛项目申报书。

3. 组件5人左右团队，运用互联网+创业完成一份创业计划书，做好PPT在班级交流，汇报时间在10分钟左右。

【创业案例过程研究与思考】

上海思忆殡葬服务公司创业计划书

(有删节)

(本作品荣获第三届"挑战杯"天堂硅谷中国大学生创业计划竞赛金奖)

1. 执行总结

指导思想是注重引导合理殡葬消费与满足群众不同层次的需要并重。

1) 公司概述

上海思忆殡葬服务公司是一个提议中的公司,它倡导一种全新的、以文化为核心的殡葬服务,反对传统的"留下骨灰,遗失文化"或个别的"撒掉骨灰,也撒掉文化"的做法,以"让死者留下文化"为宗旨。

本公司针对顾客的不同需求,提供如生平简介、影像图片投影、纪念画册、音像制品、策划布置追悼礼厅和殡葬设计与指导等系列服务项目,全方位记录、展示死者的一生。让平凡的一生变精彩,为社会留下一种全新的"文化遗产"。

2) 市场机会和竞争优势

本公司的产品主要面向具有一定文化水平的消费者,他们希望通过一种更加文明、更有意义的方式追悼死者,不仅留下骨灰,更留下文化。目前上海还没有一家以"让死者留下文化"为宗旨的殡葬服务公司,也没有其他公司提供此类的系列服务。本公司的出现可以填补市场空白,并尽早占领市场。

3) 产品前景

本公司产品将逝者的人生文化留下,保留下人一生中最珍贵的东西、最值得生者缅怀的东西。足够大的市场与高品质的产品将会使本公司的产品拥有良好的市场前景。

4) 投资与财务

公司成立初期共需资金140万元,其中风险投资80万元,创业小组自筹20万元,银行贷款40万元,其中,固定资产投资25万元,流动资金115万元。第二年预计盈利110万元左右。以后每年销售净利润率不低于20%。资金回收期为2.3年。风险投资最好在第5~6年退出,采用创业小组及公司员工集资购买风险资本所占股本的方式较适合本公司。

5) 团队概述

创业小组的成员将参与公司财务、营销、推广和人力资源管理工作,他们具有专业的管理和营销知识,可以有效控制人力成本和材料成本,提高公司运营效率。公司聘请在殡葬文化方面有突出贡献的乔宽元教授和上海市民政局殡葬管理处处长顾秋根先生为顾问。

2. 背景描述

在我国,殡葬习俗主要经历了两次变革:第一次是由埋葬变为火葬,这是人们思想认识的一大进步,在上海已经基本实现100%火化;第二次是由保留骨灰变为不保留骨灰,人们真正从形式上接受了唯物观。在如今中国殡葬业的活动中,唯心主义和封建思想仍有相当大的市场,与我们的社会文化形成巨大反差。目前殡葬业的经营状态并不乐观,许多殡仪馆甚至亏损经营;同时,人们的需求通常都是低层次的。这表明,我国殡葬行业面临有效供给和有效需求都不足的双重问题。目前,我国政府主管部门在殡葬行业逐步推行"少占地,不占地"的指导方针,提倡逐步破除迷信习俗和取缔宣扬迷信的场所,规范操作方式,逐步净化这一市场领域。随着国家引导消费需求的改变和有效需求的增加,必定引发有效供给的扩大。

上海是我国生活水平和医疗水平较高的城市,已率先进入老龄化社会,保守估计平均寿命为80岁。上海人普遍推行墓祭,以较低限计算,如果墓祭延续5年,"新鬼老鬼"共有100万,并将逐步以每年20万的速度递增,这是一种"累积效应"。我们认为关键在于我们如何去满足消费者潜在的购买欲,以何种形式推出我们的服务。如何使死者的个人文化遗产得以保留和发扬,这就是弘扬另一种文化——人生文化。这就是发展成立本公司的出发点。

我们拟组建这样一个公司,其根本目的是满足广大人民群众在这方面快速增长的物质和精神方面的需求，开创一种新的服务，即帮助人民彻底摒弃思想糟粕，以一种更好的方式表达自己对死者的纪念——留下骨灰，更留下文化。

3. 产品服务介绍

1) 产品描述

(1) 纪念画册。

(2) 音像制品。

(3) 生平简介。

(4) 影像、图片投影服务。

(5) 设计与指导。

(6) 特殊项目服务。

2) 产品优势

产品工艺成熟，产品流程简单。产品投入较小，利润率较高。资深专家参与，实力雄厚。

4. 市场调查和分析

1) 概述

目前，上海市全年死亡人数已超过9万，全市70.8%的市民接受过初中以上教育，上海市人均可支配收入居前，为6017.6元，比全国水平高2593.6元(这是2001年数据)。基于弘扬文明、科学、先进的殡葬文化这一宗旨，我们对本市不同文化层次的消费者进行了一项问卷调查。经过初步调查，目前上海市受过初中以上文化教育的人士中，90%以上希望死后能有一种形式将自己生前宝贵的人生经历和经验保留下来，以便为后人留下个人文化遗产。结合所查阅的各项统计表，我们做了SWOT分析报告。

(1) 优势。

公司拥有殡葬业专家作为技术指导，有扎实的专业技术，员工文化层次高，以大学生为主要员工。成员都为年轻人，有创新精神，开拓性强。本公司属于创业型公司，调头灵活，调节性强。根据上海市统计调查表明，目前家属在一位死者身上的一系列花费约为3万元(含墓地建设)，而本公司所提供的服务费用仅占其3%。

(2) 劣势。

公司规模小，资金有限，抗风险能力弱。由于行业因素，公司内部文化比较沉闷。员工多为年青创业者，缺少经验。

(3) 机会。

社会文化：上海的文化需求水平高，受传统观念影响，人们对殡葬十分重视。此外，在各项社会规划、国家政策方面，国家着手加强殡葬业的建设，提倡环保、绿色、高文化层次的殡葬业务。

竞争：目前，上海市主要从事殡葬业的公司有益善、宝兴和龙华殡仪馆，以及飞思殡葬服务中心。我们通过开拓新的服务项目，推出异种服务，开拓出一个新的服务领域，占据市场份额，获取盈利。我们与上述的殡仪馆属合作伙伴关系，是互补型服务，公司提供的殡葬服务在该行业为首创性技术，属于零竞争行业。在公司创业初期将不会存在同行业竞争，有利于快速占有市场份额，而且，各大殡仪馆现行的服务项目获取了足够的利润，势必不会轻易进入这个新的市场。对于新进入者，政府政策的约束力将对其进入形成巨大的阻力。

经济：上海人均可支配收入名列全国第三，根据上海人收入情况的调查统计，2000年上海市人均可支配收入已达到6000元，家庭可支配收入已超过10 000元。随着收入的增加，现在人们用于殡葬上的花费也呈增长趋势，这意味着除对殡葬传统服务的要求外，未来人们对殡葬多样化的需求会越来越多。从可持续性发展角度来说，这就为本公司提供了进一步的发展空间，即以更优质的服务作为拓展市场的手段，形成一种打破传统、更为科学合理的祭奠方式。

顾客市场：(死亡人数)据不完全统计，1991—2001年上海市死亡率在7.1‰~7.8‰内浮动，进入稳定状态。自1992年起，上海市自然增长率都为负值，最高为-0.8‰，最低为-3.1‰。上海近三年来的统计数据表明，其人口老龄化(即60岁及60岁以上老年人口占总人口比重的上升过程)的速度处于相对平稳时期，但老年人口高龄化(即80岁及80岁以上老年人口在老年人口中所占比重的上升过程)速度较快。在年增32400名老人的同时又有20000人新进入高龄老人行列。全市19个区县高龄人口占总人口比例都呈现较为明显的上升趋势。2000年，60岁及60岁以上老人已占上海总人口的18.4%达241.8万人；到2010年这一比例达到23.9%，到2030年将达到38.5%。

(4) 威胁。

殡葬业现仍处于政府管控阶段，政府规定严格。各大殡仪馆与医院直接挂钩，提供连锁服务，资金雄厚，客户众多，包揽了大量服务业务。加入世界贸易组织后，国际型企业进入，提供的殡葬服务势必更先进，竞争更激烈。

2) 市场容量估算

上海市市区2001年死亡人数7万以人。一名死者殡葬过程所需总费用为3万元(含墓地建设)。市场总潜量为1.6亿元，市场占有率在2%以上。

3) 组织机构图(略)。

5. 公司战略

1) 总体战略

2~3年内公司将发展成为一个提供网上殡葬服务、殡葬设计和中介以及殡葬相关产品(画册、光碟、传记等)的综合性服务公司。公司使命是让平凡的逝者留下其人生文化，引导人们进行合理的殡葬消费。

公司宗旨是关注绿色殡葬，倡导健康、意义深远、具有文化内涵的祭奠方式，满足人们对殡葬服务不同层次的需求。

2) 公司发展战略

(1) 市场进入期(第一年至第三年)。

第一年至第二年：建立网站，开办论坛，宣传殡葬文化(侧重人生文化)；提出"让平凡的逝者留下文化"的新理念，扩大公司知名度；产品导入市场，提高产品知名度，树立品牌形象；逐步打开市场，以每年增开一家分店(主要在三大殡仪馆附近)的速度拓展；市场占有率为2%。第三年：产品基本成熟；重点挖掘产品的新功能、开发新产品、拓展市场、扩大网站项目，提供网上墓地和实现网上扫墓服务；为已经去世多年的逝者的家属寻找遗失的记忆和文化；针对上海中心城区殡仪馆网点布局不合理、群众办丧事难的缺点，公司结合"个人治丧委员会"的概念，提供一整套从告别仪式到入葬的殡葬服务项；在上海殡葬市场占有率提高到5%。

(2) 市场发展期(第四年至第五年)。

公司客源量呈直线上升趋势。积极开拓业务，进行多种类经营。利用本公司的服务、产品及技术优势，实现服务和产品的多元化，拓展市场空间，扩大市场占有率，成为沪宁地区殡葬服务业的领先者，带动周边殡葬服务业不够完善的地区发展。纵向延伸：建立特色博物馆(如特色遗物收集)，多角度弘扬殡葬文化，在经过家属同意的情况下分类汇编、出版类似《名人死亡词典》的书籍。横向延伸：提出"文化陵园"的概念和相关服务，为人们提供随时可以追忆亡者的文明、高雅场所，公司将与沪宁地区殡葬服务领域领先单位联手，共同与国外的同行竞争。在上海殡葬市场占有率达到10%，上海殡葬文化市场占有率达到67%(与目前人们接受程度比较接近饱和)。

(3) 市场成熟期(第六年至第十年)。

上海市场趋于饱和，发展重点将转移到对周边地区的开发上。确立在上海及周边地区的稳定地位之后，逐步向其他地区辐射发展。前期在全国大城市中开展业务，以城市的文化素质及公司本身成熟的运作为基础开始逐步占领全国发达城市市场，后期可向一些中小型城市发展。在上海等业务、市场发展稳定的地区，可扩展产品线，实行"一个平台，两种服务"的战略，通过并购、参股、控股、开设分公司和子公司等方式丰富公司的服务项目，把公司发展成为一个多元化经营的集团公司。

6. 营销策略

1) 目标市场

消费者市场主要在上海市死亡人口家属中，收入为中低档，受过初中程度以上教育的家庭的常住居民。家庭年可支配收入大于10 000元。家庭生命周期为较年长的死亡者家属，社会阶层为劳动阶层。

2) 产品

一个公司要想在市场上取得竞争优势就必须有它的核心产品，服务是无形的，因此本公司在产品上的策略如下。

(1) 样品展示：通过展示精美画册、相册等样品使顾客对本公司的产品形成具体的印象，产生购买的欲望。

(2) 产品组合：推出各类方便顾客的服务项目组合，如制作核心产品同时免费提供追悼会、设计指导服务等，既便于公司光碟、画册所需资料的收集，又能加强顾客的信任度和满意度。

(3) 包装：为不同顾客提供各类精美礼盒包装、拎袋、公司宣传册(以宣扬人生文化为主)等免费赠品，既能方便顾客，又能起到广告宣传作用。

(4) 服务。公司的服务特色是：通过与家属的反复交流，建立互动的人性化服务，最大限度满足顾客的需求。

- 售前服务：免费开展新型殡葬文化宣传与交流，让新型殡葬文化深入人心。
- 售中服务：建立完善及时的交流体系。在追悼会前1~2天制作出亡者生平，追悼会后1个月内制作出顾客所需全部产品(按顾客特殊需要可缩短制作周期)。制作过程中加入顾客参与互动模式，产品在与顾客交流中不断完善。
- 售后服务：建立信息反馈渠道，提供后续服务，积累弘扬优秀的人生文化。

(5) 产品生命周期分析。

进入期(约1年)：为了迅速在市场中站稳，扩大市场份额，公司将采取快速渗透的策略。

成长期(2~4年)：推出更多种类的服务，在公司拥有一定的知名度后，向中高档市场拓展。

成熟期(5年以上)：在公司拥有一定数量的顾客群体，积淀相当数量的人生文化后，在经过家属同意的情况下，分类汇编、出版类似《名人死亡词典》类的书籍。

3) 价格

本公司将结合渗透价格策略和差别价格策略来推广自身的服务产品。

4) 分销渠道

采用一级分销渠道，即生产者——中间商——消费者的渠道。

渠道建立方式：公司的产品价格表会附加在中间商的服务表中，便于客户了解情况。客户通过中间商介绍与公司取得联系,公司人员将会在客户所在的殡仪馆为客户提供上门服务。公司主要以支付固定中介费或按利润提成(暂定 10%)的利润分配方式与中间商建立双方都可以接受的业务关系。

5) 政府支持与公共关系

面对属于封闭型市场的殡葬行业,进入市场的另一个重要障碍是遇到原有竞争者设置的自我保护障碍(封闭市场)。面对这种情况,公司将在原来的 4P 基础上附加上以下 2P 策略。

(1) 政府支持。

(2) 公共关系。

6) 政策

基于我国目前尚无关于殡葬文化业的直接法律规范和政策规定,公司在运营过程中的操作(公司注册、经营许可申请等)将主要参考上海市文化市场和殡葬业方面的法律、法规和政策,同时需要得到民政局殡葬管理处的行业批准,接受其业务管理。根据目前的管理制度,新型殡葬文化行业可以作为一种特殊的代理业务进行,所以本公司可以顺利得到登记许可。

7. 产品制作管理

(1) 工作流程图(略)。

(2) 生产设备。计算机、扫描仪、打印机、数码照相机、数码摄像机、刻录机、采访机等。

(3) 生产要求。

(4) 生产工艺流程(略)。

(5) 质量管理(略)。

8. 管理体系

(1) 公司性质:有限责任公司。

(2) 组织形式:公司采取直线职能组织结构(组织结构图略)。注:初期市场部将根据工作需要在殡仪馆设立工作点。

(3) 部门职能。

公司设立财务部、推广部、市场部、产品研发部、人力资源部,并设有顾问。其中推广部下设网络组和公关组,产品部下设各个分项产品设计组。

(4) 管理理念及公司文化。

公司将"全面满意"作为公司的文化宗旨。我们相信健康向上的公司文化可以激发员工的工作积极性和创造性,增强公司的凝聚力。我们坚持"低成本,高质量",使顾客对最终产品"全面满意"。

所有员工应具备以下服务素质:真诚待人,说到做到,雷厉风行,服务到位,态度和蔼,细致周到,讲究艺术,原则不变,及时交流,完全满意。

(5) 团队成员职务及责任(略)。

9. 资金分析

1) 股本结构与规模(表略)

公司注册资本 120 万元。在股本结构中,创业小组投入的股本占总股本的 33.4%,拟吸引风险投资 80 万元,占总股本的 66.6%。考虑到本服务项目的特点及市场容量,风险投资比重不宜过大。这也为今后风险资本退出留有余地。

2) 资金来源与运用

公司初期需要外借资金 40 万元(银行 3 年期商业借款,利率 5.5%)作为公司部分启动资金及流动资金,公司资产负债比为 4∶1。资金主要运用于添置办公设备(25 万元)、公司营运初期的人员工资(75万元)及材料费用(40万元)。

    3) 投资收益与风险

    投资现金流量表(略)。

    投资回收期表(略)。

    内含报酬率(略)。

    4) 投资回报

    根据未来几年的经营状况分析，公司能够在未来几年中保持较高的利润增长率，拟从净利润中提取合理比例的现金作为股东的投资回报。

    5) 可以引入的其他资本

    为了使风险资本在将来能够方便地退出，以及公司营运风险能够更好地规避，在股本中可以引入多元化的资本，使得股本结构更趋合理。

    10. 财务分析

    (1) 编制依据(略)。

    (2) 会计报表及附表。

    资产负债表(略)。

    利润表(略)。

    现金流量表(略)。

    (3) 会计报表分析(略)。

    (4) 财务预测表(略)与盈亏分析(略)。

    11. 机遇与风险

    (1) 机遇：①本市殡葬服务无法完全满足消费者潜在的心理需求；②相关法律的出台和政策的颁布使得外部政策环境相对宽松。

    (2) 外部风险：①潜在竞争者的加入；②银行贷款风险；③中介商支持的不确定性与倒戈的风险；④消费者的观念不能及时改变；⑤中国加入世界贸易组织后，海外竞争者更容易进入国内参与竞争。

    (3) 内部风险：①价格在一定程度上影响进入低收入水平市场的营销策略；②新产品开发不能及时跟上市场需求；③竞争者和中介商的策略改变，应对策略不确定。

    (4) 解决方案：①熟悉该行业的相关法律；②深入居委会推广企业文化，建立方便、及时的反馈网络；③与该行业资深的学者和专家保持密切联系，便于掌握行业动态。

    12. 风险资本的退出

    风险资本如果选择在一定时期内(两年之后)退出，则按照以下方案进行。

    (1) 撤出方式：①鼓励员工参股，以稀释风险资本在总股本中所占比例，直至该比例降到10%以下；②从第二年起，从未分配利润中提出较大比例资金进行分红；③创业小组分期集资购买风险资本在公司所占股份；④引入其他资本进行股本置换。

    (2) 撤出时间：通过公司赢利能力分析、分红估计及资产增长率分析，提出以下撤出时间表(不考虑引入其他股本置换的方式)。

    第一年年初：风险资本在总股本中占66.6%。

    第二年年初：创业小组利用分红所得资金及员工参股筹资所得资金，稀释风险资本在股本中所占比例至40%。

第三年年初：创业小组利用分红所得资金及员工参股筹资所得资金，稀释风险资本在股本中所占比例至30%。

第四年年初：创业小组利用分红所得资金及员工参股筹资所得资金，稀释风险资本在股本中所占比例至10%。

第五年年初：创业小组利用分红所得资金及员工参股筹资所得资金，购买风险资本所占的10%的股份。

附表：预计资产负债表(略)，预计利润表(略)，预计现金流量表(略)，预计工资费用表(略)。

思考：

怎样评价这份创业计划书？其好在哪里，还有哪些不足？你对认真准备创业计划书还有哪些新的想法？

"创青春"全国大学生创业大赛金奖部分项目展示——清华大学《清源计划》

【项目简介】

中国农村正经历着前所未有的饮用水危机，近3.2亿农村人口无法喝到清洁的自来水。基于此现状，清源团队在农村地区推广生物慢滤池技术。该技术成本低廉，制造维护简单，净化效果好，非常适合在农村地区推广。清源团队主要通过技术培训进行推广，让村民真正掌握解决问题的方法。从2011年起至今，清源团队已经在宁夏、山西等地成功推广了1300多个生物慢滤池，直接受益5000余人，间接影响过万人。

【公益性阐述】

清源团队在饮用水存在问题的农村地区指导培训村民安装生物慢滤池，帮助当地居民改善饮用水质量，还通过培训提高居民的健康和环保意识。此外，清源团队鼓励在校大学生身体力行回馈社会，将公益作为生活的一部分。

【创业性阐述】

清源团队将生物慢滤池推荐给农村地区政府或相关组织，并帮助当地政府寻找项目推广资金，负责生物慢滤池技术培训。清源主要通过收取培训和管理费用来实现自身可持续运行，所获利润全部投放于项目推广和技术改进。

【实践性阐述】

清源已经在宁夏麻黄山、山西龙家营实地推广生物慢滤池1300多个，直接受益5000余人，间接影响过万人。直接参与清源计划的大学生已达到60余人。目前，清源已初步建立以清华大学为核心的高校公益圈。

华中科技大学《"幸福虫"公益创业计划》

【项目简介】

践行"以商业运作的方式来做公益"的宗旨，本公司提出了实现社会公益的新模式：为农户提供免费母虫、养殖设备及技术培训，在养殖过程中提供实时指导，以协议的方式保证收购养虫户产出的产品，出售给下游企业获取利益以分润农户，从而建立一条完善的产业链，提高农民收入，推动农村经济发展，以可观的经济利润吸引外出人群返乡创业，从而进一步解决空巢老人与留守儿童所引发的一系列农村社会问题。

【公益性阐述】

我们创立的运营模式能给农民带来巨大利润，对农民具有强大的吸引力，可以将农村外出人群吸引回乡创业，让他们能陪伴老人与孩子，减少留守所导致的一系列问题，完善家庭结构，促进社会稳定。

【创业性阐述】

黄粉虫养殖具有广阔的市场前景，市场需求大，投资回报率高，市场走势乐观。本公司具有先进的黄粉虫养殖与加工技术，接受我们培训的农户生产的鲜虫营养丰富，经我们加工的产品质量上乘，广受市场欢迎，创业成功率高。

【实践性阐述】

已完成市场调研；已成功举办校园宣传讲座；已获《央视新闻》《广州日报》《楚天都市报》等媒体报道；模式试点已运营成功；获得本校管理学院专人指导，已做出翔实的可行性分析，确认项目切实可行。

吉林大学《周末圆梦大学》

【项目简介】

"周末圆梦大学"是大学生针对初高中农民工子女所开展的集"实践""励志""筑梦""帮扶"为一体的系列公益活动。活动设计主题课程，利用周末带领青少年共享高校资源，播种信念理想，通过话剧展演、励志讲座、爱心午餐、科技启迪、职业启蒙等使孩子们体验大学生活的精彩瞬间。活动面向社会招募学员，全年开展 8 期，每期招收 100 名学员进入校园体验 4 天大学生活。

【公益性阐述】

本项目致力于对农民工子女的关爱，给予农民工子女高质量的大学体验，为其建立高效、创新、可持续性的公益帮扶体系；崇尚身心并举的公益模式，为青少年提供一次社会实践与心灵沟通相结合的成长经历。

【创业性阐述】

本项目以高校资源、活动经验和志愿者群体为基础，面向普通青少年开拓周末收费版和夏令营版活动。以"分包承办"的模块化运营，实现公益组织的社会化创业，用收益帮助更多青少年。目前已获得政府及企业支持 40 余万元。

【实践性阐述】

截至目前，本项目已成功运营 15 期，覆盖农民工子女 1500 余人，得到了学员的一致好评，建立了完善志愿者资料库，与吉林省妇联、吉林大学团委结为合作单位。预计本年度启动夏令营版活动，扩大活动规模和收益。

第七章

新创企业融资

【教学目标】

学习完本章后，应掌握的重点：

1. 资金资源对于创业活动的重要性；
2. 新创企业的融资方式及其利弊；
3. 风险投资的基本特征与一般投资的区别及运作过程；
4. 天使投资的概念及特点；
5. 吸引风险投资的6个步骤。

【理论应用】

1. 举例说明创业者融资的必要性。
2. 举例说明风险投资的基本特征及运作过程。
3. 调查创业成功企业，学习这类企业是怎样融资的，有哪些经验值得借鉴，给我们哪些启示。

国内风险投资热潮开始于20世纪90年代的互联网热潮，许多国际风险投资家纷纷进入中国市场，进行IT行业的投资，还有一些对有特色、有潜力的传统行业进行投资。国内有些知名的IT企业或传统行业就是在国内外风险投资的支持下创立并发展起来的。当然，风险投资只是新创企业融资渠道中的一种。目前，创业面临的难题之一就是缺少"启动资金"或发展的"支持资金"。国内中小企业融资难、难融资是创业过程中的一个重大障碍。解决融资问题直接关系到创业企业是否成功，是推动企业高速成长取得良好业绩的关键环节。据调查显示，25%的新企业在2年内倒闭，50%的企业在4年内倒闭，65%的新企业在6年内倒闭。在倒闭的企业中有近90%是出于经济因素和财务原因。本章主要探讨新创企业的融资问题。

【案例导入】

张朝阳——寻求天使投资之路

张朝阳在创立搜狐网的时候，正是寻求了其导师尼葛洛庞帝(《数字化生存》的作者)的天使资金而发展起来的。1981年，张朝阳考取了清华大学物理系，在1986年大学毕业前夕，又考取了"李政道奖学金"，获得去美国麻省理工学院(MIT)的留学资格，在美国留学并从事研究7年。在这期间，他获得了物理学博士学位，并从事了两年的博士后研究。1994年，张朝阳在MIT实验室里被当时"互联网"的奇妙所震撼。事实上，那时是一些校园内部网之间的互联，也不叫互联网，而叫"信息高速公路"。张朝阳回忆说："我们已经可以通过unix代码和电子邮件进行网上交谈，虽然不像现在有图文界面,但即便如此简单的应用,网络的这种独特魅力也已经让我下定决心,不走正常的道路,而是去创办网络公司,回国创业。那时我就觉得,顺应我们这个时代最伟大的两个潮流:一是信息高速公路时代的到来,另一个是中国作为全球大国的崛起。"这两句话被张朝阳写在他的第一份商业计划书——"中国在线"的封面上。但是那个时候他并不知道自己能够做什么、怎样去创业,并且在中国也没有任何资源。

这个时期张朝阳多次往来于美国和中国,其间有在一家美国互联网公司ISI的短暂工作经历,这让他更加坚定了自己创业的决心。ISI从事一些基于互联网上的封闭式服务。张朝阳曾是这家公司的中国区首席代表,在加盟ISI之初,他已经与ISI有过"君子协定",只干一年,然后自己创业。于是一年后,张朝阳在自己31岁生日那天回国开始自己艰难的创业生涯。

1996年7月,张朝阳正式开始了他的融资之旅。张朝阳无比感慨地说:"那两三个月里,我经常往返于中国和美国。那个时候美国的风险投资人根本不相信远在中国的张朝阳能创业。"为了给投资人打电话,他在美国大街上的公用电话亭排队,他甚至尝到过被投资人赶出办公室的狼狈滋味。这个时候的张朝阳忍辱负重,为了拿到融资而忍受了颇多美国投资者的耍弄。张朝阳说:"他们把我耍得团团转。"但他不放弃,经过持续努力,张朝阳见到了MIT媒体实验室主任、《数字化生存》的作者尼葛洛庞帝,这位风云人物在与张朝阳会谈之后答应给他的爱特信公司进行天使投资。张朝阳说:"最终经过很长时间的接触才确定了三个比较有兴趣的投资人,而我已经被折磨得很厉害了。"他分析了天使投资人感兴趣的原因:"可能是因为当时我很年轻,气势很强,做事情也很专注,他们三个投资人可能是被我眼中流露出的对成功的欲望所吸引,才给我机会。事实上,也是在麻省理工学院教授的引荐下,我才得到了第一笔天使投资。"

1996年8月,ITC爱特信电子技术公司(北京)有限公司正式注册。10月13日,张朝阳终于在自己的账户上看到了15万美元,这是爱特信公司获得的第一笔风险投资,投资者包括麻省理工学院教授尼葛洛庞帝和斯隆管理学院的教授爱德华·罗伯特,尼葛洛庞帝的另外两万美元在1997年到位。这笔对张朝阳来讲重要之极的投资共有22.5万美元,尽管最终只有17万美元供他创业,但他终于可以开始做他想做的事了。1997年9月资金已经消耗大半,张朝阳又开始了长达半年之久的融资之旅。1998年4月,搜狐公司获得第二笔风险投资,投资者包括英特尔公司、道琼斯、晨兴公司、IDG等,共220多万美元。1998年搜狐全年的广告收入已经达到60万美元,搜狐网站和它开发的诸多运营模式成为后来者的样本。在即将到来的互联网大潮中,当张朝阳成为新一代青年偶像的时候,所有人都已开始相信——互联网将改变中国。张朝阳也赚到了第一桶金。

思考:

张朝阳通过什么途径获得天使投资?创业融资渠道还有哪些?如果你打算创业,准备从哪里融资,需要做好哪些准备工作?

第一节 新创企业融资难的背景

一、新创企业资金资源的重要性

资金是新创企业的"血脉",是新创企业成长中最重要的资源。新创企业对资金的需求主要从以下3个方面进行分析,并测算所需资金量,如开办资金、运营资金等。

1. 新创企业开办过程的资金

根据现有法律和《注册资本登记制度改革方案》，从理论上说，创业者创办新企业的注册资金有一元人民币即可。但随着创业工作逐步扩展，人工费、房水电费等费用支出会加大，如果没有做好资金准备，则会影响创业进程。我国对新创企业的注册资金进行了全面调整改革，各类形式公司的注册资金全面下调。目前，有些高科技创业者和海归创业人员，愿意在创业园中创办企业就是因为这些园区能够为创业者减免大部分费用，这在很大程度上降低了创业的资金压力。

2. 市场开拓过程的资金

市场开拓需要耗费大量的资金资源。新创企业开发出的产品或服务，要使消费者认可，就需要创业者进行大量的市场推广工作。如果创业者的产品要打入成熟且竞争激烈的市场，把消费者吸引来购买自己的产品，则需要创业者付出更多的努力，需要投入较多的资金进行广告等方面的宣传推广工作，从而在市场开拓方面取得较好的效果。

3. 产品开发过程的资金

新创企业产品或服务开发是核心工作，是有效提升企业竞争优势和能力的根本保证。但产品开发特别是高新技术创新性产品开发，其开发费用是很多的，同时，这种原创性的产品开发还伴随较大的技术风险，因此，对于新创企业来说，产品开发过程中的资金需求是重中之重，是必须要解决的，否则，新创企业是不可能顺利成长发展起来的。

二、新创企业融资难原因分析

2017年1月25日，经济日报社中国经济趋势研究院和中国社科院数量经济与技术经济研究所共同研究发布《创业企业调查报告》，文中从企业发展环境、企业发展水平、企业家精神、企业创新能力和企业发展潜力5个方面做了归纳总结，全面客观地反映了中国创业企业的成长现状及存在的问题。调查对北京等6个城市抽取1450个新创企业样本数据，涵盖制造等7个行业。调查数据显示，有43%左右的新创企业处于不盈利或亏损状态，影响成长的主要因素是资金、市场、人才，而资金是困扰企业发展的首要因素。新创企业融资难的原因是多方面的，可从以下几个方面进行分析。

1. 法律层面

新创企业融资缺乏完善的法律法规的支持和保障。目前，国内按行业和所有制性质分别制定了融资方面的法律条文和政策法规，使得各种所有制性质的中小企业在法律地位和权利方面与大中型企业不平等。同时，由于各种因素的影响，法律对银行债权的保护能力低，甚至有的地方为了局部利益，默认纵容企业逃废银行债务，这加剧了金融机构的"惜贷、恐贷、坏贷"的心理。这是造成新创企业融资难的重要原因。

2. 社会层面

目前，社会缺少专门对创业者提供金融服务的机构。因为金融机构主要为国有大中型企业服务，缺少为中小企业特别是私营企业服务的商业银行，为中小企业提供间接服务的综合服务机构不够完善。另外，担保机构和担保体系尚未形成，中介担保机构市场运作体系没有形成，担保的风险分散与损失分担、补偿制度尚未形成，使得担保资金的放大作用和担保机构信用能力均受到较大制约，个人信用评估体系和企业资信评估体系不够健全，增加了担保风险，这必然增加创业者融资的难度。

3. 企业层面

由于创业初期企业实力较弱，经营风险较大，不确定性增大，而金融机构更愿意挑选实力强、增长快、盈利高、风险小的投资对象，因此，创业初期，融资自然就有一定的限制。另外，新创企业财务管理不够规范，各种财务数据不够准确，甚至存在潜在的财务问题和漏洞，使金融机构不能客观掌握企业的生产经营和财务运行情况，金融机构对其信贷采取十分谨慎的态度，防止出现坏账、死账给银行造成的损失，这加剧了新创企业的融资难度。

近几年，国家出台了一系列化解新创企业融资难的政策措施，包括设立创业板、新三板、注册制及中小企业、小微企业银行贷款的优惠政策，新创企业融资难的问题得到了一定解决。随着改革的不断深入，特别是创新型企业融资难的问题，将会得到较好解决。

第二节　新创企业融资路径

新创企业融资路径主要有债务性融资、股权性融资、风险投资及其他融资方式。本章把风险投资作为独立一节进行研究。

一、债务性融资

债务性融资主要通过借贷的方式吸收资金，借贷企业需要定期归还利息，以及到期归还本金。债务性融资的方式主要有3种，即银行贷款融资、民间借贷和发行债券融资。

1. 银行贷款融资

这是企业常用的融资方式，目前我国中小企业很大部分采用这种方式。从贷款方式看，有以下3种。

(1) 信用贷款方式。这是指单凭借款人的信用，无须提供担保而发放贷款的贷款方式。以信用承诺为担保，没有现实的经济担保，因此贷款风险较大。

(2) 担保贷款方式。这是指借款人或保证人以一定财产为抵押，贷款偿还建立在抵押物及保证人的信用承诺基础上。

(3) 贴现贷款方式。这是指借款人急需资金时，以未到期的票据向银行融通资金的贷款方式。若采用这种方式，银行直接贷款给持票人，间接贷款给付款人，贷款的偿还保证建立在票据到期付款人能够足额付款的基础上。

新创企业从银行贷款门槛较高，一般要求运用担保贷款方式或贴现贷款方式，并且有较高的安全性、营利性和成长性。而较少采用信用贷款方式，因为缺少经济上的安全性。在贷款时，其审查评估也很严格，资信不够、资金流不充足或风险大的项目，银行是不愿意借贷的。而贷款额度是根据具体担保方式来决定的，担保价值高可多贷些款，担保价值少则少贷些款。从这点看，创业者从银行解决全部所需资金是比较困难的。向银行贷款融资要注意节省筹资成本，运用不同的方式贷款融资。比如，货比三家，看哪家收费低、利率低、抵押担保低，再进行贷款；关注利率走势，降息再办理贷款或享受政府低息待遇，下岗职工、大学生创业的贷款政策应充分享受。

2. 民间借贷

从法律意义上讲，民间借贷是指自然人之间、自然人与企业之间，一方将一定数量的金钱付给另一方，另一方到期返还借款并按约定支付利息的民事行为。民间借贷方式有口头协议、打借条的信用借贷和第三人担保或财产抵押的担保借贷两种方式。在民间借贷市场上，供求是借贷利率高低的决定要素。根据我国有关法律规定，民间借贷的利率可以适当高于银行的利率，但最高不得超过银行同类贷款利率4倍。民间借贷对于创业者短期资金困难的解决有很大帮助。民间借贷手续灵活、方便，利率通过协商制定，借贷双方都可接受。但民间借贷风险较大，且由于借贷手续不够规范，缺少正式规范的借贷合同，一旦出现问题，往往难以保证双方的利益。

3. 发行债券融资

债券融资与股票融资都属于直接融资，创业者需要到市场上融资。融资效果取决于企业的资信程度。目前，主要有政府债券(国债)、大企业债券、大金融机构债券等。无论是政府还是大企业，金融机构因其资信度高，比较容易通过债券融资。而刚刚创立的中小企业资信度一般较差，在市场发行债券不易获得成功。但随着进一步深化金融改革，适应中小企业发展，企业债券市场会逐步发展起来，成为中小企业的融资渠道之一。

二、股权性融资

股权性融资是创业活动中重要的融资方式，与债权融资相比，是一种权益性资本，不需要通过债务融资中常见的抵押、担保等形式。这种融资方式降低了融资成本，简化了融资程序，通过非公开市场的手段引进战略投资者，资金量较大，能有效促进新创企业可持续发展。新创企业的股权性融资方式可分为私募融资和公募融资两大类。

1. 私募融资

私募融资(private equity，PE)或私募股权融资主要是指以非公开方式，通过私下与特定的投资人或债权人商谈，以招标等方式募集私募股权资本，以盈利为目的，以财务投资为策略，以未上市公司股权为主要投资对象，在一定时间通过股权增值和退出实现收益。一般创业早期投资称为风险投资 VC，发展扩张性投资称为 PE。融资有境内与境外之分，境内分为由国有资金主导的私募融资，包括国家新兴产业投资引导基金、渤海产业投资基金、中央汇金投资基金等。民间资金为主的基金有红鼎、南海等投资基金。海外资金为主的基金有 IDG、软银、弘毅、鼎辉等投资基金。境外的私募融资有黑石、KKR、红杉等。

美国私募融资业很发达，许多企业是通过私募融资发展起来的。美国定义私募融资是指发行证券的公司(发行人)以豁免向美国证券交易委员会进行证券发行申报和证券注册登记的方式，向社会投资者发行一定量的证券，以募集一定量资金的融资方式。

在我国，目前与私募股权投资相关的法规有《中华人民共和国合伙企业法》《中华人民共和国公司法》《中华人民共和国证券投资基金法》《股权投资基金管理办法》《创业投资基金管理暂行办法》等。私募资金主要集中在高成长的中小企业，这类企业的融资由于实力较弱，资信不高，到银行和债券市场上融资比较难，而私募融资正好适应了新创企业的需要。私募融资是资本金投资，"真金白银"，所投资金不能收回，因此，投资者进行投资风险较大。投资者要求的盈利预期比银行高很多。私募融资的形式包括：向投资者发行普通股票、债券、可转换债券(即公司上市后可把债券转成股票)、优先股、可转换优先股(即可转换成普通股的优先股)或上述形式的结合。私募融资筹集的资金数量较多,所筹资金无须还本。如果创业企业引进国内外知名的战略投资者,他们往往介入经营管理,甚至要求参与决策,这有利于促进企业提高管理效率,提高创业收益水平。

第三方股权投资研究机构清科集团2022年2月发布《2021年国内股权投资报告》,文中统计数据显示,我国股权投资市场逐渐发展成熟,活跃度不断攀升,参与主体呈现多元化发展态势。截至2021年年底,活跃机构数量超过4000家,中基协存续备案的股权投资基金超过4.6万支,其中包含了契约制、公司制、合伙制等不同组织形式的基金。2021年我国股权投资新募集资金总额达到2.21万亿元,同比增加84.5%,投资数量12327起,同比增加63.1%,实际投资金额1.42万亿元,同比增加60.4%,这是在市场迅速回暖后取得的。其大额投资案例主要集中在互联网、先进制造业、新基建等领域,行业分布具有鲜明的时代特征。无论是股权投资募集总额,还是投出去的资金总额及投资案例数量,都创下股权投资行业发展的历史记录,反映出股权投资市场处于持续发展阶段。

2. 公募融资

公募融资是指以社会公开方式,向公众投资人出售股权或债权进行的融资,包括公募股权融资和公募债权融资。公募融资的形式有上市融资、借壳上市、兼并重组、企业债券。境内的公募市场有主板市场、中小企业板市场、创业板市场、新三板市场、区域性股权交易市场。境外公募市场包括:纳斯达克、纽约证券交易市场、东京证券交易市场、伦敦证券交易市场等。新创企业在主板上市融资需要较长时期的审核批准过程,一般为3~5年甚至更长时间,对于中小企业而言,如此长时间的等待是会影响企业发展的。目前,中国加大对资本市场体制机制的改革力度,由审核批准制改为注册制等一系列改革措施的实施,必将有利于促进新创企业的发展。中小企业上市可考虑以下3种方式。

(1) 中小企业创业板上市。从国外经验看,创业板的设立为新创企业上市融资提供了较好的渠道。但目前国内创业板市场规模较小,上市门槛过高,上市锁定期过长,一般为3年,这使得风险投资不能很快退出,同时降低了资本市场的流动性和资金的使用效率。

(2) 买壳上市。这是指非上市公司购买上市公司一定比例的股权来取得上市的地位,然后注入自己的有关业务及优质资产,实现间接上市目的。买壳上市成功率低、风险较大,会背上沉重的财务包袱,成本也很高,一般不要轻易采取此上市方式。

(3) 境外上市。这是指企业以离岸公司方式(在境外注册,如网易、新浪、蒙牛等公司在开曼群岛百慕大、新加坡小岛注册)实现境外上市。国内公司在中国香港地区上市以H股形式,在美国纳斯达克市场上市的均为小岛公司。在境外上市的费用比在国内上市高出2~3倍以上。

在境外上市能建立良好的企业形象,建立符合国际标准的法人治理结构,有利于企业的长期发展。但境外上市需要有外部条件支持。百度、分众传媒、无锡尚德成功在境外上市都有背景,如有留学经历、海外工作经历、人脉关系等。这些都不是中国绝大多数创业者所具备的,如果没有充足的准备时间,是难以在境外上市的。

中国股市的上市标准与西方国家不同,西方更强调专业化特色,做到全球第一,而不是面面俱全,什么都不突出。中国股市更多强调上市公司利润、产业链、计划等,而且上市门槛很高,很难达到要求。采用哪种方式上市融资,需要权衡利弊及条件,再做决定。未来全面推行注册制后,新创企业融资将会有明显的改善。

股权性融资方式的不利之处主要体现在控制权方面,由于股份稀释,创业者或者原有的创业团队可能失去控制权。在重大战略决策方面,创业者如果与投资方存在分歧,可能会导致决策缓慢。如果成功上市,对企业的信息披露要求会更加严格,这可能是创业者不愿看到的。

三、其他融资方式

除上述两类常用的融资方式外,还有一些创新的融资方式,创业者灵活使用创新融资方式也能达到较好效果。

1. 政策融资

政策性融资对于创业者有重要意义。进入 21 世纪以来,为支持创业活动的发展,各级政府部门出台了一系列政策支持创业活动。现阶段,特别是高新科技企业,国家给予了政策性资金支持。国家成立了科技型中小企业技术创新基金等支持创业融资机构。这是一种引导性资金,通过吸引地方、企业、科技创新投资机构和金融机构来对中小企业进行技术创新的投资,并逐步建立起支持中小企业技术创新的新型投资机制。根据中小企业和项目的不同特点,创新基金分别以贷款贴息、无偿资助、资本金投入等不同方式予以支持。

(1) 贷款贴息。对于已具有一定水平、规模和效益的创新项目,原则上采取贴息方式支持其使用银行贷款,以扩大生产规模。一般按贷款额年利率的 50%~100%给予补贴,贴息总额一般不超过 100 万元,个别重大项目最高不超过 200 万元。目前,贴息贷款额度有一定的增长。

(2) 国家财政补贴和无偿资助。主要用于中小企业技术创新中产品研究开发及中试阶段的必要补助,科研人员科研成果的转化补助。资助金额一般不超过 100 万元,个别重大项目最高不超过 200 万元,且企业必须有等额以上的匹配资金。目前,无偿资助额度有较大幅度提高。

(3) 资本金投入。对于起点高、创新水平高、有发展潜力、预计产出效果好、能形成新型产业的项目,采取资本金投入方式。资本金投入数额一般不超过企业注册资本的 20%,并引导其他资本投入。资本金投入可依法转让,或在规定期限内收回投资。目前,资本金投入额度有一定增长。

各地方政府为支持中小企业发展也推出不少扶持政策,主要有以下几种。

第一种,中小企业发展专项资金。例如,深圳市政府设立"民营及中小企业发展专项资金",专门用于民营担保机构担保风险的补偿,以及民营和中小企业服务体系建设及管理支出。

第二种,中小企业担保基金。例如,上海市张江高科技园区设立中小企业担保基金,担保种类限于 1 年内流动资金贷款,担保总额不超过企业有效资产的 50%,总额控制在 200 万元以内,单笔担保金额不超过企业资本金的 25%。

第三种,下岗失业人员小额担保,总额控制在 3 万元以下。

第四种,开拓国际市场"中小资金"支持。比如,商务部、财政部共同建立"中小资金"支持。只要拥有进出口经营权,年出口额不超过 1500 万美元的中小企业,都可申请"中小资金"支持。例如,境外参展、国际认证、在境外媒体宣传推广、国外注册商标等。

2. 融资租赁

融资租赁起源于美国,是一种集信贷、贸易、租赁于一体,以租赁物件的所有权与使用权相分离为特征的新型融资方式。出租人根据承租人选定的租赁设备和供应厂商,以对承租人提供资金融通为目的而购买该设备,承租人通过与出租人签订金融租赁合同,以支付租金为代价获得该设备的长期使用权。其租赁关系如图 7-1 所示。

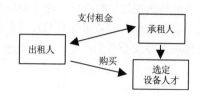

图 7-1　融资租赁关系

融资租赁实际上是设备融资，承租人前期不用投入很大费用，即可使用想用的设备。新创企业的中小企业或资金短缺的企业都可以采用。例如，北京地铁在建设过程中，采用融资租赁方式，效果很好。

3. 商业信用融资

这是通过商业信用获取资金的融资方式。即企业利用商业信用，推迟支付款项或者预先提取款项，为企业经营活动募集一定资金。这是一种短期融资方式，无须正式文本，因此在实践中得以广泛应用。

商业信用融资有以下几种方式。

(1) 应付账款融资。这是指企业暂时不用把应付账款支付给对方，这样可以避免短期内的资金流出，这些资金可应付紧急需要。

(2) 商业票据融资。这是指商业汇票的承兑、贴现、转贴现和再贴现等业务。票据贴现是指借款人将未到期的商业票据(银行承兑汇票或商业承兑汇票)转让给银行，取得扣除贴现利息后的资金。银行在接受企业票据时，在原价基础上打折扣被称为"贴现"。

对于信誉高的企业，其发行商业票据可以直接从货币市场上筹集到短期货币资金。商业银行愿意开展以融资为基础的商业票据业务。票据融资比银行贷款成本低。

(3) 预收账款融资。这是指企业向客户预收账款，而产品交付则是在账款支付之后的一定时间内。企业可将收到的资金用于其他用途。这种方式适用于买房急需或必需商品，或者生产周期长、投入大的建筑业等。

商业信用融资核心是企业信用良好，其优点是便利、可连续融资、不用办理融资手续、限制条件较少；缺点是：使用期限短、数额受到限制。

4. 典当融资

典当融资是用户将相关资产或财产权利质押给典当行，并交付一定比例费用，取得临时性资金使用的一种融资方式。对于需要资金的企业是较为合适的方式。典当融资的优势包括：方便快捷，手续简便，限制条件少，及时解决企业资金需求，典当灵活，以实物质押、抵押，不涉及信用问题。不利之处包括：融资成本较高，除利息外，还需缴纳各种综合费用，如保管费、保险费等。此外，如果企业不能按期赎回并交付利息费用，典当行可拍卖典当物。另外，典当贷款规模较小。

1987 年，中国第一家当铺——成都市华茂典当服务商行开业，这标志着我国典当业实现了健康、快速发展。截至 2015 年年底，全国共有 8050 家典当企业，发放当金 3672 亿元，典当余额 1025 亿元，全国典当行业运行保持平稳增长。典当行业风险高，进行典当融资应做风险分析，做好各项准备工作。

5. 内源融资

这是指企业内部融资,包括企业盈余、股东增资和职工集资。内源融资无须定期偿还,不改变企业的股权结构,不减少企业现金流量,对外不付任何代价,是成本低、自主决定灵活、高效益的融资方式。不足之处是融资规模较小,新创企业自身能力弱,开始采用内源融资,随企业发展寻求外源融资方式。

来自北京中关村1012家典型科技公司的问卷调查显示,创业企业在生命周期的不同阶段,其融资方式存在较大差异。种子阶段是以自筹资金为主,外源性融资为辅,内源融资占82%左右(积蓄、房产、存款凭证抵押等)。起步阶段是以内源性融资为主,占75%左右的企业仍然靠内部获取资金,此外有55%企业获得银行信贷资金。成长阶段是以内源融资为主,但银行贷款、政策性贷款、资本市场获得资金比重在增加。扩张阶段内源融资仍占较大的比重,但银行和资本市场对企业的支持力度加大。成熟阶段仍是以内源融资为主,信贷是第二资金来源,几乎与内部积累持平。总体来看,中国科技企业资金来源依赖于内源融资,都超过70%;美国中小企业融资,业主资本(内源融资)占30%左右,两者差距较大。

6. 众筹

众筹是筹集众人资源以支持发起某些项目、产业、特定目标的行为,作为一种有全球共识的全新商业模式、金融行为、新型组织,为解决资金、信息、平台缺口提供了切入点和突破口。现代众筹基于互联网和大数据手段,发布筹款项目并募集资金,为实现更多创新创业提供了无限可能。

众筹金融是"大数据"和"互联网金融"融合发展的一种创新金融形式,对创业者来说,筹的是资本;对投资者来说,筹的是智慧;对全社会来说,筹的是未来。要坚持以众创集众智,以众包凝众力,以众扶聚众能,以众筹汇众资,为创业创新者搭建融资的桥梁,帮助创业创新者解决创业初期的融资问题。众筹金融作为一种新兴的金融业态,在发展过程中也面临着一定的风险,要在鼓励和支持发展的前提下,建立起松紧适度的监管标准体系和行业自律体系,并在实践过程中不断地加以完善。

众筹具有低门槛、多样性、依靠大众、注重创新的特点,目前有债务类、股权类、捐赠类、回报类4种类型。2005年美国成立第一家众筹网站kiva,2012年美国颁布《促进创业企业融资法案》使众筹合法化。中国2011年左右成立第一批众筹网站,"起点时间"是比较有名的众筹网站。据《中国众筹模式运行统计分析报告》数据显示,2014年上半年实现众筹项目1423个,募集资金18 791万元,中国众筹处于起步阶段。众筹的优点是提高资本参与度,分散投资风险,融资成本相对较低;缺点是存在信用风险,如果处理不好,可能涉及非法集资。获得众筹必须有好的创新项目,充分利用社交平台搞好指导和服务。众筹的基本规则是,众筹项目发起人必须在预设的时间内达到或超过目标金额才算成功,支持者将得到发起人预先承诺的回报,包括实物或资金。我国目前有众筹网、淘宝众筹、京东众筹等。2014年12月18日,我国发布《股权众筹融资管理办法(试行)》。

2015世界众筹大会在贵阳召开,大会以"世界为你我众筹——众联、众创、众包、众享,大众创业、万众创新"为主题,以众筹金融交易所为核心,通过创客大赛的方式,搭建广大创客、创业者与行业领头人、交易商、服务商、天使投资人广泛交流的平台,为创新、创业者解决项目落地的源头融资难题奠定了基础,成为"双创""四众"的重要支撑平台。

贵阳以众筹金融交易所为基础，着力构建包括众筹金融学院、众筹金融研究院、世界众筹创客小镇、众筹金融发展和投资者保护基金、众筹金融协会、世界众筹大会、世界众筹大赛和众筹金融丛书等若干条领筹金融跑道在内的众筹金融生态体系，推动了众筹与现代农业、高新技术、科技、文化产业等行业的深度结合，形成了大量的产业创新活动，对全国乃至全世界众筹金融生态体系的建设具有一定的示范作用。

目前，我国有些创业者利用众筹方式筹集资金、实施创业，并取得了一定的效果。未来，众筹在国家规范管理下会有更大的发展，将有效解决创业资金问题，促进创新创业向纵深发展，取得更好的效果。

7. 众创空间

众创空间是在互联网环境下创新创业融资的服务平台，实现创新与创业结合，线上与线下结合，孵化与融资结合，为创业者提供良好的工作空间、网络空间、社交空间和资源共享空间。不少众创空间经工商管理部门批准后，创业者可以用一个工号位而不是以前所需的独立房间地址注册，这大大降低了创业成本。创客空间、创业咖啡、创新工厂等都是众创空间的表现形式。目前，中国主要有上海新车间、深圳柴火创客空间、北京创客空间、杭州洋葱胶囊、创业咖啡、创新工厂、科技媒体等。

8. 捐赠、竞赛获奖等

接受捐赠、参加各类竞赛获得奖励也是融资的方式之一，但从创业角度来看，这不是主要的融资方式。

第三节　风险投资

一、风险投资的基本概念

1. 风险投资发展简介

1946 年，美国成立世界上第一家独立的风险投资公司，即美国研究与发展公司，其宗旨是开展风险投资扶持新兴企业发展。1957 年，该公司对数据设备公司(DEC)投资 7 万美元，14 年后即到 1971 年，该公司获得 3.6 亿美元收益，涨幅达 5000 多倍。由于这种超高收益，风险投资活动在美国得到了蓬勃发展。在美国有 80%以上的高科技中小企业在创立和发展过程中得到过风险投资的支持。微软、英特尔、苹果等国际知名大公司都曾得到过风险投资的支持，并获得了巨大的成功。例如，成立于 1972 年的"红杉资本"旗下有 18 只风险基金，超过 40 亿美元，占美国纳斯达克市场总市值的 10%，总计投资超过 500 家，其中有 130 多家成功上市，如苹果、思科、Google、雅虎等，这些企业后来都成为具有国际影响力的卓越企业。

我国风险投资业于 20 世纪 80 年代中期起步。1985 年，国家发布《关于科学技术体制改革的决定》，明确支持风险投资，并于 1986 年成立全国第一家风险投资公司即中国新技术创业投资公司。20 世纪 90 年代中后期，我国风险投资业得到了飞速发展。到 2021 年，中国股权投资风险基金管理共 1.5 万家，全国创业风险投资管理资本总量迈入 2 万亿新时代。投资主要集中在信息技术、新能源和环保、医药和生物工程、传统产业和农业、文化体育等领域，但投入种子期企业不多，扩张期较多。预计未来会有更多风险投资进入种子期企业，初创型企业融资难会有所缓解，特别是国际风险投资逐渐进入中国资本市场，风险投资将会呈现持续稳定发展的态势。

2. 风险投资的基本概念

风险投资(VC)是指由战略性投资者为新兴的、迅速发展的、有巨大竞争潜力的企业投入一种权益资本，并参与创业企业的经营管理以期获得高资本增值的投资行为。从世界范围看，风险投资偏好于高技术、高成长型企业，以中小型企业为主，采用股权式投资，关心企业成长和投资回报，并以技术创新、创业团队、商业模式和市场前景作为投资审查的重点内容，风险分担，利润共享。在提供权益资本的同时，风险投资还提供经营管理咨询服务，支持企业快速成长，通过股权转让获取中长期资本增值收益。由于风险投资基金有很高的风险性，一般情况下只向具有较高风险承受能力和专业化运作的机构投资者募集，较少向中小投资人募集且以私募方式为主，基金组织采用封闭型，人员素质较高。

二、风险投资的基本特征与一般金融投资的区别

1. 风险投资的基本特征

1) 权益性投资

这是风险投资的核心特征。风险投资不要求投资对象支付投资利息，不过分强调投资对象当前的盈亏状况，而是看重未来发展潜力和投资的增值情况，预计通过上市或股权转让取得高回报。

2) 高风险性

风险投资主要投资于新兴高新技术中小企业，但这些企业由于资源不足、经验较少、市场认同度低，因此投资失败率较高。目前，风险投资的成功率在15%左右，投资失败的项目占大多数，但一旦投资成功，其收益足以弥补全部损失，其增长达到几倍、几十倍甚至百倍、千倍，这是风险投资持续活跃的主要原因。

3) 超额回报率

高风险性必然带来高回报率。例如，梅菲尔德基金为科学数据系统公司投资了50万美元，最终获得10亿美元的回报；软银亚洲公司投资盛大和百度几千万美元，最终获得10亿美元的回报。风险投资投资企业后，往往会与创业者签订一系列投资条款，以便通过上市等途径出售股份，取得高额或超高额回报。

4) 投资中长期性

风险投资在企业初创时投入资金，并为企业提供长期股权资本和增值服务，培育企业快速成长，经过3~5年甚至更长时间的发展之后，通过上市、并购、股权转让等方式取得超值回报。风险投资一般分阶段持续性投资，根据实现投资目标的完成情况，再决定下一步的投资。如果评估投资项目没有发展前景，绩效太差，投资者很可能中断投资，这在一定程度上降低了投资风险。

5) 投资者积极参与管理决策

由于风险投资属于权益性投资，持有一定量的股份，因此有的能达到控股的程度。为降低投资风险，风险投资要求介入企业经营管理或直接参与企业战略决策的制定，甚至利用控制权对有些问题实行否决权，或解雇企业的创业者、管理者。

6) 投资专业化

风险投资为确保投资的成功率，一般愿意向熟悉的产业投资，对所投产业有很高的专业水平，投资人员的素质很高，因此能对所投项目做出客观评价，不至于被不切实际的商业计划书或虚假项目所欺骗。在投资之后的企业运作中，可以提供专业化的增值服务，取得更好的投资效果。

目前，许多创业者对风险投资缺乏真正了解，主要表现在以下几个方面：我有充足的现金流，不需要风险投资；我如此出色，风险投资为什么不投；风险投资只投资于高新技术企业等。实际上不完全是这样，如风险投资投资于传媒、酒店、酒、养殖等。这些都说明创业者不懂风投的知识，不了解风投的实际运作，甚至连商业计划书都制作不好，不了解自己是处在企业生命周期的哪个阶段。不懂投"风投所好"怎能让风投感兴趣，因此，融资难成为必然。

2. 风险投资与一般金融投资的区别

风险投资与一般金融投资的区别主要表现在8个方面，即投资对象、投资审查、投资方式、投资管理、投资回收、投资风险、人员素质、市场重点，如表7-1所示。

表7-1 风险投资与一般金融投资的区别

比较项目	风险投资	一般金融投资
投资对象	用于高新技术创业及其新产品开发，以中小型企业为主	用于传统企业扩展、传统技术新产品的开发，以大型企业为主
投资审查	以技术实现的可能性为审查重点，技术创新与市场前景的研究是关键	以财务分析与物质保证为审查重点，有无偿还能力是关键
投资方式	通常采用股权式权益投资，其关心的是企业的发展前景	主要采用贷款方式，需要按时偿还本息，其关心的是安全性
投资管理	投资者参与企业的经营管理与决策，投资管理较严密，是合作开发、互利共赢的关系	对企业经营管理有参考咨询作用，一般不介入企业决策系统，是借贷关系
投资回收	风险共担、利润共享，企业若获得巨大发展、进入市场运作，可转让股权、收回投资，再投向新企业	按贷款合同和合同期限收回本息
投资风险	风险大，投资的大部分企业可能失败，一旦成功，其收益足以弥补全部损失	风险小，若到期不能收回酬金，除追究企业经营者的责任外，所欠本息也不能豁免
人员素质	需要懂技术、经营管理、金融、市场，有预测风险、处理风险的能力，有较强的承受能力	懂财务管理，不懂技术开发，可行性研究水平低
市场重点	未来潜在市场，难以预测	现在市场，易于预测

三、风险投资的基本类型

1. 风险投资基金

风险投资基金(又称私募基金)是最主要的一种风险投资。投资者通过设立风险投资基金筹集风险资本，筹资方式为非公开发行方式，募集对象是少数特定的投资者，风险投资基金采用有限合伙制形式,投资人成为公司的合伙人,基金运作成功直接关系他们切身的利益。

风险投资基金由于募集金额较大,需要一个持续的募集过程。一般首期募集可能在10%或更多,以后的资金根据项目发展的情况逐步增加。私募基金往往强调价值投资理念(如成长理念、预期理念、产业周期理念等),倾向于发现具有长期投资价值的企业,一旦发现就重仓投入(如巴菲特、索罗斯等国际投资大师的投入)长期持有,并不会频繁交易。风险投资的周期可能达10年或更长时间,前5年为播种培育的过程,后5年逐渐开始选择合适时机准备退出。上市是这类风险投资最好的选择。

风险投资的成功率在分布上体现了少数风险投资赚到大部分的钱,即所谓的"二八定律"。由于风险投资失败率高,因此他们投资之前特别谨慎,会认真调查研究、筛选项目,投资之后会积极跟踪,并参与企业的经营管理。"私募基金"在中国正处于发展过程中。在国外特别是美国,私募基金很发达,规模较大,几乎所有国际知名的金融控股公司都从事私募基金管理业务。比较有名的私募基金包括IDG技术创业投资基金,其合伙人熊晓鸽在中国风险投资活动中取得了巨大成功,IDG先后投资了搜狐、金蝶、百度、腾讯等十几家在中国互联网市场上成长得非常好的公司。例如,IDG以120万美元投资百度,获得4.9%的股份,从1999年投资到2005年8月,百度登陆纳斯达克上市,股价最高时达150美元,按此计算,IDG能从百度赚回约1亿美元的利润。

IDG中国总裁合伙人周全在2005年亚洲年会上说,IDG在中国投资150个项目,总额超过2亿美元,从中国互联网市场已经赚回平均5倍的盈利,即投资回报在10亿美元,年均1亿美元。

2. 产业投资公司

这是指一些较大的实业公司成立隶属于母公司的相对独立的风险投资机构,其全部资金来源于母公司,其代表母公司利益进行投资。这类公司的投资目的包括两个方面:一是从投资中取得丰厚的回报;二是选中的企业能够为整个集团带来价值。退出方式除上市和出售外,还可以将投资企业出售给母公司,这在其他类型的风险基金中很少见。

3. 天使投资人(天使基金)

天使投资人最初是指具有一定公益捐款性质的投资行为,后来被运用到风险投资领域。天使投资的特点是自有资本、灵活、自主、投资快、投资成本低,数量较小,是一次性前期投资,是一种非组织化的创业投资方式。1998年,太阳微电脑共同创始人安迪·贝托尔斯海姆给Google共同创始人20万美元投资,后来变成了近亿美元,由此可见,投资好的项目可以获得暴利。

目前,国内外天使投资人大多是成功的企业家形象,如大企业的CEO、富有的明星、医生、律师、教授等。这些投资人通常是创业者的朋友、亲戚、学生或商业伙伴,他们对创业者的创业项目、能力、资信认可度较高,愿意支持他们创业,进而投入一定量资金。这些资金虽然初始不是很多,但对刚刚创业的人来说无疑是雪中送炭,意义尤为重大。因为这些个体投资人如同双肩插上翅膀的天使,飞来飞去,愿意为新创企业"救生",故称为投资天使。

天使投资以美国发展最快,美国有25万天使投资者,有10万人积极投资,每年投资在50亿至300亿美元之间,投资于2万至3万个初创企业。我国天使投资与国际相比差距较大,但发展较快。我国有影响力的天使投资人有张磊、马化腾、雷军、沈南鹏、周鸿伟、熊晓鸽、徐小平、李开复、张泉灵等几百位风险投资人。经历二十几年的发展,中国天使投资进入快速发展期。目前,中国天使投资人投资总额已达百亿元以上。

中国天使投资行业分布较为集中，其中互联网、移动互联网、IT 行业最受中国天使投资人追捧，此外，制造业、文化传媒、医疗健康等行业也受到了天使投资人的广泛关注。

天使投资地区方面，大多数分布于北京、上海、广东、浙江和江苏，来自这五个地区的投资案例数量占案例总数的 78.8%，占总投资金额的 87.0%。其中，北京、上海、广东分别占前三位。

目前，天使投资的主体主要分为天使投资人、天使投资基金、平台创业基金和天使投资团体 4 大类。

天使投资人是天使投资传统的参与主体，主要有 3 种类型：一是自身具有创业经历的企业家，他们了解创业公司的需要，能够给予创业公司有效的帮助；二是具有大型高科技公司或跨国公司高级管理者经验的企业家，他们不但可以带来资金，而且可以带来联系网络，并利用自身的知名度，提高公司的信誉；三是传统意义上的富翁，如活跃在南方几省的"富二代"投资人，他们虽然没有太多创业经验和投资经验，但是有资金、行业关系等资源，也是天使投资人重要的组成部分。

天使投资基金可分为以下几种类型：一是由著名天使投资人发起的基金，如泰山天使创业基金、顺为基金等；二是由风险投资机构成立的天使投资基金，如云天使投资基金、创东方富星基金等；三是政府主导的天使投资基金，如成都高新区创业天使投资基金、重庆市青年创新创业天使基金等；四是新型孵化器成立的天使基金，如联想之星天使基金、天使湾、创业接力天使等。

风险投资机构主导基金。这些天使投资基金投资规模在 5 亿元左右。

政府主导/参股基金。在中国天使投资发展的过程中，政府起到了很好的推动作用。2010 年 12 月，中国首支政府引导天使基金——北京富汇天使高技术创业投资有限公司在北京成立，总规模 2.5 亿元，基金主要投资于初创期、成长期未上市的创新型企业和高新技术企业。基金由北京市政府、国家发改委及北京富汇创业投资管理有限公司投资成立，这也是第一支国家发改委以股权形式投资的天使基金。2012 年以后，许多地区先后成立政府引导天使投资基金，基金投资方向包括移动互联网、电子信息、生物医药、精密机械制造、环保、新能源新材料、现代服务业等。

新型孵化器平行基金。在创业企业成长的完整生命链中，孵化器是企业最早接触的机构。在中国，最早的孵化器应为武汉东湖新技术创业中心，而以此为代表的园区型孵化器，也成为目前国内孵化器的主流模式，且多为地方政府主导，其公益色彩远大于商业色彩。2009 年由李开复主导的创新工场是中国商业化运作孵化器的重要开创者，由此，区别于官方体系的创新型孵化器得以快速发展。目前多家活跃的新型孵化器均成立了平行的天使基金，形成"孵化+天使投资"模式，主要有联想之星天使投资基金等，投资规模在 1 亿至 4 亿元，专注于初创型企业投资，重点关注 TMT、先进制造、医疗健康等领域。

平台创业基金。这是由实力较为雄厚的企业发起的，为专门领域创业提供资金帮助的基金，特别是在 TMT 领域，平台创业基金较为活跃。目前国内平台创业基金主要有：腾讯安全创业基金、阿里云基金、新浪微博开发基金等。这些基金多数由实力较为雄厚的企业或者政府机构发起，基金规模基本上都在 1 亿至 100 亿元。这些平台创业基金的设立，对国内科技的发展，特别是 TMT 行业的发展起到了很好的推动作用。

天使投资团体是天使投资人组织的交流和沟通的平台，主要形式有天使俱乐部、天使联盟等，这些平台聚集国内天使投资人，汇集项目来源，定期交流和评估，会员之间可以分享行业经验和投资经验。对于合适的项目，有兴趣的会员可以按照各自的时间和经验，分配尽职调查工作，并可以多人联合投资，以提高投资额度和降低风险。目前，天使投资团体主要集中在北京、上海、深圳、广州、南京和成都等城市,这些天使投资团体主要为初创期的科技型小微企业"牵红线",力促技术和资本有效对接,培育更多高成长性企业。

天使投资作为一种以高成长性企业为投资对象的权益型资本,在推动企业技术创新、商业模式创新乃至推动经济高速发展等方面起着十分重要的作用,但要建立起一套高效率的天使投资机制不仅取决于天使投资人及创业企业,更需要一个良好的基础环境使之健康成长。国内外的经验证明,天使投资机制与法律、投资理念、社会信用体系等因素密切相关,是整个国家经济、科技水平和制度发展到一定阶段的产物。因此,一个适合天使投资生存和发展的良好环境是中国天使投资机制顺利运作的必要条件,而目前,我国在天使投资基础环境方面仍比较欠缺,主要表现在投资理念保守、创业者诚信缺失、信息不对称、法律法规缺位、退出渠道有待完善等方面。因此,应通过专业化管理吸引更多的资金进入天使投资领域;完善信用机制,确保天使投资权益;加强天使投资人与创业者的沟通;完善法律政策环境;建立并完善多层次资本市场等措施,不断推动天使投资健康发展。

思考:
如果你准备或已经创业,需要从天使投资融资,你考虑选择哪种类型的天使投资,需要做哪些准备工作?

四、风险投资的过程

风险投资过程遵循一定的投资程序,如图7-2所示。

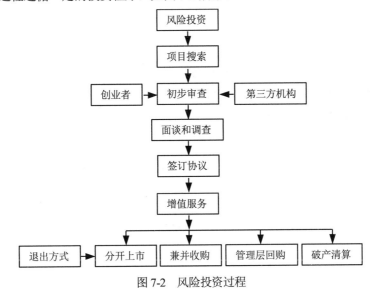

图7-2 风险投资过程

1. 搜寻项目

一般说来,风险投资项目来源分为3种形式:创业者自荐、风险投资者自主寻找、第三方推荐。

创业者自荐成功率不是很高,特别是项目准备不充分,对风投特点缺乏了解,商业计划书撰写分析质量不高,都可能造成自荐失败。

风投自主寻找项目可能遗漏有价值的项目,因为他们要看大量的商业计划书,甚至1天看几十份,这就很可能把好的项目遗失掉。

第三方中介机构内大多为专业人士，他们对创业者的商业计划书进行详细审查，并从专业角度进行评估，可能对风险投资更有说服力。实际上，第三方中介机构为创业者与风险投资机构建起了一座沟通的桥梁。

2. 项目筛选

根据创业者或第三方机构提交的商业计划书，风险投资机构对项目进行仔细审查，详细评估，以避免投资失败。在评价商业计划书时，风险投资机构更为关注人或团队、市场、产品、财务状况、退出方式等，比如，考察创业者及核心创业团队成员的知识结构、素质、能力、价值观念、团结合作精神等。市场分析主要考察目标市场定位、成长性、市场空间和潜力、市场竞争对手等方面，是否有夸张不实之处、定位不够清晰等问题。产品分析主要考察创业者提供产品的竞争力、产品价值、特色、创新性等方面，是否能够吸引客户并持续发展下去。财务状况不仅看近期状况，还要看未来一个时期的盈利能力和水平，以及长期回报水平；还要考虑退出方式是否顺利，采用何种退出方式等。项目筛选很复杂，经过初步审查评估，当面访谈、深入企业调查研究等，经过详细综合评价后，才能做出是否投资的决定。

3. 协商谈判

一旦风险投资者决定投资，风险投资者和创业者将就有关投资条件进行协商谈判，并就有关问题达成一致，形成一份责、权、利清晰的投资条款清单，各项具体的条款，双方都必须认真遵守，以控制投资风险。

4. 增值服务

风险投资注资之后，要对新创企业进行增值服务。增值服务做得越好，企业成长越快，其企业价值越高，风险投资收益也越高。这些增值服务包括管理监控、战略支持、管理咨询等方面，甚至直接参与企业决策和管理，其目的是减少投资风险，确保企业良性成长，取得高额回报。

5. 风险投资退出

风险投资退出方式主要有4种。

(1) 公开上市(IPO)。新创企业公开上市能够实现新创企业的价值最大化，这是风险投资偏爱的退出方式。

(2) 兼并收购。这是指风险投资将拥有的股权转让给其他企业。由于股权转让给其他企业，新创企业管理层有可能失去股权，因此企业不太欢迎这种退出方式。

(3) 管理层回购。一般来说，风险投资在签订协议时已明确什么时间回购及股价等，管理层通过借贷等形式完成对风险投资的股份收购，但也增加了管理层的债务分担，影响现金流，因此，在实践中采用的不多。

(4) 破产清算。企业由于经营不善，亏损严重，无力挽回，只好实行破产清算这种退出方式，但风险投资损失较大。

风险投资在投资过程中，由于外部环境的变化，需要对风险投资进行调整，一般应用以下几个投资策略。

一是分期投资。对投资项目采用分期逐步投入的方法，通过分期审核评估，再决定下一期的投资。创业者为了能获得进一步发展的投资，必须努力提高投资效率，改善经营管理，这有利于发挥对创业者的激励作用。

二是转换证券。这是风险投资者中广泛应用的金融工具。可转换公司债券是一种被赋予股票转换权的公司债券。它同时具备股票和债券的特点,当股票下跌时有债券的固定利息;当股价上升时,债权人可以将债券转换成股票交易,卖个好价钱(当然,可转换债券有时间等方面的约束)。可转换公司债券往往适合不确定性市场环境和信息不对称情况下的投资行为。在公司进行清算时有优先清偿权,还享有与普通股一样的投票权或董事会席位。

三是否决权。在风险投资协议中,风险投资人往往要求一系列保护投资者利益的否决权。否决权的使用往往是在企业发展出现问题,或双方在重大事项出现分歧时。例如,公司章程修改,公司并购重建,控制权出让,资产购置与出售,重要管理人员的聘用与解聘等,这都关系着风险投资者利益,往往都有否决权。当然,风险投资者否决权的内容及如何行使否决权,需要创业者与风险投资者进行协商后确定。此外,为了确保投资者的利益,降低风险,投资者还可与创业者签订"对赌协议"。"对赌协议"是指风险投资者提出目标要求,创业者要在一定时间达到水平较高的目标(销售额、市场占有率、利润额等)。如果创业者达不到目标,风险投资者将以超低价格购买股份达到控制企业的目的;或以超高价格让创业者回购股份,获取超额回报。"对赌协议"一般是有利于投资者的,核心是取得企业的控制权。

五、吸引风险投资的步骤

生理学家贝弗里奇说过,机遇只偏爱那些有准备的头脑。同样,风险投资对项目的选择有严格的程序与较高的标准,创业者要想在众多项目中脱颖而出,获得风险资本的青睐,只有从自身做起,练好内功。

一般吸引风险投资需要经过6个步骤。

(1) 首先要了解风险投资者的产业投资爱好,特别是要了解他们对投资项目的评审程序。要学会从对方的角度客观地分析本企业。风险投资者看重的不仅仅是技术,还有由技术、市场和管理团队等资源整合起来而产生的商业(核心是盈利)模式。风险投资者要的是投资回报,而不是技术或企业本身。

(2) 创业企业要认真分析从产品到市场、从人员到管理、从现金流到财务状况、从无形资产到有形资产等方面的优势、劣势。把优势的部分充分地体现出来,对劣势部分提出具体的弥补措施。特别要注重企业无形资产的价值评估,核心技术在得到权威部门的鉴定后,要请专业评估机构评估,实事求是地把企业的价值挖掘出来。

(3) 写好商业计划书,这是获得风险投资的敲门砖。

(4) 宣传、推销你的企业。创业者要与风险投资机构接触,通过各种途径如参加高交会、产权交易所挂牌、直接上门等寻找风险资本,但最有效的方式还是通过有影响力的机构、人士进行推荐,因为这种推荐能使风险投资者与创业人员迅速建立信用关系,消除很多不必要的猜疑、顾虑,特别是道德风险方面的担忧。

(5) 应对风险投资家的考察,配合做好风险投资机构的价值评估与尽职调查。

(6) 交易谈判与签订协议。双方将就投资金额、投资方式、投资回报如何实现、投资后的管理和权益保证、企业的股权结构和管理结构等问题进行细致而又艰苦的谈判。如达成一致,将签订正式的投资协议。在这过程中,创业企业要摆正自己的位置,要充分考虑风险投资机构的利益,并在具体的实施中给予足够的保证。创业企业要清楚,吸引风险投资,不仅是吸引资金,还有投资后的增值服务。

吸引天使投资的方法通常包括：社交吸引"天使"、主动寻找"天使"、参加"天使聚会"、搜寻"天使"名录、善于说服"天使"等。

【参考阅读】

银泰资本合伙人郭佳：谈九大创业黄金定律

(注：银泰资本是"阿里巴巴"等企业的主要投资人之一)

在腾讯创业训练营第二站中，银泰资本合伙人郭佳解答了创业者的融资问题，并分享了创业的9大"黄金定律"。她认为，在寡头垄断时代，创业基本是"向死而生"。

在郭佳看来，在如今这个寡头垄断的时代，所有创业人都需要有一颗"向死而生"的心，否则无法在激烈的竞争中胜过强者而生存。不冲破桎梏、打破框架，就无法实现创新，这样做给自己留下的余地特别少，反之将拥有广阔的发展空间。其中有一些黄金定律。

定律一：永远保持对人的持续投入——作为创业者，资金永远捉襟见肘，人才更是不可或缺。创业者在人上的投入，需要用心。其中包括创业伙伴、公司员工，以及投资人和董事会成员。创业公司在资源缺乏、回报不高的情况下，可以用梦想吸引同伴，用理想激励员工。同时，不要排斥董事会与投资人的介入，他们往往会为公司带来冲破束缚的惊喜。

定律二：抓住实现梦想的时机——时不可待，说的就是此时。融资过程中会遇到各种问题，如利益分配、融资数目等。但有时项目走上正轨的时机在即，如果错过，便不可挽回。创业者需抓住实现梦想的时机，并保持梦想。

定律三：业绩导向、利益激励结构——当团队还小时，创业者必须要有一个基于3年、5年甚至更长时间的激励机制，这是非常必要的。在无永动机制的情况下想要留下人才很困难，回报对于团队来讲是凝聚精神的关键。所以，领导人的心态很重要，必须让员工感受到他的所有贡献并非徒劳。另外，投资人和基金要求也很苛刻，创始人需在业务间有所取舍。总之，无论对内还是对外，考虑激励机制的建立，都有很深层次的意义。

定律四：专注于创造价值而不仅是做事——创业者在创业前，需考虑是否能创造更大的价值。创业者需树立目标，向着利益优化的方向，选择可做与不可做，而不仅仅是做当前的事。

定律五：简单里面有黄金——对于投资人来说，创业公司拥有越简单的结构越好。其中，包括模式设计、组织架构、合作者建立等各方面的结构。历史经验中不难发现，简单明了的事可执行性最高，对于执行来说也最重要。创业公司需要快速发展，需要在烧钱与赚钱的速度上有快速突破，最终达到平衡。公司构架简单，投资人才看得清楚，对局面清楚认识，更利于企业融资，反之，复杂则使投资人却步。

定律六：不要害怕执着与痴狂——狂热可能不被很多人看好，但创业者不要以别人的眼光为转移，需要自己掌握命运。狂热与执着在创业中非常必要，这将为团队充当永动的能量，使之运作永不停歇。如果创业者能点燃团队每个人心中的狂热，则会产生意想不到的效果。

定律七：总会经历所谓的灾难时期，镇定如常切忌乱撞——1999年，中国经历互联网泡沫破裂，纳斯达克大盘一夜之间崩落，非常恐怖。既然已踏上融资之路，创业者就已置身风暴之中，创业者必须随时准备好迎接这个时刻，做好过冬的准备，不要有任何怀疑，这就是"向死而生"之心。如果你相信此事能成，必要沉着应战，不要动摇目标。

定律八：有质量的董事会是无价资产——很多创业朋友觉得董事会不重要，但创业如同滚雪球,后来的投资者会阅尽你的历史。不要推开董事会能为公司贡献的能量,要善于选择,而对投资人的选择就是对人的投资。未来带来的资源应是超越董事会给你的限制。

定律九:永远学习且聚拢比你强的人——创业路是孤单的,需要互相传递能量。创业没有快捷之路,但必有窍门、经验与教训。互教互助十分重要,创业团队需要互相取暖,传递正能量,这样便能脱离困境。

思考:

你怎样认识 9 大创业定律?应如何提高创业成功率?结合创业成功的典型案例,谈谈你的认识。

【本章总结】

本章主要介绍了新创企业融资难的成因,新创企业的融资渠道,对债券型融资、股权性融资及其他融资方式进行了分析,特别对风险投资的类型及特征、投资程序、吸引风险投资的步骤做了重点介绍,这对于创业者吸引风险投资具有实践意义。

【复习思考题】

1. 债权性融资方式与股权性融资方式的主要差别是什么?
2. 债务性融资的方式有哪些?
3. 简述风险投资的基本特征。
4. 简述风险投资与一般金融投资的区别。
5. 简述风险投资的过程。
6. 简述吸引风险投资的步骤。
7. 有人说只有拥有大量资金才能创业,你同意这样的说法吗,为什么?
8. 你需要主动结交哪些朋友才可以提高融资能力?
9. 有人说创业融资最重要,也有人说最不重要,谈谈你的看法。
10. 哪些因素影响融资?谈谈你的看法。

【实训实练】

1. 根据创业计划书的资金要求,分析确定哪种融资方式更适合你,为什么?如果要吸引风险投资的进入,应该采取怎样的融资策略?请写出方案。
2. 组成小组到天使投资人或天使投资组织处调查了解投资状况、投资理念、投资策略、投资风险、投资评价、投资效果等,形成调研报告。
3. 写出"我要当老板"的演讲词,在班级内进行交流,并做出 PPT,PPT 展示不超过 15 分钟。

【创业案例过程研究与思考】

李彦宏:创业融资历程

李彦宏,1991 年毕业于北京大学信息管理系,之后留学美国,在布法罗纽约州立大学获得计算机科学硕士学位。在美国的 8 年间,他先后担任了道琼斯公司高级顾问、国际知名企业 INFOSEEK 资深工程师等高级职务。他对全球搜索引擎也有着巨大贡献,他在全球最先创建 ESP 技术,同时由他发明并获得美国专利的"超链分析"技术被全球搜索引擎采用。

1. 以"超链分析"技术拿到首笔启动资金

1996年开始,李彦宏利用每年回国的机会到各地调研,看高科技公司在做什么,大学生在研究什么,老百姓在用计算机干什么。直到1999年国庆,大家的名片上开始印E-mail地址了,街上有人穿印着.com的T恤了,李彦宏才断定互联网在中国成熟了,大环境可以了。而李彦宏存折上的钱也差不多了,就算是两三年一分钱挣不到,也可以保证全家过正常生活,所以,辞职创业的时机到了。

返回美国之后,手中握有全球第二代搜索引擎核心技术"超链分析"专利的李彦宏,找到了自己刚从美国东部闯荡硅谷时认识的好朋友徐勇。1999年11月,徐勇邀请李彦宏到斯坦福大学参加自己担任制片人的《走进硅谷》一片的首映式。首映式次日,两人就基本敲定了市场方向、股权分配、管理架构及融资目标等回国创业的大致框架。

此时互联网泡沫正盛,但是,凭借自身团队的价值并为了成为公司绝对股权的大股东,以便为将来的阶段性融资奠定基础,他们只制订了100万美元的融资计划,并开始寻找融资目标。在与各种背景的投资者接触后,李彦宏倾向于选择有美国背景的投资者,原因在于"他们开的价码、条件比较好"。很快就有好几家风险投资公司愿意为他们投资,他们看重的是3个因素:中国、技术、团队。

尽管对中国有着浓厚的兴趣(2000年年初Peninsula Capital还联合高盛、Redpoint Ventures向中国最早的IT交易网站"硅谷动力"投资了1000万美元),但是由于没有在搜索领域的投资经验,他们又拉来了Integrity Partners一起投资。这家VC主要由INKTOMI(美国著名的搜索引擎公司,后被雅虎收购)的几个早期创业者创办。两家风险投资公司决定联手向百度投资120万美元(双方各60万美元),而不是李彦宏当初想要的100万美元。

此前,百度公司已在开曼群岛成功注册,并在国内注册了它的全称"百度在线网络技术(北京)有限公司"。从2000年1月1日开始,百度公司在北大资源楼花了4个半月就做出了自己的搜索引擎。不仅如此,为了防止上市发生大的变化,原计划6个月用完的钱,百度做了一年的计划,从而坚持到了2000年9月第二笔融资到来的时候。

2. 靠创业精神,实现第二笔融资

网络泡沫破灭的第一个春天,李彦宏开始筹集第二笔钱。2000年4月至5月,通过Inegrity Partners的引见,德丰杰全球创业投资基金(DFJ)创始合伙人John H. N. Fisher了解了百度,并对其产生了兴趣,审慎调查也随之开始。当时担任调查工作的符绩勋后来回忆说:"那段时间,我们大多在晚上去实地考察百度。透过公司的灯光,我们看到了这家公司身上闪现着硅谷式的创业精神。"融资谈判进行得很顺利,2000年9月,德丰杰就联合IDG向成立9个月的百度投资了1000万美元。德丰杰约占了总投资额的75%,因而成为百度的单一最大股东,但其仍然只拥有百度的少数股权。

从2003年起,百度的流量开始超过当时最大的竞争对手Google。

3. 第三轮融资,引进竞争对手

2003年年底,百度开始第三轮融资的时候,其面临的主要问题已是选择能为百度的进一步发展带来不同价值的投资者。

"第三轮融资持续了6个月,我们在考虑是否接受Google的投资上花了很多时间,因为两者之间的竞争关系是显而易见的,而当时的百度并不缺钱。"李彦宏说。但其实即将上市的Google显然希望通过投资百度"化敌为友",在中国分得更多市场。

2004年6月16日，这两家搜索引擎的领导者宣布进行资本合作，外界揣测，Google向百度投资了1000万美元。李彦宏强调，百度此轮融资为战略性融资，Google只拥有百度的少数股权，不足以影响百度的发展策略。李彦宏、徐勇等公司的原有股东仍然对公司拥有绝对的控制权。最终，李彦宏还是引入了Google这个战略投资者，他认为Google的加入会有效增加百度的品牌知名度，但百度仍是独立运作的公司。

德丰杰与Google一起在此轮投资中扮演了零头角色。投资者的名单上还有Inergrity Partners、Peninsula Capital、China Value、华盈投资(VentureTDF)、信中利投资(chinaEquity)和Bridge Management等。其中，信中利曾在搜狐股票价格徘徊在1美元时大量买进，China Value则拥有强大的政府关系背景。但是，China Value等后来的投资者都没有能够进入百度的董事会。

4. 上市融资后的股权控制与价值增值

第三轮融资之后，很多人认为Google收购了百度，持这观点的人就有Google CEO施密特。投资之后，Google开始准备上市的工作，对中国市场的关注少了，而百度则利用这样的一个缓兵之计大力发展自己。

2005年首季，百度把Google远远地抛在了后面，在中国国内互联网市场的网站搜索流量份额(市场占有率)为44.7%，相比之下Google位居第二，为30.1%；同时，百度在首季取得了520万美元的收入，同比增长147%。此时的Google坐不住了。

随着2005年8月份百度上市，Google没有套现手中持有的2.6%的百度股权，也就是说，Google握有将来收购百度的可能。但是，李彦宏早有准备。按照百度在纳斯达克公布的招股说明书，百度上市后的股份将分为A类股、B类股，即新发行股票为A类股票，所有原始股票为B类股票。10股B类股票表决权相当于1股A类股票表决权。这一股权结构还规定，一旦Google或其他收购方买下所有B类股票，B类股票立即转为A类股票。从招股书看，百度IPO完成后，A类股票占总股本10%左右，李彦宏及百度高管拥有35%之多的股份，包括Google在内的原始大股东持有54.1%的股份。因此，即使Google买下除李彦宏及百度高管之外的所有股份，由于B类股转为A类股的机制，Google拥有的表决权还是低于李彦宏及百度高管，也就是说，Google根本无法有效控制百度。

2005年8月5日上市当天，百度以66美元的开盘价登陆纳斯达克，122.5美元收盘，涨幅高达354%，创造了纳市海外股首日涨幅的最高纪录。接下来的5年时间里，百度进一步用自己的实力赢得了海外资本市场的尊敬，在上市5周年前夕，股价最高突破860美元，市值逾300亿美元，百度也成为美国股市市值最高的三家互联网公司之一。对全球资本市场来说，百度已成为纳斯达克的"中国名片"。百度的出现给人们在互联网的信息海洋中畅游带来了极大的便利，人们可以通过百度主页迅速找到相关的搜索结果，这些结果来自百度超过10亿的中文网页数据库。2013年10月16日《福布斯》杂志中国版公布2013年中国富豪榜，李彦宏个人财富从2012年的494亿元增长到2013年的677亿元，其增长的主要原因是百度公司连续收购91无线、PPS、糯米网等，使其股票在纳斯达克连续上涨，李彦宏持股百度的股票价值也水涨船高，在全球排名80位，国内排名第一位。

2005年，李彦宏获得CCTV中国经济年度人物奖，给他的颁奖词是："众里寻他千百度，一个海外取经人，最终在故土搜索到宝藏，再写新经济传奇。"

目前，百度在无人驾驶技术等领域又开创出新的天地，继续书写新时代的创新创业创造传奇。

思考：
1. 谈谈你从百度的融资经验中获得的启示。
2. 如果你去创业，将如何获得创业资本？
3. 我们可以学习李彦宏的哪些创业经验？

第八章

新创企业战略规划

【教学目标】

学习完本章后，应掌握的重点：

1. 新创企业战略规划的必要性和特点；
2. 新创企业战略选择的具体内容；
3. 新创企业战略制定和战略控制的方法。

【理论应用】

1. 举例说明新创业企业战略规划的必要性和内容。
2. 调查新创企业的战略制定和控制。
3. 试写出新创企业的战略规划。

德勤华永会计师事务所有限公司北京分所在对中国高科技、高成长 50 强首席执行官进行调查后认为，可靠、有效的商业战略和强大的领导能力是公司增长最为关键的两个因素，分别是 77%、60%。还有 56%的首席执行官认为，高素质的员工也会对公司的成功起着至关重要的作用。也就是说，上述三大因素决定了新创企业的高成长、高收益，而排在第一位的是正确且有效实施的战略规划。

【案例导入】

魏巧——为乡村振兴，贡献青春力量

魏巧是第十四届全国人民代表大会代表，江苏润果农业发展有限公司董事长，全国种粮先进个人、高级乡村振兴技艺师。土壤学硕士。2017 年，魏巧和爱人孙振中分别辞去了在中国科学院地理科学与资源研究所和北京大学的工作，怀着"替父从农"的创业热情，决心把所学知识应用到数字化农业发展与乡村振兴的探索上。

魏巧的父亲在 2006 年前创业，多年苦心经营耕种管收已经非常稳定，但很多事情依然需要他在繁重的一线操劳。当时，魏巧就想着如何运用所学知识为农业赋能，让父亲不再那么辛苦。2017 年，魏巧和孙振中来到镇江姚桥镇新区创业，由于缺少务农经验，很多工作不好开展，但这并没有难倒魏巧，她选择主动走进田间地头，在实践中学习种植理论、研究气候规律。那段时间，如何将专业知识精准运用在数字农业建设上是她最关心的事。经过一段时间的分析，她发现农时最讲效率，只有将自然地理信息系统、无人驾驶、遥感数据等现代化手段落地农业生产，才能更加精准地评估气候影响，精准用料用肥，对耕种管收做好提前统筹。在不断尝试探索中，魏巧深切感受到，国内软硬件系统的信息化程度其实很高，只是在"最后一公里"的应用环节偏少。为此，她积极同南京农业大学、江苏大学、扬州大学等高校机构加强合作对接，逐步摸索出一套独具特色的数字农业雏形。在设备优化升级过程中，魏巧发现，原先的烘干设备以煤炭为能源，存在能耗高、效率低、人工劳动强度大等问题。充分研判后，魏巧果断选择对设备进行燃气和数字化改造。现在，103台智能烘干机能自动进行测温控温，24小时可以烘干3000亩的土地产出，且只需要3名操作工人，不仅能满足自身烘干需求，就连周边及丹阳、丹徒、扬中的种田大户也会前来寻求合作。目前，他们创办的润果农业公司年产稻谷1万吨，小麦8000吨，农田管理已从1个人管200亩上升到300至500亩。现在企业仅精量播种一个环节，就能做到节约劳动力50%；补肥环节利用多光谱技术，1台无人机每天规划面积达4000亩。

《中共中央 国务院关于做好2023年全面推进乡村振兴重点工作的意见》特别强调，"发展现代设施农业""加强高标准农田建设""强化农业科技和装备支撑"等，为全国做好2023年全面推进乡村振兴重点工作指明了方向。如今，润果农业发展有限公司的麦田已是一片忙碌景象。当前小麦已进入返青期，绿油油的麦苗长势喜人，工作人员通过手握遥控器来操控农业植保无人机来回穿梭在麦田上空喷施肥料，呈现出科技"抢春"的繁忙景象。在机械化和数字化的加持下，企业不仅在小麦返青期实现了浇水、追肥、除草、虫害防治等多项工作的有序高效开展，还在其他农业生产环节的效率和质量上实现了极大提升。经过智能化、自动化改造，公司建成大田种植数字农业项目，农业机械及田间农情监测物联网、智能装备得到普遍应用，农机调度管理高效化、便捷化水平显著提高，实现劳动力用工、农药用量减少，以及水资源、肥料利用率、作物效益或单产提高的"两降三增"。近年来，润果农业发展有限公司先后入选农业农村部"全程机械化+综合农事"服务中心典型案例、江苏省首批中高端稻米(油)全产业链发展模式优秀案例。

2017年至今，经过7季稻和6季麦的农忙后，魏巧切身体验到了农业的苦和累，也收获了对创业事业的热爱和团队的成长。2018年，公司落地农业农村部大田农业数字化试点建设；在镇江1.8万亩农田运营基础上成功外拓苏州农田5000亩；获评为省级重点龙头企业、农业科技型企业、研究生工作站、数字农业农村基地、乡土人才工作室及示范基地。

魏巧说，作为一名全国人大代表，自己一定认真履行代表职责，及时反映基层心声，并积极尝试推进循环农业，努力摸索农业合作新路径，用实际行动带动农民增收致富。几年来，润果共带动约10960户农户实现增收1229.74万元。姚桥镇石桥村村民杨生相感慨地说："我在润果从事农业一线生产管理，每月工资4500元，现在小日子越过越有奔头。"在润果，像杨生相这样的村民还有许多。近年来，魏巧通过多方合作尝试推进订单农业，努力摸索农业合作新路径，用实际行动带动农民增收致富。魏巧介绍说："订单农业通过统一供种、统一技术规程、统一收购、统一品牌的方式，着力解决销售难和加工企业原材料不稳定的双向难题，让农户、企业实现共赢。"魏巧夫妇接过父亲的班，用所学解决"谁来种田"的问题。他们改经验种田为科技种田，建立起耕、种、管、收、烘干、仓储、加工、销售和现代农业模式输出于一体的农业生产体系，以技术培训、就业帮扶等方式带动农户一万余户，累计带动脱贫人数3000多人。

2023年3月，魏巧参加两会带去一份"关于实施新农人支持计划支撑农业强国的建议"，其间涉及推行"规模化生态农场，以种促养，种养结合"模式打通种养主体分离最后一公里等"新农"问题。魏巧表示："奋斗是永无止境的拼搏！"她将充分发挥人大代表与群众联系密切的优势，奋勇争先、积极作为，主动投身火热的乡村振兴建设一线，将人大代表履职答卷写在农村广袤的田野上。作为一名人大代表，魏巧表示将始终不忘初心，带着责任与感情努力推动农业增收、农民致富、履职尽责、服务为民，为农业现代化建设和乡村振兴贡献自己的力量。

魏巧谈到创业体会时说:"时代各有不同,青春一脉相承,人生的奋斗历程就像水稻的生长,育种插秧、浇水施肥,稻穗扬花。"作为助力新区"乡村振兴"的一员,她将勇担时代使命,与科研院所建立更紧密的合作,通过社会化服务,推广先进适用的品种、技术、装备、模式,降低农业生产成本,实现农业提质增效。同时,她还会积极打造农业人才实训基地,将教学、科研推广延伸到田间地头,将农业人才培养与一线需求结合起来,引导广大年轻人成为乡村振兴的创业者和践行者。

思考:

你怎样认识魏巧放弃北京的工作返乡创业,做新时代"新农人"?怎样理解"奋斗是永无止境的拼搏"这句话?你有为乡村振兴贡献青春力量的使命吗?通过学习魏巧返乡创业的案例,你有哪些感想与体会?

第一节 新创企业战略规划的必要性与特征

一、新创企业战略规划的必要性

对于成熟企业来说,已定的战略规划决定了企业的发展方向。但对于新创企业来说,这是否必要?答案是肯定的,因为没有战略规划会迷失方向,甚至会误入歧途。

(1) 战略规划是指导公司及各个职能部门、单位具体发展方向的总方针。如果以系统论的观点认识新创企业战略规划的必要性,那么,各个子系统必须在总系统的指导下进行各个子系统的规划,并且支持、服务于总系统战略目标的要求。否则,子系统不知怎么进行规划、对接,以及评价等工作。安索夫认为,新创企业不制定战略规划所带来的成本更高,或是被动,或是失去市场机会,或是无法依一定准则进行改进和调整。

(2) 缺乏战略规划的新创企业其经营方案更多依赖于创业者的个人素质。如果做出错误决定,则会失去市场机会,错过发展良机;如果创业领导者进行更换,则会造成整个经营的不稳定。

(3) 缺少战略规划会造成资源浪费,严重影响新创企业的发展。比如,创业团队主要成员出现发展方向的分歧,往往会束手无策,损害企业发展。

因此,在创业开始阶段进行战略规划是非常必要的,如果不进行战略规划,虽可节省一定量的时间和资源,但会导致行动方向的迷失,不会有很大的发展。有人认为,战略在老板的脑子里,不用写在纸上列出来。这个认识是不对的,初始阶段可能是这样,但真正把企业做大做强一定要有战略规划。要统一认识,统一行动,按战略规划目标迈进。

二、新创企业战略规划的特征

新创企业战略规划是指把种子期或初创企业的生存作为首要问题,更多考虑经营层面的竞争战略,先解决生存问题,稳固之后,再考虑企业的发展战略。对于成熟企业,其战略选择包括横向一体化和纵向一体化,但对新创企业来说,是从现有的资源出发,抓住现有机会谋求生存与发展的战略,不能完全套用成熟企业的发展战略。

新创企业战略规划的特征,概括起来有以下几点。

1. 新创企业战略规划的复杂性

战略规划纵向可分为公司战略、竞争战略等；横向可分为低成本战略、集中化战略、差异化战略。

1989年，在全美评选出成长最快的100家私营企业中，拜德对创始人进行访谈，对有无创业计划进行调查，调查显示，41%的人没有商业计划，28%的人有一份详细的商业计划，26%的人只有粗略的商业计划，5%的人为投资者做了财务预测。他认为，新创企业的战略规划是介乎于完全无规划和复杂规划(成熟企业的战略规划)之间的一种状态，是一种适度的复杂状态，这种复杂性依赖于企业所能支配的资源和企业的战略目标，也就是说，必须对外部环境与内部条件进行分析，在充分考虑各种变量因素的基础上制定新创企业的战略规划。

2. 新创企业战略规划的渐进性

新创企业战略规划不是一步到位的，而是经过连续、渐进的变革过程，其执行也是渐进式的。美森和思考利恩在1998年提出了战略调整框架，如图8-1所示。大的战略调整或剧烈变动会带来资源的巨大浪费，对新创企业来说是致命的。

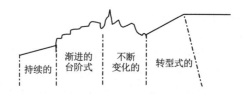

图8-1　美森和思考利恩提出的战略调整框架

3. 新创企业战略规划的独特性

新创企业战略规划的制定，必须坚持实事求是，从自身发展的特点出发，制定出切实可靠、有独特性的发展战略规划。

4. 新创企业战略规划要与外部环境相适应

新创企业战略规划不能"闭门造车"，要使战略规划与新环境相适应，不能脱离外部环境而制定战略规划。

一些西方学者还认为，新创中小企业战略特征有如下几点。
(1) 战略是突发形成的，战略过程由危机驱动，而非事先设计。
(2) 属直觉或经验型战略，受企业家个性、价值观等影响。
(3) 一般战略规划是非正式的，类似于规划的决定过程。
(4) 短期计划作用大，长期计划在管理中作用小。
(5) 战略制定者只同利益相关者进行交流，不与员工进行沟通。
(6) 企业越成功，其战略越明确，竞争优势也越明显。
(7) 战略决策信息主要来源于私人，缺乏分析，不进行评价、反馈。
(8) 战略对组织结构影响有限，中小企业不适合用大企业普遍采用的组织结构，初始阶段组织结构是非正式的。
(9) 战略是灵活的，由于外部环境的不确定性，中小企业的战略期限相对较短，这可避免外部威胁，利用新的机会。

第二节 新创企业战略的制定

一、新创企业战略构成分析

一般来说，企业战略有总体战略和部门战略。总体战略包括扩张增长战略、收缩战略、稳定战略；部门战略包括差异化战略、集中化战略、总成本领先或低成本战略。新创企业战略的选择本质上是创业者选择什么样的市场/产品开发组合战略。这种组合战略是新创企业市场定位的具体体现，通过市场和产品开发，发现有利的细分市场，提供新产品更有效地服务于目标市场。新创企业的战略核心包含市场开发和产品开发两大方面。市场开发包括：市场进入战略、竞争力度战略、市场联盟战略。产品开发包括：产品创新战略、产品范围战略、产品成本战略。

市场/产品开发组合战略强调差异化战略。差异化的目的是在产业范围中形成独特性，并能取得超常收益，建立起对付5种竞争力(供方、买方讲价能力、潜在或新入侵者威胁、替代品、现有企业间竞争)的防御地位。新创企业通过市场细分，专注某一特定产品，创造独特竞争优势，避免与大企业正面竞争，同时使有限的资源得到充分利用，创造更大的价值。在产品/市场组合战略模型中，根据国外研究者的研究，归纳出以下6个具体的竞争战略。

1. 市场进入战略

创业者首先考虑的是市场进入的时机，这是创业成功的重要因素。塞坡得等研究者认为，对于新兴产业来说，市场规模正在上升期，进入者可以获得大量的市场份额，竞争也不太激烈，可以率先拥有商誉和顾客忠诚度上的优势，这种优势对后进入者往往是一种壁垒，可取得更好的业绩。当然，先进入者也会承担一定的经营风险，因为无经验教训可供借鉴，如果出现决策失误，其结果将是致命的。

【案例】

康师傅茶饮料市场占有率排第一位。1998年推出绿茶饮品"自然最健康，绿色好心情"；2005年推出花茶饮品"茉莉清茶，自然芬芳"。康师傅推进茶饮品市场的进一步细分，不到一年，占整个茶饮品85%市场份额，许多跟随者进入，但康师傅的先进入战略已掘得第一桶金。

2. 积极竞争力度战略

研究者彼盖带克经研究认为，成功的创业者都是那些积极谋求市场份额的人。新创企业通过积极的市场竞争战略，以及强大的实施力，可以获取很大的市场份额和业绩，且提高了存活概率。当然，积极的竞争力度和较强的市场竞争战略可能要消耗较多的资源，对于资源相对缺乏的新创企业也具备一定的风险，在与资源雄厚的大企业直接争夺市场时应非常谨慎。

积极竞争战略在企业营销活动中反映得更加充分，不同的营销力度体现了对于市场竞争力度的态度，是势在必得还是稳健保守，这反映了企业市场竞争力的差异。对于新兴企业的早期进入市场者，积极的经销活动能树立该企业的品牌形象和行业地位，促进该行业的发展。如果是及时的追随者，则其也可以获得一定的市场份额。但是，积极竞争力度战略要消耗较大的资源，特别是大量的流动资金，可能会造成其他方面资源缺少，发展乏力。因此，创业者要综合考虑各种因素，全面部署竞争的力度，不能顾此失彼。

【案例】

"谷歌"搜索引擎与其他小公司竞争，小公司细分市场，强调开发特殊引擎类别，如医疗信息、博客、影视作品等。因为搜索引擎市场太庞大了，你不用做"老大"就可以有十几亿的身价，所以引来许多创业者进入该行业，与"谷歌"一争高低。当然，竞争激烈，"生死"之间，有的小公司当了"烈士"，有的则争得"一席之地"。

3. 市场联盟横向扩张战略

这是指创业者与企业外部实体建立的横向工作联盟关系。市场联盟战略的核心是能为自己带来更大收益之时才采用，如果收益发生变化，其市场战略联盟关系也会随之调整。企业可以借助联盟获取多元化的资源，如技术、财务、市场合法性、控制力等，从而提升企业的战略位置。对于新创企业来说，由于资源相对短缺，市场联盟的意义更加重要。由于成熟企业特别是大企业在建立联盟方面有更多的优势，实力强大，因此许多中小企业愿意加入进来。而新创企业在建立市场联盟时，更依赖于创业者及团队成员的个人联系、独特的技术优势或核心竞争力，通过个人层面的联系带动公司层面的战略联盟的建立。从这个角度看，创业者的网络关系在战略联盟中是非常重要的。

【案例】

北京金和软件由栾润峰创建，是有独立知识产权的管理软件。IBM和微软都想找金和软件合作，但金和与任何一家国际巨头合作都会失去话语权，为此栾润峰提出"三合一"，要求保留话语权开发中小企业信息化市场。产品是三套金和管理软件+IBM服务器+微软软件平台，产品价格相当于购买其中单一产品的价格，价格优势明显，而且有两家公司的技术和资金支持，有稳定的客户群，取得了明显的联盟效果。

4. 产品创新战略

这是指投入资源研发新产品的程度，构建产品核心竞争力。产品创新的核心在于开发出市场需要的具有独立知识产权的核心技术，尤其对于高新技术企业来说，这是非常重要的，因为在一定意义上，谁垄断了产品创新的核心技术，谁就垄断了产品市场，就拥有了垄断利润。微软、IBM之所以成为具有国际影响力的产业，正是由于其掌握了产品的核心技术。但不同的新创企业在产品创新战略的实施力度上存在差异。有的企业采用高强度的产品技术创新战略应对竞争，保持产品创新的领先优势；有的企业实施较低强度产品创新战略，保证企业把资源用于为消费者提供价格和其他补偿性价值优势。不同力度的产品技术创新需要不同的资源支持。高力度创新企业需要更多资源，有可能取得突破性进展，但风险较大，甚至没有回报。而低力度的产品创新，资源消耗少，容易为竞争者模仿，因此，在制定产品创新战略时，要进行利弊权衡，制定出符合实际情况的创新战略，取得好的实施效果。产品创新强度取决于资源的丰富程度。

【案例】

谷歌新产品开发为了取得突破进展，与迅雷合作，与中国移动结盟，进行图书搜索、网站导航等多款新产品的开发，与百度在搜索引擎竞争高下。其资源和市场争夺激烈，但百度有核心技术，在一定时间内，其市场范围和用户地位不可动摇。

5. 产品范围战略(市场宽度)

这是指新创企业针对已选择的市场提供的产品范围，包括消费者类型、服务地理范围等。产品范围实际指的是产品种类范围的开发。产品的多元化战略，拓展了消费群体，但仍在创业者所选择的特定的市场细分之下。如果产品过于单一，市场发生变化，企业将失去大部分市场。实施为客户或潜在客户提供大范围的产品，对新创企业很重要。其意义是服务面更加广泛，为消费者提供更多选择，可以培育出更多潜在消费者，提高创业者的竞争力。需要指出的是，产品范围战略需要较多的资源和能力，超出资源和能力会使这个战略实施出现更大的问题，因此，特别要注意平衡，即现有产品范围或开发产品范围与资源和能力的综合平衡。

【案例】

索爱公司在与诺基亚和摩托罗拉的产品竞争中，通过延长手机产品线扩大市场份额，向二、三线级城市拓展，产品以中、低端为主。索爱在影像手机、音乐方面开发有技术优势。爱立信看中索爱的技术优势，多次采用索爱终端技术运用到定制手机中，并向3G延伸，使产品范围不断扩大，扩展了用户群。

6. 产品成本战略

产品成本战略是指企业是否致力于建立成本领先优势，通过降低各项费用达到降低或控制成本的目的。成本领先(降低成本)强调总成本领先，不仅仅是生产成本或某一方面的成本。实施成本领先战略应重点考虑以下几点。

(1) 抓住影响成本上升或占大头的那部分，即抓住重点、主要矛盾、关键环节。只有抓住了重点或主要矛盾，才会对降低成本起决定性作用。

(2) 重视采购成本的降低，据统计，75%的钱是通过采购部花出去的。

(3) 对于生产企业来说，要抓好设计环节，因为设计科学合理会节省大量费用。

(4) 要注意对成本增长快的部分进行控制，即抓大也不放小，大小一起抓。

【案例】

神舟电脑三年三大步，主要是采用了产品成本领先战略，成本优势体现在：在研发、采购、生产、销售和售后等所有环节的全程全面的成本控制，形成了总成本领先的核心竞争力，不但快速进入市场，而且赢得市场竞争优势。其领先于同行的有计算机主板、显卡两项技术，使整体成本降低两成左右。采用特许经营的渠道模式，连锁经营1000家特许经营连锁店，建设费用低，渠道运营成本降低，中间环节成本减少。管理严格，非生产成本控制在4%，降幅达到5%～10%。通过降低成本，实施低价战略，构筑成本领先壁垒，抢占市场份额，赢得利润和发展先机。

二、新创企业战略模式

战略模式是指企业在选择了具体的战略方案后，在经营实践中体现出来的整体运作模式。即在各个具体的战略构成上的实施力度组合，构成了新创企业的战略模式，如图8-2所示。

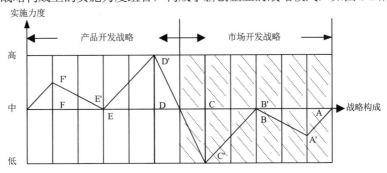

图8-2　新创企业战略构成

图片说明：横向表示战略构成，其中，右边阴影部分为市场开发战略选择，左边无阴影部分为产品市场开发战略选择，横向箭头表示分别对应某一具体战略；纵向表示战略实施力度，向上实施力度强，向下战略力度低。

坐标轴上 AA′、BB′、CC′、DD′、EE′、FF′ 具体位置代表企业具体战略模式，A 表示市场进入战略，B 表示市场竞争力度战略，C 表示市场联盟战略，D 表示产品创新战略，E 表示产品范围战略，F 表示产品成本战略。

运用这一战略模型，可以纵向比较同一企业在不同时期的战略模式变化，横向比较企业之间的战略模式差异，有较强的实用性。

三、新创企业战略方案的制定

创业过程实质上是创业机会的识别和开发过程。创业机会的开发和价值实现是企业经营的重点，这需要创业者制定并选择正确的方案，包括市场与产品开发及资源整合等管理活动，其实质是新创企业战略方案制定工作。要根据创业机会的特征，选择不同的战略方案，从市场和产品两个核心特征角度考虑战略方案制定，有以下4个组合。

(1) 市场优势强、产品优势弱的创业机会对应的成长规划要以市场开发为主，通过积极迅速占领市场，促进企业成长。

(2) 产品优势强、市场优势弱的创业机会，以产品开发为主，更新产品，提高服务水平，促进企业成长。

(3) 市场/产品都弱则不予考虑。

(4) 产品/市场都强的市场机会，应以组合开发策略为主。

新创企业战略方案制定从市场特征看，强调竞争强度，成长性；从产品特征看，强调独特性、创新性。市场开发从市场进入、竞争强度、市场联盟的组合角度制定；产品开发从产品创新、产品范围、产品成本的组合角度制定。

安索夫在《企业经营战略》这部著作中，提出了产品——市场组合战略矩阵模型，也叫安索夫模型。在这个矩阵模型中有两个主要概念。一是产品——市场范畴，产品指个体产品的物理性质及性能特征等；市场指市场集中度、市场发展状况等。二是增长向量，是指以目前产品及市场组合为出发点，明确公司今后的发展战略。根据产品/市场特征所选择的成长方向，有4种产品/市场组合，对应4种增长方向，如表8-1所示。

表8-1 产品/市场组合矩阵

市 场	产 品	
	现 有 产 品	新 产 品
现有市场	市场渗透，扩大市场占有率	开发新产品代替旧产品
新市场	市场开发产品，开拓任务	多元化新产品新市场

该方案的优点为：在设定一个特定类型市场/产品后，可在几个战略性方案中进行选择、平衡、比较，然后确定最佳方案。

第三节 新创企业战略控制

新创企业战略制定后,在执行过程中,要加强战略控制,根据执行过程中存在的问题,进行适时调整,保证战略目标的实现。

一、新创企业战略控制原则

新创业战略控制原则包括以下几点。

1. 执行的可行性

是否有足够资源支持已经确定的战略,这不仅包括"硬件",也包括"软件"。

2. 利益相关者的可接受性

因为战略规划和实施牵涉到利益相关者特别是投资者的利益,如果对利益相关者造成一定的损失或伤害,他们可能成为战略实施的阻力。因此,在战略的制定和实施中,应当充分考虑利益相关者是否能够有效支持创业者所制定的战略,对他们的可接受性要有所考虑。

3. 战略的灵活性

企业战略规则不是一成不变的,要根据不断变化的外部环境适时进行调控。战略应有一定的弹性,为达到这种弹性,创业者在战略控制时应更为仔细,讨论应更为充分,以达到更好的效果。

4. 战略规划的整体性

战略规划体现系统性、整体性,不能顾此失彼。比如,必须把短期利益与长期利益、局部利益与整体利益有机地结合起来,注重总体、全面、长期发展。

二、新创企业战略控制过程

1. 确定战略目标

明确战略目标后,要进行多层次、多方面的控制,适时进行战略调整,以解决发展中的瓶颈问题,使长期目标与短期目标相结合,逐步实施。

2. 确定评价标准

评价标准的设定可参考同行业的先进标准,或提出更新、更高的标准。评价标准应尽可能地量化,把定性与定量评价有机地结合起来。评价标准要客观、有效,能起到促进作用。

3. 评价与分析

根据设定的目标和评价标准进行评价与分析。无论是否完成战略目标,都应进行客观分析,包括宏观与微观分析,并找出原因。分析原因要具体详细,分析影响工作成效的各种因素及所起的作用,尤其要抓住主要因素。在实施中要实时评价,其灵活性优势要在战略调控中得到充分发挥。

4. 反馈纠正

根据分析结果，进行警示反馈，采取必要措施改进或调整战略规划。充分发挥团队成员、专家顾问等人员在分析纠错中的作用，不断完善战略规划，实现良性稳定健康发展。

战略规划的调整主要根据目标完成情况来定，大体有3种情况：超过战略目标水平；实际完成与目标持平；没有完成目标规定的任务。目标要设定成能经过努力而达到，不可过高或过低。

【本章总结】

本章概述了新创企业战略规划的必要性及特征，论述了新创企业的战略构成及战略制定，以及调整、控制的过程。新创企业应把战略规划放在企业成长管理的第一位，通过战略规划和实施，推动企业成长。

【复习思考题】

1. 简述新创企业战略规划的特征。
2. 简述新创企业的战略构成与制定。
3. 简述新创企业战略控制的原则与控制过程。
4. 新创企业的战略规划是否会随企业的发展发生变化，为什么？

【实训实练】

根据所选创业计划项目，运用学到的战略规划理论，制订出未来5年新创企业的发展战略规划和行动执行落实计划。

【创业案例过程研究与思考】

俞敏洪：教育创业的引领者

1. 新东方发展现状与文化体系

新东方由北京大学毕业生俞敏洪创立，俞敏洪现任新东方教育集团董事长兼总裁。新东方教育科技集团业务体系以英语及其他外语培训为核心，作为中国教育培训领域的领头羊，其培训课程、培训人次和学习中心保有量三项均居全国第一，涵盖中国、美国和英联邦国家的主要入学考试、能力考试，以及国内中小学教育全科培训课程、服务与产品。同时，新东方在基础教育、职业教育、教育研发、出国咨询、文化产业等方面亦取得骄人业绩。新东方教育科技集团于2006年9月7日在美国纽约证券交易所成功上市，成为中国大陆首家在美国上市的教育培训机构。截至2014年5月31日，新东方已经在全国50座城市设立了56所学校、31家书店及703家学习中心。自成立以来，新东方累计面授学员近2000万人次。2015年11月12日，新东方入选MSCI中国指数。

截至2013年，新东方学校外语培训已经占据北京约80%的外语培训市场，全国约50%的出国培训市场，累计培训学员超过2亿人次。有几万学员的GRE成绩超过2000分；在全球最高得分榜上，有许多新东方学员的名字；新东方学员TOEFL成绩在610分以上的超过3万名，每次TOEFL考试，都有几十名学员获得677的满分；从中国去美国读MBA的学员，半数以上出自新东方GMAT班；美国、加拿大各地大学校园，半数以上是新东方校友。新东方真正出名是因为它有一种能让人深切感受到的巨大力量，这种力量不仅能在外语学习上助你一臂之力，更能为你的人生导航。这种力量就是新东方人性化的企业文化——追求卓越，挑战极限，在绝望中寻找希望，人生终将辉煌。新东方给你信心和机会——新东方的独特教育理念带给学员的不只是分数收获，还有一笔巨额精神财富,必定协助你不断地取得成功,即使是在取得高分很多年以后。《中国青年》在 2001 年 1 月评选俞敏洪为"可能影响 21 世纪中国"的 100 名青年人物之一。

同时,新东方在线依托于新东方教育科技集团的强大师资力量与教学资源,拥有中国最先进的教学内容开发与制作团队,致力于为广大用户提供个性化、互动化、智能化的卓越在线学习体验。新东方占有全国 60%以上的出国英语培训市场。他们选择制定国际融资发展战略,新东方在纽约证券交易所成功上市,开创了中国民办教育发展的新模式,新东方的发行价为 15 美元,开盘价为 22 美元,市值已升至逾 20 亿美元。经过配售后,俞敏洪现持有新东方 25%的股权,同时通过其他员工和同事持有的股份保留着投票控制权。俞敏洪身价暴涨,成为中国最富有的教师。

俞敏洪在教育过程中出版了英语教学与学术和励志著作,其中包括:《GRE 词汇精选》《永不言败》《生命如一泓清水》《新东方精神》等。俞敏洪的办学事迹被中外众多报刊及杂志报道,他为我国外语培训事业做出了突出贡献。2009 年,他被评为 CCTV 中国年度经济人物,给他的颁奖词是:"一个曾经的留学生,让无数学子的人生升级;他从未留过洋,却组建了一支跨国的船队,他用 26 个字母拉近了此岸和彼岸的距离。胸怀世界,志在东方。"

经过 20 多年的创业过程,新东方沉淀出自己的文化体系,具体包含以下内容。

校训:追求卓越,挑战极限,从绝望中寻找希望,人生终将辉煌!

新东方使命:为提升学生终身竞争力、塑造学生公民素质、赋予学生全球眼光而努力!

新东方精神:新东方一直致力于弘扬一种朝气蓬勃、奋发向上的精神,一种从绝望中义无反顾地寻找希望的精神。

企业愿景:成为中国优秀的、令人尊敬的、有文化价值的教学机构。

核心价值观:诚信负责、真情关爱、好学精进、志高行远。

企业文化:团结互助、平等快乐、坦诚沟通、努力创新、尊重人才、讲究效率。

教学理念:让学生在新东方课堂里获得快乐的成长体验!

教学要素:精熟授课、欢乐课堂、励志教育。

老师行为准则:备课充分、讲解精准、热情快乐、励志向上、言行得体、互相尊重、关心过程、尊重结果。

员工行为准则:平等相待、团结互助、积极阳光、谦虚自律、坦诚沟通、勤奋工作、热诚服务、高效执行。

经营八字方针:打动人心、超越期待。

2. 俞敏洪与新东方的诞生和发展

1962 年 10 月,俞敏洪出生于江苏省江阴市夏港镇葫桥村,经三次高考后于 1980 年从江阴高级中学进入北京大学西语系,其间患病(肺结核),休学一年。1985 年俞敏洪从北京大学毕业,留校担任北京大学外语系教师,因在校外兼职教师,多次违反校规被公开批评。1991 年 9 月,俞敏洪从北大辞职,进入民办教育领域,先后在北京市一些民办学校从事教学与管理工作。1993 年 11 月 16 日,俞敏洪创办了北京市新东方学校,担任校长,从最初的几十名学生开始了新东方的曲折发展创业历程。即使在大冬天里,校长也要自己拎着糨糊桶,骑着自行车,穿行在行人渐稀的大街小巷和灯火点点的大学校园,张贴亲手用毛笔书写的"托福"学习班广告。常常是糨糊刚刚刷上去就冻成了冰,他冷得实在受不了,就掏出怀里的"二锅头"抿上一口。困难对俞敏洪来说真算不了什么,正如他自己常对学生们说的那样:"绝望中寻找希望,人生终将辉煌!"在这样的逆境中,凭着毅力和智慧,俞敏洪终于开始步入辉煌。

新东方在诞生之前，至少还有5年的孕育期可以追溯。

1988年前后，中国开始了第一次到美国留学的热潮。1988年1月，俞敏洪第一次参加了托福考试，并且获得了657分的好成绩，然后就踏上了连续三年多的联系出国留学之路。美国几所高校给他发了几张印刷得很漂亮的录取通知书，但就是不愿意给一分钱的奖学金。俞敏洪在北大每月领取120元的工资，不可能有经济能力自费出国，因此，他的出国梦想只能就此打住。

出国无望，家庭经济陷入困境，俞敏洪于是想起了对于托福考试的深刻研究，就背上书包到各个培训机构开始教书谋生。1989年的夏天，他和一所民办学校商量，以承包的方式办了个外语补习班，招到了一些学生来上课，这个班应该算是新东方最初的雏形。后来北大认为办班是非法行为，是不尊重北大的一种表现，就给了他一个行政记过处分。处分在北大高音喇叭播出的时候，刚好外面下着大雨，他和王强同学在房间里喝酒，结果喝得不省人事，第一次办学热情也从此夭折。到了1990年夏天，他觉得待在北大的生活变得愈加沉闷无聊，于是痛下决心告别了希望成为北大教授的梦想，把全部行李装上一辆三轮车，在月光之下推出了北大南门。

离开北大后，他找到了一家叫作"东方大学"的民办学校，为他们创办了外语培训部，同样以承包的方式大张旗鼓地做了起来。他当时心里憋着一股气，一心想要做出点成绩来，也想尽快存够钱出国读书，所以特别发奋努力，结果培训部的名声越来越大。到了1993年，俞敏洪以更大的热情投入办学，决定创办一所自己的学校，想了半天也不知道起什么名字好。刚好当时有个朋友办了个公司叫"东方"，于是他灵机一动，就在东方前面加了个"新"字，"新东方学校"从此诞生。他拿到办学许可证的那一天是11月16日，他骑着自行车到海淀教育局领许可证，北京正好刮着大风，漫天黄沙飞舞，给他带来了一种战士出征、慷慨悲壮的感觉。自此，他带领团队努力拼搏，不断发展。1999年，他们制定了快速发展扩张战略。

从2000年到2013年，新东方先后在上海、广州、武汉、天津、西安、南京、沈阳、重庆、扬州、成都、深圳、杭州、长沙、哈尔滨、济南、太原、郑州、长春、襄樊、福州、合肥、昆明、石家庄、苏州、株洲、宜昌、鞍山、佛山、南昌、无锡、荆州、大连、兰州、厦门、青岛、南宁、黄石、宁波、徐州、湘潭、镇江、洛阳、南通、吉林、贵阳、呼和浩特、唐山、乌鲁木齐等地设立新东方学校。共青团中央、全国学联和新东方联合举办"希望之光"英语讲师团西部大型巡回演讲活动。活动历时两个月，讲师团足迹遍及延安、井冈山、拉萨等15个西部城市的30所大学，共有10万余名大学生到场聆听讲座。共青团中央、全国学联和新东方联合举办的"青春学习行动"全国公益巡讲活动启动，三年间共有24个省市120所高等院校的近30万名大学生到现场聆听新东方讲师团演讲。

2006年9月7日，新东方在美国纽约证券交易所成功上市，成为中国大陆第一家在美国上市的教育机构。新东方出资5000万元，与共青团中央、全国学联共同设立"中国大学生五四奖励基金——新东方自强基金"。连续10年，新东方每年为750名西部高校学生提供"新东方西部特困大学生专项助学金"，为910名全国高校学生提供"新东方自强之星奖学金"。2007年6月，新东方出资1000万元，与中国教育发展基金会共同设立"中国教育发展基金会新东方教育基金"，专门用于资助贫困地区的孩子和学校。2008年5月，5·12四川汶川地震后，新东方教育科技集团董事长兼首席执行官俞敏洪第一时间赶往灾区，送去救灾物资。新东方先后向灾区捐款2000余万元，并派出三批新东方志愿者奔赴灾区开展心理救助和协助学校复课工作。2009年12月，新东方成为"中国2010年上海世界博览会城市文明志愿者语言培训合作伙伴"，先后为30万名世博城市文明志愿者提供语言培训，并被上海世博会执行委员会授予"中国2010年上海世博会志愿者工作突出贡献奖"称号。2013年，俞敏洪成为耿丹学院理事长，新东方以间接方式进入民办大学学历教育领域。2013 年 9 月，新东方教育行业研究院成立。2013 年 11 月 16 日，新东方 20 周年庆典在人民大会堂举行。新东方成为在国内外有巨大影响力的培训学校。

3. 俞敏洪与新东方的精神

新东方有一种精神存在。学生来到新东方能够收获一种激情、一种奋进、一种热爱生命的态度。在发展历程中，新东方从一开始就把两种元素融入教学，即轻松幽默的语言和充满煽动力的励志教育。可以说正是这两种元素造就了新东方的魅力，使新东方显得与众不同。尤其是励志教育，它已经成为新东方的一种传统，很多学生在百无聊赖和四顾迷茫之中走进新东方，在听完了老师的讲课之后，常常眼前一道亮光闪过，发现生命可以过得远比自己想象的精彩，也发现只要坚持奋斗，人生终将辉煌。

让失败者成功，让成功者更加成功，成为新东方励志精神的重要内核。他认为，只有两种人的成功是必然的。第一种是经过生活严峻的考验，经过成功与失败的反复交替，最终成大器。另一种是没有经过生活的大起大落，但在技术方面达到了顶尖的地步，如学化学的人最后成为世界著名的化学家。他们不断强化的信念是：面对困难、挫折和失败，永不放弃、永不言败是走向成功的唯一法宝。

这一励志教育的源头主要来自俞敏洪的经历。小时候父亲做的一件事情到今天还让俞敏洪记忆犹新。父亲是个木工，常帮别人建房子，每次建完房子，他都会把别人废弃不要的碎砖乱瓦捡回来，或一块两块，或三块五块。有时候在路上走，看见路边有砖头或石块，他也会捡起来放在篮子里带回家。久而久之，院子里多出了一个乱七八糟的砖头碎瓦堆。俞敏洪搞不清这一堆东西的用处，只觉得本来就小的院子被父亲弄得没有了回旋的余地。直到有一天，父亲在院子一角的小空地上开始左右测量，开沟挖槽，和泥砌墙，用那堆乱砖左拼右凑，一间四四方方的小房子居然拔地而起，干净漂亮地和院子形成了一个和谐的整体。父亲把本来养在露天到处乱跑的猪和羊赶进小房子，再把院子打扫干净，就有了全村人都羡慕的院子和猪舍。

当时俞敏洪只是觉得父亲很了不起，一个人就盖了一间房子。等到长大以后，才逐渐发现父亲做的这件事给他带来的深刻影响。从一块砖头到一堆砖头，最后变成一间小房子，父亲向他阐释了做成一件事情的全部奥秘。一块砖没有什么用，一堆砖也没有什么用，如果你心中没有一个造房子的梦想，拥有天下所有的砖头也是一堆废物；但如果只有造房子的梦想，而没有砖头，梦想也没法实现。当时他家穷得几乎连吃饭都成问题，自然没有钱去买砖，但他父亲没有放弃，日复一日捡砖头碎瓦，终于有一天有了足够的砖头来造心中的房子。后来的日子里，这件事情凝聚成的精神一直激励着俞敏洪，也成了他做事的指导思想。在他做事的时候，一般都会问自己两个问题。一是做这件事情的目标是什么，因为盲目做事情，就像捡了一堆砖头而不知道干什么一样，会浪费自己的生命。二是需要多少努力才能够把这件事情做成，也就是需要捡多少砖头才能把房子造好。之后就要有足够的耐心，因为砖头不是一天就能捡够的。

他生命中的三件事证明了这一思路的好处。

第一件是高考，目标明确——要上大学。第一年第二年都没考上，他的砖头没有捡够，第三年他继续拼命捡砖头，终于考进了北大。

第二件是背单词，目标明确——成为中国最好的英语词汇老师之一。于是他开始一个单词一个单词地背，在背过的单词不断遗忘的痛苦中，父亲捡砖头的形象总能浮现在他眼前，最后终于背下了两三万个单词，成了一名不错的词汇老师。

第三件事是办新东方，目标明确——要做成中国最好的英语培训机构之一。然后他开始给学生上课，平均每天给学生上6~10小时的课，很多老师倒下了或放弃了，但他没有放弃，十几年如一日。每上一次课就感觉多捡了一块砖头，梦想着把新东方这栋房子建起来。他到今天为止还在努力着，并看到了新东方这座房子能够建好的希望。

在不断成熟的教学过程中，新东方有意识地进行励志教育，如雄鹰和蜗牛的故事，他们是这样讲的："能够登上金字塔顶端的只有两种动物，一种是雄鹰，一种是蜗牛。雄鹰拥有矫健的翅膀，所以能够飞到金字塔的顶端，而蜗牛只能从底下一点点爬上去。雄鹰飞到顶端只要一瞬间，而蜗牛可能需要爬很久很久，也许需要坚持一辈子才能爬到顶端，也许爬到一半滚下来不得不从头爬起，但只要蜗牛爬到顶端，他所到达的高度和看到的世界就和雄鹰是一样的。我们大部分人也许不是雄鹰，但是我们每一个人都可以拥有蜗牛的精神，我们可以不断地攀登自己生命的高峰，终有一天，我们可以在无限风光的险峰俯视和欣赏这个美丽的世界。"这样的语言像燃料一样输入学生生命的发动机，使学生一次次产生奋发向前的冲动。

90年代的北京，没有任何预告就停电成了家常便饭，有时刚上课几分钟教室就一片漆黑，学生辛辛苦苦挤公共汽车来到教室，再让学生回去于心不忍。于是他们给每个学生发一根蜡烛，停电后一起点燃，几百根蜡烛在阶梯教室里闪烁着光芒，老师在烛光下声嘶力竭地讲课。无数学生后来回忆起这一幕都充满感动，很多学生从新东方的烛光下走进了世界名牌大学深造。十五年的岁月里，新东方的教室条件越来越好，办公条件也越来越好，但有一点新东方从来没有丢失过，那就是追求卓越、挑战极限，从绝望中寻找希望，从奋斗中寻找辉煌的精神，他们把这种精神叫作"新东方精神"。

俞敏洪在新东方提倡两种精神——树的精神和水的精神。他认为，人的生活方式有两种，第一种方式是像草一样活着，你尽管活着，每年还在成长，但是你毕竟是一棵草，你吸收雨露阳光，但是长不大。人们可以踩过你，但是人们不会因为你的痛苦而产生痛苦，人们不会因为你被踩了，而来怜悯你，因为人们本身就没有看到你。所以我们每个人都应该像树一样成长，即使我们现在什么都不是，但是只要你有树的种子，即使你被踩到泥土中间，你依然能够吸收泥土的养分，自己成长起来。当你长成参天大树以后，即使在遥远的地方，人们也能看到你；走近你，你能给人一片绿色。活着是美丽的风景，死了依然是栋梁之材，活着死了都有用，这就是我们每个同学做人的标准和成长的标准。这就是树的精神。

每一条河流都有自己不同的生命曲线，但是每一条河流都有自己的梦想——奔向大海。我们的生命有的时候会像泥沙，你可能慢慢地就像泥沙一样沉淀下去了。一旦你沉淀下去，也许你不用再为了前进而努力，但你永远都见不到阳光了。所以，不管你现在的生命是怎么样的，一定要有水的精神——像水一样不断地积蓄自己的力量，不断地冲破障碍。当你发现时机不到的时候，把自己的厚度积累起来，当有一天时机来临时，你便能够奔腾入海，成就自己的生命。这就是水的精神。

新东方的成功不仅在于它向学生传授了一套应对英语和出国考试的方法和技巧，更重要的是它在教书的同时，突出了以励志为中心的思想教育，新东方的校训："追求卓越，挑战极限，在绝望中寻找希望，人生终将辉煌。"这便是励志教育的结晶。

新东方成功的关键不仅在于新东方既教书又教人，既授业又传道，而且在于它的教育思想和教学教法。英语教学特别是强化训练，本来是一种呆板、枯燥、味同嚼蜡的苦差事，但对于渴望出国和渴望成功的青年学生来说，它又是一个不得不跳的龙门。如果对这些在高度精神压力下从事苦差事的青年人再施以新的高压，并辅以单调乏味的死记硬背，那简直是苦上加苦，有的人可能会被压垮；即便不被压垮，也会使教学的效果大减。然而，新东方的老师在枯燥的英语教学中注入了幽默、笑话、知识、人生激励,把抽象的理论通俗化,把枯燥的单词知识化、谐趣化,激情演绎,趣味教学,用一系列朴素、平实、形象、生动和寓意深刻的比喻、故事,来表达一些基本的道理,寓教于乐,把一种苦行僧式的生活变成了一个追求人生目标的有趣过程,从而激发了学员的学习热情,取得了明显的学习效果。朱青教授在新东方听课以后说:"新东方还有很多超乎英语之外的有益的方法,他们不仅注重学习效率,而且鼓励学习的信心和培养学生学习的动力。"可见,新东方的成功既在英语之中,又在英语之外。

4. 俞敏洪与新东方的创业团队

新东方之所以能够走到今天,是因为新东方拥有非常优秀的团队。一个人的力量是有限的,但是一群人的力量是无限的。我们很容易把一根树枝折断,但我们很难把捆在一起的十根树枝一起折断。但做事情仅有一群人还不行,这群人还必须是具备团队精神的一群人,也就是一群有着同样精神状态、奋斗目标和进取精神的人。他把团队精神定义为一群有灵魂的人为了同一个目标走到一起。新东方有着极富个性的领导团体,新东方日益壮大,已经不再是单纯的 GRE、TOEFL 培训基地,其他相关产业也齐头并进。新东方有着数位"身怀绝技"的副校长,他们在各自的领域里面能够独当一面,在新东方的发展阶段起着举足轻重的作用。新东方创业的第二个"黄金时期"与他们的到来密切相关。

1995 年,王强应俞敏洪之邀回国。1996 年,他担任新东方副校长职务,并提出了"美语思维"的概念,以此来训练学员在口语训练中理解和运用美国人的思维逻辑。与此同时,杜子华的"突破语音",以及他在口语、美国电影、TSE 等方面的专家式教育进一步完善了新东方的口语教学体系。1996 年春,徐小平自加拿大归国后担任新东方副校长职务,他以"人生设计"的理念主持并成立了新东方的出国留学移民咨询处,为那些没有给自己准确定位人生方向的青年进行人生策划和设计,帮助他们重新审视自己并实现自我。1997 年,包凡一和何庆权正式加盟新东方,成为新东方的副校长。他们发起成立了新东方写作中心,并将其逐步发展为新东方图书事业部,出版了许多重要的英语学习参考书,成为新东方教育产业的重要组成部分。1998 年 7 月,著名英语教学和测试专家胡敏推出四级、六级和考研英语培训班,并且大获成功。1999 年年初,在全中国还没有几个人知道雅思考试的时候,胡敏就开始主持新东方的雅思培训工作,为去英联邦国家留学的学生进行英语培训。占尽先机后,新东方的雅思培训中心迅猛发展,目前已经成为国内最大的雅思培训中心之一,而胡敏也被人们戏称为"胡雅思"。2000 年 4 月,胡敏被任命为新东方学校副校长,2002 年 8 月,胡敏被任命为改组后的新东方教育集团总裁。

新东方是一个充满团队精神的地方,新东方从第一天起就不是孤独的。新东方从事教育事业的崇高感,以及新东方的奋斗精神和活力,吸引了一批批人来到新东方。新东方的第一批团队成员实际上是一批下岗工人,十来个四五十岁的中年妇女,她们帮助新东方管理教室、打扫卫生、印刷资料、处理各种社会关系、服务学生等,这批在国有企业中已经完全失去活力的妇女们,在新东方爆发出了空前的工作激情,以每天工作 16 个小时还不罢休的热情投入工作,把新东方办得蒸蒸日上、日新月异。

新东方的第二批重要团队是新东方最初的十几个老师,这批人中有现在还在学生中赫赫有名的钱坤强、夏红卫等人物。那真是一个激情燃烧的岁月,每天大家走进教室拼命上课,走出教室大碗喝酒,一学期结束后一起分享胜利果实,根据每个人的贡献论功行赏。当时发工资还没有银行卡一说,需要到银行领出大把的现金发放,而且都是十元的面值,所以老师们常常用一个大书包把钱开心地背回去。没有课的时候,他们就一起结伴远游,到草原骑马,到峡谷漂流,到山顶呼啸……度过了一次次难忘的时光。

1995年,俞敏洪放弃了出国读书的打算,下定决心要把新东方当作终生事业来做。1995年年底,他只身飞到美国、加拿大,一是走马观花看看这些国家,了却心中踏上北美土地的愿望;二是拜访大学时的同窗好友,看看有没有机会说服他们回到中国一起做新东方。在无数次的喝酒聊天、悲歌欢笑之后,他终于打动了几个胸怀大志的朋友,他们背起行囊又回到了伟大的祖国。这些人组成了新东方最具魅力的一个团队,以他们的激情、演讲、眼光和胸怀,一次次让学生激动,一次次使新东方升华。这批人把新东方从一个原始的培训学校,改造成了具有现代化管理结构的国际上市公司,把俞敏洪从一个只会英语教学的老师,推上了上市公司老总的管理平台。这些朋友,至今依然在新东方发挥着重要的作用,他们就是学生翘首仰视的王强、徐小平、包凡一等人。他们以思想、激情和梦想,在整整十几年的时光里,感动了成千上万的学生,让他们相信未来,热爱生命。

今天,随着新东方的发展,新东方的团队越来越强大,充满个性和魅力的人物越来越多,无数才华横溢的老师从四面八方来到新东方,无数热爱教育的人才从五湖四海汇聚新东方,今天的新东方已经壮大成为一个有着八千多员工、老师和管理者的强大团队。新东方的办公地点变了,新东方的组织结构变了,但有一点新东方一直保持不变,那就是令人羡慕的、拥有强大精神力量的新东方团队。

5. 俞敏洪与新东方的现代管理理念

实施科学的企业管理,需要企业文化的支撑;企业管理的部分成果又会凝结成企业文化,融化在员工的思想中,支配着员工的行为。新东方有4个管理原则:第一,员工的工作得到合理的报酬,尤其对于成熟的员工,工作报酬一定要高于周围的人,这样他才愿意在你这儿干;第二,一定要让员工得到精神上的满足,工作要愉快、要快乐;第三,员工在新东方能力要得到不断的成长,要不断地给员工提供成长的机会;第四,让员工有荣誉感,对于荣誉的承认,也是鼓励员工的重要原则。新东方的自我要求是:用理想和信念来支撑自己的精神;用平和和快乐来看待周围的人和事,对别人尽可能宽容一点;用技术和技能改善自己的生活,有了知识和技能才能得到更高的工资;用主动和关怀来赢得别人的友爱,主动、积极的人生态度一定会为自己赢得很好的社会地位;用严厉和冷酷来改正自己的缺点;用奋斗和毅力来实现自己的理想。

1) 新东方企业形象及系统管理

说起树立企业形象,人们很容易理解为就是做一些广告和宣传工作,或者进行一些专项活动,这些无疑是企业形象工作的重要内容。但更为重要的是,企业形象工作是一项科学、系统的管理工作。在新东方学校里,报名工作无疑是一个难题。到了开课那天,学生们往往挤成一片,不仅给学生们带来诸多不便,而且影响新东方的整体形象。为了解决这一问题,新东方与北京用友软件股份有限公司联合开发了新东方报名管理系统,并且已经开始正式投入使用。到目前为止,新系统运行很正常,整个新东方学校前台报名工作高效有序。这标志着北京新东方学校向现代化软件管理、制度化管理迈出了新的第一步。从这一举措也不难看出,新东方把自身的形象管理和客户的实际问题相结合,把形象管理上升到新的高度,这样新东方的凝聚力和社会形象扩散力也会更上一层楼。

2) 管理的宗旨

制胜的法宝——让利。能把新东方发展成为全北京乃至中国最有实力的民办学校之一,俞敏洪从来不避讳谈他的制胜法宝:让利。让利于学生,让利于教师,让利于管理者,让利于社会。

这个浅显的道理却是取胜的真谛,是俞敏洪成功的基础,也是新东方管理文化的精髓。

让利于教师。新东方有相当多的优秀人才,要留住这些人没有适当的管理方法是不行的。俞敏洪用的招还是让利。几年前,北大方正的高层曾说要创造出100个百万富翁。现在俞敏洪也有了足够的底气说这样的话,新东方的优秀教师经过努力也可以致富。仅仅因为教书而能成为富翁,这在中国甚至在教育事业相对发达的美国都罕见,而这样的奇迹的确发生在新东方。新东方需要人才,也能吸引人才、留住人才。在新东方的招聘会上,至少有上千人递交了简历,这是新东方让利于教师的必然结果。

让利于管理者。副校长徐小平曾说:"一个人能创造多大的价值?所以我们需要合作,合作的基础当然不能仅仅基于友情,更重要的是利益的协调,智慧的相互完善,还有人格的魅力和必要的妥协。"在新东方,你能有足够的舞台展示自己的才能并可以得到最大的发挥,个人的报酬也能得到充分的体现。

在新东方,只要你有实力,到处都是机会。对管理者的让利使得俞敏洪周围形成了新东方强大的管理团队,也使新东方能够迅速发展。这个团队在全中国都是数一数二的,他们之间的矛盾绝不少,但从没有过"散伙"或"集体辞职"之类的事情发生,这样的团队才能保障新东方事业的未来。

6. 创业家需要具备4大要素

俞敏洪在第四届创业家大会上指出,真正的创业家应该具备4个要素。一是被人信任,无论是创业者的人品,还是对事业的热爱和公司的管理,一定要具备被人信任的能力;二是具备交流、沟通和说服力,才能明确表达出让投资人有信心的看法;三是学习能力,创业者应随时随地通过学习、观察找到新的机遇,而不仅仅是在自己所在领域"死碰";四是创新能力,实现创新需要政府政策的支持,有创新型人才,而不要做盲目投资的冒险家。

7. 俞敏洪与新东方的未来

从新东方诞生的那一天起就永远不会做教育之外的东西,这使得新东方始终定位在教育上,不管是新东方的语言培训,还是新东方的远程教育、图书出版、基础教育,或者现在正在开拓的学前教育和职业教育,新东方自始至终都没有离开过教育两个字,也从来没有离开过教育这个行业,在未来可见的时间里也不会离开。所以新东方可见的未来,一定是在教育领域里风雨兼程,勇往直前,存在的宗旨和目的从不曾改变。新东方要做的事情,就是帮助千千万万希望自己的生活变得更加精彩的人去实现他们的梦想,就是鼓励千千万万经历了失败和挫折的人重新站起来去迎接生命的挑战。

我们希望新东方是一个不平凡的地方,一个让人们的生活变得更加灿烂的地方,一个让人们的心灵变得更加充实的地方,一个让人们变得更加自信和坦然的地方,一个让人们更加懂得人性、懂得爱、懂得珍惜的地方。这就是新东方的未来,让千千万万的人拥有更加美好的未来。关于新东方的发展目标,俞敏洪认为,第一要引领中国学生的成绩和未来;第二要成为家长心目中最好的培训学校;第三要承担社会责任,为了社会更加美好而努力;第四要发扬和光大新东方的创业精神和奋斗精神,系统地管理和培养教师队伍,通过完善新东方的组织结构来提升新东方的信息管理、系统管理水平,有远见地开发新东方的业务。

近几年,新东方面临新的战略转型发展期,在新的形势下,他们没有被现在的困难打倒,而是在俞敏洪的带领下,继续开辟新的创新创业天地,不断完善探索线上线下教学模式,开发"东方甄选"带货直播模式。这一举措受到国内外消费者特别是青年消费者的喜爱,在较短时间内,其粉丝量高达千万人。未来,新东方在新时代一定会有更好更快的发展。

思考:

1. 简述新东方的发展历程,试概括发展战略的变迁。怎样评价学习俞敏洪的创业精神?你怎样认识与评价俞敏洪提出的创业者应具备的四个基本素质?结合所学的战略管理理论,试制定创业发展战略。

2. 观看电影《中国合伙人》,分组交流影片观后感,并结合俞敏洪创办新东方的实际,写出他们创业成功的基本经验和感想。这给你哪些启示?

3. 目前,新东方进入发展的转型期,谈谈你对转型发展的看法及建议。

第九章

新创企业市场营销

【教学目标】

学习完本章后，应掌握的重点：

1. 创业营销的基本特征；
2. 创业营销的流程和步骤；
3. 创业营销运作中的关键成功要素。

【理论应用】

1. 举例说明创业营销的过程。
2. 举例说明构建营销渠道的过程。
3. 寻找创业成功的案例，研究促销策略的运用及经验。
4. 举例说明新创企业产品或服务定价采用的方法。

2021年12月18日，中国百杰女性创业高峰论坛暨第十七届海峡两岸及港澳杰出女企业家爱心联谊交流会在海南三亚召开，论坛以"巾帼建新功 品牌耀中华"为主题，共同探讨民族品牌在新时代的崛起之路。论坛上公布了2021中国十大杰出女企业家名单：徐平、越艳、周国瑛、温祝秀、崔小莉、陈兰芳、江甄菊、陈淑真、邱锦子、何素青。这些女企业家来自农业、畜牧业、汽车生产、信息技术、教育、生物制药等行业，她们爱国敬业、守法经营，取之于社会、回报于社会，成为引领年轻一代创业者的典范。

在中国的女性创业者中，具有典型性且影响力较大的创业者——"纸业大王"张茵就是创业探路的成功者。

【案例导入】

张茵——中国第一位女首富的创业历程

造纸术是闻名世界的中国古代四大发明之一，可谁又曾预想到在它诞生的几千年后，一个出生于中国东北军人家庭的中国女性靠着这一张张纸开创了一条属于自己的创业之路，并成为中国第一位女首富。2007年她获得CCTV中国经济年度人物奖，给她的颁奖词是："20年前的小会计，今天的女首富，她点石成金，将废纸变成森林，她用自然法则告诉人们：绿色财富，循环不息。"

1. "第一桶金"：靠废纸回收加工掘出

出生于20世纪50年代军人家庭的张茵，是8个子女中的老大，至今仍保持着浓浓的东北口音。由于家里的条件不是很好，张茵很晚才有机会进入大学学习，毕业后她先后在工厂做过工业会计，在深圳信托下属的一个合资企业做过财务工作，还在一家中国香港地区的贸易公司做过包装纸的业务。恰恰是中国香港公司的工作经历使她看到了创业的商机，也找到了自己创业的方向。

1985年，28岁的张茵只身带3万元到中国香港地区，做起了废纸回收生意。回忆起那段岁月，张茵说道："在中国香港地区从事废纸回收的虽然是些文化程度较低的人，但特别讲信义，与我特别投缘，再加上恰好赶上中国香港地区经济蓬勃发展时期，因此，6年内我就完成了资本部分积累。"1987年，张茵开始在国内选择投资合作伙伴，先后与辽宁营口造纸厂、武汉东风造纸厂、河北唐山造纸厂进行合资，企业规模不断扩大。1988年，张茵在广东东莞建立了自己的独资公司——东莞中南纸业有限公司，主要生产生活用纸。1990年，张茵将事业迁往美国，并成立美国中南公司。从此，张茵的造纸原料公司中南控股开始成为美国最大的造纸原料出口商，并蝉联至今。目前中南控股已是全球最大的纸原料出口商，年出口超过500万吨，并以年均30%的速度递增，业务遍及美国、欧洲、亚洲等。

2. "纸业大王"：中国第一人

1995年，张茵在东莞投资成立了玖龙纸业，在做投资决策的时候，张茵具有魄力和眼光。20世纪90年代，绝大部分中国的造纸厂还只是处于5万吨左右的年产规模，所用机器也是国产的，但张茵在东莞投产的第一台机器就是20万吨的年产规模，而且从一开始进入造纸行业，张茵就为她成为世界第一的包装纸厂商的目标制定了详细的规划，在东莞和江苏太仓的征地足以年产900万吨包装纸。她说："我们在太仓有几千亩土地，在2000年前后这么大规模地拿地是绝无仅有的。超前的眼光、大量的预投资使得我们很快成了行业的领导者。"此后几年，由于中国对箱板纸的需求不断增长，张茵不断投资大型造纸机，到目前为止，玖龙纸业已成为世界第八、中国第一的包装纸生产商，年产包装纸可达350万吨以上。

2006年，玖龙纸业在中国香港地区成功上市，并最终获得了578倍的超额认购，募集资金38亿港元。由于玖龙的表现得到了投资者的认同，在上市后不到半年的时间里，其就成为"摩根士丹利资本国际"环球指数、标准指数的成分股，并加入香港恒生综合指数。2006年10月11日"胡润百富榜"揭晓，张茵以270亿元的绝对优势荣登首富宝座，同时成为中国第一位女首富，也是世界上最富有的女白手起家者。2016胡润中国女富豪排行榜，张茵以310亿财富名列第五位。

3. 未来：机遇与挑战同在

成功上市带给玖龙纸业的是机遇，更是挑战。上市前，玖龙纸业只是张茵的私人公司，发展所需的各项资金只能靠自身的利润积累和银行贷款，而中国香港地区的成功上市将玖龙带上国际资本舞台，使玖龙有机会抓住更多机遇。

在张茵看来，挑战就是当市场低增长时，如何建立企业的成本优势。虽然中南控股是玖龙纸业的大后方，但张茵绝不会区别对待玖龙和其他客户，因为透明、公正的价格是中南的立业之本。张茵更关注如何在研发和控制成本方面有所创新，此外，她的专注也是不多见的。她非常确定地说："玖龙纸业将不会进入新闻纸领域。"但她现在所经营的包装纸的客户却是相当多元化的。她说："玖龙的客户都是全球性的，最大客户只占其销售总量的3%；40%的客户都是国外企业和直接出口部分，包括许多财富500强企业。"未来，张茵将会在创新、管理等方面提升企业的核心竞争力，促进企业的进一步发展。

在谈到对女性创业的建议时，张茵说："女性创业者创业之前，首先要明确自己的定位，知道自己适合做什么，不要勉强；其次要有宽广的心胸和敢于冲破压力的决心；然后还要有健康的体魄和身心的平衡。此外，家庭与事业间的平衡也是女性获得事业成功的关键。你的另一半必须与你共同对事业有着同样的专注与热爱，一切以事业为重，相互理解、相互扶持，这样才会有和谐、幸福的家庭生活。"

思考：

如果你是女大学生，你是怎样认识与评价张茵创业的？查阅相关资料，谈谈你的看法。

第一节 创业营销的内涵与过程

创业初始面对的首要问题就是如何让客户认识你，用什么办法赢得客户。市场营销就是培养客户(培养感情)，稳固客户，构建忠诚客户群或粉丝的过程。

一、创业营销的内涵与特征

创业营销是营销的一种。什么是营销？美国营销学会的定义是，对创意、产品和服务设定概念、定价、推销、分销来创造交易，以满足个体或组织的目标。这个定义构成了美国市场营销的基础。但这些年，传统营销受到一些批评，例如，过度依赖经验法则、公式化、缺少营销费用审核、侧重营销组合、追求表面需求、模仿而不是创新、重视现有市场而不是开拓市场、重视静态短期收益等。而创业营销是处在变化、复杂情况、资源缺少情况下，通过积极地识别和开发市场机会，运用创新方法开发并维系潜在客户，是一种创业导向的营销。同传统营销相比，创业营销有以下特性。

(1) 机会导向。这是指创业者在实施营销活动时，运用新方法赢得客户，根据创业机会的成长特性制定营销战略。

(2) 注重关系。新创企业在开始时市场认同度低，缺少成功的营销经验，市场营销方案和措施对新创企业适应性较弱。在实际营销时，应注重创业团队成员的亲朋好友，以及企业层面的战略联盟，特别要看重引进具有良好社会关系的市场开拓人才，这样可能会使营销活动事半功倍。

(3) 灵活多变。新创企业在进入一个新市场或市场环境处在多变的情况下时，创业者应注意调整营销策略，依据营销环境的变化而进行调整，不能固定不变而实施被动营销。

(4) 注重营销反馈。新创企业在营销活动中，特别强调营销活动对企业经营的反馈作用。不仅在于推销产品，还要在推销中反思经营及发展战略，并将其作为调整企业经营活动的依据。成功的营销过程能够有效带动企业建立竞争优势，促进企业发展。

新创企业在营销变革中要注意防范的10个陷阱如下。

(1) 追求完美。

(2) 全盘否定。

(3) 套用模式。

(4) 缺乏规划。

(5) 没有预算。

(6) 执行不力。

(7) 朝令夕改。

(8) 乱用人才。

(9) 迷信空降(外聘某些技术管理高层人才)。

(10) 虎头蛇尾。

二、创业营销过程

创业营销过程是从产品(或服务)进入市场时开始进行创业机会分析,构筑关系渠道,实施促销策略,确定产品价格,做好售后服务和反馈,这既包括传统的营销组合(产品、价格、渠道、促销),也要特别考虑创业机会的深度分析和后续的服务。创业营销过程如图9-1所示。

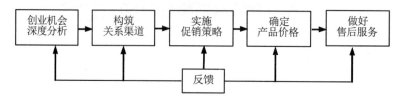

图9-1 创业营销过程

(1) 创业机会深度分析。创业机会深度分析是对新创企业机会核心特征的分析。创业机会是指综合考虑企业的内外部环境,认识创业机会特征。机会导向的企业营销模式是兼顾内外综合因素的营销模式,这是创业营销能否实现预期目标的关键。

(2) 构筑关系渠道。创业者关系渠道构筑以人脉关系为核心,有良好的人脉关系可以带来充裕的资金、技术、管理、信息等各种要素,并形成良性循环的关系网络,这对企业未来营销扩展是至关重要的。

(3) 实施促销战略。促销策略是创业者实施的具体营销策略,包括广告、公共宣传、人员推销、销售促进等策略。总之,可以采取多种方式达到促销的目的。

(4) 确定产品价格。价格是影响营销效果的手段,也是创业营销非常重要的环节。价格设定依赖于创业机会的开发、竞争优势的构建、营销策划等环节。要防止仅靠价格实现目标的做法,这不利于企业核心竞争优势的形成和企业的良性发展,应运用科学的定价策略设定价格。

(5) 做好售后服务。服务质量决定营销效果。因此,必须把服务作为第一重要的"软件"开发好。应把服务作为创业营销组合的重要内容,并落实到位,让客户满意。应根据客户提出的不同要求,做好反馈工作,适时调整,以达到促进销售量的增加,满足客户需求的目的。

我国中小企业在营销实践中,有以下几种创新的营销方法。

(1) 事件营销。例如,唐装营销开发是在 APEC 会议期间,这促进了唐装在全国乃至世界的销售。

(2) 关系营销。这是指强调顾客、竞争者、供应商、分销商、政府机构、股东、员工、社会公众等发生营销互动的过程,其营销效果是显著的。

(3) 网络营销。即通过互联网或大的电商开展互联网营销活动。

(4) 零库存营销。即以用户定量为基准,实行订单生产营销。

(5) 无缺陷营销。开发的产品(或服务)要求零缺陷,即在设计、产品、服务等全过程无缺陷。

(6) 饥饿营销。先进行前期的各项准备工作,培养客户的忠诚度,积累大量的粉丝,直到某一产品或服务得到客户认可并产生需求,再在适当时间进行适量销售,这样会产生意想不到的效果。小米公司有时会采用饥饿营销的方式,达到销售目标。

第二节　创业营销定位

一、创业目标市场细分

传统营销被科特勒称为"大众化营销"。在信息化这一新的竞争形势下,科特勒提出了由大众化营销向微观营销转化,有的专家称之为"个性化营销"。

由于新创企业面临复杂的环境和资源相对缺乏的特性,微观营销构成了创业营销的基本出发点,也就是更为细分的目标市场营销。目标市场营销指的是在一个市场内部具有相同购买能力、购买态度和购买习惯的消费人群所构成的市场。创业者必须在广阔市场中寻找最合适的消费群体,并依据其特点采取独特的市场营销策略,求得最佳效益。市场细分需要考虑一系列变量,主要有地理、人口、心理、行为4个方面的因素。

(1) 地理因素。这是市场细分时应首先考虑的因素。对于相邻地理位置的消费者,其社会文化、风俗习惯的需求会表现出一定的一致性,当然也存在需求差异,需寻找进一步细分的可能性。

(2) 人口因素。人口因素是第2个考虑的因素,如性别、年龄、收入、受教育程度、职业等因素。在某些方面还可以进一步细分消费群体。

(3) 心理因素。心理因素能反映消费者的主观特征,如消费者的购买行为倾向、心理因素细分建立在不同个体的价值观念和生活方式基础之上,主要考虑的是心理需求。美国斯坦福大学心理咨询研究所提出了著名的价值观和生活方式心理细分系统,其理论框架是,个人的生活方式受"自我导向"和"个人资源"两方面因素制约。"自我导向"指人们自我社会形象形成的活动和态度,有3种形式:原则导向,即依据原则办事;地位导向,即在有价值的社会背景下寻找一个安全地位;行动导向,即用确实的方法去影响环境。"个人资源"包括心理、体力等方面的物质观和个人能力。

(4) 行为因素。这是依据购买者在购买商品时的行为特征进行的细分。这种细分直接有效,主要从购买时机和购买动机两个方面进行考察。购买时机主要是指消费者喜欢在什么时候购买商品,创业者可依据这一切入点把产品推销出去,如节假日的促销活动。购买动机是消费者决定购买产品时的直接动因和诱因。识别这些因素,可促进产品销售行为的发生,排除消费者购买障碍。

上述4个方面依次构成了从大到小、从抽象到具体的细分顺序,创业者可依据这一顺序找到有效的目标市场。

二、创业产品层次分析

产品层次分析的核心是满足目标客户的需求,坚持顾客第一,顾客是上帝。满足程度如何是产品分析始终遵守的第一原则,要从这一点出发来分析产品,始于客户,终于客户。产品分析要围绕客户需求进行,例如,手机产品的个性化、外形、功能等。在营销学中,产品含义可分为5个层次。

(1) 核心利益层。产品的核心利益是产品的最基本效用或基本功能,客户愿意购买产品,基本出发点是基于核心利益考虑。价值(效用)=功能/成本(总成本)也就是顾客购买产品效用价值最大化。

(2) 基础产品层。产品基础形态指产品外观及主要特征,如样式、质量、特色、包装、品牌等。吸引消费者除满足其基本需要外,还可在外观等方面进行延伸。

(3) 期望产品层。即消费者希望的一些属性特征。从满足客户需要层面设计产品，而不单单考虑自己能提供什么，或者其他厂商能生产什么。

(4) 附加产品层。这是指产品的附加价值，即能够给消费者提供哪些附加价值(服务或承诺)，如免费安装、送货、维修等。创业者可以从服务创新角度进行考虑，增强企业对消费者的服务意识。

(5) 潜在产品层。这是对未来产品的开发，为未来发展做好准备，包括储备、开发、调研。依据企业提供的产品，可将创业机会分3个类型：提供现有产品的创业机会；提供改进产品的创业机会；提供全新产品的创业机会。例如，手机开发有LG巧克力手机、手机电视、5G时代。

第三节　构建营销渠道

一、创业营销渠道

创业者为更快把产品推向市场，完成销售过程，会通过一系列运作完成销售渠道的构建，并能使最小投入达到最好效果。依据营销渠道的特征，通常可分为经销中间商、代理中间商、营销辅助机构和"互联网+"营销4大类。

1. 经销中间商

一般来说，商品销售中的经销商先获得产品的所有权，再转手出售。例如，批发商、零售商均属此类型。新创企业为了节约销售成本或不在销售环节做过多投入，往往先找有实力或有很好销售渠道的经销中间商，尽快由他们销售并回收资金。

2. 代理中间商

代理中间商是帮助创业者寻找客户和销售产品。代理商不取得产品的所有权，也无须垫付商品资金，他们只收取一定量的提成。代理中间商的销售成本基本没有，因此，销售风险比经销中间商小得多。但是，代理中间商在市场推广方面动力不足，需要创业者自己来做。

3. 营销辅助机构

营销辅助机构是营销渠道中的重要组成部分，虽然不参加产品销售，但这类机构是产品销售行为顺利完成的必要保证。商品配送中心就是这类机构的代表之一，如电子商务的配送中心等，此外，还包括售后服务机构、仓储机构、银行和广告代理商等。

4. "互联网+"营销

营销进入3.0时代，即"价值观为中心的时代"。在这个新时代，营销者不再把顾客仅仅视为消费个体，而是把他们看作具有独立思想、完整自由的个体。"交换"与"交易"被提升成"互动"与"共鸣"。营销环境发生了重大变化，可以用3个词来表达，即"移动化、碎片化、场景化"。消费转变为随心所欲、全天候、多渠道的消费，消费者可以在任何时间、地点，通过任何方式特别是"互联网+"营销的方式，购买他们所喜欢的商品。新技术的发展，内容营销+场景的匹配，并通过不同的媒介制造出话题场景，才能引爆品牌。消费主体蜕变为个性化、社交化、娱乐化。面对"移动化、碎片化"的营销环境和"个性化、社交化"的消费主体，必须满足"最小的投入，最精准的链接，最完美的创意"，只有互联网营销才能达到这个目标。"互联网+"营销表现为4种模式,即大数据营销、内容营销、社群营销、场景化营销。碎片化的渠道、碎片化的时间、移动化的行为、个性化的价值观、娱乐化的诉求决定了"互联网+"企业背景下的营销向着场景化、数据化、内容化、社群化、场景化的趋势发展。未来企业在营销方面必然向"互联网+"营销模式传播扩散。

二、渠道构建过程

首先,要明确影响渠道构建的主要因素,才能制定合适的渠道策略。例如,外部环境等因素,包括政策、文化、社会、经济、技术等方面;内部条件是怎样的、实力如何,人员能力素质、物质条件等,在此基础上考虑渠道构建。从最直接的影响因素看,主要是企业的目标市场和产品特征。市场范围对渠道构建非常重要。从地理范围看,如果目标市场地理范围很大,或较为分散,渠道的长度和宽度可以大一些,创业者可选更多的中间机构,层次也可多些;如果目标市场的地理位置集中,那么渠道可以简化些,甚至不用外部渠道,自己独立运作。从产品特征看,如果产品功能或价值很普遍,跟现有产品大体相同,那么,渠道长度和宽度可适当放大;而如果产品功能非常独特,则需要更短、更窄的渠道。企业可组织人员进行销售,例如,创新产品进入市场的促销活动。再如,产品保质期限是渠道构建的重要因素,期限短,渠道就应简化,不宜过长,反之,则可适度放长。

渠道构建有如下几个步骤。

1. 设置渠道目标

渠道设置的目的是销售产品,实现企业整体战略目标。渠道目标应与其他目标相协调,适时进行调整,以避免产生不必要的矛盾。

2. 明确渠道任务

目标明确后,应把各项具体任务进行分析,一般包括促销、销售、与客户沟通、运输、存储等方面。通过明确任务,创业者对营销渠道的设立更为细化,其功能和定位更加准确,各司其职,各负其责,从而完成销售中的各项任务。

3. 确立渠道结构方案

明确渠道任务后,就应把任务合理地分配到不同的营销中介机构中去,最大限度发挥其作用。渠道结构方案包括以下4个方面内容。

(1) 渠道的层次设置。这是指渠道的纵向长度设置。直销是指由企业直接到消费者,即渠道层级为零;如果找经销商销售,销售层级则可能达到一定数目以上。

(2) 渠道的宽度设置。这是对渠道的横向设计。如果产品独特性强,为避免恶性竞争,可考虑设区域独家分销模式;如果产品是"大路货",那么可设较多分销机构。渠道横向设计也应考虑企业的成长状况。新创企业各方面资源有限,可考虑独家分销;企业成长壮大了,可考虑设分销机构等。

(3) 中介机构类型选择。这是在调研基础之后的挑选工作,一方面考虑中间商的实力,另一方面考虑企业自身状况。例如,中间商销售实力弱,很难完成销售计划目标,就要自建渠道销售;如果中间商销售实力雄厚,但合作成本高,创业者应综合考虑后再决定取舍。选择经销商可采用竞标选择经销商等办法。

(4) 采用"互联网+"营销。

【案例】

王兴——多难再兴美团网

王兴是校内网创始人，饭否网总裁，美团网创始人兼CEO。1977年，王兴由福建龙岩一中保送至清华大学；2001年，拿到全额奖学金去美国特拉华大学攻读电子与计算机工程博士学位；2004年，中断学业回国与6名同学一起开发"多多友网""游子网"，但都以失败告终。2005年12月，王兴与7名同学创办校内网，这是当时中国最大的校园网，但却融不到资，王兴最后决定以200万美元卖给千橡集团的陈一舟，王兴转手从软银融资4.3亿美元，创当时互联网融资纪录。2009年，校内网更名为人人网。王兴从2007年至2009年先后有推出饭否网和海内网，但都没有成功。外界对他有多种评价，他不改初心，继续寻找创业"机会之窗"，发现团购网刚刚露头，他又再次进入开发。2010年3月美团上线，主要针对本地的白领阶层的生活消费，如美食、电影、酒店、KTV。美团网销售对象定位准确，一鸣惊人，几个月就成为中国团购第一名。他提出经营理念是：消费者第一、商户第二、员工第三、股东第四、王兴第五。在这一理念的指导下，美团网的消费者满意度不断上升，在第三方对团购网站的消费者满意度调查评分中，美团网在2011年、2012年连续两年被评为第一名。2012年美团网占据团购市场的40%份额，销售额达到55.5亿元。

思考：

从创业定位营销角度，试评价王兴的创业历程、创业精神和创业营销策略。

第四节 制定促销策略

一、制定促销策略的影响因素

为了将产品成功销售出去，创业者必须采取有效的促销策略，对促销策略的选择进行详细分析。制定促销策略应考虑以下因素。

1. 整体营销环境

创业者制定的促销方案能否实行，取决于整体营销环境是否支持促销方案。这方面典型的例子是直销牌照的发放问题。目前，国内很少发放这类牌照，因为直销和传销界限不清，但也有个别企业获得了这类牌照，如雅芳、完美等品牌。因此，企业需要根据营销整体环境所提供的机会和约束条件来制定促销方案。特别是随着互联网、大数据、云计算等新技术的发展，许多消费者都选择在网上购物，因此，创业者必须考虑外部环境的变化来制定促销策略。

2. 目标市场状况

促销策略的选择与目标市场特征关系极大。目标市场的地理位置、社会文化、消费者心理因素、行为特征等都决定了促销策略的接受程度和实施效果。创业者在对目标市场进行深度分析后，才会决定采用什么样的促销方案。比如，技术含量高的独特产品应采用人员推销，通过人员演示来展示产品独特性，提升消费者的认可度。对于一般性产品，应注重提升产品知名度，并在附加价值上下功夫，充分利用广告等方式，提升产品的客户认可度。

二、促销策略的选择

促销策略一般可分为 4 类,即广告、营业推广、人员销售、"互联网+"营销。

1. 广告

这是指在促销过程中所推行的商业广告,不同于公益性广告。广告传播面广,范围大,一般能取得较好的效果。由于广告的实施和传播需要中介媒体,而媒体本身的声誉和影响力会对广告的效果产生重大影响,因此,有的企业不惜重金在电视上做广告,目的是靠权威性扩大影响力,扩大覆盖面。当然,在广告的内容、形式、广告语等方面应下大功夫,以此提升广告的宣传效果。选择广告媒体应从实际情况出发,进行比较,选择投入较少或虽投入较多但能达到更大宣传效果的媒体形式。也可考虑进行广告组合,如电视广告、平面广告、网络广告等,选择最有利于实现目标的广告媒体,注重广告的成本效益分析,防止盲目不计成本的广告宣传。

2. 营业推广(网上宣传推广)

这是在特定时机或特定地点采用特殊手段对消费者实行强烈的刺激,从而达到促销效果或目标的方式。当然,营业推广不能作为常用策略,经常使用会让消费者产生反感,其效果适得其反。在实际运作中,营业推广应与其他方式相结合,以达到更好的促销效果。营业推广手段包括:赠送样品、免费使用、发放折扣券、有奖销售、返现金等。还有通过展销会、交易会、博览会等方式来推销产品,例如,某罐头厂厂长参加展销会,但被安排在角落里,无人问津,于是他想出奇招,制作铜牌,谁捡到铜牌便可到展角去领纪念品,此举非常成功。当然,营业推广也包括网上的宣传推广。

3. 人员销售

这是企业派营销人员直接到目标市场同顾客建立联系,传递信息,促进商品和服务销售的活动。人员销售有成本优势,不用花很大的广告费用。人员销售是面对面,增强沟通,培养与客户的关系,当场示范,很容易吸引客户,使客户信服。当然,如果选人不当,则会造成不良影响,还会影响促销活动效果。人员销售时,应特别加强对用户的信息调研,搜集各种信息资料,有针对性地进行销售,同时,销售人员要掌握沟通、谈判、交流等方面的技巧。在进行促销时,无论采用哪种策略,都应适时进行总结,发现问题并及时解决,适当调控,有效评估,及时反馈,不断提高促销效果。

4. "互联网+"营销

"互联网+"营销是利用互联网的形式,通过积累粉丝等手段,促进销售的方式。例如,小米手机的网上销售策略就很成功。

【案例】

杜存怀——返乡创业带领乡亲们共奔致富路

从返乡创业到成立眉县恒盛鑫肉鸡专业合作社,从科技养鸡到带动乡亲们共同致富,杜存怀从一名"鸡司令"到成为陕西省宝鸡市劳动模范,奋斗历程中充满了他对家乡的质朴情感和担当作为。

1. 让鸡住上"楼房"

2009年，陕西省宝鸡市眉县营头镇和平村的杜存怀辞去高薪工作，返乡创业，创建了宝鸡第一栋年出栏6万羽的标准化地面平养鸡舍。为了做大做强，2011年8月，杜存怀成立了眉县恒盛鑫肉鸡专业合作社(以下简称恒盛鑫)，并以"公司+合作社+养殖户"的共赢模式，带领养殖户进行订单养殖。与我国传统的肉鸡养殖方式一样，杜存怀一开始也采用大棚地面平养和网床平养。很快，杜存怀便发现这两种养殖方式存在共同的缺点，那就是空间利用不足、养殖效率低，鸡舍内容易产生大量氨气和硫化氢等有害气体。而且，地面平养方式下的鸡会与鸡粪直接接触，鸡的发病率和死亡率较高。为了改进饲养方式，推广健康养殖，杜存怀决定让鸡住上"楼房"。2015年，杜存怀以现代科技为依托，整合农业资源，引进全自动肉鸡立体养殖设备，新建了1栋1500平方米的标准化鸡舍，并引进了多列层叠式自动化肉鸡养殖设备。在科技的加持下，恒盛鑫的肉鸡年出栏量达到21万羽，企业成为宝鸡首栋全自动立体式肉鸡养殖圈舍的试点企业。

2. 共享专利技术

为了让更多的鸡住上"楼房"，2019年，恒盛鑫再投资600万元，新建标准化鸡舍3栋，约4640平方米，引进智能全自动肉鸡养殖设备3套，为肉鸡高效养殖做足了准备。功夫不负有心人，恒盛鑫在杜存怀的带领下一步步做大做强，到2021年，恒盛鑫合作社已有智能化鸡舍19栋，年出栏肉鸡228万羽，创造社会效益6800万元。杜存怀成为名副其实的"鸡司令"，也成了乡亲们的致富带头人。在实现利润的同时，杜存怀带着恒盛鑫通过统一推广多列层叠式笼具技术、自动化内环境控制技术、无抗肉鸡养殖技术、应用中药及采食生物防控疫病技术等系列生态高效养殖技术，大大提高了养殖效益和食品质量安全水平，并获得了"新式笼养鸡舍""现代化肉鸡养殖圈舍""一种新型农户养殖场功能区的布置结构"等多项专利。拥有多项专利技术的恒盛鑫并没有独享专利，而是大力推广已有的科学养殖技术和专利技术。在杜存怀的示范下，和平村的村民们纷纷改变了传统的养殖方式，大大提高了养殖效率。同时，杜存怀还推动在眉县周边孵化出43栋全自动肉鸡养殖圈舍，使汤峪、槐芽等镇和太白、扶风等县也发展起了肉鸡养殖。

3. 给乡亲们提供合适的就业岗位

鸡多了，鸡粪也就多了。为了做好产业的综合利用和拓展延伸，杜存怀又新建了有机肥加工车间，在发展高效养殖的同时，开展有机种植。如此一来，恒盛鑫不仅进一步加强了畜禽粪污资源的再利用，更实现了一、二、三产业的融合和农业再生利用的循环发展。现在的恒盛鑫已经成为一个集肉鸡养殖、有机肥加工、果蔬种植于一体的陕西省级示范合作社，拥有智能化全自动肉鸡养殖圈舍15栋、生物有机肥加工厂1座、果蔬种植园313亩，年出栏肉鸡180万羽，生产有机肥8000吨，优质果蔬550吨，销售额1523万元，实现利润320万元。

从2016年到2021年，杜存怀为当时的建档立卡贫困户免费发放有机肥180吨，价值18万元。此外，杜存怀还经常为乡亲们提供科学养殖技术指导。眉县是猕猴桃种植大县，有机肥的使用能够有效提升土壤有机质，提高猕猴桃果品质量。依托恒盛鑫的有机肥加工车间，杜存怀以成本价将有机肥提供给猕猴桃种植户，让农户们的有机猕猴桃连获丰收。恒盛鑫建设有自己的种植园，杜存怀为230多名脱贫户提供了在种植园就业的岗位，对于行动不便的残疾人，杜存怀也尽量将其安排在合适的岗位，帮助他们过上衣食无忧的生活。绿色、生态、合作、共赢，杜存怀带领恒盛鑫依靠科技创新，发展高效养殖、有机种植，走出了一条农牧结合、循环发展的新路子，也带领乡亲们走出了一条共同致富的新路径。

思考：

从创业营销角度，试评价杜存怀的创业历程，他是如何带领乡亲们创业共同致富的？我们应学习他的哪些创业精神品格？

第五节　营销定价

一、营销定价目标

合理的价格设定可以快速推进新产品的市场导入工作。在定价阶段，创业者应综合考虑各方面因素，为企业的产品销售制定合适有效的价格。创业者需要考虑的是企业的定价目标，定价目标应服从企业的整体战略目标，在企业的战略目标之下，不同的企业定价目标存在差异，大体有以下几种。

1. 以获取利润为定价目标

利润是企业生存和发展的源泉，为获取利润，在制定价格时，必须使价格高于产品成本，这样实现销售时就能够获取利润。根据产品独特性和开发成本，可以把价格定高，获得较高的利润，也可以把价格定低，实现薄利多销，以量取利。在定价时，创业者也要权衡短期利润和长期利润，不能顾此失彼。比如，进入新市场，创业者指定的短期利润目标较高，有可能吸引后续竞争者跟进市场，这反而会增加市场竞争强度，导致长期利润降低。

2. 以占领市场为定价目标

创业者为了占领市场，扩大市场影响力，提高市场占有率，培养客户的忠诚度，并尽快对潜在竞争者形成壁垒，在定价时往往采用低价策略，先入为主。

3. 以扩大销售量为定价目标

创业者价格制定以扩大销量为目的，对高投入的产品，只有迅速扩大销售才能形成规模，使产品成本下降，得到市场认可。在一定意义上说，这既扩大了市场份额，也是遏制竞争对手的有力工具。为扩大销售可采用低价或与其他竞争策略相结合的方式，切忌将价格竞争作为唯一的扩大销量手段。

4. 以应对竞争为定价目标

在创业阶段，有的学者认为，创业者不应采用积极主动竞争策略与竞争对手进行有针对性的面对面竞争，应找缝隙市场，避开竞争者的锋芒，这样有利于创业者以较低的实力打开市场。但20世纪90年代以来，也有学者认为，创业者可采取积极竞争手段与竞争者进行针锋相对的竞争，这可以带动企业成长。创业者可根据竞争需要制定产品的价格，以价取胜。

实际上，无论采用哪种定价目标，都应从外部市场环境，以及产品开发、特征、用户、成本的角度综合考虑，要以有利于促进企业成长、有利于提高市场核心竞争力、有利于赢得客户为标准。

二、营销定价方法

企业的定价方法很多，常见的定价方法有以下几种。

1. 成本定价法(渗透定价法)

这是一种很实用的定价方法,但需要对企业成本进行精确计算,在此基础上加上预期利润,即可定出销售价格。这适用于产品成本易核算的企业。如果提供的产品或服务是难以量化的,那么成本定价法就不容易操作。

除成本计算外,还应对利润目标进行仔细分析。比如,需要分析该行业的平均利润水平,进行一些必要的调研,如果是新市场,则可借鉴金融市场上的基准利率,如定期存款利率。总之,创业者可以根据成本和预期利润确定价格。

2. 竞争定价法

创业者进入的是现有市场,有同行业竞争者,创业者要考虑竞争对手的价格水平。创业者从同行业竞争者价格考虑,一般定价水平大体相当,定价高会失去市场份额,而且同行业价格水平往往在消费者中被认为合理价格。过高定价会失去消费者,对新创企业是十分不利的,因此往往采用跟随价格策略。如果创业者产品具备特殊技术、功能等方面优势,则也能吸引消费者,这时可采用高于竞争对手的价格。

3. 心理定价法

这是对上述两种定价方法的补充,是根据消费者购买商品的心理动机来制定价格。比如,尾数定价法(9、99、999),使消费者产生错觉,产生购买欲望。房地产商在新楼盘开盘时,价格往往比平常高,有进一步上涨的趋势,这是利用了消费者惧怕价格高而产生的恐慌购买心理,常常能够奏效。心理定价法需要创业者对消费者心理进行调查,才能取得较好效果。

4. 混合定价法

这是一种组合式定价(如系列产品定价、连带产品定价、附带产品定价等)。比如,企业出售系列产品,高端产品采用高价格,一般产品采用低价格。如果企业目标市场在不同区域,则对消费水平高的地区采用高价格,对消费水平低的地区采用低价格。新产品导入时定价高,以后逐步降低。

综上所述,创业者定价措施应灵活多变,不能固定于一个模式。同时,还要注意定价措施与其他营销措施的结合,防止单纯依靠价格提高竞争水平。

【案例】

史玉柱开发《征途》游戏,上线玩家越来越多,当年《征途》游戏在线人数高达30万,月营业收入达4463万元,增长非常快。他说:"你真正赚钱靠回头客,也就是看能不能吸引住他。我们是赚有钱人的钱。"玩家花钱买药,买装备,修装备,在拼杀中升级,在升级中花钱,不断反复,等级越高,花费越大。30万用户,月人均消费150元,月在线4500万元收入。从营销角度看,其成功因素包括:迎合消费者、吸引消费者、高端游戏、免费进入、靠卖装备等赚钱。史玉柱重视引进人才,重视研发,重视市场推广,重视吸引顾客尤其是高端用户,从而取得成功。

思考:

概括史玉柱的营销策略。怎样理解"我们是赚有钱人的钱"?

【本章总结】

本章介绍了创业营销的概念。创业活动的环境和创业者持有资源状况决定了新创企业创业营销不同于成熟企业的营销。创业者应在分析外部环境的基础上,结合内部条件制定营销战略规划方案。创业营销分为5个步骤，包括机会深度分析、渠道建设、促销方案选择、产品定价、做好售后服务与反馈。在创业营销方案的制定及执行过程中，应考虑4个方面的因素，即市场细分与产品层次划分、营销渠道的构建过程与步骤、促销策略的选择、营销定价方法的确定。特别要注重随外部环境的变化而随时调整营销策略，从而帮助创业者打开市场，获得利润。

【复习思考题】

1. 创业营销与成熟企业营销活动最大的区别体现在哪方面？
2. 寻找一个新创企业，分析其创业营销活动的特点。
3. 列举创新营销方面的实例，讨论其是否适用于创业营销。

【实训实练】

把创业项目的产品或服务销售出去，或尝试做某些产品或服务的代理销售工作。可考虑在学校附近"练摊"，运用所学的创业营销理论，制订创业营销计划，包括构筑销售渠道，实施促销策略，确定产品价格，做好售后服务工作等方面。总结销售的经验与体会，注重客户的反馈意见，不断完善创业营销计划，提高创业营销能力。

【创业案例过程研究与思考】

山姆·沃尔顿：零售业帝国沃尔玛的打造者

沃尔玛有限公司是美国的一家世界性连锁企业，总部设在阿肯色州本顿威尔。以营业额计算，沃尔玛为全球最大的公司，其控股人为沃尔顿家族。山姆·沃尔顿于1945年在本顿威尔小镇开始经营零售业，经过几十年的奋斗，终于建立起全球最大的零售业王国——沃尔玛，成为美国最大的私人雇主，并造就了世界上最大的连锁零售企业。沃尔玛因其卓越的企业家精神于1992年被布什总统授予"总统自由勋章"，这是美国公民的最高荣誉。沃尔玛公司现有8500家门店，分布于全球15个国家，包括美国、墨西哥、加拿大、巴西、阿根廷、南非、中国、印度尼西亚等国家，建有4150多家连锁店，员工数目也有220多万人。沃尔玛年销售额相当于全美所有零售公司的总和，而且至今仍保持着强劲的发展势头。沃尔玛主要有沃尔玛购物广场、山姆会员店、沃尔玛商店、沃尔玛社区店4种营业方式。2014年，沃尔玛公司以4762.9亿美元的销售额(其中在线销售100多亿美元)，年利润160亿美元，力压众多石油公司，而再次荣登《财富》世界500强榜首。它在短短几十年中有如此迅猛的发展，不得不说是零售业的一个奇迹。此后，它多年保持全球营业收入首位。2021年，其销售额高达5728亿美元，在世界排名第1位，净利润140亿美元。

沃尔玛何以能从一家小型的零售店，迅速发展成为大型国际化零售集团，并成为世界第一零售品牌？

第一，沃尔玛提出了"帮顾客节省每一分钱"的宗旨，而且实现了价格最便宜的承诺。所有的大型连锁店超市，都采取低价经营策略。沃尔玛的与众不同之处在于，想尽一切办法从进货渠道、分销方式、营销费用、行政开支等各方面节省资金，提出了"天天平价，始终如一"的口号，并努力实现价格比其他商号便宜的承诺。

第二，沃尔玛向顾客提供超值服务的享受。走进任何一家沃尔玛店，店员都会立刻出现在你的面前，笑脸相迎。店内有这样的标语"我们争取做到，每件商品都保证让您满意！"顾客在这里购买任何商品如果觉得不满意，可以在一个月内退还商店，并获得全部退款。沃尔顿曾说："我们都是为顾客工作，你也许会觉得是在为上司工作，但事实上他也和你一样。在我们的组织之外有一个大老板，那就是顾客。"沃尔玛把超值服务看成自己至高无上的职责。

第三，沃尔玛推行"一站式"购物新观念。顾客可以在最短的时间内以最快的速度购齐所有需要的商品。在商品结构上，力求富有变化和特色，以满足顾客的各种喜好。另外，沃尔玛为方便顾客还设置了免费停车等多项服务。

第四，在各种公益事业的捐赠上，不吝惜，广为人知。沃尔玛在社会活动上大量的长期投入及活动本身所具有的独到创意，大大拓宽了品牌知名度，成功塑造了品牌在广大消费者心目中的卓越形象。

第五，沃尔玛针对不同的目标消费者，采取不同的经营零售形式，分别占领高、中、低档市场。例如，针对中层及中下层消费者的沃尔玛平价购物广场、只针对会员提供优惠服务的山姆会员商店，以及深受上层消费者欢迎的沃尔玛综合性商店等。

第六，沃尔玛利用先进信息技术整合优势资源，形成独特的竞争优势，使其经营水平远高于竞争对手。沃尔玛的全球采购战略、配送系统、商品管理、电子数据系统、天天平价战略在业界都是可圈可点的经典管理案例。沃尔玛的成功建立在其先进的管理手段基础上，沃尔玛利用信息技术整合优势资源，使其经营水平远高于竞争对手。在信息技术的支持下，沃尔玛能够以最低的成本、最优质的服务、最快速的管理反应进行全球运作，各家商店运用计算机进行库存管理，连锁商店系统采用条形码扫描系统。通过专用的卫星通信系统，全球4000多家沃尔玛分店都能够凭借信息技术的终端与总部进行实时联系。

在沃尔玛管理信息系统中最重要的一环就是它的配送管理。其独特的配送体系，大大降低了成本，加速了存货周转，成为"天天低价"的最有力支持。该系统共包括以下3个部分。

(1) 高效的配送系统。沃尔玛的供应商根据各分店的订单将货品送到沃尔玛配送中心，配送中心负责完成对商品的筛选、包装和分验工作。送到此处的商品85%采用机械处理，大大减少了人工处理商品的费用。

(2) 迅速的运输系统。沃尔玛的机动运输车队是其供货系统另一个无可比拟的优势。沃尔玛在1996年就拥有了30个配送中心，2000多辆运货卡车，保证进货从仓库运到任何一家商店的时间不超过48小时。而其他同行业每两周补货一次，沃尔玛可以保证分店货架平均每周补货两次，从而大大节省了运送时间和费用。其结果是沃尔玛的销售成本因此低于同行业销售成本的2%~3%，为沃尔玛全年低价策略打下坚实基础。

(3) 先进的卫星通信系统。沃尔玛这套系统的应用，使配送中心、供应商及每家分店的每个销售点都能形成快速作业，在短短数小时内便可完成"填妥订单—分店汇总—送出订单"的整个流程，大大提高了营业的高效性和准确性。沃尔玛有整套系统的扩张策略。在业态上，沃尔玛选择了20世纪80年代正处于业态寿命周期中成长期的折扣店，从而最有利于早期扩张。在产品和价格决策上，沃尔玛以低价销售全国性知名品牌，从而赢得了顾客青睐。在物流管理上，沃尔玛采用了配送中心扩张领先于分店扩张的策略，慎重地选择了营业区域内的最合适地点建立配送中心，在地点上，沃尔玛采用垄断当地市场后再向下一个邻近地区的基本原则，以及在一个配送中心周围布下150个左右的分店策略。沃尔玛在数量上始终保持了极其理智的控制。沃尔玛海外投资相当稳健，随着世界经济的全球化，沃尔玛已经加紧了其国际化的步伐。

零售业巨子沃尔玛采用长期战略与短期战略相结合的方法。沃尔玛的长期战略目标是要做全球零售业的领袖，短期战略目标是稳步推进、积极适度地扩张。短期战略与长期战略的相互配合使沃尔玛很快成为美国最大的零售企业。随着短期战略目标的实现，沃尔玛逐渐走上了向外扩张的国际化道路，成为世界知名品牌。

第七，重视倾听最基层的声音，鼓励员工提意见。沃尔玛公司创始人山姆·沃尔顿在经营实践中，注重总结经验，并形成了自己的经营原则，这些原则包括：竭力强调和贯彻沟通；倾听最基层的声音；将责任和职权下放给第一线的工作人员；寻求新的方法，以鼓励商店里的员工能够通过整个制度将他们的想法提上来。

沃尔顿说："如果你必须将沃尔玛体制浓缩成一个思想，那可能就是沟通，因为它是我们成功的真正关键。"沃尔玛公司有许多种方式进行沟通，从星期六早晨的会议到极其简单的电话交谈，都是因为建立了卫星系统的沟通联络，这是实现良好沟通的必要条件。他们将各种信息通过卫星传播系统以极快的速度传送出去，例如，每月的损益报表、反映各销售店出售的最新商品的数据，以及各地经理们希望公司快速发给他们的其他材料。

沃尔顿非常重视倾听最基层的声音，他说："计算机无法而且绝对不可能替代到商店巡视和学习的功效。"地区经理人要亲自处理店内的一切事务。每个星期一早晨，地区经理人要进入他们分管的地区视察商店。他们每周外出三到四天，通常会在星期四回来，他们必须至少带回一个能算是不虚此行的构想。然后他们会与公司的高级经理人聚集在一起召开星期五的业务会议，告诉管理者哪些商品卖得出，哪些商品卖不出去。他们想尽各种方法改进销售策略。采购人员也必须时刻保持对商店需求的供货反应的高度敏感。

沃尔顿指出，公司越大，就越有必要将责任和职权下放给第一线的工作人员，尤其是清理货架和与顾客交谈的部门经理人。即使他们还没有上过大学或是没接受过正式的商业训练，他们仍然可以拥有——只要他们真正想要获得，只要他们努力专心工作和提高做生意的技巧，只有这样授权才能起作用。商品管理的权责归部门经理人，促销商品的权责归商店经理人，他们的采购人员也比其他公司人员拥有更大的责权。沃尔玛公司早就决定将各种信息在公司内分享，而不是将每件事都当作机密。他们经常在星期日举行音乐会，邀请一些真正能改善其商店经营的员工来和大家分享他们的心得。"创销售数量商店"比赛就是沃尔玛公司如何实施授权的一个绝好的例子。各个部门经理人级别的员工都能选择一项他们愿意促销的商品，然后看哪项商品能创造最高的销售数量。

沃尔玛公司从员工那里不只是寻求零售构思，还邀请想出节省金钱办法的员工参加星期六早晨会议。显然，沃尔玛公司从员工那里得到了许多很好的建议，员工也从相互的交流中分享了经验和智慧。他们总结了创业发展成功的"三十文化"(即三大信仰和十条法则)。

三大信仰：①尊重个人；②服务顾客；③追求卓越。

十条经营法则：①控制成本；②利润分享计划；③激励你的同事；④可以向任何人学习；⑤感激同事对公司的贡献；⑥允许失败；⑦聆听公司内每个人的意见；⑧超越顾客的期望，他们就会一再光临；⑨控制成本低于竞争对手；⑩逆流而上，走不同的路，放弃传统观念。

思考：

山姆·沃尔顿创办沃尔玛公司，有哪些创业及发展经验值得学习借鉴？特别要从营销角度对其进行评价。怎样理解"三十文化"，谈谈你的看法。结合查阅的有关文献进行总结和提炼。

第十章

新创企业人力资源管理

【教学目标】

学习完本章后，应掌握的重点：

1. 新创企业人力资源管理的内涵、构成与特点；
2. 新创企业高层人员的管理；
3. 新创企业一般员工的管理。

【理论应用】

1. 举例说明新创企业人力资源管理的独特性与构成。
2. 调查新创企业高层人员管理与一般员工管理的现状与问题，并进行分析评价。
3. 提出加强新创企业高层人员管理与一般员工管理的对策措施。

【案例导入】

齐国宰相管仲最早提出人力资源是最重要资源的思想

早在春秋战国时期，齐国宰相管仲便提出培养人才的重要性，他是世界上最早提出人力资源是最重要资源的思想家之一。他说："一年之计，莫如树谷；十年之计，莫如树木；终身之计，莫如树人。一树一获者，谷也；一树十获者，木也；一树百获者，人也。"在20世纪70年代，美国学者舒尔茨论证了美国经济增长主要靠人力资本推动，人力资本大于物质和自然资本，对经济增长作用更大。教育投资是人力资本核心。他开创了现代人力资本理论并获得诺贝尔经济学奖。

刘邦自评取天下秘诀

刘邦总结打败项羽取得天下时说："夫运筹策帷帐之中，决胜于千里之外，吾不如子房；镇国家，抚百姓，给馈饷，不绝粮道，吾不如萧何；连百万之军，战必胜，攻必取，吾不如韩信。此三人，皆人杰也，吾能用之，此吾所以取天下也。"领导的本质在于科学地用人，在于通过自己的魅力或影响力去领导下属完成组织战略规划目标，而不在于领导具体能干多少工作。《三国演义》中的刘备、《水浒传》中的宋江、《西游记》中的唐僧等，他们能成就一番事业，关键是有选拔、领导人才的才能。

思考：

以上两个案例说明了什么问题？它们给我们哪些启示？你如何认识"人力资源是第一资源"这一观点？

第一节　新创企业人力资源管理的构成与特点

创业者在企业成长过程中面临的重大挑战是人力资源管理。人力资源是新创企业发展最重要、最基础性的第一资源。人力资源管理不仅仅是招收员工或培训员工，更为重要的是从新创企业未来发展、提升核心竞争力的角度来思考人力资源战略管理问题，是"软件"管理中最"硬"的部分，也是必须着力认真解决的问题。

传统人事管理经过人力资源管理转到战略性人力资源管理。战略性人力资源管理主要内容包括：管理理念是以人为本，尊重员工，全员参与，上下互动，员工是核心战略资源。全体员工执行力强，上下一致为实现组织战略目标奋斗，这在组织结构中非常重要。组织应强调短期、中期、长期战略计划，各部门工作与战略目标契合，完整互动，人力资源匹配，一线职能部门推动支持，确保顺利完成组织战略目标。

在创业研究中，学者们更关注创业者及创业团队角色的研究，这是非常重要的。但如果仅仅锁定在这些人身上，而忽视其他雇员对创业活动的重要性，这对企业发展是很不利的。比如，对于员工招聘、培训、考核、激励等，成熟企业可能已经有一定的管理经验，但新创企业会面临许多新问题，成熟企业人力资源管理经验不一定完全适用于新创企业。因此，需要对新创企业人力资源管理的独特性有所认识。强化人力资源管理，是创新创业成功的重要保证。

一、新创企业人力资源管理的独特性

(1) 新创企业外部环境具有较大的不确定性。新创企业刚进入市场，产品或服务不一定能够得到消费者认可，这些市场不确定性因素都对新创企业带来巨大挑战。竞争对手采取的应对措施等对新创企业压力巨大。一旦战略决策失误，就有可能成为"先烈"。因此，新创企业成长过程不仅要求制定正确的发展战略规划，还需要各级员工认真落实规划措施，这需要一系列管理制度做保证。

(2) 新创企业所拥有的资源相对匮乏。新创企业的资源拥有量与成熟企业相比是有较大差距的，通常会因为缺少资源而使人力资源管理工作面临很多困难。比如，因缺少资金而使员工薪酬较低，会对吸引高水平人员及调动员工积极性形成很大的制约作用。因此，如何获取更多资源进而实现企业战略目标，是新创企业必须认真解决的问题。

(3) 新创企业的发展需要团队的共同努力。一般说来，新创企业从创建到高成长需要一个优秀的创业团队。创业者必须吸引各类人才共同创业，促进企业成长。比如，随着企业的成长，高新技术企业需要吸引不同的人才加入企业，使人才结构合理。因此，对于高层管理团队的管理成为新创企业人力资源管理的重要组成部分。

(4) 新创企业的组织制度不完善。新创企业开始运营时，人力资源管理工作都由创业者独立完成。随着企业的发展，新创企业需要专门的人力资源管理部门进行管理，包括人员招聘、各项规章制度的订立、考核、评价、晋级等，都要通过制度管理来完成。因此，建立规范的、科学的人力资源管理制度显得十分重要。

对于新创企业尤其是高新技术企业，创业者要树立以下几个重要的人力资源管理观念：最重要的竞争优势来自企业的人力资源；企业拥有的最大资产就是公司员工的智慧；人才是企业生存和发展的根本；企业人力资源的差别是一切有形和无形资产差别的根源，人力资源是企业首要的战略资源；人力资源所蕴含、衍生出的管理技能资源是获取良好绩效的关键。

二、新创企业人力资源管理的构成

新创企业的人力资源管理由7个方面构成，内容如下。

(1) 人力资源管理制度。主要包括：招聘、薪酬、培训、考核等管理制度。管理制度要有利于留住员工，调动各类员工的创造性、积极性，管理制度随企业的成长适时进行调整。

(2) 员工招聘。选择合适的员工，择优录用，将员工放在能发挥最大能力的岗位上，人尽其才，才尽其用。

(3) 薪酬。建立合理的薪酬分配体系，采用复合型或结构工资分配模式，也可采用非薪酬的激励措施，如股权激励等。对贡献大的员工要适时予以奖励，薪酬水平要与企业增长相适应。

(4) 培训及发展。在组织发展不同阶段，要有计划地对员工进行系统培训、职业生涯规划、开发培训，帮助员工进行有效的角色转化，适应新岗位要求，培训形式可灵活多样。

(5) 绩效评估。效绩考核与评估是按一定标准，采用定量与定性的方法，对不同层次的各类人员，测评完成岗位职责任务的情况，其目的是引导和激励员工多做贡献，最终达到企业和个人发展的"双赢"。对员工的考核评估主要从6个方面进行，即创新、德、能、勤、绩、廉。考核评估要与奖惩结合起来，与培训结合起来，与个人职业发展结合起来。考核评估要坚持公开、公正、公平，要客观有效。

(6) 组织变革。新创企业当发展面临人员"瓶颈"时，常常采用组织结构调整及人员更换，但不宜过于激烈，或是采用"一刀切"的做法，而应努力争取组织变革与人员相对稳定的动态平衡，否则，会给新创企业带来巨大隐患和不应有的损失。

(7) 劳资关系。新创企业要认真处理好资产所有者与雇佣劳动者的关系，坚持以人为本，坚持尊重员工的首创精神，坚持以平等的态度对待员工。新创企业应创造一种和谐相处、互相理解、共同发展的氛围，这是新创企业可持续发展的重要条件。劳资关系的主要方面，在于创业者及其共同所有者对待雇员的态度。

三、新创企业人力资源管理的特点

1. 人力资源管理是第一位管理

人力资源管理在组织建设中的作用十分重要。它之所以重要，是因为人始终是创业活动的主体，是创业活动中最活跃的因素。只有选好人、用好人，最大限度发挥人之长处，合理配置人才，优化结构，才能调动创业人员的积极性，才能有效推进创业活动。从管理角度看，人力资源管理是第一位的管理，应站在组织战略管理高度，并能够在一定程度上参与和影响组织的决策。

2. 人力资源管理主体的多元平衡管理

新创企业人力资源管理部门尚未建立，创业者还要承担人力资源管理工作。为更好推进人力资源管理，创业者可以通过外部咨询顾问、高层团队成员参与，甚至邀请一般员工参加人力资源管理工作，使企业发展与人的发展达到动态平衡，这有助于保证人力资源能够在各个层面很好地协调，更好地建立真正适用于企业实际的人力资源管理制度。

3. 人力资源管理是循序渐进性管理

新创企业人力资源管理以建立系统规范的组织制度为开端。创业早期，虽然组织结构不够完善，但能使上下团结一致，从而完成企业的发展目标。随着企业日益发展，企业不断吸收新员工，进行人员结构调整，逐步完成管理制度建设，这是一个循序渐进的、不断完善管理制度的过程。

4. 人力资源管理是全面民主式管理

新创企业在开始阶段，创业者团队一般会参与人力资源管理。随着企业发展，人力资源开发与管理的范围日益扩大。企业内部把与"人"有关的内容都纳入其中。创业者要借助人力资源管理工作的契机，运用民主式管理，建立起一整套系统的企业组织制度和管理机制，并能在企业成长的不同阶段，起到重要作用。

梁倩娟——返乡创业"新农人" 开辟精神新家园

1. 梁倩娟返乡创业做"新农人"，带动贫困户走共同致富之路

她是放弃高薪职业，返乡创业的"新农人"；她是直播卖货，带领乡亲致富的"梁掌柜"；她是连续4年参加全国人大会议，总能带来好建议的人大代表……她是被称为"电商达人"，却将自己定位成一名志愿者的梁倩娟。

梁倩娟来自甘肃省陇南市徽县。2013年前，她在广东惠州一家五百强企业工作，从普通工人做到白领，还被公司推荐到澳大利亚学习深造。一次回乡探亲时，她发现村子里的核桃、蜂蜜等农产品由于没有人来收购都放坏了，实在可惜。"在外打工期间，我发现绿色健康的农产品在大城市很受欢迎。我们陇南的纯天然农产品很丰富，每次休假结束，我都会挑一些成色好的农产品带给公司的同事，他们都说很好吃。我就想大家应该利用好手边的资源。"从那时起，梁倩娟就萌生了回乡创业的想法。

2013年，陇南市大力支持电子商务发展。梁倩娟抓住机遇，果断辞掉收入丰厚的工作，回乡筹备开网店。在积累了一定的电商知识和经验后，2014年，她的淘宝店正式开业，取名"陇上庄园"，专门销售家乡的土特产品。

那些年，大部分徽县水阳乡石滩村的百姓对网店、主播、带货都很陌生的。于是，梁倩娟走家串户地解释她的电商想法，挨家挨户收农产品，村民也从不理解转变为全力支持。上线后，农产品一单接一单地卖出去，网店很快就收到很多网友的支持和鼓励。周边村落的乡亲们看到实惠，也纷纷拿着自家好货找上门来。土蜂蜜、土鸡蛋、核桃、干豇豆、灰灰菜……土特产品类越来越丰富、越来越畅销，成了网络平台上的"香饽饽"。"梁掌柜"的名字已在村里传开。

梁倩娟把和老乡在一起的时光，把农产品生长的环境，把村里的民俗和文化活动，用短视频和直播的方式记录下来，让更多的人了解当地的人文历史、自然风光、产业发展等。从最初的传统电商转型为直播电商、新媒体电商，梁倩娟一直在讲述家乡故事，销售家乡农产品。如今，她在快手平台的粉丝量有47万，开展了275场直播助农活动，网店年销售额已从创业初期的6万元增加到500多万元，带动400余户农户增收致富，其中有100多户是曾经的贫困户。

2. 梁倩娟带领孩子们在农家书屋畅享阅读

在做电商的同时，梁倩娟还和志同道合的朋友进行了更多文化实践，建起了一座农家书屋和传统连环画阅读基地，让传统文化的种子在孩子们的心里发芽，让红色故事口口相传，让偏远地方的孩子们能爱上读书，读好的连环画。"现在，一到晚上或者周末、放假的时候，村里的留守儿童、周围的孩子们都纷纷前来阅读，有些到夜深还不舍得回家。"梁倩娟自豪地说。她希望把家乡的农家书屋打造成"网红"打卡地，不仅让老乡们的特色产品走出大山，还要让孩子们的梦想飞出大山。

思考：

梁倩娟返乡创业带动贫困户脱贫致富，走共同富裕的道路；办起农家书屋，让传统文化的种子在孩子们的心里发芽，也让孩子们的梦想飞出大山。这个案例对你创业有哪些启发？谈谈你的认识。

第二节 高层团队管理

一、影响高层团队管理的因素分析

新创企业的高层管理制度应在创业之初就确定下来。在制定高层管理团队的管理方案时，需要考虑以下因素。

1. 开发利用创业机会

创业者在创业初期需要围绕机会的发现、开发、利用而展开，需要确定基本的盈利模式，这都与高层管理团队的管理制度设计有关，而对不同创业机会特征的把握和开发利用则对创业个体的素质、能力也提出了不同的要求，这也对高层管理团队的结构提出了整体性要求。

2. 新创企业战略规划

新创企业战略规划决定了新创企业高层管理机制的构建。新创企业战略规划的核心体现在产品开发、市场开发和资源优化的组合战略，这种组合战略决定了企业的发展方向或侧重点。如果新创企业战略重点在产品开发方面，那么企业的高层研发主管将会成为人力资源管理的重点对象。新创企业在发展的不同时期都有对应该时期的人力资源管理的重点。

3. 资源禀赋的优化配置

资源是新创企业所拥有或者所能够支配的实现公司战略目标的各种要素及要素组合。企业拥有的资源是新创企业实施高层管理工作的必要保证。例如，财务资源决定了对高层管理团队人员的薪酬设计方案，同时决定了吸引优秀高层人员加入团队的力度。新创企业要努力达到各种资源禀赋的优化配置，实现价值最大化。

4. 风险投资的进入

新创企业经常引进风险投资进入企业，并希望其能够参与企业经营管理，提供增值服务，甚至参加企业决策或高层管理团队成员的选拔、任用等。风险投资在选人用人方面扮演着重要角色，通过推荐人员参与高层团队，可提高风险投资掌控企业或影响企业的能力，有利于降低用人风险，取得更好的投资收益。新创企业高层团队的人员任用往往是资本说了算，而不是创业者说了算。

二、高层团队的管理

1. 高层管理团队的薪酬设计

新创企业在创业初期，给高层管理团队较多金钱的情况比较少见，一旦分配不公会带来潜在矛盾，但股权分配是较常见的方式，这对团队工作效率和稳定关系的影响很大。创业高层管理团队的股权分配应坚持两个原则，即相等原则与公平原则。创业初期很难确定各自的贡献大小，员工都各司其职，各负其责。相等原则有利于团队成员之间的协调，不至于产生矛盾。与此对应，公平原则是按照每位成员的投入比例来分配股权，这种投入包括资金、知识、技能、技术等方面。如果投入价值具有明显区别，则对团队成员的股权调整是非常重要的。例如，高科技企业中拥有核心技术的工程师的股权会比其他合作伙伴高。股权期权也是常采用的薪酬制度。这是指授予管理者在未来的某个时间段内，可以按某一价格购买一定数量公司股票的权利，同时，管理者在规定时间内可自行决定出售股票。此外，对高层管理人员还可实行年薪制，这在一定程度上可以起到激励效果。年薪制与工作业绩是挂钩的。年薪额度多少尚无统一标准，但必须与企业发展相适应、相结合，同时考虑企业的平均薪酬水平，不能出现企业亏损而高年薪照发的"倒挂"现象。

2. 引进新管理者

新创企业在成长过程中，随着企业成长与工作量的变化，在管理层会出现管理能力不足以支撑发展的情况，甚至在某些方面影响工作进程，因此，需要招收和引进新管理者，以补充管理才能的不足。除一般性的工资等待遇外，还可以给予股票期权，或给予一定的股权，但这要与原团队核心成员协商，在取得共识后才可以实施。新创企业吸引人才方面的优势体现在以下几点。

(1) 工作成就感和吸引力。
(2) 企业提供的个人发展空间。
(3) 合作的企业文化。

3. 高层管理团队成员的考察与调整

新创企业初期，团队成员工作一段时间后，需要对团队成员的知识能力和素质进行考察，评估团队成员能否胜任现有工作，以及工作效果如何，如果成员之间出现矛盾而影响创业活动，则必须对团队成员进行调整。调整的目标是使成员更加协调一致，提高工作效率和工作质量，确保企业的良性发展。

第三节 一般员工管理

一、新创企业一般员工管理的内容

新创企业发展不仅是高层团队的事，也是一般员工不可或缺的重要因素。在资源缺乏、外部环境剧烈变化的情况下，更应充分调动职工的创造性和积极性，这是人力资源管理的中心工作内容。创业者要围绕企业的发展战略目标，明确人力资源管理的使命、定位、指导思想，做好人力资源战略规划，并在此基础上，做好岗位工作分析、员工招聘、员工培训、绩效管理(考核)、劳资关系、薪酬制度等各项工作。

二、新创企业一般员工管理流程

新创企业一般员工管理流程包括以下几个方面。

1. 工作分析

工作分析是人力资源工作的起点，将以岗位的分析评价为招聘的依据。工作分析按以下步骤进行。

(1) 收集与工作分析相关的资料。如公司章程、组织结构、生产状况、工作流程、办事细则等。
(2) 明确岗位工作要求。如知识、能力、素质等方面。
(3) 撰写工作说明书。这主要包括任职资格、工作范围、工作条件、权限、责任和利益、知识技能等。

2. 招聘员工

依据岗位分析结果，进行员工招聘。可考虑内外相结合的方法招聘新岗位或空缺岗位员工。招聘方式有：广告招聘、人才招聘会、校园招聘、就业服务机构招聘、网络招聘、推荐和自荐等。

3. 培训员工

员工培训是人力资源管理部门的重要工作内容。培训采用内外结合的办法，依据需要和未来发展计划有针对性地组织员工开展培训工作。此外，还可以用"师父带徒弟"的办法进行实践指导。从提高能力的角度看，培训重点为以下几个方面。
(1) 接受理解任务目标与实施控制的能力。
(2) 创新创造开发与独立完成业务工作的能力。
(3) 团队合作与人际协调沟通的能力。
(4) 提高综合素质，总结与分析的能力。
(5) 专业技能开发能力。

4. 绩效管理

新创企业的绩效管理是对完成目标任务的考察评鉴工作。这需要实施目标管理，把定性与定量考核有机结合起来，把员工绩效与实施结果统一起来，把职业生涯发展计划与考核目标结合起来，把考核结果与工作过程结合起来，其根本目的是挖掘员工的潜能，充分调动他们提高工作绩效的积极性、创造力。

5. 薪酬制度

薪酬制度的本质是对员工进行物质激励与精神激励，提升员工的工作热情、创新精神，促进工作能力水平。

薪酬制度设计与执行应体现公平性、公开性、透明性。公开性是指让所有员工知道薪酬的依据是什么，包括哪些内容，在同一岗位对任何人都是公平、透明的。薪酬制定还应体现竞争性。什么样的岗位或岗位的技术，难度不同，应在底薪上体现出来。薪酬制度还必须与绩效挂钩，这有利于调动员工的积极性。薪酬设计可分为两类：一类是外在激励因素，如工资、津贴、奖金、社会保险、福利项目等；另一类是内在激励因素，如个人成长、新岗位或重要岗位工作、培训等。这两个方面应统筹考虑。在设计薪酬制度时，应积极与各方面进行协调沟通，使薪酬结构更加合理，从而调动员工发挥创造性。

销售人员的薪酬是薪酬制度设计的重要方面。销售人员是公司扩大销售收入、获取利润的来源，但销售人员流动性大。组建稳定优秀的销售人才队伍，建立行之有效的薪酬制度是非常必要的。这既可以不断激励销售人员创造新业绩，又能使其满足工作成就感。可考虑实行以下几种薪酬制。

(1) 底薪提成制。这是指基本工资+提成。但如何组合很关键，是高工资低提成，还是低工资高提成。一般说来，比较成熟、客户相对稳定的企业，采用高工资低提成或年薪制，这有利于保持企业平稳发展。反之，新创企业需要打开销售渠道，采用低工资高提成的薪酬制，这样更能调动销售人员的积极性。

(2) 奖励薪酬制。这是指放大薪酬效应。合理的薪酬奖励是克服销售困难、提高业绩的法宝。可采用"底薪+提成+奖金"的薪酬模式。

(3) 个性薪酬制。这种制度能拉近距离，注重提携有发展潜力的员工，根据销售人员的类别制定个性化薪酬。例如，销售经理、营销总监等采用年薪制；销售新手采用挂钩制。即将全体销售人员视作一个整体，确定其收入之和，每个员工的收入按贡献大小占总贡献的比例计算。这样能体现多劳多得，增加职工归属感和进取心。

(4) 指标工资制。这是指把每个销售人员岗位的所有工作分解成一系列具体指标，根据指标设定工资总额。总指标下有具体分指标，而每个指标对应的是工资，月底对各项具体指标的完成情况进行考核，完成了哪个指标就有哪项工资，没实现的指标就相应扣减工资额。总核算后就是当月的工资额。

【本章总结】

本章介绍了新创企业人力资源管理的内涵、构成、特点和一般管理过程；高层团队和一般员工管理的流程及内容；介绍了对员工考核的重点应在创新、德、能、勤、绩、廉6个方面；介绍了新创企业可实行的人员薪酬管理制度。

【复习思考题】

1. 简述新创企业人力资源管理的内容及特点。
2. 简述新创企业人力资源管理的构成。
3. 怎样做到对员工考核的客观、公正、公平、有效？
4. 高层管理团队的管理有哪些影响因素？
5. 新创企业的员工管理流程包括哪些方面？
6. 怎样设计高层管理团队薪酬？
7. 新创企业吸收新的高层管理者的途径包括哪些方面？
8. 对员工考核的重点内容包括哪些方面？
9. 简述当前销售人员的几种薪酬制。

【实训实练】

1. 调查总结创业成功案例中人力资源管理的经验，查阅有关企业管理制度，撰写一份新创企业人力资源管理方面的规章制度。

2. 如果你是新创企业的人力资源总监，你怎样做好人力资源管理工作，如何制定人力资源发展战略规划。

【创业案例过程研究与思考】

马化腾：QQ王国的缔造者

1. 马化腾在"风口"上创立腾讯，在竞争中追求卓越

1) 腾讯的创立和发展

1993年，毕业于深圳大学计算机系的马化腾选择了自己的专业本行，到深圳润讯做寻呼软件的开发工作。工作之余，马化腾最大的爱好就是上网。一个偶然的机会，马化腾看到了基于Windows

系统的 ICQ 演示，他开始思考是否可以在中国推出一种类似 ICQ 的集寻呼、聊天、电子邮件于一身的软件。1998 年 11 月，马化腾利用炒股所得的资金与大学同学张志东注册了腾讯公司。

公司创建 3 个月后，马化腾和他的同事们终于开发出第一个"中国风味"的 ICQ—— OICQ，这就是 QQ 的前身。当然，那时国内也有好几款同类的软件，用户也不多，没有人看好马化腾的 OICQ。一开始，马化腾抱着试试看的心态把 QQ 放到互联网上让用户免费使用，可是就连马化腾本人也没有料到，这个不被人看好的软件不到 1 年就发展了 500 万用户。大量的下载和暴增的用户量使马化腾兴奋的同时，也让腾讯难以招架，因为用户不断增加就要不断地扩充服务器，而那时一两千元的服务器托管费让小作坊式的腾讯公司不堪重负。没有资金更新设备，工作人员也快发不出工资了，于是他们只能到处去蹭人家的服务器用。眼前的困难迫使马化腾考虑把自己的公司转让他人，马化腾曾计划以 100 万人民币将 QQ 转让，却被认为"开价过高"而没有找到合适的买家。1999 年下半年，全世界互联网经济开始"发烧"，马化腾拿着改了 6 个版本、20 多页的商业计划书开始寻找国外风险投资，最后碰到了 IDG 和盈科数码，给腾讯注入了 220 万美元的巨额资金，并持有腾讯公司 20％的股份。有了这笔雄厚的资金，公司大手笔一举购置了大容量的 IBM 服务器，并将更多精力集中在改进 QQ 功能和开发新版本上。

在核心产品的技术上，腾讯是个追随者，但是 ICQ 并没有任何商业模式可供腾讯参考。因为卖给了 AOL 的 ICQ 财大气粗，并不需要拿 ICQ 来赚钱，ICQ 只是 AOL 为用户提供的一项免费服务。但是腾讯公司不同，这就需要在产品的经营上投入更多的精力。一方面，在产品的设计上，腾讯更加侧重细节。例如，腾讯为用户设计了性格各异的彩色头像，登录的时候是彩色的、会动，而下线后就变成灰色；腾讯把用户的好友资料存放在服务器上，无论用户换了什么机器，都可以轻松找到自己的好友，而不是换了地方就发现自己辛苦筑建的"王国"变得空无一人。

在盈利方面，腾讯也做了种种尝试，在 OICQ 上做广告赚钱是腾讯想出来的第一个办法。腾讯是世界上第一个在 ICQ 上做广告的。AOL 的 ICQ 是在腾讯推出广告的几个月之后才效仿的。打运营商的主意，是腾讯的第二个办法。腾讯是第一家提出要和电信运营商共同运营的网络企业。先是寻呼台，而后是中国移动。到现在，中国移动梦网业务收入的几乎半壁江山被移动 QQ 独占。品牌衍生物的代理权出让，是腾讯的第三个主意。腾讯曾经以罕见的高价把自己那只胖乎乎的企鹅卖给了广州一家民营服装公司。代理权一年一签，除了代理权转让费，腾讯还要从销售额的超额部分提成。

2）在竞争中成长，在成长中壮大

随着免费即时通信的不断开发，即时通信工具如微软的 MSN、网易的泡泡、UC、ICQ、Yahoo Messenger、Microsoft.NET Messenger、AOL 的 Instant Messenger 等，层出不穷，他们纷纷向 QQ 的垄断地位发起进攻。但是不论是 UC、泡泡、搜 Q，还是 TomSkype、263 的 E 话通等，都已经证明，撼动腾讯 QQ 几乎是不可完成的任务。专业经营 ICQ 的只剩下腾讯一家，新浪、网易、搜狐、雅虎等很多公司瓜分着腾讯剩下的 5％的市场。事实上，拥有庞大用户群的平台并不少，像许多游戏、邮箱、门户都拥有大量的用户，但为什么成功复制其他业务的却几乎没有？其实答案很简单，因为腾讯有一个先入和广泛的优势，由于腾讯的用户范围非常广，客户在使用 QQ 时都已经非常熟悉，这样一来如果功能上没有本质的区别，也就是说后来者如果不是在功能或者性能上有独到的地方，就不能让用户放弃 QQ 而使用新的产品。就目前看来，唯一能够对腾讯构成威胁的只有微软的 MSN。MSN 的优势很简单，操作系统的融合性绑定，使它可以让所有 Windows 用户都安装。现在 MSN 已经实现了 20％以上的市场占有率，其趋势也在逐渐上升。QQ 与 MSN 这类即时通信程序，从本质上说都是一个客户端/服务器应用程序，客户端利用 QQ 或者 MSN 登录到消息服务器，然后发送聊天会话请求。消息服务器会暂存并处理发送两个客户端之间的通信。

有观察家指出，MSN 的问题在于他们的重点在欧美，中国这边一直是无心栽柳，无论是娱乐频道的建设、游戏频道的建设，还是各种吸引网民的娱乐性应用，都远远落后于腾讯，而且短期内，按照微软的习惯思维看，他们还不会去和腾讯拼这个应用，毕竟他们在全球层面上的主要对手目前还轮不到 QQ。

新浪放弃自己大力研发的"了了吧"，用重金收购了朗玛 UC。朗玛 UC 很侥幸地利用了 QQ 停止注册、策略失误的一段时间，率先推出了诸如在线游戏、用户社群等应用。直接与 QQ 形成冲突、逼得腾讯不得不将实行了两年的收费注册 QQ 改成了免费注册。由于朗玛 UC 与 QQ 形成了用户群的重合，腾讯很快将其作为首要对付的竞争者，新的免费 QQ 几乎没有给朗玛 UC 任何空间，它所提出的功能和应用，全被免费 QQ 仿制了。在用户群数量这个基础远低于 QQ 的前提下，朗玛在市场竞争中处于劣势，而 QQ 在竞争中不断发展壮大。

值得一提的是电驴、POCO 这样的 P2P 的应用，目前他们有相当的固定人群和使用者，但是和 QQ 的应用模式并没有直接冲突，而且有专业人士指出，QQ 之所以不去冲击他们的市场，是不敢冒法律上的风险，这种争议很大的模式一旦遭遇一些政策限制和法规限制，就有被封杀的可能，QQ 不敢冒这个险。有研究人员总结的一个结论是：任何依靠功能差异性，用某种不具备突破性的"技术领先性"来与腾讯进行的竞争，除非是从法律边缘线找空档，期望腾讯知难而退，否则基本上没有任何机会。实际上正如腾讯人所说，从商业竞争层面看，腾讯真正的敌人只有他们自己，只要他们自己不犯错误，其他的竞争者就只是促进腾讯改良升级的催化剂，根本不构成威胁。

事实上，由于腾讯目前的巨大用户群体同时具有强大的黏度，任何一个想超越的对手，最好的出发点就是在自己的实力没有强大到与 QQ 相当的时候，一定要回避与腾讯直接面对面的冲突，否则会输得很惨。

3) 在迎接挑战中追求卓越

随着企业的不断发展，腾讯在不断圈地，先是推出门户网站，还有 QQ 邮箱、QQ 游戏、大型网络游戏、休闲游戏，几乎互联网的主要应用腾讯都有所涉及，难怪有评论惊呼："腾讯将成为所有网络公司的对手！"马化腾认为这种说法显然是不确切的，腾讯所有的业务都是基于腾讯公司本身的优势而做出的市场运作。

现在看腾讯的新版 QQ，这已经不是一个所谓的"即时通信"的客户端了，这实际上是一个全面的用户上网终端应用的集成体，拥有通信聊天、搜索、邮件、交友、资源导航、商业信息、文件共享、在线社群 BBS、娱乐门户及各种第三方服务商提供的增值服务(如招聘、办公用品导购等)。

如今腾讯已经形成了 IM、QQ.com、3GQQ 和 QQ 游戏四大平台，腾讯的"在线生活"产业布局初定。腾讯意图从提高用户忠诚度和黏度入手，通过网络社区聚拢起强大人气，形成全面的业务布局，并越来越开始注重新闻内容频道的建设，最终寻求门户路径成为主流的门户。

腾讯同时在积极通过合作方式整合区域门户。腾讯和《重庆商报》联合在重庆组建了大渝网，短短 3 个月时间，日均访问量就达 100 多万，单一 IP 访问量超越 25 万，已经成为重庆本地最大的地方门户，与此同时，西安等省份合作网站也已开通或试运行开通。腾讯公司开始用免费的产品占领市场，扩大用户的范围和提高用户的忠诚度，在此基础上通过后续的运营提高经营收益。2007 年，腾讯以免费聊天软件 QQ 赢得 8.5 亿注册用户后，便牢牢占领了市场控制地位，有用户便有了市场，这是腾讯公司快速发展的"法宝"，也是腾讯公司可持续增长的基础。目前，腾讯在中国网络行业已成为核心能力强大、增长潜力巨大、别具一格的卓越公司。2016胡润中国慈善榜中，马化腾以139亿元捐赠(1亿腾讯股票)中国公益慈善基金，成为中国首善。

2. 公司发展概述

1997年，马化腾接触到了ICQ并成为它的用户，他亲身感受到了ICQ的魅力，也看到了它的局限性：一是英文界面，二是在使用操作上有相当的难度，这使得ICQ在国内使用得虽然也比较广，但始终不是特别普及，大多限于"网虫"级的高手里。1998年11月11日，马化腾和他大学时的同班同学张志东正式注册成立"深圳市腾讯计算机系统有限公司"。当时公司的主要业务是拓展无线网络寻呼系统。在公司成立初期，主要业务是为寻呼台建立网上寻呼系统，这种针对企业或单位的软件开发工程可以说是几乎所有中小型网络服务公司的最佳选择。

2000年4月，QQ用户注册数达500万。2000年6月，QQ注册用户数再破千万，"移动QQ"进入"楚游"移动新生活。2001年3月，QQ注册用户数突破1亿大关。2003年8月，推出的"QQ游戏"再度引领互联网娱乐体验。2001年9月，QQ用户注册数上升到2亿。2001年9月9日，腾讯在北京嘉里中心隆重宣布推出企业级实时通信产品"腾讯通"(RTX)。2003年12月15日，腾讯一款最新的即时通信软件——Tencent Messenger(简称腾讯TM)对外发布，它供办公环境中需要和熟识朋友即时沟通的网友下载使用。同年12月，腾讯公司再次被认定为"2003年度深圳市重点软件企业"。2004年1月，腾讯获中国移动梦网"2003年度移动梦网合作伙伴最佳进步奖""2003年度移动梦网音信互动业务合作伙伴最佳业绩奖"和"2003年度移动梦网短信业务合作伙伴最佳业绩奖"3个大奖。同年4月，QQ注册用户数再创高峰，突破3亿大关。同年6月16日是值得腾讯骄傲的时刻，因为在中国香港主板上，股票代号为700HK的新股正式亮相，全称为腾讯控股有限公司(Tencent Holdings Limited)的股市新军，带着第一家连续12季度盈利的中国互联网公司的殊荣在股票市场上稳步前行。2004年7月，腾讯位列"2003年度广东省民营企业百强"第25位。同年8月27日，腾讯QQ游戏的同时在线突破了62万人。这也标志着QQ游戏成为中国最大乃至世界领先的休闲游戏门户。2004年12月，腾讯以其在过去三年高达1398%的业务增长量在德勤国际会计公司颁发的"2004年度亚太地区高科技、高成长的五百强公司"排名中名列第17位。QQ游戏同时最高在线人数突破100万。此外，腾讯公司已经独立开发出近30项拥有著作权的软件产品。

2005年1月，腾讯公司被认定为"2004年度深圳市重点软件企业"。2005年2月，腾讯QQ同时最高在线人数突破1000万。自2000年5月腾讯QQ的在线人数突破10万以来，仅用了4年时间就达到了100倍的增长。2006年11月至2007年7月，腾讯先后推出超级旋风、QQ医生、QQ日历、QQ拼音输入法。

2008年，腾讯用户达4.3亿。2010年3月，QQ同时在线用户数首次突破1亿。2011年5月9日，腾讯控股有限公司以4.5亿元入股华谊兄弟传媒股份有限公司。2011年7月7日，腾讯控股以8.92亿港元购得金山软件15.7%的股份，成为金山第一大股东。

2012年5月18日，腾讯进行公司组织架构调整。2012年8月，腾讯、阿里巴巴集团、中国平安联手试水互联网金融，合资成立上海陆家嘴金融交易所。2012年8月16日，深圳亚太传媒股份有限公司与腾讯联合打造"腾讯网亚太家居"。

2014年3月，英国权威移动游戏产业杂志PocketGamer.biz评选出的2014年50大移动游戏开发商榜单中，腾讯位居第12位。腾讯以2.1亿美元入股京东15%的股份，而京东将收购腾讯B2C平台QQ网购和C2C平台拍拍网的100%权益、物流人员和资产，以及易迅网的少数股权和购买易迅网剩余股权的权利。对于腾讯入股京东，京东CEO刘强东表示，二者的合作将迅速扩大京东自营和交易平台业务在移动互联网和互联网上的规模。腾讯CEO马化腾则表示，二者的合作将扩大腾讯的实物电商业务，未来腾讯将全力布局生活类O2O，以及通过公众号体系构建移动电商生态圈。京东集团与腾讯集团共同宣布推出全新战略合作项目——京腾计划，双方将拿出最强资源和产品打造名为"品商"（Brand-Commerce）的创新模式生意平台，共同向品牌商家提供一套有效建立品牌、提升营销效果和顾客体验的完整解决方案，打造"互联网+"时代的电子商务新模式，助力商家"互联网+"转型。

2016年2月3日，腾讯与全球体育内容生产公司ESPN召开战略合作签约发布会，宣布腾讯成为ESPN在中国大陆地区的独家内容合作伙伴，腾讯将在中国地区以中文呈现ESPN的独家资讯，在赛事转播、专题集锦、周边内容等多个方面得到ESPN的独家资源支持。

目前，腾讯公司组织架构是腾讯深圳总部，下设4个分公司包括：腾讯北京分公司、腾讯成都分公司、腾讯上海分公司、腾讯广州分公司；9个站点包括：四川站（腾讯大成网）、重庆站（腾讯大渝网）、浙江站（腾讯大浙网）、陕西站（腾讯大秦网）、湖北站（腾讯大楚网）、福建站（腾讯大闽网）、广东站（腾讯大粤网）、河南站（腾讯大豫网）、上海站（腾讯大申网）、中国香港地区办事处。马化腾为腾讯公司主要创办人之一，任董事会主席、执行董事兼首席执行官，全面负责本集团的策略规划、定位和发展战略。

3. 公司业务与产品

公司包含业务与产品有40余项，包括通信、教育、游戏、网络、物流、房地产等，具体有如下产品。即时通信、TM即时通信软件、腾讯在线教育、腾讯通RTX即时通信平台、腾讯电脑管家、QQ邮箱、QQ旋风、QQ词典、QQ拼音输入法、QQ五笔输入法、QQ浏览器、QQ音乐、腾讯视频、腾讯搜搜、腾讯微博、无线和固网业务、手机腾讯网、超级QQ、娱乐一击、Q币(Q点)、QQ空间、QQ会员、QQ秀、QQ交友、电子商务、拍拍网、财付通、广告业务、Web QQ、QQ短信、Web QQ增强版、网络应用、腾讯房产、电子期刊、微信、QQ电影票、新闻客户端、QQ游戏平台（QQ游戏）等。QQ游戏是全球大型的休闲游戏社区平台，有50多部游戏产品。

4. 公司的发展与业绩

腾讯公司自上市开始，保持稳定快速发展的过程，营业收入和净利润双高速增长。腾讯公司于2004年6月上市，当年营业收入11.435亿元，净利润4.467亿元，10年后的2014年营业收入达到789.32亿元，净利润305.42亿元，分别增长70多倍。中国企业家联合会和中国企业家协会联合发布的2016中国500强企业名单中，腾讯控股2016年营业收入达到1028.63亿元，排名第140位。2016福布斯世界富豪排名，马化腾个人财富166亿美元，排名第46位。根据新华财经发布的2016全球市值500强排名，腾讯控股以市值2313.8亿美元排名中国大陆44家进入企业第一名。2016年底福布斯中国富豪榜公布，马化腾以245亿美元排名第三位。

5. 公司文化

愿景：最受尊敬的互联网企业。

使命：通过互联网服务提升人类生活品质；使产品和服务像水和电一样源源不断融入人们的生活，为人们带来便捷和愉悦；关注不同地域、不同群体，并针对不同对象提供差异化的产品和服务；打造开放共赢平台，与合作伙伴共同营造健康的互联网生态环境。

价值观：正直，进取，合作，创新。正直：遵守国家法律与公司制度，绝不触犯企业高压线；做人德为先，坚持公正、诚实、守信等为人处世的重要原则；用正直的力量对周围产生积极的影响。进取：尽职尽责，高效执行；勇于承担责任，主动迎接新的任务和挑战；保持好奇心，不断学习，追求卓越。合作：具有开放共赢心态，与合作伙伴共享行业成长；具备大局观，能够与其他团队相互配合，共同达成目标；乐于分享专业知识与工作经验，与同事共同成长。

创新：通过互联网服务的不断创新，提升人类生活的品质；只有创新企业才能实现可持续发展。

经营理念：一切以用户价值为依归；注重长远发展，不因商业利益伤害用户价值；关注并深刻理解用户需求，不断以卓越的产品和服务满足用户需求；重视与用户的情感沟通，尊重用户感受，与用户共成长。

管理理念：关心员工成长；为员工提供良好的工作环境和激励机制；完善员工培训体系和职业发展通道，使员工获得与企业同步成长的快乐；充分尊重和信任员工，不断引导和鼓励，使其获得成就的喜悦。

由于为社会、顾客等做出了巨大贡献，腾讯公司也获得了许多荣誉，如获得 2011 全球广告主大会中国杰出媒体贡献奖。2011 年 4 月 22 日，由经济观察报社与北京大学管理案例研究中心联合主办的"中国最受尊敬企业十年"评选活动结果揭晓，腾讯荣获中国最受尊敬企业十年成就奖。腾讯还荣获 2010—2011 年度中国最具影响力互联网企业奖。全球品牌机构 Millward Brown 进行研究显示，腾讯在品牌价值排行榜上排名第 52。腾讯为 2012 年中国文化创意产业十大领军企业之一。2013 年 2 月 15 日，美国商业杂志 Fast Company 网络版发布了"2013 年世界上最具创新力公司 50 强"榜单，腾讯凭借微信再入世界创新 50 强榜单，排在第 16 名。2013 年 7 月 22 日，胡润民营品牌榜中，腾讯以 880 亿元品牌价值排名第 2 位。

经过多年拼搏发展，腾讯成为中国最有影响力的民营企业之一。2021 年，腾讯营业收入 5601.18 亿元，同比增长 16%，净利润达到 2248.2 亿元，纳税 199 亿元(享受纳税优惠政策)。2022 年 1 月 25 日，腾讯市值达到 7.18 万亿港元，约合人民币 6 万亿元，稳居港股市值榜首，是中国 A 股市值排前三位(即贵州茅台、工商银行、建设银行)的市值之和。马化腾个人财富达到 723 亿美元，排中国富豪第二位。

思考：

马化腾的 QQ 王国是如何打造的？据专家调查预测显示，未来网络与移动通信市场有巨大的增长空间，你是否计划在这个领域创业？怎样在网络世界特别是在移动通信领域创新创业？

第十一章

大学生创业

【教学目标】

学习完本章后，应掌握的重点：
1. 大学生创业的社会价值；
2. 大学生创业现状；
3. 大学生创业的优势、劣势分析；
4. 创办新企业的程序；
5. 大学生创业的有关优惠政策；
6. 大学生创业警诫。

【理论应用】

1. 调查了解大学生成功创业的案例，总结成功的经验与启示。
2. 调查了解大学生创业失败的案例，总结失败的教训与启示。
3. 调查创业属地给予大学生创业的有关政策。

【案例导入】

张艳宇——打造"乡村版淘宝网"

松原市守望乡村集团董事长张艳宇是一名大学生创业者。他和他的企业首创了乡村产业创新系统，开发了一系列创新项目和科研成果，共培育农村实用人才 1.9 万人，孵化创业 3200 余户，孵化大学生创业 312 人，带动就业 6500 余人，累计利税 800 余万元。

张艳宇生在农村，1994 年夏天，乡亲们凑了 5000 元钱，帮他圆了大学梦。开学那天，他含泪向乡亲们说："我一定回来报答你们！"

1998 年，张艳宇从大庆石油学院(现东北石油大学)毕业，被分配到吉林油田管理局工作。但他心里从来没有平静过，因为，他记得自己的承诺。

2000 年，张艳宇瞒着家人辞去机关工作，开始了草根创业征程。他东挪西凑了 3 万元钱，创办了"苦丁香电脑工作室"。然而，几经失败，他欠债 40 多万元，但他没有气馁。那段时间，他每天 4 点多起床，一个人到车站和广场发招生宣传单，晚课结束，自己再学习充电。执着和努力终于有了回报，他精心开发了一款软件，售出了 60 万元的"天价"。他随后创办了长城计算机学校等多家企业，创业开始初具规模。因为承诺，张艳宇决定将第二次创业方向定格在乡村现代服务业上。2008 年深秋，张艳宇的家乡前郭县红旗农场遇到了秋菜销售的难题。为了解决这一问题，他和团队创办了"乡村网商"电子商务项目,农民的杂粮杂豆、苗木果蔬等农副产品纷纷"上了网"。项目一经运营,便取得上亿元的贸易额,"乡村网商"品牌被称为"乡村版淘宝网"。

随后,张艳宇又搞起了"网真农业",研发食物全生命溯源系统,农作物在哪产、何时产、怎么产、谁在产等所有相关信息一目了然。经局部试验,农户可提高2~3倍的经济效益。如今,通过这一模式,"松原稻谷"真正香透了中国。看到企业发展喜人,乡亲纷纷找到张艳宇,希望他帮着出一出致富的点子。张艳宇一下子就想到了温州模式。"温州的一个乡镇可以有8000户小个体,凭什么我的家乡就不能家家创业呢?"于是,他和他的团队开始打造"乡村轻工业"的探索,首先把手编轿车坐垫产业作为主攻孵化方向,目前已形成近万人的从业规模。

几番创业,让张艳宇有了更大的目标,那就是打造一个集乡土创新院、乡土孵化器、乡土大学、乡村网商于一体的创新创业支持平台,经过多方努力,2012年秋,占地7万平方米、省内首个乡村创新创业人才孵化园区终于落成,园区确立了"网真农业""乡村轻工""乡村网商""乡村旅游""乡村文化""新式民宅""乡村智能""乡村能源"共8个产业孵化主题,将吸收更多人才投身乡土创新创业。2015年10月,松原最大规模生鲜电商平台——守望菜篮子电商平台启动。这个网络供应平台,上链国内外中高端市场,下链千万网络经营者,农民的各种农副产品纷纷"上了网",营销渠道畅通了,而且大大增加了产品的附加价值,农民利益达到最大化。项目一经运营,便取得了上亿元的销售额。

目前,张艳宇创办的守望乡村集团成为吉林省创业孵化基地、中国社会科学院博士后人才创业研究基地、吉林省信息技术人才培训基地、吉林省中小企业培训基地、吉林省高校毕业生创业园、返乡农民工创业园、市妇联妇女培训基地等,未来发展空间更加广阔。

思考:
大学生在创业过程中运用怎样的创新创业思路才能易于取得成功?谈谈你的看法。

第一节 大学生创业现状分析

一、大学生创业的社会价值

大学生创业是指在校大学生和毕业后的大学生进行创业。刘志阳等专家认为,大学生创业群体主要指在校大学生,不包括毕业的大学生。我们认为,在校大学生的主要任务是学习,而不是在校创业,如果将在校创业当作主要任务,那就是本末倒置,但在校创业可以帮助学生学习有关管理特别是创业管理的理论知识,使创业理论与实践结合起来,丰富他们的理论思维和对社会实践的认识,对毕业后的创业起到很好的奠基作用。从社会发展的角度认识大学生创新创业的社会价值,有以下几点。

(1) 大学生创新创业可以促进整个社会进步,促进社会生产力的发展。社会发展进步与大学生创新创业有直接的关系。大学生是社会发展进步的主导力量,他们能够引领社会发展方向,运用知识创造社会财富,并能促进社会生产力的发展。大学生创新创业能够使中国更快地奔向小康,使中国更加繁荣富强。

(2) 大学生创新创业能加快推动建立创新型国家。大学生是构建创新型国家的中坚力量,是国家可持续发展的动力之源。缺少大学生创新创业的积极参与,就很难实现建立创新型国家的战略目标。因此,大学生创新创业是加快推动建立创新型国家的需要。

(3) 大学生创新创业能带动社会创业就业。以"创业带就业"是国家实施的战略规划。大学生创新创业不仅能够有利于调整经济结构，转变发展方式，而且会大幅度提高社会就业水平，缓解社会的就业压力，促进社会和谐稳定发展。

(4) 大学生创新创业还能够实现自我价值。自我价值的实现不仅体现个人财富和精神财富的获取，更为重要的是非常有利于社会价值的最大化，用自己创新创业的贡献，获得社会认可和尊重，在圆自我价值之梦的同时，为圆中国之梦增添正能量。据中央电视台报道，我国大学生创业人员约占当年毕业生总数的5%，创业人数比往年有明显增加。中国人民大学发布我国第一部《2016大学生创业报告》，该报告基于一项覆盖全国31个省(自治区、直辖市)1767所高校的43万多名在校或刚毕业大学生的大规模问卷调查和数理统计回归分析，结果显示，在43万余名学生中，约有12万人(近30%)正在创业或有过创业经历，有89.9%的在校大学生考虑过创业，18.2%的学生有强烈的创业意向。90%的学生认为，高校创业教育对大学生创业有一定的促进作用。

二、大学生创业现状

随着我国鼓励大学生创业的政策"红包"陆续推出，大学生群体已经成为大众创业、万众创新的生力军。先工作、后创业的"发展型创业"正成为新的趋势。随着发展型创业者逐渐增多，我国创新创业的格局将发生改变。大学生已成为最活跃的青年创业人群，创业人数占总体创业人数的比例不断提升。对全国5000多家私营企业进行的抽样调查显示，从2013年开始，高校毕业生创办私营企业的数量增长较快，被调查企业中，高校学生创业人数占总体创业人群的比例也在上升。调查样本中，高校毕业生创办的企业占30.7%。

人力资源和社会保障部、教育部联合利用全国工商登记注册数据库与全国高校学生学籍学历数据库进行交叉比对，获得了工商登记注册的16至30岁创业者和毕业5年内大学生创业者的基本信息。分析发现，大学生创业者增长率高于同龄其他人群。高职院校毕业生创业多、重点高校毕业生创业比重小是我国高校学生创业的一大特点。从调查数据分析中可以看到，在个体工商户中，重点高校毕业生创业的比例仅为3.7%；在私营企业中，重点高校毕业生创业的比例仅为9%。而高职院校毕业生占个体工商户的比例为58.9%，占私营企业的比例为41.2%，明显高于重点高校毕业生。

出现重点高校毕业生创业比例较低、高职院校创业比例较高的原因是多方面的，其中最重要的因素与学校的创业教育有关。重点高校强调更加严谨的学术性和研究性教育，而在高职院校中，创业教育或者职业规划教育已经非常普及。两类不同高等院校的毕业生在校阶段接受和形成的就业观念和创业意愿存在比较大的差别。重点高校毕业生能够在劳动力市场上找到比较好的工作岗位，其教育回报率较高，故而创业的积极性不高，而高职院校的毕业生在劳动力市场上找的工作岗位相对较为低端，教育回报率不高，从而诱发其有比较高的创业积极性。

中国社会科学院社会学研究所完成的"中国高校大学生追踪调查的数据"显示，在已经找到工作的情况下，仍然有14.1%的大学应届毕业生表示将来一定会创业，有74.1%的大学应届毕业生表示将来可能会创业。这意味着在整个社会大众创业、万众创新的引导下，将近四分之三的大学应届毕业生在已经找到工作的前提下，没有拒绝将来可能出现的创业机会。反观没有找到工作的大学应届毕业生群体，他们表示将来肯定会创业的比例比已经找到工作的大学应届毕业生还要低，只有8.5%的被调查者认为自己将来肯定会创业。从劳动力市场的角度来看，这一现象并不难理解。需求方肯定会选择相对优秀的毕业生，所以能够先找到工作的大学应届毕业生所具备的知识和技能应该高于在同一类别中没有找到工作的大学应届毕业生。从创业的角度来看，具有更好的知识和技能可以帮助人们寻找和发现创业机会，因此，已经找到工作的大学应届毕业生能够看到的创业机会更多，对自己掌握的知识和技能更有信心，他们的创业意愿也更高，创业成为他们成长和发展的跳板，而不仅仅是通往饭碗的独木桥。从某种意义上说，这部分人的创业将来都属于发展型创业。

随着发展型创业日渐兴起，发展型创业者日益增多，我国高校毕业生创业，乃至整个创新创业的格局都将改变。

三、大学生创业优劣势分析

1. 大学生创业的优势与劣势

1) 大学生创业的优势

优势主要体现在有专业理论知识、综合素质较高、有较高的"智力资本"；有创新精神，勇于迎接挑战；对未来充满希望，有追求财富和自我价值实现的强烈欲望；有较强的自信与执着，思维敏锐，有一定的决策力。

2) 大学生创业的劣势

劣势主要表现在经验严重不足，缺少社会关系，资金不足，缺少好的创业项目，心理和风险承受能力较弱，创业有急于求成的倾向。

2. 大学生创业能力自我测试分析

大学生创业需要对创业准备进行自我测试，通过30个问题做出是与否的评价。
(1) 你决定出售什么产品或服务？
(2) 你知道你的顾客是谁吗？
(3) 你了解潜在顾客怎样看待你的产品和服务吗？
(4) 你了解谁是你的主要竞争对手吗？
(5) 你知道你的竞争对手的产品或服务的价格吗？
(6) 你知道你的竞争对手的长处和短处吗？
(7) 你预测过自己的销售吗？
(8) 你制定了产品或服务的销售价格吗？
(9) 你选择好企业的地点了吗？
(10) 你决定使用哪种销售方式了吗？
(11) 你决定使用哪些促销方式了吗？
(12) 你知道自己的促销需要多少钱吗？
(13) 你已经选定某种企业组织形式了吗？
(14) 你决定需要什么样的雇员了吗？
(15) 你知道雇佣员工的法律责任吗？
(16) 你知道对你的企业的所有法律要求吗？
(17) 你知道你的企业需要什么样的营业执照和哪些许可证吗？
(18) 你知道办这些执照和许可证需要多少钱吗？
(19) 你决定你的企业需要何种保险了吗？
(20) 你知道办保险需要多少钱吗？

(21) 你预测第一年的销售量了吗?
(22) 你预测第一年的销售收入了吗?
(23) 你预测第一年的销售和成本计划了吗?
(24) 你的销售和成本计划显示第一年有利润吗?
(25) 你制定现金流量表了吗?
(26) 现金流量表是否表明在你经营企业的前 6 个月里不会耗尽现金?
(27) 你计算过开办企业所需要的启动资金数额吗?
(28) 你为企业筹集到所有启动资金了吗?
(29) 如果你计划申请贷款,你预测过可用于担保的资产价值吗?
(30) 你是否对开办自己的企业有足够的信心?

以下将依据"否"的数量给出反馈意见。

在 30 个问题中,如果评价全部是肯定的,可以进行创业实施,并做好开办企业的各项准备工作;如果肯定在 20 个以上,而否定在 10 个以下,需要对否定的问题进行认真研究,并寻求解决办法,然后再决定进行创业;如果否定在 11 个以上,则说明创业风险较大,应详细具体地研究,直到问题得到解决再决定创业。

四、大学生创业的途径与重点方向

1. 大学生创业的途径

大学生创业的途径可考虑以下几点。

学习创业理论与技能,在媒体舆论寻找创业信息,例如,各类纸质媒体、中国营销传播网、中华英才网、中华创业网、中国人才网,以及各地创业中心、大学生科技园、留学生创业园、科技信息中心、中国有影响的商业网站等网络媒体。与创业成功人士交流沟通,主动积极寻找有创业经验且成功的人士,以电话、电子邮件的方式进行交流,密切联系,建立良好的人际关系,这样会对创业有较大的支持与帮助。在校期间大胆进行创业实践活动,积极参加课程学习,参加各类大学生创业大赛,利用课余、假期进行兼职打工、试办公司、开发创意项目、创建电子商务网站或个人网站等,也可以做校园代理,为以后创业积累经验。

【案例】

张超凡:单手撑起公益创业梦

拿起,"啪",掉下,再捡起……在装配训练中心,当又一个被抓烂的苹果没有像往常一样自由落体时,吉林省超凡梦想公益基金会理事长张超凡兴奋地跳起来欢呼:"成功了!终于成功了!"

2022 年初,张超凡作为科学体验官,配合一群青年科学家测试新近研发的康复辅具——智能仿生手。尽管早就能做到单手生活无障碍,但为了让更多有需要的人在科技中"重生",热衷于公益事业的张超凡毫不犹豫地接受了体验邀请。因为先天性左臂缺失、前臂残肢又太短,系统很难采集到信号,张超凡对智能仿生手的控制并没有感觉。可张超凡不愿放弃,为了完成抓握动作,她坚持每天训练 9 个小时。终于,经过 11 天的高强度训练,仿生手识别到了屈伸信号,张超凡成功"破冰"。

1992 年,张超凡出生在一个普通的工人家庭。天生的左臂缺失让她成了"不一样的孩子",却也让她有了为爱逐梦的"超凡"人生。为了给小超凡更多的爱,父母放弃了再要孩子的机会。爸爸学着下海经商,奶奶更是日复一日地陪伴着小超凡。然而,幼年时的张超凡还是无法接受左臂袖管空空的现实,说:"难道我不配拥有一双手吗?""只要足够努力,你就会拥有最有力量的左臂!"奶奶的回答让张超凡有了直面生活的勇气。为了锻炼平衡能力,张超凡7岁开始学习速滑。每晚完成冰上训练,教练还要求全体队员跑完4公里。"这条路对于全队年纪最小又没有左臂的我,就像一条'西天取经路'。"张超凡说,"可没有一个队友嫌我拖后腿,他们还经常鼓励我。"画画、书法、游泳、武术……张超凡挑战着一个接一个艰难甚至看起来无法完成的任务。夺得吉林省速滑大赛少儿组冠军,在全国书画比赛中拿到金牌,以全国艺考总分第一名的成绩考上北京工商大学……张超凡一次又一次在一群健全孩子中脱颖而出。

2015年,张超凡就要毕业了。她不仅获得了保研机会,还通过了南方大企业的招聘考试。她说:"同学们都关心我选哪个,可我心里犹豫的却是要不要回家创业。"

张超凡做出无悔的选择——返乡创业,成就更多孩子的梦!张超凡把大学时开办工作室的收入,还有积攒了多年的零用钱、奖学金都一股脑儿地拿了出来,在家乡长春创办起国学书画院——长春市书山学府教育培训学校和艺凡艺术教育培训学校,专注素质教育。筹集资金、招聘老师、宣传招生……"创业起步期,真是忙得脚打后脑勺儿。每天一睁开眼睛,房租都压得我喘不过气来。"张超凡说。尽管资金紧张,张超凡还是在自己的培训学校里创办了"超凡公益梦想课堂"。

在一节公益课上,一个坐在最前排的小男孩不仅听得仔细,还和张超凡积极互动,可下课铃声一响,他却委屈地哭着跑出教室。原来,这个叫李硕的小男孩从小就喜欢美术,可贫困的家庭根本无法支付学习费用。公益课结束了,他的梦想也就破碎了。小李硕的泪水也"打湿"了张超凡的眼眶。她再次做出了出人意料的决定:每年拿出30万元作为公益助学金,帮助像李硕一样的孩子圆梦。

在2019年举办的"追寻美好生活"中国脱贫成就巡展中,李硕还作为"超凡公益梦想课堂"的学生代表,跟着张超凡出访欧洲,一同向世界讲述祖国脱贫攻坚的奋斗故事。生源越来越多,学校的名气越来越响,可张超凡却没有在成绩单上"躺平"。她又在长春市绿园区租了一个占地3.5万平方米的办公场地,打算将办学规模扩容升级为吉林省超凡教育集团。

张超凡自己绘制装修图纸,扩宽过道、设置坡道、安装无障碍洗手间和电梯。装修工人提醒她:"这房子是租来的,电梯可带不走啊。"而张超凡"舍下"的可不只是几部电梯,她还把最敞亮的一楼大厅打造成梦想教育平台——超凡梦想小镇。在这里,张超凡经常和孩子们一起过周末、过儿童节,用自己的故事激励孩子们勇敢地追逐梦想。

至今,"超凡公益梦想课堂"已经义务帮助400多名家庭特困、肢体残疾、自闭症儿童免费学习艺术,并荣获团中央"全国青年文明号"单位。超凡梦想小镇里的新时代筑梦展厅迎来了6万人次小观众,他们用稚嫩的笔迹在梦想寄语墙上写下心中的梦想:"好好学习,为社会做贡献。"转眼又是入夏!张超凡已经练就了"超能力":"双手"协作拧瓶盖、骑自行车、烘焙蛋糕、用仿生手写书法……她似乎完全忘记了自己曾经最不喜欢穿短袖的夏天,只记得要传递更多的爱和希望。在看到张超凡挑战仿生左手成功的视频后,有位妈妈说:"我的孩子同样缺失左小臂,你的成功让我看到了照进孩子生命里的光。"

张超凡也高兴地在朋友圈写下:"这世上没有'躺赢'的捷径,奋斗的路,每一步都算数!"

思考:

你认为大学生是否合适创业?你怎样评价张超凡创业?怎样理解"这世上没有'躺赢'的捷径,奋斗的路,每一步都算数!"这句话,谈谈你的认识。

2. 大学生创业的重点方向

大学生创业可重点考虑以下方向。

(1) 互联网+创业。中国北斗卫星在空间上的布局，为中国各个行业带来巨大的商机，大学生网络创业可选择淘宝网、易趣网、百度等平台，也可以自建网站。具体项目可选择服饰类、美容类、护肤类、数码产品、文体产品、学习用品、网络咨询服务、网上教育教学等。网络开店创业门槛较低，风险较低，但要求专业知识水平较高，适合大学生创业。

(2) 移动互联网创业。目前，中国移动互联网呈现快速发展的态势，其创业潜力巨大。全球移动用户超过17亿，互联网用户达到9亿。中国移动通信用户超过5亿，互联网用户超过4亿。移动互联网已渗透在人们生活、工作的各个行业领域，如短信、移动音乐、手机游戏、手机阅读、移动搜索、视频应用、手机支付等。移动互联网具有便捷性、隐私性，有强大的资源整合性，包括银行、电子商务、导航、新闻、视频、音频等，从而带动了移动互联网"软、硬"件的开发应用，为IT行业发展创造了巨大的想象空间。

(3) 节能环保产业。中国在"十四五"规划中，更加明确地提出节能环保行业要重点发展高效节能、先进环保、资源循环利用、关键技术装备、产品和服务等方面。在这个行业创业将会得到国家政策等方面的有力支持，这是中国可持续发展的重点行业，预计到2025年，节能环保将成为中国经济社会发展的重要产业，并能发挥出引领经济社会发展变革和经济发展方式转变的重要作用。

(4) 新能源、新材料产业。新能源也是国家扶持力度很大的产业，如太阳能、地热能、风能、海洋能、生物质能和核聚变能等。新能源开发利用是中国未来能源战略的重点，其发展前景是无可限量的。新材料产业是一个国家科技进步和国力强盛的重要标志，其应用范围非常广泛。大学生创业应把重点放在开发特别是应用方面，因为新材料的开发投入大，需要国家层面进行研制，一般创业者缺少足够的资金进行新材料的研制，但新材料的应用却有很好的创业机会。

(5) 社会创业与创意产业。社会创业是指用创新的方法解决社会主要问题，采用商业手段创造社会价值，实现社会组织的不断发展。广义的社会组织包括营利性社会组织，狭义的社会组织包括非营利性社会组织。社会创业范围很广泛，包括科技、教育、文化、卫生、劳动、民政、体育、环境保护、法律保护、社会中介服务、工商服务、农村各类经济体的服务等。因此，在社会创业范围中，会产生各种不同类型的创业机会，需要大学生进行挖掘，并能产生较快较好的创业效果。文化创业产业是近些年提出的新概念，发展势头很猛。文化创意产业包括：广播影视、动漫、音像、传媒、表演艺术、工艺与设计、环境艺术、广告装潢、服装设计、软件和计算机服务等方面。文化创意产业具有创新性和独特性，创意的主题是人的创造力的释放与开发，对人的创造能力有更高的要求，有的大学生在这个行业创业已取得初步成功。

(6) 服务行业创业。有专家预测，未来最具潜力的服务业包括：早餐、休闲饮品、中式特色小吃等餐饮服务业，城市便利店、药品店、健康食品店等健康服务业，加工批发及零售服饰等服务业，化妆护理、瘦身减肥等美容业，专卖店形式的婴幼儿用品业，儿童早期教育业，成人在职教育业，老年用品和服务业，汽车后续服务业等。

(7) 与"数字化制造"紧密相连的创业。这是第三次工业革命的标志，代表产品是3D(三维)打印机，又称"堆砌加工机"，它像打印机一样，层层地把新型合成材料直接"印出"，或堆砌成一个产品，这种模式将取代传统的车、钳、铣、刨的生产方式，是生产工具的重大变革，有巨大的创业机会和发展潜力。目前，可以打印部分飞机零部件、人体的部分器官等。

(8) 互联网+农业。创业者可以特别关注乡村振兴战略方面的创业机会。

【案例】

韩军：大学生的"西北创业梦"

他，出生在中国一个知名的贫困县；他，在初二那年因为交不起240元学费而被迫辍学去拉面店打工；他，做过兼职、做过代理商、组建创业社、经营年营业额达到80万元的教育培训机构……如今，他从一碗拉面起家，在宁波、兰州经营两家企业，以全国20余万家清真餐饮企业为服务对象，以清真健康、干净放心的原材料标准化配送为主营业务，致力于做一家全国最大的清真餐饮服务公司。他有"把青海化隆拉面做上市"的壮志豪情，他有改变大西北落后面貌的理想情怀，他要打造农村电子商务回民信息服务平台，他要让Chinese Noodles走向世界。他的梦想是用自己的勤劳与汗水照亮西北那块美丽的黄土地，他的梦想才刚刚开始……

青海省化隆回族自治县，位于黄土高原与青藏高原的过渡地带，崇山峻岭，沟壑纵横，年平均气温2.2℃。这里是全国有名的贫困县，是全国知名的拉面之乡，也是韩军魂牵梦萦的家乡。

2002年韩军11岁，他所在的村子距离青海化隆回族自治县城近1万米，买卖商品都需要一早驾马车赶往县城，天黑才能返回。那年，他用自己仅有的几块钱，在父母的支持下，开起了村里的第一家小卖部。

2004年韩军13岁，利用周末和暑假，背着小商品到其他村子去卖，每天利润接近5元。也是在小学毕业的这年暑假，他赚到了人生第一张百元大钞。

2006年，年仅15岁、就读初二的韩军因为无法支付240元的学费被迫辍学，来到广东佛山的拉面店打工，月收入500元。在佛山，他从学徒做到了拉面师傅，然后又与别人合伙开起了一家小拉面馆，从此与拉面结下了不解之缘；在佛山，他看到了富裕的生活和前沿的教学体制；在佛山，他深刻体会到了沿海与西北的差距；也是在佛山，他立下了他毕生的志愿——一定要改变大西北的贫穷；也是在佛山，他做了改变他一生的决定——返校读书！因为他明白，西北和沿海的差距，并不全在于地理位置和物质能源，很大一部分也在于人的思想——脑子的贫穷，才是真正的贫穷。

2008年，韩军回到家乡，回到学校。虽然经济问题依然是他学习的最大障碍，但佛山的经历让他利用假期打工赚钱，更坚定了他要考上大学的决心。

2012年，宁波大学工业设计专业的新生名单里出现了一个来自青海化隆的回族西北娃——韩军。

宁波大学是韩军实现求学梦想的地方，完善的助学贷款政策让他有了和其他省市的同学们共同学习交流的平台与机会，校内勤工俭学的岗位也帮他解决了生活费的问题，他要通过他自己的努力完成学业。宁波大学也给了韩军实现创业梦想的平台。大一上学期，他开始接触校外各种兼职，后成为团购网站"团购堡"宁波地区代理商。大一下学期，他开始接触校外家教行业，组建宁波大学青柠创业社，后发展为宁波新梦想文化传播有限公司，年营业额达到80万元，掘得人生第一桶金。大一暑假，他开始接触电商，注册的淘宝网店营利过万元。

如果创业项目就此停歇，韩军只会是众多做培训项目的大学生之一。但他是有梦想的西北娃，他立志要改变大西北的现状！

2013年，微信"营销元年"，上大二的韩军决定休学创业；2014年5月，具有穆斯林特色的微信公众平台"伊穆家园"上线；2014年9月，兰州伊穆家园清真食品有限公司成立；2015年1月，伊穆家园与化隆县政府合作，深入沿海20余个城市，向化隆县外出经营的2000余家拉面店发放政府认证的相关资格证书,并借机对拉面市场做详细调研。2015年4月,为服务伊穆家园的电商业务发展需要,他在宁波注册成立宁波西北梦电子商务有限公司,承担整个项目的总体运营工作。自此,以全国20余万家清真餐饮企业为服务对象,以清真健康、干净放心的原材料标准化配送为主营业务的清真餐饮服务公司体系建设完成,在全国遍地开花但口味不一,服务和质量参差不齐的青海化隆拉面有了实现产品标准化的可能。目前,韩军的企业拥有粉丝近3万人,沿海拉面店客户共3万余家,每月订单80万元左右,签订协议供货厂家8个,在食品、餐饮服务等分类共注册商标9类。

一个西北娃,从一碗拉面起家,如今已正式踏上将牛肉拉面标准化、品牌化、产业化的道路,服务范围扩展到全国各大中小城市及乡镇20余万家清真拉面馆,他要让全国20万家拉面店真正做到"正宗",让14亿人尝到原汁原味的清真牛肉拉面。

2015年12月,黄焖鸡米饭超越沙县小吃和兰州拉面成为最受欢迎的国民料理,其得益于口碑外卖、百度外卖等O2O外卖服务平台。在此过程中,宁波大学附近的拉面店却未受影响,因为韩军不仅帮助店里的老板规范了原材料的使用,还教会了店里的老板使用这些平台。这个过程中,韩军体会最深的是,要改变落后的面貌必须从改变人的观念开始。回族老乡们不是不会用平台,而是不相信互联网能够提升他们的营业额、改变他们的生活面貌,作为同族同乡的韩军,决心打破农村电子商务理念壁垒。

民族的,就是世界的!2016年,在国家"一带一路"的大背景下,在"一带一路"沿线马来西亚、巴基斯坦等国家需要清真美食的市场大背景下,韩军有了他的终极目标——将牛肉拉面开到国外去,让Chinese Noodles走向世界!

梦想是要有的!韩军从最初的有学可上,到后来的清真餐饮服务公司,再到综合性服务平台,他的梦想一点点在扩大,一步步在实现,那是因为他有"把青海化隆拉面做上市"的壮志豪情,他有改变大西北落后面貌的理想情怀,他有让Chinese Noodles走向世界的终极目标,他有吃苦耐劳、勇敢坚毅、追求美好的优秀品质,他已经前行在梦想的大道上。

思考:

阅读完案例后,谈谈你对大学生创业的认识,你是否有创业的打算,做了哪些准备?我们应向韩军学习哪些创业经验,他给我们哪些启示?

五、女大学生创业

女性已经成为创业大潮中的一支生力军。"谁说女子不如男",相当多的女子特别是女大学生选择创业这条光明之路。据欧洲女企业家论坛估计,欧洲近20年来新增的就业机会中,有1/4是女企业家经营的小型企业提供的。据欧洲经济合作与发展组织统计,在其25个成员国里,女性领导的企业活动占全部企业活动的28%,其中最高的是加拿大,占39%;美国女企业家的经营活动已占到50%。中国女性创业始于改革开放,特别是在国有企业组织改制过程中,有相当多的职工下岗,为家庭生活及找到发展出路,开始了自主创业,自谋出路。女性创业从规模看相对较小,但对社会贡献较大。吉林大学蔡莉博士等对长春市500家创业企业进行调查统计,结果显示,10人以下规模的企业男性为59.1%,而女性是71.4%;10~50人规模的企业男性为33.9%,女性为26.8%;50人以上规模的企业男性占7.0%,女性占1.8%。由于女性在创业过程中受各种因素的限制,女性创业大多数规模较小,主要集中在服务行业。但在中国,也有不少女性创业达到很高的水平和产生相当广泛的社会影响力。未来中国女性特别是女大学生创业会有更大的发展。

第二节　新创企业组织形式

企业组织形式是指企业财产及其社会化大生产的组织形态，它表明一个企业的财产构成、内部分工协作与外部社会经济联系的方式。新创企业选择的组织形式有多种，主要有：个人独资企业、合伙企业、公司制企业(包括有限责任公司和股份有限公司)。新创企业选择何种组织形式，要根据国家有关法规的要求和企业的具体情况来决定。

一、个人独资企业

1. 个人独资企业的定义

个人独资企业是指依照《中华人民共和国个人独资企业法》在中国境内设立，由一个自然人投资，财产为投资人个人所有，投资人以其个人财产对企业债务承担无限责任的经营实体。

2. 个人独资企业的特点

(1) 个人独资企业由一个自然人投资设立。

(2) 个人独资企业设立要符合国家法律法规明确规定的在场所、资金、人员等方面的条件，是一个独立的企业实体。

(3) 个人独资企业投资人的个人财产与企业财产不分离，投资人以其个人财产对企业债务承担无限责任。

(4) 个人独资企业是非法人企业。

(5) 个人独资企业的出资人可以自行管理企业事务，或委托聘用其他具有民事行为能力的人负责企业管理事务。

(6) 个人独资企业规模较小，设立条件比较宽松，设立程序比较简便，开办或退出比较灵活。

3. 设立个人独资企业的基本条件

(1) 投资人为一个自然人。

(2) 有合法的企业名称。

(3) 有投资人申报的资金。

(4) 有固定的生产经营场地和必要的生产经营条件。

(5) 有必要的从业人员。

二、合伙企业

1. 合伙企业的定义

合伙企业是指自然人、法人和其他组织依照《中华人民共和国合伙企业法》，在中国境内设立的，由两个或两个以上的自然人通过订立合伙协议，共同出资经营、共负盈亏、共担风险的企业组织形式。我国合伙组织形式仅限于私营企业。合伙企业一般无法人资格，包括普通合伙企业和有限合伙企业。普通合伙企业由普通合伙人(没有上限规定)组成，合伙人对合伙企业债务承担无限连带责任。有限合伙企业由2人以上50人以下的普通合伙人和有限合伙人组成，普通合伙人至少有 1 人，对合伙企业债务承担无限连带责任；有限合伙人以其认缴的出资额为限对合伙企业债务承担责任。

2. 合伙企业的特征

合伙企业具有以下基本特征。

(1) 合伙企业的设立主体包括自然人、法人和其他组织。

(2) 合伙人承担连带责任，即所有合伙人对合伙企业的债务都有责任向债权人偿还，不管自己在合伙协议中所承担的比例如何，一个合伙人不能清偿对外债务时，其他合伙人都有清偿的责任，但当某一合伙人偿还合伙企业的债务超过自己所承担的数额时，有权向其他合伙人追偿。

(3) 合伙人对企业债务承担无限连带责任，即所有合伙人不以自己投入的合伙企业的资金和合伙企业所有的全部资金为限，而以合伙人自己所有的财产对债权人承担清偿责任。

(4) 合伙企业要依法签订书面协议，订立书面协议必须由全体合伙人协商一致。

(5) 合伙企业解散时，合伙企业财产的清偿顺序如下。

① 合伙企业所欠招用职工的工资和劳动保险费用。

② 合伙企业所欠税款。

③ 合伙企业的债务。

④ 返还合伙人的出资。

(6) 合伙企业财产按上述顺序清偿后仍有剩余的，则按协议中约定比例分配。如果协议中没有约定，则平均分配利润。

3. 设立合伙企业的基本条件

创业者设立合伙企业的基本条件有以下几点。

(1) 有两个以上合伙人，合伙人为自然人的，具有完全民事行为能力；并且都是依法承担无限责任者。

(2) 有书面合伙协议。

(3) 有各合伙人实际缴付的出资。

(4) 有合伙企业的名称和生产经营场所。

(5) 法规规定的其他必要条件。

三、公司制企业

公司是指依照《中华人民共和国公司法》在中国境内设立的有限责任公司和股份有限公司。

1. 有限责任公司

(1) 有限责任公司的定义。

有限责任公司是指由一定人数的股东组成的、股东只以其出资额为限对公司承担责任，公司只以其全部资产对公司债务承担责任的公司。

(2) 有限责任公司的特征。

① 有限责任公司是企业法人，有独立的法人财产，享有法人财产权。

② 限定的股东人数，有限责任公司的股东人数为 50 人以下。

③ 有限责任公司以其全部财产对公司债务承担责任。

④ 有限责任公司的股东以其认缴的出资额为限对公司承担责任。
⑤ 有限责任公司股东共同制定公司章程。

(3) 设立有限责任公司的基本条件。

① 股东符合法定人数。有限责任公司由50个以下股东共同出资设立，一个自然人或者一个法人也可以单独设立有限责任公司。

② 股东注册资本认缴达到法定资本最低限额。根据《注册资本认缴登记制度》的有关规定，股东注册资本认缴理论上1元人民币可注册公司。特定行业的有限责任公司注册资本最低限额需高于上述所规定限额的，由法律、行政法规另行规定。

③ 公司全体股东注册资本认缴及相关事宜自我约定，到工商管理部门登记，记载在公司章程中。

④ 股东共同制定公司章程。

⑤ 有公司名称和住所，是法定的注册地址。

⑥ 建立符合有限公司要求的组织机构。

(4) 一人有限责任公司。

一人有限责任公司(简称"一人公司""独资公司"或"独股公司")，是指只有一个自然人或一个法人股东(自然人或法人)，持有公司全部出资的有限责任公司。一人有限责任公司是独立的企业法人。一个自然人只能投资设立一个有限责任公司。一人有限责任公司的股东，不能证明公司财产独立于股东自己的财产的，应当对公司债务承担连带责任。一人有限责任公司应在公司登记中注明自然人独资或者法人独资，并在营业执照中载明"一人有限责任公司"。一人有限责任公司有两个基本法律特征，一是股东人数的唯一性，二是股东责任的有限性。

2. 股份有限责任公司

(1) 股份有限责任公司的定义。

股份有限公司是指由一定人数以上的股东组成，公司全部资本分为等额股份，股东以其所认购的股份为限对公司承担责任，公司以其全部资产对公司债务承担责任的公司。

(2) 股份有限公司的基本特征。

① 股份有限公司是独立的企业法人，有独立的法人财产，享有法人财产权。

② 股份有限公司的发起人数不得少于法律规定的数目，应有2人以上200人以下。

③ 股份有限公司的股东对公司债务负有限责任，其限度是股东应交付的股金额。

④ 股份有限公司以全部资产对公司债务承担责任。

⑤ 股份有限公司设立采取发起人设立或募集设立的方式，其全部的资本划分为等额的股份，可通过向社会公开发行的办法筹集资金，任何人在缴纳了股款之后，都可以成为公司股东，没有资格限制。

⑥ 公司股份可以自由转让，但不能退股。

⑦ 公司账目须向社会公开，以便投资人了解公司情况，进行选择。

⑧ 股份有限公司的股东共同制定公司章程。

⑨ 公司设立和解散有严格的法律程序，手续比较复杂。

(3) 设立股份有限公司的基本条件。

① 发起人符合法定的资格，达到法定的人数，即2人以上200人以下。

② 发起人认缴和向社会公开募集的股本达到法定额度。发起人可以用货币出资，也可以用实物、工业产权、非专利技术、土地使用权作价出资。发起人以货币出资时，应当缴付现金。发起

人以货币以外的其他财产权出资时,必须进行评估作价,核实财产,并折合为股份,且应当依法办理其财产权的转移手续,将财产权转归公司所有。

③ 采取发起方式设立的,注册资本为在公司登记机关登记的全体发起人认购的股本总额。法律法规另有规定的,从其规定。

④ 股份发行、筹办事项符合法律规定。

⑤ 发起人制定公司章程,并经创立大会通过。

⑥ 有公司名称,建立符合公司要求的组织机构。

⑦ 有固定的生产经营场所和必要的生产经营条件。

四、各种组织形式的比较及风险防范

各种组织形式没有绝对的好与坏,创业者必须分析研究各种组织形式的优缺点,根据创办企业的实际情况来选择某种合适的组织形式。各种组织形式比较及风险防范如表11-1所示。

表 11-1　各种企业组织形式优缺点对比及风险防范

组织形式	优　点	缺　点	风险防范
合伙企业	1. 组织形式简单,集中资源迅速灵活,创办手续简便且费用低; 2. 关系紧密,成员稳定,内部凝聚力强; 3. 因为承担无限责任,所以成员的责任心强; 4. 并非纳税主体,受政府干预和法律限制较少; 5. 经营灵活,信用较好	1. 对合伙人依赖程度较高,因合伙人的意外或退出而解散; 2. 在合伙人经营管理出现分歧时,决策困难; 3. 如未在合伙协议中详细约定有关条款,容易出现纠纷; 4. 出资人承担无限连带责任; 5. 财产转让困难; 6. 规模小,融资能力有限	1. 在合伙前清理自身账目,认真审查对方的资本实力,并详细拟定合伙协议; 2. 在合伙协议中详细约定利润分配、投票权和决策权、撤资的条件及方法、合理的财务制度等; 3. 诚实履行出资义务; 4. 提高合伙人的信用度
有限公司	1. 出资人承担有限责任,风险性较低; 2. 公司所有权与经营管理权分离,有利于建立有效的治理结构,促进企业的发展; 3. 产权结构多元化,有利于促进资本集中,科学决策	1. 产权不能充分流动,资产运作受到限制,股份转让方式须依照法定条件和程序; 2. 不能公开发行股票,筹集资金规模有限,法律监管较严格; 3. 税费比较重,存在双重纳税问题	1. 详细制定公司章程,全面履行出资义务; 2. 合理设置组织机构; 3. 有效行使股东权利义务; 4. 加强监督管理
股份公司	1. 有利于筹集资金; 2. 股东只承担有限责任,风险较小; 3. 股份转让便捷,流通性强; 4. 治理结构完善,管理水平较高	1. 公司要定期公布财务等状况,经营信息的公开可能影响公司某些利益; 2. 法律法规监管严格; 3. 少数股东控制,容易损害其他小股东的利益	1. 制定科学规范的公司章程,按章办事; 2. 建立完善的治理结构,合理设置股权比例及组织机构; 3. 有效行使股权利义务; 4. 加强监督管理

(续表)

组织形式	优点	缺点	风险防范
一人有限公司	1. 设立比较便捷； 2. 经营管理费用比较低； 3. 工作效率高，决策快； 4. 能保守商业秘密,适应能力强	1. 治理结构不完善,缺乏制衡机制； 2. 不利于保护债权人的权益； 3. 公司资金筹措能力受到限制，不利于公司发展； 4. 缺乏信用体系	1. 提高出资人的综合素质； 2. 加强法律法规的学习与教育，提高执行法律法规的自觉性； 3. 提高出资人的信用度

第三节 创办新企业的程序

大学生创业必须掌握新创业的开办程序，这样可以节省时间，尽快进入新创企业的运营管理。

一、新创企业开办之前的准备工作

新创企业开办之前需要做准备工作，需要明确做什么工作，由谁来做，什么时间完成。具体工作内容包括：营业地点选择，启动资金筹集落实，办理企业登记注册手续，营业场所装修，接通水电、电话，购买或租用机器设备，招聘员工，购买保险，宣传企业等。

二、新创企业的注册登记

新创企业注册前，要确定企业组织形式。我国法律规定，可注册的企业形式有股份有限公司、有限责任公司、合伙企业和个人独资企业。根据2014年2月18日国务院批准的《注册资本登记制度改革方案》，新创企业注册资本登记便捷高效，规范统一，宽进严管，降低创业成本，有利创新创业成功。

1. 《注册资本登记制度改革方案》的相关内容

(1) 实行注册资本认缴登记制。公司股东认缴的出资总额或者发起人认购的股本总额(即公司注册资本)应当在工商行政管理机关登记。公司股东(发起人)应当对其认缴出资额、出资方式、出资期限等自主约定，并记载于公司章程。有限责任公司的股东以其认缴的出资额为限对公司承担责任，股份有限公司的股东以其认购的股份为限对公司承担责任。公司应当将股东认缴出资额或者发起人认购股份、出资方式、出资期限、缴纳情况通过市场主体信用信息公示系统向社会公示。公司股东(发起人)对缴纳出资情况的真实性、合法性负责。

(2) 现行法律、行政法规及国务院决定明确规定实行注册资本实缴登记制的银行业金融机构、证券公司、期货公司、基金管理公司、保险公司、保险专业代理机构和保险经纪人、直销企业、对外劳务合作企业、融资性担保公司、募集设立的股份有限公司，以及劳务派遣企业、典当行、保险资产管理公司、小额贷款公司实行注册资本认缴登记制问题，另行研究决定。在法律、行政法规及国务院决定未修改前，暂按现行规定执行。

(3) 已经实行申报(认缴)出资登记的个人独资企业、合伙企业、农民专业合作社仍按现行规定执行。

(4) 鼓励、引导、支持国有企业、集体企业等非公司制企业法人实施规范的公司制改革，实行注册资本认缴登记制。

(5) 放宽注册资本登记条件。除法律、行政法规及国务院决定对特定行业注册资本最低限额另有规定的外，取消注册资本最低限额。

(6) 简化住所(经营场所)登记手续。申请人提交场所合法使用证明即可予以登记。

(7) 推行电子营业执照和全程电子化登记管理。电子营业执照载有工商登记信息，与纸质营业执照具有同等法律效力。包括：网上申请、网上受理、网上审核、网上公示、网上发照等全程电子化登记管理。

2. 注册有限责任公司的程序

(1) 核名。

① 到工商行政管理机关领取企业(字号)名称预先核准申请表，填写你准备取的公司名称，由工商行政管理机关相关人员检索是否重名，如果没有重名，就可以使用这个名称。工作人员会核发一张企业(字号)名称预先核准通知书。

② 也可由代理人帮助您核名，所提交的资料包括：公司名称4～5个、股东、法人的身份证复印件，出资比例等，一般2～3天便可知道公司名称是否可行。

(2) 确定营业场所。创业者可以租写字楼，或者购买营业场所，但民宅不能用于注册成立公司。租房后要签订租房合同，物业提供产权证明，再在设立表上盖章。

(3) 入资。创业者应去银行办理个人结算卡，到工商行政管理机关指定银行办理入资手续，需要携带核名通知、身份证原件、存折或银行卡。如果法人或者股东不能亲自办理，还需准备委托书。

(4) 验资。所需材料为：设立表、公司章程、核名通知、房租合同、房产证复印件、法人股东身份证复印件。

(5) 刻章。创业者去公安局指定刻章处刻公章、合同章、财务章、人名章。

(6) 注册公司。创业者详细填写设立表后，连同核名通知、公司章程、房租合同、房产证复印件、验资报告一起交给工商行政管理机关，大概7个工作日后可领取执照。

(7) 办理企业组织机构代码证。创业者凭营业执照到质量技术监督部门办理组织机构代码证。

(8) 办理税务登记。创业者领取执照后，到当地税务局申请领取税务登记证。

(9) 购买印花税。创业者需携带租房合同到税务局买印花税，按年租金的1‰的税率购买，例如，每年房租是1万元，那就要买10元的印花税，贴在房租合同的首页，后面凡是需要用到房租合同的地方，都需要是贴了印花税的合同复印件。

(10) 去银行开公司基本账户。创业者需凭执照、组织机构代码证去银行开立公司基本账户。开立基本账户时，还需要购买一个密码器，密码器主要用于公司开支票、划款时生成密码。

(11) 申请领购发票。发票申请分两种：一是按定税方法，即每月不管有没有营业额都要每月交纳相同的税额；二是根据开具发票的金额每月按税率缴税。

3. 注册合伙企业的程序

(1) 设立合伙企业应当具备下列条件。

① 有两个以上合伙人，并且都是依法承担无限责任者。

② 有书面合伙协议。

③ 有各合伙人实际缴付的出资。

④ 有合伙企业的名称。

⑤ 有经营场所和从事合伙经营的必要条件。

(2) 申请设立合伙企业，应向企业工商登记机关提交下列文件。

① 全体合伙人签署的设立登记申请书。

② 全体合伙人的身份证明。

③ 全体合伙人指定的代表或者共同委托的代理人的委托书。

④ 合伙协议。合伙协议应当载明下列事项：合伙企业的名称和主要经营场所的地点；合伙目的和合伙经营范围；合伙人的姓名或者名称、住所；合伙人出资的方式、数额和缴付期限；利润分配、亏损分担办法；合伙事务的执行；入伙与退伙；争议解决办法；合伙企业的解散与清算；违约责任。

⑤ 出资权属证明。

⑥ 经营场所证明。

⑦ 国务院工商行政管理部门规定提交的其他文件。

⑧ 法律、行政法规定设立合伙企业须报经审批的，还应当提交有关批准文件。

4. 注册个体工商户的程序

(1) 登记内容及期限。

① 名称预先登记，3个工作日。

② 个体工商户开业、变更、注销登记，15个工作日。

(2) 登记需要提交的文件

① 申请个体工商户名称预先登记应提交的文件、证件包括：申请人的身份证或由申请人委托的有关证明；个体工商户名称预先登记申请书；法规、规章和政策规定应提交的其他文件、证明。

② 申请个体工商户开业登记应提交的文件、证件包括：申请人签署的个体开业登记申请书(填写个体工商户申请开业登记表)；从业人员证明；本市人员经营的须提交户籍证明，含居民户口簿和身份证，以及离退休等各类无业人员的有关证明；外省市人员经营的须提交本人身份证、暂住证、劳动用工证、经商证明及初中以上学历证明；育龄妇女还须提交计划生育证明；经营场地证明；个人合伙经营的合伙协议书；家庭经营的家庭人员的关系证明；名称预先核准通知书；法律、规章和政策规定应提交的有关专项证明。

第四节　新创企业文件的编写

一、公司章程的编写

公司是指依照《中华人民共和国公司法》在中国境内设立的有限责任公司和股份有限公司。公司是企业法人，有独立的法人财产，享有法人财产权。公司以其全部财产对公司的债务承担责任。

有限责任公司的股东以其认缴的出资额为限对公司承担责任；股份有限公司的股东以其认购的股份为限对公司承担责任。

设立有限责任公司，必须有股东共同制定的公司章程。按照《中华人民共和国公司法》(以下简称《公司法》)的规定，公司章程必须载明下列事项。

1. 公司名称和住所

企业只准使用一个名称，在登记主管机关辖区内不得与已登记注册的同行业企业名称相同或者近似。确有特殊需要的，经省级以上登记主管机关核准，企业可以在规定的范围内使用一个从属名称。

企业名称应当冠以企业所在地省(包括自治区、直辖市，下同)或者市(包括州，下同)或者县(包括市辖区，下同)行政区划名称。企业名称不得含有下列内容和文字。

(1) 有损于国家、社会公共利益的。
(2) 可能对公众造成欺骗或者误解的。
(3) 外国国家(地区)名称、国际组织名称。
(4) 政党名称、党政军机关名称、群众组织名称、社会团体名称及部队番号。
(5) 汉语拼音字母(外文名称中使用的除外)、数字。
(6) 其他法律、行政法规规定禁止的。

公司住所为自由产权不动产的，需提交产权证。公司住所为租赁场地的，需提供场地产权证和租赁合同。

2. 公司经营范围

经营范围分为许可经营项目和一般经营项目。许可经营项目是指企业在申请登记前依据法律、行政法规、国务院决定应当报经有关部门批准的项目。一般经营项目是指不需批准，企业可以自主申请的项目。企业申请的经营范围中有下列情形的，企业登记机关不予登记。

(1) 法律、行政法规、国务院决定禁止企业经营的。
(2) 属于许可经营项目，不能提交审批机关的批准文件、证件的。
(3) 注册认缴资本未达到法律、行政法规规定和国务院《注册资本登记制度改革方案》要求的。
(4) 法律、行政法规、国务院规定特定行业的企业只能从事经过批准的项目而企业申请其他项目的。
(5) 法律、行政法规、国务院规定的其他情形的。

3. 公司注册资本

公司注册资本以2014年2月国务院公布的《注册资本登记制度改革方案》进行注册登记。

4. 股东的姓名或者名称

不满足法律对行为能力要求的人，不得成为股东。根据法律规定，具有特殊身份的人，不得成为股东。

5. 股东的出资方式、出资额和出资转让

股东应当按期足额缴纳公司章程中规定的各自所认缴的出资额。股东以货币出资的，应当将货币出资足额存入有限责任公司在银行开设的账户；以非货币财产出资的，应当依法办理其财产

权的转移手续。股东不按照前款规定缴纳出资的,除应当向公司足额缴纳外,还应当向已按期足额缴纳出资的股东承担违约责任。股东缴纳出资后,必须经依法设立的验资机构验资并出具证明。

有限责任公司成立后,发现作为设立公司出资的非货币财产的实际价额显著低于公司章程所定价额的,应当由交付该出资的股东补足其差额;公司设立时的其他股东承担连带责任。有限责任公司成立后,应当向股东签发出资证明书。股东之间可以相互转让其部分出资,股东转让出资由股东会讨论通过。

6. 公司的机构及其产生办法、职权、议事规则

有限责任公司股东会由全体股东组成。股东会是公司的权力机构,依照《公司法》行使职权。股东会行使下列职权。

(1) 决定公司的经营方针和投资计划。
(2) 选举和更换非由职工代表担任的董事、监事,决定有关董事、监事的报酬事项。
(3) 审议批准董事会的报告。
(4) 审议批准监事会或者监事的报告。
(5) 审议批准公司的年度财务预算方案、决算方案。
(6) 审议批准公司的利润分配方案和弥补亏损方案。
(7) 对公司增加或者减少注册资本做出决议。
(8) 对发行公司债券做出决议。
(9) 对公司合并、分立、解散、清算或者变更公司形式做出决议。
(10) 修改公司章程。
(11) 公司章程规定的其他职权。

对前款所列事项股东以书面形式一致表示同意的,可以不召开股东会会议,直接做出决定,并由全体股东在决定文件上签名、盖章。

有限责任公司设董事会,其成员为3~13人,由股东会任命;但是,《公司法》第五十一条另有规定的除外。股东人数较少或者规模较小的有限责任公司,可以设一名执行董事,不设董事会。执行董事可以兼任公司经理。执行董事的职权由公司章程规定。董事会对股东会负责,行使下列职权。

(1) 召集股东会会议,并向股东会报告工作。
(2) 执行股东会的决议。
(3) 决定公司的经营计划和投资方案。
(4) 制定公司的年度财务预算方案、决算方案。
(5) 制定公司的利润分配方案和弥补亏损方案。
(6) 制定公司增加或者减少注册资本,以及发行公司债券的方案。
(7) 制定公司合并、分立、解散或者变更公司形式的方案。
(8) 决定公司内部管理机构的设置。
(9) 决定聘任或者解聘公司经理及其报酬事项,并根据经理的提名决定聘任或者解聘公司副经理、财务负责人及其报酬事项。
(10) 制定公司的基本管理制度。
(11) 公司章程规定的其他职权。

有限责任公司可以设经理，由董事会决定聘任或者解聘。经理对董事会负责，行使下列职权。
(1) 主持公司的生产经营管理工作，组织实施董事会决议。
(2) 组织实施公司年度经营计划和投资方案。
(3) 拟订公司内部管理机构设置方案。
(4) 拟订公司的基本管理制度。
(5) 制定公司的具体规章。
(6) 提请聘任或者解聘公司副经理、财务负责人。
(7) 决定聘任或者解聘除应由董事会决定聘任或者解聘以外的负责管理人员。
(8) 董事会授予的其他职权。
公司章程对经理职权另有规定的，从其规定。经理列席董事会会议。

有限责任公司设监事会，由股东会任命，其成员不得少于 3 人。股东人数较少或者规模较小的有限责任公司，可以设 1～2 名监事，不设监事会。

监事会应当包括股东代表和适当比例的公司职工代表，其中职工代表的比例不得低于 1/3，具体比例由公司章程规定。监事会中的职工代表由公司职工通过职工代表大会、职工大会或者其他形式民主选举产生。

监事会设主席一人，由全体监事过半数选举产生。监事会主席召集和主持监事会会议；监事会主席不能履行职务或者不履行职务的，由半数以上监事共同推举一名监事召集和主持监事会会议。董事、高级管理人员不得兼任监事。

监事会或不设监事会的公司的监事行使下列职权。
(1) 检查公司财务。
(2) 对董事、高级管理人员执行公司职务的行为进行监督，对违反法律、行政法规、公司章程或者股东会决议的董事、高级管理人员提出罢免的建议。
(3) 当董事、高级管理人员的行为损害公司的利益时，要求董事、高级管理人员予以纠正。
(4) 提议召开临时股东会会议，在董事会不履行本法规定的召集和主持股东会会议职责时召集和主持股东会会议。
(5) 向股东会会议提出提案。
(6) 依照《公司法》第一百五十二条的规定，对董事、高级管理人员提起诉讼。
(7) 公司章程规定的其他职权。

7. 公司法定代表人

公司法定代表人依照公司章程的规定，由董事长、执行董事或者经理担任，并依法登记。公司法定代表人变更，应当办理变更登记手续。

8. 股东会会议认为需要规定的其他事项

公司章程最好将公司的存续时间定短点，以一年为宜。这样做的优点是可以根据内外条件的变化修改公司章程。章程中对高级管理人员的范围予以确定，一般来讲，财务负责人、法律负责人、营销负责人，都属于高级管理人员。

最好在章程中规范公司的印章管理制度，避免因出现问题导致印章管理混乱或股东承担意外的法律风险。

公司章程写好后，特别要注意以下几方面：股东应当在公司章程上签名、盖章；公司章程应向工商行政管理机关备案；公司企业法律事务专业性很强，建议向专业人士咨询。

二、合伙协议书的编写

1. 订立合伙协议书的内容

(1) 订立原则。
(2) 各自出资及所占比例。
(3) 经营期限。
(4) 经营方式及分配原则。
(5) 债务承担。
(6) 合伙终止条件。
(7) 有关法律规定及补充规定。

2. 合伙协议书范文

合伙协议书

合伙人：甲(姓名)，　男(女)，　年　月　日生

现住址：市(县) 街道　(乡 村)　号

合伙人：乙　姓名

合伙人本着公平、平等、互利的原则订立合伙协议如下。

第一条　甲乙双方自愿合伙经营×××(项目名称)，总投资为×万元，甲出资×万元，乙出资×万元，各占投资总额的×%、×%。

第二条　本合伙依法组成合伙企业，由甲负责办理工商登记。

第三条　本合伙企业经营期限为十年。如果需要延长期限，在期满前六个月办理有关手续。

第四条　合伙双方共同经营、共同劳动，共担风险，共负盈亏。企业盈余按照各自的投资比例分配。企业债务按照各自投资比例负担。任何一方对外偿还债务后，另一方应当按比例在十日内向对方清偿自己负担的部分。

第五条　他人可以入伙，但须经甲乙双方同意，并办理增加出资额的手续和订立补充协议。补充协议与本协议具有同等效力。

第六条　出现下列事项，合伙终止。

(1) 合伙期满。
(2) 合伙双方协商同意。
(3) 合伙经营的事业已经完成或者无法完成。
(4) 其他法律规定的情况。

第七条　本协议未尽事宜，双方可以补充规定，补充协议与本协议有同等效力。

第八条　本协议一式×份，合伙人各一份。本协议自合伙人签字(或盖章)之日起生效。

合伙人：×××(签字或盖章)、×××(签字或盖章)、×××(签字或盖章)

××年××月××日

三、股份有限责任公司发起人协议书的编写

1. 股份有限责任公司发起人协议书的内容

股份有限责任公司发起人协议书是拟设立公司的主要事宜达成的协议。在公司成立前,股东之间的关系和利益由协议调整,公司成立后,由公司章程和《公司法》调整,并由合同关系转为法定关系。

股份有限责任公司发起人协议书的内容主要有以下几点。

(1) 公司经营项目、宗旨使命、范围、生产规模。
(2) 公司注册认缴资本、各方出资、出资方式、出资期限、承担责任。
(3) 公司组织机构、经营管理。
(4) 公司名称和住所。
(5) 其他说明的内容。

2. 股份有限责任公司发起人协议书范文

股份有限公司发起人协议书范文

第一章　总则

第一条　遵照《中华人民共和国公司法》和其他有关法律、法规,根据平等互利的原则,经各发起人友好协商,决定设立"_____股份有限公司"(以下简称公司),特签订本协议书。

第二条　本公司采取募集设立方式,各股东以其所认购股份为限对公司承担有限责任,公司以其全部资产对公司债务承担责任。公司具有独立的法人资格。

第三条　公司为永久性股份有限公司。

第二章　发起人

第四条　公司发起人分别为:甲、乙、丙、丁。

各发起人共同委托_____办理设立公司的申请手续。

第三章　宗旨、经营范围

第五条　公司的宗旨是适应市场经济的要求,使公司不断发展,使全体股东获得良好的经济效益,繁荣社会经济。

第六条　公司的经营范围为:_____。

第四章　股权结构

第七条　公司采取募集设立方式,募集的对象为法人、社会公众。

第八条　公司发起人认购的股份占股份总额的_____%,其余股份向社会公开募集。同意发起人以现物出资,出资标的为_____设备,折价_____元,折合股份_____股。

第九条　公司股东以登记注册时的认股人为准。

第十条　公司全部资本为人民币_____元。

第十一条　公司的全部资本分为等额股份。公司股份以股票形式出现,股票是公司签发的有价证券。

第十二条　公司股票采用记名方式,股东所持有的股票即为其认购股份的书面凭证。

第五章　筹备委员会

第十三条　根据发起人提议,成立公司筹备委员会,筹备委员会由各发起人推举的人员组成,

筹备委员会负责公司筹建期间的一切活动。

第十四条　筹备委员会的职责

(1) 负责组织起草并联系各发起人签署有关文件。

(2) 就公司设立等一应事宜负责向政府部门申报，请求批准。

(3) 负责开展募股工作，并保证股金之安全性。

(4) 全部股金认缴完毕后 30 天内组织召开和主持公司创立会暨第一届股东大会。

(5) 负责联系股东，听取股东关于董事会和经营管理机构人员构成及人选意见；负责向公司第一届股东大会提议，以公正合理地选出公司有关机构人员。

(6) 全体发起人对届期无人认购和未缴纳的股份负连带认购和缴纳责任，对现物出资估价高于最后审定价格之差价负连带补缴责任。

(7) 如果公司不能成立，设立费用由发起人平均负担，对设立债务负连带偿还责任。

第十五条　筹备委员会下设办公室，实行日常工作制。

第十六条　筹备委员会成员不计薪酬，待公司设立成功后酌情核发若干补贴。所发生的合理开支在公司创立大会通过后由公司实报实销。发起人的报酬由各发起人协商，报公司创立大会及第一届股东大会通过。

第十七条　筹备委员会自合同书签订之日起正式成立。待公司创立大会暨第一届股东大会召开，选举产生董事后，筹备委员会即自行解散。

第六章　附则

第十八条　各股东应将认购的股款汇入公司筹备委员会指定的银行账户。缴款时间以汇出日期为准。

第十九条　本协议书一式＿＿＿＿份，发起人各执一份，每份具有同等效力，自签毕后生效。若违反本协议，对其他发起人负损害赔偿责任。

发起人签名盖章：(时间地点、法人名称、住所、法定代表人、法人证件号码、自然人姓名住所、国籍、身份证或护照号码)

第五节　与创业联系紧密的法律法规

新创企业注册登记后，即可开始企业运营，但必须遵守国家法律法规。特别是与创业联系紧密的相关法规，创业者要认真学习和掌握。

一、《民法典》（合同编）及相关编章

《民法典》（合同编）公布执行后，原有《合同法》作废。《民法典》（合同编）是创业者必须认真学习掌握的基本法律，也是创业者保护自身合法权益的有效的法律手段。《民法典》（合同编）共分 3 个分编 29 章，主要包括以下内容。

第一分编，通则。包括：第一章，一般规定；第二章，合同的订立；第三章，合同的效力；第四章，合同的履行；第五章，合同的保全；第六章，合同的变更和转让；第七章，合同的权利义务终止；第八章，违约责任。

第二分编，典型合同。包括：第九章，买卖合同；第十章，供用电、水、气、热力合同；第

十一章，赠与合同；第十二章，借款合同；第十三章，保证合同；第十四章，租赁合同；第十五章，融资租赁合同；第十六章，保理合同；第十七章，承揽合同；第十八章，建设工程合同；第十九章，运输合同；第二十章，技术合同；第二十一章，保管合同；第二十二章，仓储合同；第二十三章，委托合同；第二十四章，物业服务合同；第二十五章，行纪合同；第二十六章，中介合同；第二十七章，合伙合同。

第三分编，准合同。包括：第二十八章，无因管理；第二十九章，不当得利。

二、《劳动法》和《保险法》及相关条款

只要聘用员工，创业者就必须了解《劳动法》和《保险法》中的重要的条款，包括以下几条。

(1) 试用期不得超过 6 个月。

(2) 劳动者加班的，支付不低于工资的 150% 的工资报酬；休息日安排劳动者工作又不能安排补休的，支付不低于工资的 200% 的工资报酬；法定休假日安排劳动者工作的，支付不低于工资的 300% 的工资报酬。

(3) 员工如果因工伤残，抚恤金应由企业支付。工伤伤残程度被定为五级和六级并由企业支付伤残抚恤金的员工，企业和员工应该继续缴纳养老保险费，伤残员工达到国家规定的退休年龄办理退休手续后，其养老金待遇由养老保险金支付。

(4) 企业缴纳基本养老保险费的比例，一般不得超过工资总额的 20%，如果企业的工资总额低于当地社会平均工资的 60%，则以当地社会平均工资的 60% 缴纳。企业缴纳的基本医疗保险费率一般是基本工资总额的 6% 左右。城镇企事业单位按照本单位工资总额的 2% 缴纳事业保险金。

三、《知识产权法》及相关条款

当创业者创立一家高科技企业时，应该了解《知识产权法》的一些条款。创业者需要了解著作权、商标、域名、商号、专利、技术秘密等各自的保护方法，从而建立起完整、立体的知识产权保护体系。

四、《民法典》（担保物权分编）章节和《票据法》

《民法典》（担保物权分编）公布执行后，原有《担保法》作废。担保物权分编有 3 章 4 节，主要包括以下内容。

第十六章，一般规定。第十七章，抵押权：第一节，一般抵押权；第二节，最高额抵押权。第十八章，质权：第一节，动产质权；第二节，权利质权。第十九章，留置权。

《票据法》是国家专门规定票据关系以及与票据行为有密切关系的法律规范的总称。创业者在创业过程中，经常需要以担保物权法规和《票据法》作为经营管理运行的基本法律，也是创业者保护自身合法权益的有效的法律手段，必须认真学习，依法进行创业管理。

五、《税法》和《会计法》及相关条款

创业者必须按《会计法》履行应尽的法律责任和义务，不准做假账是根本要求。会计核算管理坚持实事求是，不得欺上瞒下，按《会计准则》进行会计管理工作。创业者必须按我国税法规

定依法纳税。我国的税种按课税对象的不同可以划分为流转税、所得税和财产税 3 种。其中，流转税是以商品或劳务交易额为征税对象的税种，对生产、流通、分配各环节都可征税，包括增值税、消费税、关税等。所得税是对纳税人所得或收益课征的税种，来源是财产的收益或财产所有人的收入，包括房产税、车船使用税、契税等。财产税又称财产课税，指以法人和自然人拥有的财产数量或者财产价值为征税对象的一类税收。一般包括两大类：一是不动产，如土地、房屋等；二是动产，又可分为有形动产和无形动产两种。有形动产包括企业的营业设备、商品存货等收益财产和家庭消费品等消费财产。无形动产包括现金、银行存款和各种有价证券等。与企业和企业主有关的税种主要有：增值税、消费税、关税、个人所得税、企业所得税、城市维护建设税、教育费附加税等。

六、《注册资本登记制度改革方案》及相关条款

国务院公布《注册资本登记制度改革方案》不仅对注册资本登记制做出了明确规定，而且对年检、信用体系、约定机制、违规惩治、监督管理等方面也做出了具体规定。

(1) 改革年度检验验照制度。将企业年度检验制度改为企业年度报告公示制度。企业应当按年度在规定的期限内，通过市场主体信用信息公示系统向工商行政管理机关报送年度报告，并向社会公示，任何单位和个人均可查询。企业年度报告的主要内容应包括公司股东(发起人)缴纳出资情况、资产状况等，企业对年度报告的真实性、合法性负责，工商行政管理机关可以对企业年度报告公示内容进行抽查。经检查发现企业年度报告隐瞒真实情况、弄虚作假的，工商行政管理机关依法予以处罚，并将企业法定代表人、负责人等信息通报公安、财政、海关、税务等有关部门。对未按规定期限公示年度报告的企业，工商行政管理机关在市场主体信用信息公示系统上将其载入经营异常名录，提醒其履行年度报告公示义务。企业在三年内履行年度报告公示义务的，可以向工商行政管理机关申请恢复正常记载状态；超过三年未履行的，工商行政管理机关将其永久载入经营异常名录，不得恢复正常记载状态，并列入严重违法企业名单("黑名单")。

(2) 构建市场主体信用信息公示体系。完善市场主体信用信息公示制度。以企业法人国家信息资源库为基础构建市场主体信用信息公示系统，支撑社会信用体系建设。在市场主体信用信息公示系统上，工商行政管理机关公示市场主体登记、备案、监管等信息；企业按照规定报送、公示年度报告和获得资质资格的许可信息；个体工商户、农民专业合作社的年度报告和获得资质资格的许可信息可以按照规定在系统上公示。公示内容作为相关部门实施行政许可、监督管理的重要依据。加强公示系统管理，建立服务保障机制，为相关单位和社会公众提供方便快捷服务。

(3) 完善信用约束机制。建立经营异常名录制度，将未按规定期限公示年度报告、通过登记的住所(经营场所)无法取得联系等的市场主体载入经营异常名录，并在市场主体信用信息公示系统上向社会公示。进一步推进"黑名单"管理应用，完善以企业法人法定代表人、负责人任职限制为主要内容的失信惩戒机制。建立联动响应机制，对被载入经营异常名录或"黑名单"、有其他违法记录的市场主体及其相关责任人，各有关部门要采取有针对性的信用约束措施，形成"一处违法，处处受限"的局面。建立健全境外追偿保障机制，将违反认缴义务、有欺诈和违规行为的境外投资者及其实际控制人列入"重点监控名单"，并严格审查或限制其未来可能采取的各种方式的对华投资。

(4) 强化司法救济和刑事惩治。明确政府对市场主体和市场活动监督管理的行政职责，区分民事争议与行政争议的界限。尊重市场主体民事权利，工商行政管理机关对工商登记环节中的申请材

料实行形式审查。股东与公司、股东与股东之间因工商登记争议引发民事纠纷时,当事人依法向人民法院提起民事诉讼,寻求司法救济。支持配合人民法院履行民事审判职能,依法审理股权纠纷、合同纠纷等经济纠纷案件,保护当事人合法权益。当事人或者利害关系人依照人民法院生效裁判文书或者协助执行通知书要求办理工商登记的,工商行政管理机关应当依法办理。充分发挥刑事司法对犯罪行为的惩治、威慑作用,相关部门要主动配合公安机关、检察机关、人民法院履行职责,依法惩处破坏社会主义市场经济秩序的犯罪行为。

(5) 发挥社会组织的监督自律作用。扩大行业协会参与度,发挥行业协会的行业管理、监督、约束和职业道德建设等作用,引导市场主体履行出资义务和社会责任。积极发挥会计师事务所、公证机构等专业服务机构的作用,强化对市场主体及其行为的监督。支持行业协会、仲裁机构等组织通过调解、仲裁、裁决等方式解决市场主体之间的争议。积极培育、鼓励发展社会信用评价机构,支持开展信用评级,提供客观、公正的企业资信信息。

(6) 强化企业自我管理。实行注册资本认缴登记制,涉及公司基础制度的调整,公司应健全自我管理办法和机制,完善内部治理结构,发挥独立董事、监事的监督作用,强化主体责任。公司股东(发起人)应正确认识注册资本认缴的责任,理性做出认缴承诺,严格按照章程、协议约定的时间、数额等履行实际出资责任。

(7) 加强市场主体经营行为监管。要加强对市场主体准入和退出行为的监管,大力推进反不正当竞争与反垄断执法,加强对各类商品交易市场的规范管理,维护公平竞争的市场秩序。要强化商品质量监管,严厉打击侵犯商标专用权和销售假冒伪劣商品的违法行为,严肃查处虚假违法广告,严厉打击传销,严格规范直销,维护经营者和消费者合法权益。各部门要依法履行职能范围内的监管职责,强化部门间协调配合,形成分工明确、沟通顺畅、齐抓共管的工作格局,提升监管效能。

(8) 加强市场主体住所(经营场所)管理。工商行政管理机关根据投诉举报,依法处理市场主体登记住所(经营场所)与实际情况不符的问题。对于应当具备特定条件的住所(经营场所),或者利用非法建筑、擅自改变房屋用途等从事经营活动的,由规划、建设、国土、房屋管理、公安、环保、安全监管等部门依法管理;涉及许可审批事项的,由负责许可审批的行政管理部门依法监管。

第六节 大学生创业优惠政策

为鼓励自主创业,国家和地方出台了一系列优惠政策,包括税收方面的优惠和注册方面的优惠。以下主要介绍国家出台的政策。对于本地的优惠政策,可以咨询本地相关政府机关。

一、一般自主创业所得税优惠政策

企业所得税法规定,符合相关条件的企业,可以免征、减征企业所得税。

(1) 自主创业从事蔬菜、谷物、水果的种植;农作物新品种的选育;中药材的种植;林木的培育和种植;牲畜、家禽的饲养;林产品的采集;灌溉、农产品初加工、兽医、农技推广、农机作业和维修等农、林、牧、渔服务业项目;远洋捕捞,取得项目所得,免征企业所得税。从事花卉、茶以及其他饮料作物和香料作物的种植;海水养殖、内陆养殖项目,取得项目所得,减半征收企业所得税。

(2) 自主创业从事国家重点扶持的《公共基础设施项目企业所得税优惠目录》规定的港口码头、机场、铁路、公路、城市公共交通、电力、水利等公共基础设施项目投资经营的所得，自项目取得第一笔生产经营收入所属纳税年度起，第一年至第三年免征企业所得税，第四年至第六年减半征收企业所得税。

(3) 自主创业从事符合条件的公共污水处理、公共垃圾处理、沼气综合开发利用、节能减排技术改造、海水淡化等项目的所得，自项目取得第一笔生产经营收入所属纳税年度起，第一年至第三年免征企业所得税，第四年至第六年减半征收企业所得税。

(4) 自主创业从事符合条件的技术开发、技术转让所得，一个纳税年度内，居民企业技术转让所得不超过500万元的部分，免征企业所得税；超过500万元的部分，减半征收企业所得税。

(5) 自主创业从事国家非限制和禁止行业，并符合下列条件之一的企业，减按20%的税率征收企业所得税：工业企业，年度应纳税所得额不超过30万元，从业人数不超过100人，资产总额不超过3000万元；其他企业，年度应纳税所得额不超过30万元，从业人数不超过80人，资产总额不超过1000万元。

(6) 从事拥有核心自主知识产权，并同时符合下列条件的企业，减按15%的税率征收企业所得税。

第一，产品(服务)属于《国家重点支持的高新技术领域》规定的范围。
第二，研究开发费用占销售收入的比例不低于规定比例。
第三，高新技术产品(服务)收入占企业总收入的比例不低于规定比例。
第四，科技人员占企业职工总数的比例不低于规定比例。
第五，高新技术企业认定管理办法规定的其他条件。

另外，自主创业所办的企业符合条件的，所发生的开发新技术、新产品、新工艺的研究开发费用或者安置残疾人员及国家鼓励安置的其他就业人员所支付的工资的支出，可以在计算应纳税所得额时加以扣除。

二、大学生创业国家优惠政策

近年来，为支持大学生创业，国家和各级政府出台了许多优惠政策，涉及融资、开业、税收、创业培训、创业指导等诸多方面。

自主创业注册资本优惠：大学毕业生在毕业后两年内自主创业，到创业实体所在地的工商部门办理营业执照，注册资金(本)在50万元以下的，允许分期到位，首期到位资金不低于注册资本的10%(出资额不低于3万元)，1年内实缴注册资本追加到50%以上，余款可在3年内分期到位。

税收优惠：大学毕业生新办咨询业、信息业、技术服务业的企业或经营单位，经税务部门批准，免征企业所得税两年；新办从事交通运输、邮电通信的企业或经营单位，经税务部门批准，第一年免征企业所得税，第二年减半征收企业所得税；新办从事公用事业、商业、物资业、对外贸易业、旅游业、物流业、仓储业、居民服务业、饮食业、教育文化事业、卫生事业的企业或经营单位，经税务部门批准，免征企业所得税一年。

银行信贷优惠：各国有商业银行、股份制银行、城市商业银行和有条件的城市信用社要为自主创业的毕业生提供小额贷款，并简化程序，提供开户和结算便利，贷款额度在2万元左右。贷款期限最长为两年，到期确定需延长的，可申请延期一次。贷款利息按照中国人民银行公布的贷款利率确定，担保最高限额为担保基金的5倍，期限与贷款期限相同。

中介服务优惠：政府人事行政部门所属的人才中介服务机构，免费为自主创业毕业生保管人事档案(包括代办社保、职称、档案工资等有关手续)2年；提供免费查询人才、劳动力供求信息，免费发布招聘广告等服务；适当减免参加人才集市或人才劳务交流活动收费；优惠为创办企业的员工提供一次培训、测评服务。

对于大学生创业的优惠政策，其税收优惠占有重要地位，具体有18项优惠政策。

(1) 大学生创业举办的商贸企业、服务型企业(除广告业、房屋中介、典当、桑拿、按摩、氧吧外)、劳动就业服务企业中的加工型企业和街道社区具有加工性质的小型企业实体，在新增加的岗位中，当年新招用持《再就业优惠证》的人员，与其签订1年以上期限劳动合同并依法缴纳社会保险费的，按实际招用人数予以定额依次扣减营业税、城市维护建设税、教育费附加和企业所得税。定额标准为每人每年4800元。

(2) 持《再就业优惠证》的大学生从事个体经营的(除建筑业、娱乐业，以及销售不动产、转让土地使用权、广告业、房屋中介、桑拿、按摩、网吧、氧吧外)，按每户每年8000元为限额依次扣减其当年实际应缴纳的营业税、城市维护建设税、教育费附加和个人所得税。

(3) 大学生创业举办的企业从事技术转让、技术开发和与之相关的技术咨询、技术服务业务取得的收入免征营业税；居民企业在一个纳税年度内技术转让所得不超过500万元的部分，免征企业所得税，超过500万元的部分，减半征收企业所得税。

(4) 大学生创业举办的企业经省高新技术企业认定管理机构按高新技术企业认定办法认定的高新技术企业，减按15%的税率征收企业所得税。

(5) 大学生创业举办的境内新办软件生产企业经认定后，自获利年度起，第一年和第二年免征企业所得税，第三年至第五年减半征收企业所得税。软件生产企业的职工培训费用，可按实际发生额在计算应纳税所得额时扣除。国家规划布局内的重点软件生产企业，如当年未享受免税优惠的，减按10%的税率征收企业所得税。集成电路设计企业视同软件企业，享受软件企业的有关企业所得税政策。

(6) 大学生创业举办的企业从事动漫产品自主开发、生产动漫产品涉及营业税应税劳务的(除广告业、娱乐业外)，暂减按3%的税率征收营业税。

(7) 大学生举办的非营利医疗机构按照国家规定的价格取得的医疗服务收入，免征各项税收。大学生举办的营利性医疗机构取得的收入，直接用于改善医疗卫生条件的，自其取得执业登记之日起3年内给予下列优惠：对其取得的医疗服务收入免征营业税；对其资产自用的部分免征增值税；对其自用的房产、土地免征房产税、城镇土地使用税。

(8) 大学生从事婚姻介绍行业，免征营业税。

(9) 大学生转让著作权，免征营业税；取得的稿酬所得，按税法规定予以减征应纳税额的30%。

(10) 大学生创业举办的企业从事下列行业之一的，免征企业所得税：蔬菜、谷物、薯类、油料、豆类、棉花、麻类、糖料、水果、坚果的种植；农作物新品种的选育；中药材的种植；林木的培育和种植；牲畜、家禽的饲养；林产品的采集；灌溉、农产品初加工、兽医、农技推广、农机作业和维修等农、林、牧、渔服务业项目；远洋捕捞。

(11) 大学生创业举办的企业从事花卉、茶，以及其他饮料作物和香料作物的种植；海水养殖、内陆养殖减半征收企业所得税；农业机耕、排灌、病虫害防治、植物保护、农牧保险，以及相关技术培训业务，家禽、牲畜、水生动物的配种和疾病防治项目免征营业税。

(12) 大学生创业举办的企业从事符合条件的环境保护、节能节水项目的所得，自项目取得第一笔生产经营收入所属纳税年度起，第一年至第三年免征企业所得税，第四年至第六年减半征收企业所得税。

(13) 大学生举办的创业投资企业采取股权投资方式投资于未上市的中小高新技术企业2年以上的，可以按照其投资额的70%在股权持有满2年的当年抵扣该创业投资企业的应纳税所得额；当年不足抵扣的，可以在以后纳税年度结转抵扣。

(14) 大学生创业举办的企业符合小微企业条件的，减按20%的税率征收企业所得税：工业企业，年度应纳税所得额不超过30万元，从业人数不超过100人，资产总额不超过3000万元；其他企业，年度应纳税所得额不超过30万元，从业人数不超过80人，资产总额不超过1000万元。

(15) 大学生创业举办的企业缴纳城镇土地使用税确有困难的，经地税机关审核批准后，可减征或免征城镇土地使用税。缴纳房产税确有困难的中小企业，可向市、县人民政府提出申请减免房产税。经有关部门鉴定，对毁损不堪居住和使用的房屋和危险房屋，在停止使用后，可免征房产税；房屋大修停用在半年以上的，在大修期间免征房产税。

(16) 大学生个人或者创业举办个体工商户专营种植业、养殖业、饲养业、捕捞业且经营项目属于农业税、牧业税征税范围的，其取得的上述4项所得暂不征收个人所得税。

(17) 大学生属于海外留学人员且从事高新技术开发、研究，创办高新技术企业取得的工薪收入，经有关税务机关审批，可视同境外人员收入，在计算个人应纳税所得额时，除减除规定费用外，还可适用附加减除费用的规定。

(18) 对高校毕业生从事个体经营(限制行业除外)，并按规定提供相关证明材料的，根据有关文件规定免征收税务登记证工本费。

三、小微企业的优惠政策

为切实减轻小微企业的负担，促进小微企业的健康发展，财政部会同国家发展和改革委员会印发通知，决定对小微企业免征管理类、登记类、证照类行政事业型收费，具体包括：企业注册登记费、税务发票工本费、海关监管手续费、货物原产地证明书费、农机监理费等22项收费。通知指出，各有关部门要督促本系统内相关收费单位加强对小微企业享受收费优惠政策的登记备案管理，确保符合条件的小微企业享受收费优惠政策。各省、自治区、直辖市财政、价格主管部门要通过多种新闻媒体，向社会公布对小微企业免征的各项行政事业性收费，使小微企业充分了解和享受收费优惠政策。同时，要加强监督检查，对不按规定落实免征行政事业型收费政策的部门和单位，按规定给予处罚，并追究责任人员的行政责任。

目前，各省、自治区、直辖市都出台新的创新创业政策措施，特别是对大学生创新创业的优惠政策措施，大学生创业时可做调查了解，以便选择更适合自己的创业项目。2022年7月13日，国务院常务会议明确提出，支持以创业带就业，对符合条件的初创企业和个体工商户，继续发放最高20万元创业担保贷款并由财政贴息。地方政府要拿出资金，帮助孵化基地降低初创企业场地租金等费用政策落地实施。

第七节　创业警诫

一、大学生创业警诫

目前，大学生创业能够存活5年以上的不足20%，绝大部分创业者在5年内失败。认真总结大学生创业失败的案例并加以分析，发现有10个方面是需要注意的，或者可以称为"创业十诫"。

(1) 不要盲目进入不熟悉的行业，做熟悉的才能易于成功，不懂又没有准备的不要做。
(2) 不要急于冒进扩大规模，追求高额利润，短期行为坚决防止。
(3) 不要忽视成本财务核算分析、盈亏平衡分析，控制成本可以提升效益。
(4) 不要合伙做小本生意。大生意合伙，小生意单干比较好。
(5) 不要选择错的店址。地利也能决定创业成败，店差一寸，利差一丈。
(6) 不要被市场假象欺骗，先调研，后运作。调查研究是成功之母。
(7) 不要选没有潜力的产品，选成长期的产品，流行短命，潜在长命。
(8) 不要盲目过高估计自己，注重市场和产品分析。这是进入创业必须研究的两个核心问题。
(9) 不要漠视政策和法律，不要违反政策法律，这是创业底线。不能犯"底线错误"。
(10) 不要轻易相信别人，要防止创业陷阱，头脑清，眼睛亮，心有底。

二、创业失败因素研究分析

什么因素造成"创业的失败"

做创投的都要研究失败。投资初创期的项目，可能是成二败八；投资成长期的项目，可能是成五败五；投资相对成熟的上市前的公司，可能是成七败三。创业者经历的失败就更多了，创业者个体的失败率非常高，所以研究失败非常重要。深圳创新投资集团董事长靳海涛从5个层面并用一些案例，以此说明什么因素导致了失败。

1. 创业者的精神和道德层面

缺乏理想。每个成功的企业家，给我的第一感觉就是有理想。反之，投资失败的企业，失败的首要原因就是缺乏理想和情操，把钱放到至高无上的地位。我们原来投资的一家企业做艾滋病药研究，预期可以是一个明星企业。如果这个企业还存在的话，肯定在创业板第一批上市公司阵容里。但是它倒闭了，老板也锒铛入狱了，这是为什么呢？在做企业的过程中，他利用这个平台，想自己挣更多的钱。如果一个创业者把钱看得最重要，早晚要失败，因为他可能为了钱做一些不该做的事情。

所以，做小生意勤快就够，做中型生意要拼智慧，如果要做大生意，必须靠德，也就是说要有理想。另外，做生意不能只适应顺风顺水，必须有坚持的决心和毅力。我们投了一个企业，做生物新药。在过去十年里，它没有一分钱收入，但是他坚持下来了。美国的同类药，去年卖了78亿美元，而我们做的这个药，价格可以便宜一半。这个成功是一个大成功，但如果没有永不言弃的精神，这个公司早干不下去了。

缺乏务实精神。有些创业者不是扎扎实实地干，而是投机取巧。比如说靠忽悠，靠忽悠能成一时，无法成一世。讲门子、盼速成，希望一件事情很快能成功。天上掉馅饼也许有一次，但不会有第二次。企业缺乏务实精神，今天不失败，明天也会失败。为上市而上市，既害人又害己。

企业上市，应该是水到渠成的过程，不是靠单纯的包装。为上市巧做假账，毛利或者净利突然提升。为上市拆东墙补西墙，拆一次可以，但如果遇到环境变化，那可能拆西墙补东墙也不够。还有的企业为了上市而盲目扩张，结果不能适应市场需要，或者没有团队去经营扩张以后的资产而最终失败。

2. 企业发展战略层面

不清楚长期战略，创业不能只知道今天干什么，不知道明天干什么。长期发展战略处在一个混沌状态，你就没法给员工指明方向。我们投资做太阳能的晶科能源时，公司单一做拉晶，在行业内处于二三流地位，很快碰上金融危机。面临金融危机，企业认真分析了行业状况，做了战略调整，由原来的拉晶扩展到电池片，再扩展到电池组件，2010年在纽交所发行股票上市，前段时期又以很高的价格增发了一次，晶科2010年前三季度实现净利润人民币5.1亿，其中第三季度实现2.6亿，环比增长43.6%，同比增幅高达1865%，这家企业已经进入第一流的太阳能企业行列。

战略只在浅层打转，缺乏探求深层规律的魄力和本领。一些企业只是在过往经验上找出路，只在表面资源上做文章，结果导致企业毫无成长。一定要跳出来，通过创新方式使企业获得发展。也有企业不敢扩张或者无序扩张，扩张是一把双刃剑。对于创业者来讲，第一，不能故步自封，不去扩张。第二，不能偏听偏信资本运作者的主意，在不该扩张的时候去扩张。要按照自己的发展规律来做。扩张不及则忧，但扩张过度，比不及还差，就像一句成语"过犹不及"。

3. 公司治理结构层面

实施家族式管理，缺乏辅助决策体系的监督。很多创业企业是家族企业，不少还是夫妻店。我的观点是，如果一个企业想成功，必须关掉夫妻店。家族企业想成功，必须适度地进行决策阳光化。家族企业会产生什么问题呢？第一是员工缺乏责任感；第二是碰到困难的时候，员工很难跟你同舟共济；第三是无法做到集思广益。

核心创业人员持股比例过低。核心创业人员的持股比例如果低于30%，成功率就低（国有企业除外，国有企业给员工10%或15%的股份就很好了，因为基础不一样）。我们投过这样的企业，行业很好，企业水平也很高，但从这个公司出来的人，已经缔造了一批伟大的公司，而这个企业却走向没落。原因就是骨干没有股份。人才结构不好的企业，成功率低，或者就算成功了也是小成功。

实际控制人的精力过于分散。很多创业家同时做很多事情，不如专注做一件事情，如果作为老板，你已经不专注了怎么办？第一，你的CEO必须持有公司股份，太少了不行；第二，你应该有人格魅力，在员工面前，你的人格魅力非常重要。如果人格魅力不够，失败的可能性更大。

4. 产品技术层面

知识产权保护不力。知识产权的保护，对企业盈利能力影响非常大。中国也有靠知识产权为主要营收的企业，更多的情况是，由于知识产权保护得比较好，企业获得了一个比较好的发展环境。如果在知识产权方面有重大瑕疵，这样的项目不要做，技术门槛和市场门槛低。门槛包括两个：技术门槛和市场门槛。门槛高低，不能用简单和复杂来区分。有的企业做的事情，看起来很简单，但门槛很高。如新浪、携程看起来都挺简单，但市场地位高，有规模，这样的企业门槛很高。

可替代性强。作为创业者，替代趋势的分析非常重要。有三种替代：第一种是革命性的，如LCD（液晶）替代CRT；第二种是多样性的，如电影和电视剧，过去电视剧胜过电影，后来电影又胜过电视剧；第三种是差异性的，如线上线下购物方式的长期共荣。一些专业的软件公司，市场占有得差不多之后就下来了，然后去规划另外一个专业软件。应该在刚开始规划的时候，就多规划几个产品，奋斗空间不能太窄。如果人家认为你有天花板，就不会有兴趣。你想私募很困难，或者上市了股票价格走不上去，这都是天花板造成的。

单一市场。以前中国企业能出口是好企业，现在要既能出口又能内销才算好。两个市场都敢卖，就说明对国内和国外的销售都掌握了规律。单一市场有一个很大的疑问——经济周期和宏观环境变化可能导致生存困难。

对资源和环境的依赖大。创业或投资，朝减少消耗的方向走，成功的可能性就更大。对于现有的企业来讲，有两条对策：第一要逐步减少对资源和环境的依赖；第二要提高应对环境变化的本领。在金融危机时有一个现象：需求减少了，但有限的需求会特别集中，这会造成个别企业更加优秀。我们扶植上市的东方日升是做太阳能的。2007年利润是2000万元，2008年太阳能行业大洗牌，东方日升的利润涨到8000万元。2009年利润达到1.4亿元，2010年1~9月业绩1.5亿元。它何以持续增长？因为有消化环境的本领。

没有差异化的竞争优势。产品与技术的水准要与众不同。产品与技术市场基础要牢固，市场要有一个认可度。我认为，创业要争取做哪怕很小的细分市场的第一第二，做后边的不行，另外，产品与技术的经营管理要略胜一筹。核心就是成本控制，成本控制好了，就可能在别人不挣钱的时候挣钱，在别人挣小钱的时候挣大钱。

5. 商业策略与经营模式层面

泡沫阶段赶潮流。创业也好，投资也好，不要在行业中后期或顶点进入，否则未来3到5年都是艰难的生存期。

我们曾经投资了一家企业，投资当年就是利润最高点，因为这个行业走到顶点了。要选择在行业的爬坡阶段投资。2006年年底，我们投资了做锂电池正极材料的企业，利润不足300万。在别人还不敢投的时候我们投了，结果企业高速成长，2009年利润已经达到4000万元，上市了，我们赚了近50倍。

产业链过长。干一件事，要考虑你的链条究竟有多长。我们投资了很多芯片设计公司，后来发现到终端短的企业都成功了，而到终端长的企业，情况不太好，这就叫"链条过长容易断"。

如果你做的产品配套环节太多，也会非常困难。

每个企业都应该专业化，如果已经专业化，就要把细分领域做精。我们也做过这样的项目，企业本身业务是专业化的，但它没有把专业化的一个细分领域做精，而是每个都做，最后它失败了。

单一依赖。对单一客户和市场的依赖也很可怕，有的时候企业家觉得单一依赖很舒服——对特定市场的依赖，是因为这个市场提供的利润高，换了一个特定市场可能利润低。做资本运作的时候，如果你涉及多个市场，投资人的想象空间就大，估值就高。所以，不管从经营角度来讲，还是从投资角度来讲，都要尽量规避单一依赖。

思考：
创业失败是由哪些问题或因素造成的？试举例分析说明。

【本章总结】

本章运用调查问卷的调研成果，对大学生创业倾向现状进行了分析，探讨了大学生创业的社会价值及作用；概述了大学生创办新企业的组织选择，各种组织形式的比较，新创企业开办之前的准备工作，新创企业的注册登记，有关文本的编写与范文；简述了与创业联系紧密的法律法规及相关条款，介绍了目前大学生创业的各项优惠政策，提出了大学生创业特别要注意的问题即创业警诫；引用靳海涛的文章，借鉴思考风险投资的成功经验与启示。

【复习思考题】

1. 怎样认识大学生创业的社会价值？请讨论大学生创业活动的特点。
2. 根据调查统计，怎样认识大学生创业现状？存在什么主要问题，该怎样解决？
3. 评价大学生创业的优势和劣势。
4. 怎样理解大学生创业的重点方向？
5. 怎样确定新创企业组织形式？
6. 了解并掌握创办新企业的程序。
7. 怎样写好新创企业有关文本？
8. 掌握与创业联系紧密的法规，以及大学生创业的优惠政策。
9. 从哪几个方面防止创业失败的陷阱，提高创业成功率？
10. 大学生创业要警戒的问题有哪些？
11. 靳海涛总结了创业失败的 5 大因素，你在学习后有哪些体会和启示？创业要特别注意哪些问题？

【实训实练】

1. 寻找学校内创业或已经创业成功的同学作为访谈对象，调查了解创业成长的历程，包括：成长背景、成长历程、成长战略、成长遇到的问题及解决办法、成长特点、未来发展趋势等，总结企业发展的经验，诊断和分析问题，运用学到的创业理论知识，为企业未来发展提出有针对性的解决方案，并反馈给受访企业。

2. 按照创办企业注册流程等要求，选择一种组织形式，进行创办企业注册登记训练。内容包括：企业名称、经营场所、法定代表人及住址、注册资本、经营范围、股东人数及各自出资额或将技术等作为出资额等。写出合伙协议、公司章程等有关文本。

【创业案例过程研究与思考】

乔赢：红高粱挑战麦当劳失败教训

麦当劳进入中国市场之后，1997—1998 年，河南郑州以经营传统烩面为主的快餐连锁公司"红高粱"曾红极一时，遍布全国开设快餐分店。当时河南省主要报纸纷纷刊出《"红高粱"红透京城》《河南"红高粱"对擂美国"麦当劳"》之类的文章。"红高粱"曾在深圳开过若干个分店，引得深圳一家报纸登出《红高粱挑战麦当劳》的文章，文章大意是：代表中国民族快餐业的红高粱将在不久的将来把洋快餐麦当劳赶出中国市场，为民族快餐业大争一口气。在洋快餐进军中国的号角声中，志在创办民族品牌的中式快餐店"红高粱"曾一炮打响，很快红遍半个中国。

然而，寄托着无数国人民族感情的"红高粱"品牌在 1999 年年底却在一片叹息声中轰然坍塌，而麦当劳和肯德基却红火如初。"红高粱"神话的总工程师乔赢从风光无限的大老板沦为令人扼腕的阶下囚，其由"红"变"黑"的演变过程如下。

1. 初涉商海，深入调研，破解麦当劳

乔赢很小就表现出一种异于常人的禀赋。他自幼酷爱"二胡"，在名师的指点下，10 岁就小有名气。12 岁那年，在一个偶然的机会下他读到了《回忆马克思和恩格斯》一书，从此迷恋上了一代

伟人马克思、恩格斯。凡是马克思、恩格斯喜欢的书，喜欢研究的学科，他都有浓厚的兴趣。这些书对他的人生观、价值观的形成产生了不可估量的影响。1976年，年仅15岁的乔赢成了一名令人羡慕的军人。服役期间，他继续奋发学习，几乎借阅了团部图书馆里的全部书籍。机遇总是偏爱有准备的人。1980年，他被选送到解放军坦克学院学习，获取了哲学和经济学双学位。1987年，他到解放军信息工程学院担任教师。生龙活虎的军营生活拴不住乔赢的心，投身经济大潮的欲望时时牵动着他的神经。1990年，他如愿以偿地转业到郑州"杜康大酒店"任副总经理，随后投奔当时如日中天的商业神话世界——河南省亚细亚集团有限公司。但在那里，他并未得到重用，胸怀大志的乔赢不甘受此冷落，1994年辞去了工作，勇敢地投入市场经济的汪洋大海。刚刚"下海泛舟"，他就被北京王府井大街"麦当劳"中人潮涌动的景象所吸引。他按进店人数和人均消费粗略计算，这个店一天的营业额竟高达20万元左右。这哪里是快餐店，简直就是一台"超级收款机"！乔赢在震惊之中兴奋不已。

他在那里待了整整一天！此后一年，北京、广州、深圳等地凡有麦当劳的地方，都留下过乔赢的身影。他终于破解了"麦当劳"兴旺之谜：一个响当当的品牌，一个营造欢乐气氛的店堂，一套行之有效的操作模式和标准化产品等，为什么不能用中式食品制造出同样的效果？他发现，正是这些不同于中国餐馆的管理经营方式，使早就被一些西方人称为"垃圾食品"的餐饮让人趋之若鹜。在考察麦当劳时，民族自尊心极强的乔赢下定决心，立志创造一个中式快餐品牌，当中国的"麦当劳"。

2. 选中羊肉烩面，贴近百姓生活，创造中国"麦当劳"

很快，乔赢看中原百姓百吃不厌的羊肉烩面，以及当时轰动世界的中国大片《红高粱》。

乔赢选中了营养丰富、味道鲜美、亿万河南人久吃不厌的食品——羊肉烩面，这是一个让中外人难以理解的食品，但这种食品在河南省独具魅力。位于市中心的老字号"合记羊肉烩面"贵在汤上，这种汤由18种原料精心熬制而成。该馆最善于熬汤的四位师傅，当时仅存一位贴师傅。于是乔赢就将贴师傅请来一起研究开发羊肉烩面快餐。在一次文艺界名流的聚会上，河南一位雕塑家听闻乔赢正在创办中式名牌快餐，妙手偶得为之取名"红高粱"。闻得此名，周身的热血一下涌到乔赢的脑门，这不正是他昼思夜想、处心积虑想要的名字吗？红高粱，火红的红高粱，生长在贫瘠的土地上却蕴藏着旺盛的生命力，索取最少，奉献最多，多么确切地代表着中国人埋在心底深处的一种民族精神啊！更重要的是，这个名字与著名导演张艺谋所拍的当时轰动世界的电影同名。善于造势、借势的乔赢终于找到了中式快餐的名字。1995年，他注册成立了河南省红高粱烩面公司，开始打造他的红高粱快餐帝国。

1995年4月15日，乔赢筹资创办的第一个红高粱快餐店在郑州最繁华的闹市二七广场开业了。自此，"红高粱"在郑州登场亮相。这家以经营烩面为主的小店以麦当劳为样板，店堂明亮，员工统一着装，使用快餐桌椅和收银机，一开张就显示了不同寻常的局面。

这个面积不足100平方米的小餐馆，日营业额从2000元逐步上升，不久就冲破了万元大关，座位每天的周转次数高达22人次。开业仅几个月，"红高粱"就已名利双收。首站告捷后乔赢又在郑州开了7家"红高粱"分店。对于白手起家的乔赢来说，从开始东借西凑的44万元启动资金滚到500多万元，时间仅用了短短的8个月。

3. 一炮打响，进驻北京王府井，商业运作创奇迹

在向洋快餐进军中国的号角声中，志在创办民族品牌的中式快餐店"红高粱"一炮打响，很快便红遍中国。国内800余家媒体连续报道，国外70余家媒体相继转载，美国三大有线电视网轮播"爆炒"。

滚滚而来的财源远远超出了乔赢的心理预期。此时，一个更大的构思在乔赢心中闪现：创造中国的名牌快餐，成为中国的快餐大王。为了抢占名牌制高点，乔赢力排众议，在红高粱创立不到一年之际，执意进军北京王府井叫板麦当劳。王府井是中国的商业第一街，发生在这条街上的事情，就是在全中国、全世界关注的事情。麦当劳进军中国第一站首选王府井，看中的就是这一点。乔赢知道中国人有解不开的中国情结，也深谙与媒体交往之道，他需要更大的出人意料的广告效应。他将"红高粱"安营扎寨到全北京房租最惊人的一个地方：距麦当劳王府井店22米的王府井入口处，日租金为每平方米近60元。

1996年2月15日，"红高粱"王府井分店开业。仅200平方米140个座位的"红高粱"，规模不足麦当劳的1/3，气魄也略输"风骚"，但在吸引食客方面毫不逊色，一样的熙熙攘攘，一样的宾客盈门。这绝非仅仅因为羊肉烩面鲜美可口，更重要的是它调动了中国人的民族情绪。许多京城德高望重的老同志们都到"红高粱"吃饭，他们说"要吃就吃咱中国人的快餐"！乔赢进军王府井的战略，一下把"红高粱"提升到与"麦当劳"对等较真的位置上。一时间，"红高粱挑战麦当劳""大碗面叫板汉堡包""河南小子挑战巨无霸"的新闻也炸开锅。"红高粱"一夜之间名声大噪，乔赢也成为众星捧月的新闻人物。

"挑战麦当劳"这个响亮的口号刺激了人们的胃口："红高粱"店从早到晚都爆棚满座，要求加盟的来信如雪片一样飞来，投资者蜂拥而至，从一定程度上说，"红高粱"品牌塑造是中国餐饮和商业史上的奇迹。

乔赢准确判断出中国已经出现了工业化社会的社会条件和生活方式，现代快餐业在中国已经有了市场需求，并准确地借助20世纪90年代民族主义情绪复苏的"势"，旗帜鲜明地提出了"红高粱挑战麦当劳"的口号，在负债20万元的情况下，用一年多的时间，不到200万元的宣传费投入，把红高粱和一碗烩面做成了全国知名品牌，几乎策动了整个媒体为其摇旗呐喊。

1996年10月，美国连锁业协会主席和餐饮协会主席飞抵北京会见乔赢。新加坡、美国、英国、德国等几十个国家和地区邀请"红高粱"，有些还免费提供场地，与那些花几个亿取得中央电视台"标主"的企业相比，"红高粱"的造势效率是前者的几万倍。国内几乎没有几家企业能像"红高粱"一样，花小钱造大势。

4. 头脑膨胀，急于扩张，企业陷入财务困境

遗憾的是，乔赢在天时地利应有尽有时，出现了决策失误，没有把机会转变成为踏踏实实的经营，走入连锁误区，造成盲目扩张，最终毁掉了"红高粱"。连锁理论认为，先建一家成功的店铺做样板，然后复制，越多越好经营，越多越好管理。然后，"红高粱"在郑州走红，靠的是首家采用明亮店堂、快餐座椅、收款机经营形式；在全国走红，靠的是善于借势，凭借"红高粱叫板麦当劳"的新闻炒作。"红高粱"其实并没有形成真正叫板的实力，它不像麦当劳那样，有着一套标准的操作规范，以及完整的企业理念和价值观念作为强大的后盾，只是需要一个卖点提高自己的知名度。吹起的气球没有蛊惑住别人，却欺骗了乔赢自己，他以为只要一个一个去克隆，就能"盈"遍天下，乔赢没有料到，在自己勾勒全国连锁的经营网络时，危机悄然而降。

1996年，乔赢选择了一家承诺3个月内筹资2000万元，但不求控股的房地产公司作为投资合作伙伴。在得到180万元的预付金后，乔赢很快在海南、天津等地选定10个分店，将一年来的300余万元利润投了进去。然后，3个月的期限到了，房地产公司承诺的2000万元资金却不见踪影。没有后续资金，各地分店处于停顿状态，要钱的电话一个接一个打来，郑州、北京两家直营店赚来的钱和好不容易从银行贷出的100万元填进窟窿，泡都没冒一下就被吸了进去。缺少资金源的"红高粱",却在投资上大手大脚,有着惊人的浪费:郑州市建设路"红高粱"店,投资300万元,业内评估价值仅为80万元;海口店,投资280万元,评估价值仅60万元;深圳店,投资500万元,评估价值仅140万元;天津东站店,投资280万元,评估价值仅70万元。不善理财的"红高粱"陷入了财务困境。

5. 非法集资,破法律底线,被判4年有期徒刑

"红高粱"连锁梦想破灭,为了解决财务问题,乔赢将自称能帮他渡过难关的弓建军委以副总经理之职,弓建军的锦囊妙计就是一条——集资。最后以乔赢为首的红高粱团队研究采纳了"高息集资,解决资金危急,挽救民族品牌"的良策。红高粱开始以月息2.5%,年息30%的利率吸收资金。这个诱惑太大了,在高息利诱下,集资对象突破公司内部员工,扩散到社会各界,有的人甚至托熟人"入会"。社会资金源源不断地注入,为乔赢筑起了一道强大的经济后盾。拖了10个月、损失1000余万元的10个"红高粱"分店终于开业。乔赢重新找回当初风光无限的感觉,在全国各地飞来飞去,四处考察市场,并宣称"哪里有麦当劳,哪里就有红高粱""到2000年,要在全世界开两万家连锁店,70%在国内、30%在国外"。

进入1998年,乔赢不再四处奔波建店,原因很简单,他没钱了。"怎么会没钱了呢?"他惊愕地回过头来,开始审视自己种下的一棵棵"红高粱"。这本身便极具讽刺意味,几千万元的资产已经像水一样一瓢一瓢地泼了出去,此时他才关心是否有人为每瓢水买单。经过资产清点,乔赢发现他在各地兴建的直营店大多负债累累,几近倒闭,企业总负债3000万元。焦头烂额之际,河南财经学院一位企业管理专家提出一套卧薪尝胆的方案:收缩战线,放弃半截子工程;避开新闻界,闭门练兵一年;完成新产品研发、服务方式的特色化、中央厨房标准化运作3项任务。然而,仍然沉浸在当中式快餐领袖美妙感觉中的乔赢却一门心思想做大,拒绝收缩战线。

为了"红高粱已不是简单的经济现象,它标志着民族一时的觉醒"这个虚名,他固执地认为只有全线出击,才能形成"红高粱"席卷全国之势,"红高粱"从此失去了重整河山的机会。乔赢并非不识良策,而是有苦难言,此时,高息揽得的资金已经把他紧紧套牢,他根本没有"补课"的时间和力量。昏招过后是险招,他开始用错误弥补错误,用骗钱的办法还钱。

1998年6月,新加坡霸菱亚洲投资公司向名声在外的"红高粱"伸出合作的橄榄枝,提出双方合资在中国香港上市的意向,这对困境中的乔赢来说,无疑是一次极好的机遇。然而,为了让对方多出资金,乔赢再一次自作聪明,在对方来郑州考察时,布置"红高粱品管委"的会员进店免费吃饭,造成生意火爆的假象,同时高薪聘请财务专家造出20个直营店的假账,企图以此将对方"套牢"为自己"解套"。然而,假的毕竟是假的,漏洞百出的账表,让对方愤然离去。乔赢已经没有自尊可言,骗不了别人,就骗自己。穷途末路,对哲学有研究的他,竟祭起了"五行"的旗帜,把自己的经营宗旨概括为"金木水火土"五个字,那些房租昂贵的直营店,按"五行八卦"的方位布置桌椅,营业面积使用率竟达不到50%。这件事,被许多朋友看作乔赢"没救"的证据。

1998年年底,"红高粱"开始全面崩溃,各地的直营店纷纷倒闭,加盟店纷纷解约,债主纷纷上门,曾经风光无限的乔赢开始害怕见人,于是躲到北京,行踪不定,使出最后一招:赖账!一直生活在虚幻梦想中的乔赢,改不掉务虚不务实的毛病,1999年以后,不甘寂寞、不甘失败的乔赢又开始在媒体上露脸。他宣传自己在酝酿"二次创业",这次他看中了互联网经济,声称:"如果早两年出现电子商务,我的头发就不会白了。我要让新一代中国人用鼠标吃饭!"他相信互联网和电子商务给中国餐饮业及中国传统产业带来了前所未有的发展机遇,并宣称红高粱正在向电子商务进军。

然而,乔赢跳的这支舞遇到了冷场,与第一次造势不同,这次没人为他鼓掌捧场。1998年5月25日,红高粱停止集资后,6月25日恢复正常兑付,随后又推迟到7月10日,但仍无力兑付。1998年10月8日,乔赢做出最后承诺:"1998年12月31日以前兑付本金10%,1999年上半年全部兑付完毕,请大家给我运作的时间和空间。"不久,亚洲金融风暴爆发,红高粱与一公司的合作化为乌有。对付无法实现,乔赢又展示了他骗子的一面,一会说钱是现成的,一会说努力筹资。1998年12月31日下午,乔赢从北京打来电话说:"已准备了100万元,但红高粱营业执照过期,账号没有了,无法打款过来。"此时的乔赢俨然成了一个商业骗子。当天,红高粱二七店被查封,此时,红高粱总部已是人去楼空,希望落空的群众终于忍无可忍。

1999年年初,83名群众联名就红高粱非法吸收公众存款的行为向中国人民银行郑州中心支行、郑州市公安局进行举报。郑州市公安局金水分局受命立案侦查。此时的红高粱已经成为一个空壳,车辆、办公用具等值钱的东西早已被法院查封或执行,公司账目一片混乱。经侦查,红高粱通过高息诱骗800多人上当,涉案金额3100万元,除去还本付息部分外,尚有2310万元无法归还给集资群众。2000年10月29日深夜,乔赢在北京丽都饭店职工公寓被捕。

2002年6月,"红高粱"总经理乔赢因涉嫌非法吸取公众存款3153万元,造成2307万元损失,被河南省郑州市金水区人民检察院依法提起公诉。郑州市金水区人民法院判决认定,乔赢等人未经中国人民银行批准,擅自向社会不特定对象变相吸收存款,数额巨大,其行为已构成非法吸收公众存款罪,判处红高粱总经理乔赢、副总经理弓建军等人有期徒刑4年,并处罚金5万元,两人均表示服从判决不再上诉。风靡一时的河南红高粱快餐连锁有限公司就这样彻底走下了历史舞台。乔赢创业成功得益于良好的商业模式、好的战略定位及宣传前期"红高粱"成功。然后,他的失败却是因为头脑膨胀,盲目扩张,不注重后期的战略调整,破法律底线,创业初期也并不具备挑战"麦当劳"的实力。其创业失败是必然的结果。

思考:
1. 红高粱最初成功及最终失败的原因分别是什么?怎样才能预防这类问题的发生?
2. 企业进行扩张时要考虑哪些方面的因素?怎样防止扩张陷阱?
3. 试举例你知道的创业失败案例,并进行分析评价。

第十二章

互联网+创业

【教学目标】

完成本章学习后，应掌握的重点：

1. 互联网+的定义与内涵；
2. 大数据、云计算与互联网+创业；
3. 互联网+创业案例分析。

【理论应用】

1. 举例说明互联网+的内涵及特点。
2. 结合实际论述大数据、云计算的内涵与特点，互联网+创业的重大意义。
3. 举例说明互联网+创业的经验与路径。

放眼全球，互联网、大数据、云计算、人工智能、区块链等技术加速创新，日益融入经济社会发展各领域和全过程。数字经济发展速度之快、辐射范围之广、影响程度之深前所未有，正在成为重组全球要素资源、重塑全球经济结构、改变全球竞争格局的关键力量。互联网+创业已经成为经济社会发展的重要推动力量。

党的十八大以来，我国加快建设网络强国、数字中国、智慧社会，从国家层面部署推动数字经济发展，取得显著成就。从 2012 年至 2021 年，我国数字经济规模从 11 万亿元增长到 45.5 万亿元，数字经济占国内生产总值比重由 21.6%提升至 39.8%。我国数字经济规模连续多年位居全球第二，其中电子商务交易额、移动支付交易规模位居全球第一，一批网信企业跻身世界前列，新技术、新产业、新业态、新模式不断涌现，推动经济结构不断优化、经济效益显著提升。在数字经济的驱动引领下，中国经济正阔步迈向高质量发展。

2021 年 3 月 12 日，《中华人民共和国国民经济和社会发展第十四个五年规划和 2035 年远景目标纲要》对外公布。打造数字经济新优势作为一章专门列出，明确提出要"充分发挥海量数据和丰富应用场景优势，促进数字技术与实体经济深度融合，赋能传统产业转型升级，催生新产业新业态新模式，壮大经济发展新引擎"。随后，《"十四五"国家信息化规划》《"十四五"信息化和工业化深度融合发展规划》《"十四五"软件和信息技术服务业发展规划》《"十四五"大数据产业发展规划》等制定印发。

2022 年 1 月，国务院印发《"十四五"数字经济发展规划》，提出到 2025 年，数字经济核心产业增加值占国内生产总值比重达到 10%，数据要素市场体系初步建立，产业数字化转型迈上新台阶，数字产业化水平显著提升，数字化公共服务更加普惠均等，数字经济治理体系更加完善。

这一发展规划，为中国数字经济创新发展描绘了宏伟蓝图，提供了强有力的政策支撑。中央网信办正在积极推动数字中国建设整体布局，坚持以数据资源为核心，以数字基础设施为支撑，以数字技术为驱动，以数字治理和数字安全为保障，将数字化发展全面融入"五位一体"总体布局，推动建设高质量的数字经济，高效协同的数字政府，自信繁荣的数字文化，普惠包容的数字社会，绿色智慧的数字生态文明，以体制机制改革整体驱动生产、生活、治理方式数字化变革。

目前，我国已建成全球规模最大的光纤宽带和5G网络。截至2022年5月底，5G基站数达到170万个，5G移动电话用户超过4.2亿户。我国工业互联网平台服务企业数量超过160万家，全国数字经济相关企业超1600万家。截至2021年12月，我国网民规模为10.32亿，超过欧洲人口总量；互联网普及率达73.0%，超过全球平均水平近20个百分点。我国已建成世界上规模最大的信息通信网络，移动电话用户超过13亿，手机网民数量达到7.9亿。2020年全国电子商务交易额达到37.21万亿元，其中，商品类电子交易额27.95万亿元；服务类电商交易额8.08万亿元；合约类电商交易额1.18万亿元。随着大数据、云计算的快速发展，互联网+创业这一新的业态正成为推动中国经济社会发展的重要物质力量。

凭借庞大的内需市场，阿里巴巴、腾讯、百度、猎豹移动等一批中国互联网企业快速崛起，在用户规模、收入等方面位居世界前列。中国互联网企业迎来了集体出海的"大航海时代"。为全球几十个国家提供支付解决方案。全球移动互联网市场呈现爆发增长态势。网络购物与传统零售业相融合，重构线上线下"新零售"的新模式。"新零售"与生产紧密对接，小排量、多批次、快翻单的柔性供应链让制造从粗放变得精细，制造业向个性化定制的C2B模式转化。在个性化定制生产交易的过程中，依靠大数据、云计算等技术，实现对人、原材料、机器的每个加工动作和行为的自动、在线、实时、全面的记录。为制造业转型升级服务的各类服务商将有大幅度增长。

本章探讨的主要内容有：互联网+的定义与内涵，大数据、云计算与互联网+创业的关系，互联网+创业成功案例的基本经验及给我们的启示等。

【案例导入】

阿里巴巴：全球最大"网上交易经济体"

截至2016年3月21日14时58分37秒，阿里巴巴集团2016财年电商交易额(GMV)突破3万亿元人民币。这意味着，阿里巴巴在财年内(2015年4月1日—2016年3月31日)有望超越沃尔玛，成为全世界最大零售平台。2015年，中国社会消费品零售总额约为30万亿元人民币，3万亿元相当于全国消费品零售总额的10%，也相当于国内一个中大型省的GDP。2017年1月25日，在浙商总会年度会议上，阿里巴巴董事会宣布：2016年阿里巴巴销售额达到37000亿元，从GDP角度来看，相当于全球第21个国家的经济体。上交税超过238亿元。

成为世界第一零售平台，沃尔玛用了54年，阿里只用了13年。在很多业内人士看来，3万亿元标志着商业发展的"奇点"已经出现，新经济的脚步已经追上传统经济。以阿里巴巴为代表的新商业时代正走向舞台中央。沃尔玛发布的业绩报告显示，2015财年年度营业收入下滑至4821亿美元，这是该公司自1980年以来的首个年度销售额下跌，被外界称为"35年来最差业绩"。而在另一端，2015年第四季度，阿里总交易额(GMV)达9640亿元，同比增长22.5%。同期全国社会消费品零售总量为8.5万亿元。阿里平台的交易量占全国社会零售总量的11.4%。

2015年，阿里巴巴集团董事曾经这样描述双方的差异："沃尔玛销售额达到3万亿元人民币，需要220万人，而我们在淘系里完成3万亿元的话，是几千人。这是完全新的技术、新的理念，完全调动了整个社会的资源，是一种让社会共同参与、共同富裕的理念。"换句话说，传统商业经济的繁荣消耗了大量的人力、物力，而新商业形态借助新的技术和理念，用少得多的人力和物力创造了同样的交易额。沃尔玛实现3万亿元交易额，主要依靠的是约220万名全球员工，以及遍布28个国家和地区超过70个品牌下的约11000家分店。阿里巴巴的3万亿元交易额，依靠的则是新商业生态的不断完善和繁荣。这种反差在阿里上市时得到表现。在纽交所上市时，阿里巴巴选择了独特的敲钟方式，敲钟人共有8位，包括了两位网店店主、快递员、用户代表、一位电商服务商、淘女郎和云客服，还有一位是来自美国的农场主皮特·维尔布鲁格。

谁是阿里巴巴网上购物的主力军，阿里云计算显示，70%多是女性，难怪有人调侃说，阿里巴巴成功的背后有无数个"败家女"，"她经济"将会持续性增长，这是一个庞大的生态系统。自2003年淘宝网成立的13年来，阿里巴巴已经初步完成了"网上交易经济体"的生态建设，在电商、金融、菜鸟、云计算等基础商业设施建设方面取得了全球瞩目的成就。阿里巴巴集团CEO张勇认为，随着新生态的日臻完善，阿里考虑更多的是去促进内需、解决就业、拉动农村经济等，承担更多的社会责任。"3万亿元只是个新起点"。阿里巴巴接下来的目标是：2024年，伴随商业生态的全球化，阿里巴巴将进一步成长为一个服务20亿消费者和数千万企业的商业平台。在很多专家看来，国家提出供给侧结构性改革的大背景下，以阿里巴巴为代表的中国互联网企业一如既往地拥抱传统经济，积极做传统企业"互联网+"的助推器。

阿里不仅要做中国新经济的代表，更要对全球经济负起责任。在张勇看来，GMV只是创造价值的一种体现方式，但不是唯一的。对外经济贸易大学教授王健认为，阿里巴巴是平台经济，而平台经济是整个新经济的重要核心，"它会带动整个生产者组织方式的不同，社会资源的利用不同，价值创造方式的不同，甚至社会组织方式的不同，以及会带来一系列的变化"。"3万亿元是一个相信'利他'与'分享'的价值，以彼此激励实现共赢。"张勇说。

2015年发布的《网络创业就业统计和大学生网络创业就业研究报告》显示：截至2015年，仅阿里巴巴零售商业生态创造的就业机会就超过1500万。其中，仅淘宝、天猫平台上网店提供的就业就达1104万，提供的电商物流领域就业机会203万。另根据2011年发布的首份中国网购服务市场发展报告显示，在网购中平均1个直接就业可以带动2.9个间接就业，可初步推算，阿里带动了3000万左右的间接就业。公开数据显示，2015年，阿里巴巴集团纳税178亿元。这还不包括阿里巴巴投资的公司，也不包括淘宝和天猫平台上的商家。事实上，阿里巴巴旗下多家公司均获得了政府相关部门颁发的A级纳税信用等级证书。

作为开放平台，阿里巴巴构建的生态圈，包含广大商户、第三方服务商、物流公司、仓储公司及生态圈其他合作伙伴，他们都依托平台展开业务，拉动大量的就业、创业、创新及税收。仅对天猫10家商家的调查显示，2015年缴税15.4亿元，比2014年增长60%。另据测算，淘宝和天猫店拉动新增内需，带来的上游制造业税收增长近1800亿元。

通过云计算和大数据技术，阿里希望在全球范围内建立起一个可以服务20亿消费者和数千万企业"全球买、全球卖"的商业生态平台，让全世界的中小企业可以通过创意、创新和创造，真正参与公平、自由、开放、平等的全球贸易。未来30年才是互联网技术真正深刻改变社会各方面的时代。

2021年阿里巴巴全球网上交易额达到8.119万亿元，全球活跃消费者达到12.08亿，其中9.79亿消费者来自中国市场，国外消费者3.01亿。上交税超过507亿元，位居全国第三位，这些都创历史最高水平。

思考：

阿里巴巴快速发展说明了什么？你怎样认识与评价在电子商务领域的创新创业和发展？怎样理解"建立起一个真正的开放透明繁荣的商业生态系统"？它包括哪些内容？它的重大意义是什么？

【案例】

互联网+创业："猪八戒"是怎么飞起来的

1. 网上"淘"服务

2015年，国内最大的众包服务交易平台——重庆猪八戒网的首席执行官朱明跃，已经为上百万家中小微企业在猪八戒网做了形象标识设计。猪八戒网排在前1万名的设计师，收入上万。在广告设计公司，设计师最多也就拿到设计费用的20%；在猪八戒网，设计师过去能拿到80%，现在能拿到100%。这也是任何一家传统的品牌设计公司都不可能做到的。互联网时代，新游戏规则正在无声无息中刷新业态。

"食品衣物，到淘宝能买。服务能不能也在网上买？"缘起互联网的新需求，形成新价值链，催生了颠覆传统的众包模式。同样是做平台，"淘宝"买卖的是标准化的商品，"猪八戒"买卖的则是非标准化的服务。企业、用户把需求发包悬赏，人们用知识、智慧、技能接单变现，各取所需。这种国内称之为"威客"的创新模式一时风生水起。从6个人的"草台班子"到估值超百亿元、占同行业80%市场份额，"猪八戒"的嬗变让人好奇。是什么让这只"猪"飞起来的？

2. 既是"借脑"也是"洗脑"，"网聚"有需求和有创意的人

2015年9月1日上午，重庆北部新区猪八戒网总部，一根根连接买家与威客的线条，密密麻麻串联起天南地北。8时许，西藏拉萨与湖北孝感的一根线条亮起来：位于拉萨的需求方"悟空焱"悬赏Logo(标识)设计，金额5500元，与位于孝感的服务商"创点视觉"达成交易。"这是一个开放型的聚智平台，把有需求的人和有技能的人连接起来，打破了地域、时间、工作方式的限制，通过互联网形成了统一市场的竞争。"网上"淘"服务并不是很麻烦的事。买家将任务需求描述成文字发布，众人竞标，买家从中选择方案；卖家则在网站上选择合适的任务，提供方案参与竞标。目前，猪八戒网的注册用户已有1300万，其中买家300万、卖家1000万。

只要发布需求，就能找到干活的人，还可能有意想不到的收获。如今，"猪八戒"的交易品类，涵盖创意设计、网站建设、营销推广、文案策划、工业建筑设计、生活服务等400余种现代服务领域，累计交易额达70亿元。

全球"借脑"，海量创意迅速汇集，创意的平台不仅吸引众多企业，也让越来越多的政府部门把目光投向"猪八戒"。点击猪八戒网的"品牌中国·梁平"网页，重庆传统农业县梁平的"农产品包装营销平台"赫然入目，有征集农产品卡通吉祥物创意的，有征集梁平张鸭子广告语的，还有征集梁平柚子之歌歌词的，不一而足。"每则需求都引来不少关注和参与，基本上都能选出满意的创意。"梁平县农委负责人表示，少花钱多办事，这样"借脑"，本身也是一种"洗脑"。

"做互联网，要有情怀"。"猪八戒"始终坚持：不仅要为文化创意服务提供交易平台，也要为网友们展现浪漫提供载体。"南有香格里拉，北有香巴林卡"。2014年，青海香巴林卡景区携手"猪八戒"开展旅游营销金点子征集时，"全球最美情诗征集活动"的创意应运而生。点击一首首作品，也就点开了一个个感人至深的故事。

"时间说他不在/回忆说他还在/想念说他一直都在"。这首短短20个字的作品，标题叫《他》，

作者是一位年轻姑娘，是她中学时写给暗恋男生的短句，没想到获得了一等奖。活动评委、重庆市作协副主席何矩学说，这些情诗让我们相信，诗意的栖居无处不在。让更多散落在民间的创意有出口，让更多需要服务的机构找到创意，这就是"猪八戒"的平台价值。

3. 既颠覆别人也否定自己，在试错中成长，在"骂声"中创新

提供服务的商家早已有之，众包平台改变的是什么？买卖可以不用见面，海量选择，性价比高，这是众包与传统商业模式最大的不同。有了众包平台，就有了为国内外企业单位做平面设计的机会。

一根网线，一台计算机，不用打卡上班，不在乎学历，只在意能力，猪八戒网上的威客们享受着自由工作的乐趣。猪八戒网为了解决质量问题，建立了店铺信用评级体系，针对卖家建立了从"猪一戒""猪二戒"直到最高"猪三十二戒"的评价体系，还推出了处理纠纷的仲裁机制。

做服务交易平台，猪八戒网的方向一直没变，但每年都要来一次大改版，这就是"猪八戒"人乐此不疲的"腾云行动"。朱明跃说："每次'腾云'，从运营模式到组织架构，都是一次颠覆。"每次"腾云"，只要一上线，所有问题都迎刃而解，在解决问题中成长。不断否定自己的"猪八戒"，赢得了资本的青睐。2015年6月15日，猪八戒网宣布完成C轮融资，从私募股权投资机构赛伯乐及重庆北部新区下属投资公司各融到16亿元与10亿元，26亿元都是真金白银，没有包含无形资产和地产，没有与投资机构签订任何对赌协议。

在IDG资本创始合伙人熊晓鸽看来，投资猪八戒网，是因为其创新的商业模式。在互联网领域，模式很重要，团队执行能力很重要。既有"线上"也有"线下"，1500余家企业在这里孵化长大。9年时间，威客们和猪八戒网一起成长，速度之快、变化之大、创业之多，连创始人朱明跃都直呼"想不到"。相关负责人表示："订单少的时候，可以兼职，订单越来越多，收入逐渐稳定后，就成为全职。这些全职人群逐渐成立虚拟工作室。后来交易额越来越大，为了解决客户的问题，就开始成立公司，开始创业，这更是我们没想到的。"

截至2015年底，猪八戒网这个"看不见的网上创客空间"已孵化出1500余家企业。在重庆北部新区互联网产业园，猪八戒网布局了1.5万平方米的文化创意孵化器，首批150家企业入驻。猪八戒网在北京、上海、广州、深圳、成都的分公司启动运营，"走出重庆，走到线下"，猪八戒网挺进30个城市的线下布局正在加快。

4. 既要免费又要盈利，"钻井"大数据出效益

"让平台上的人赚到一桶金，做平台的人才能赚到最后一桶金。他们成长，他们赚钱，我们才有饭吃。"很长一段时间内，佣金、广告和会员费是猪八戒网的主要收入来源。在宣布获得26亿元融资的当天，猪八戒网宣布免收佣金。这立刻引起了业内人士的质疑：猪八戒网怎么赚钱呢？猪八戒网的1300万用户，以中小微企业为主，平台上积累了大量针对企业端用户行为和用户习惯的数据。这些数据就是一个富含宝藏的海洋，挖掘分析大数据中的实际需求，就能在产业链中找到切入点。向大数据要效益，"猪八戒"的"钻井战略"诞生了。免费不是万灵药，好平台是让用户离不开。

设计Logo，猪八戒网以此起家，这也是主营业务之一，但是大多数企业设计完就走了。能不能给企业提供一整套的服务，让他们多来几次？很多用户设计Logo之后，第一件事就是商标注册。商标注册，猪八戒网能不能帮他们做？"猪标局"就是猪八戒网"钻井战略"之下的"第一口井"。"一般线下商标代理机构每年拿到的单数也就几百个，与他们不同，我们量够大，可以薄利多销。"猪八戒网联合创始人、副总裁董长城说："我们自己设计了一套产品，商标注册只要1800

元,通不过全额退款。这种模式也倒逼我们提高通过率,以赢得买家的认可。线下商标代理机构的通过率在 45%左右,而我们是 85%。"全国排名靠前的传统商标代理机构,年代理量 2 万件左右,"猪标局"不到一年已经拿到 3 万多件,目前每天接单 400 多件。猪八戒网拥有用户和数据,传统行业拥有专业能力,两者结合就是典型的"互联网+"。依照"猪标局"这个模式,发展很快。

5. 既找对"风口"也无惧"风吹",苦熬 9 年,"猪"终于飞起来

在众包威客领域,"猪八戒"并不是第一个吃螃蟹的,却是现在活得最滋润的,市场份额超过 80%。猪八戒网是怎么活过来的?"猪八戒"团队归结为一个字:"熬!""我是网站第一个正式全职工作人员。那时候不是去发掘需求,而是让别人相信你,这很难。"董长城说。竞争对手纷纷倒下,"猪八戒"为何越做越大?"我们傻傻地坚持 9 年,把竞争对手熬死了。"朱明跃说,"几年前,北京有一个做得很好的竞争对手,后来却转向去淘宝开女装店了。""从 0 到 1 比从 1 到 100 难得多,我们就是做好了从 0 到 1 的事情。"朱明跃说,"五六年前,平台前十大卖家,任何一个都比我们平台赚钱多。当别人赚快钱时,我们守住不盈利的平台。"

为了做好孵化服务商这条主线,猪八戒网自成立以来,就立下一条规定:严禁员工在网站接单。"猪八戒网作为平台,绝不可以跟服务商抢生意。这是底线,一旦触碰,立即开除。"猪八戒网坚持作好平台,是新兴的产业形态,集众包、文化创意、大众创业、万众创新诸多概念于一身。这个平台成就了众多创业者,带动的就业很可观,未来空间很大。"坚持 9 年,"猪八戒"终于"飞"了起来。"有人评价我们,说风口上猪也会飞。我不认同。"朱明跃把今天的成功归结于取经的心态:一是不断学习,二是熬得住。他们就是一帮重庆本地的草根,创业一如取经——《西游记》里的取经团队原先也不都是"真神",唐僧愚,八戒懒,沙和尚老是和稀泥,孙悟空动不动耍大牌。但就是这样的一个团队,一步步克服自己的弱点,最终取得真经。"我们在这个领域等待了 9 年,准备了 9 年,耕耘了 9 年,才等来了风,终于飞了起来。"朱明跃说,"风口上的猪绝不是投机,而是顺应了这个时代,顺势而为!"

思考:

结合这个案例,深入研究探讨"互联网+"的概念与内涵,这个案例说明了什么?有哪些互联网创业经验,值得学习借鉴的有几条?谈谈你的认识。

第一节 互联网+的概念与特征

一、互联网+概念的提出

国内"互联网+"理念的提出,最早可以追溯到 2012 年 11 月第五届移动互联网博览会。易观国际董事长兼首席执行官于扬首次提出"互联网+"理念。他认为,在未来,"互联网+"公式应该是我们所在行业的产品和服务,在与我们未来看到的多屏全网跨平台用户场景结合之后产生的这样一种化学公式。我们可以按照这样一个思路找到若干这样的想法,而怎么找到你所在行业的"互联网+"是企业需要思考的问题。2014 年 11 月,国家领导人出席首届世界互联网大会时指出,互联网是大众创业、万众创新的新工具。其中"大众创业、万众创新"正是此次政府工作报告中的重要主题,被称作中国经济提质增效升级的"新引擎",可见其重要作用。

2015年3月，全国两会上，全国人大代表马化腾提交了《关于以"互联网+"为驱动，推进我国经济社会创新发展的建议》的议案，对经济社会的创新提出了建议和看法。他呼吁，我们需要持续以"互联网+"为驱动，鼓励产业创新、促进跨界融合、惠及社会民生，推动我国经济和社会的创新发展。马化腾表示，"互联网+"是指利用互联网的平台、信息通信技术把互联网和包括传统行业在内的各行各业结合起来，从而在新领域创造一种新生态。他希望这种生态战略能够被国家采纳，成为国家战略。2015年3月5日十二届全国人大三次会议上，国家领导人在政府工作报告中首次提出"互联网+"行动计划，制订"互联网+"行动计划，推动移动互联网、云计算、大数据、物联网等与现代制造业结合，促进电子商务、工业互联网和互联网金融健康发展，引导互联网企业拓展国际市场。2015年7月4日，国务院印发《关于积极推进"互联网+"行动的指导意见》(以下简称《指导意见》)，这是推动互联网由消费领域向生产领域拓展，加速提升产业发展水平，增强各行业创新能力，构筑经济社会发展新优势和新动能的重要举措。2016年3月11日，全国人大会议的政府工作报告中提到，"发挥大众创业、万众创新和'互联网+'集众智汇众力的乘数效应。打造众创、众包、众扶、众筹平台，构建大中小企业、高校、科研机构、创客多方协同的新型创业创新机制"。"十三五"规划纲要部署了未来五年中国的互联网发展，包括要积极推进第五代移动通信(5G)和超宽带关键技术研究，启动5G商业应用，超前布局下一代互联网，全面向互联网协议第六版(IPV6)演进升级等。可以预见，在中国大地上，必将开创大众创业、万众创新的新局面，加快促进构建创新型国家，实现伟大的中国梦。

二、互联网+的定义与特点

1. 互联网思维的定义与内涵

互联网思维是指在基于互联网基础上的思维，没有互联网就没有互联网思维。互联网思维是立足于互联网去思考和解决问题的一种思维模式。它是互联网发展与应用在人们头脑的客观反映，是经过认识内化为人们思考与解决问题的思维结构。当代，互联网已经进入社会生活的各个方面，人们的交往、工作方式、商业模式、企业生态、文化传播、社会治理、国家管理等都因为互联网而发生巨大的变化。互联网已经成为人们不可离开的一种生活方式。由于互联网成为新科技革命的时代标志，互联网思维不仅是个人思维，而且是时代的思维、社会生活的思维，是不分地域的思维。因此，互联网思维不是可有可无的思维，而是必须具备的思维，没有互联网思维，就难以适应互联网时代的生活，会落后于社会发展和进步。现在许多企业认识到，企业经营不好或衰败下去，是因为落后于互联网时代。

互联网思维的内涵体现在以下几个方面。

(1) 互联网思维是新高科技产物，是人们必须适应的一种思维模式。没有高科技的发展就不可能产生新的思维模式。由于互联网、移动互联网、大数据、云计算等新高科技的不断突破，互联网等成为人们和社会生活不可缺少的一部分，现实客观的存在，人们必须要高度重视和适应互联网的思维，学习和应用互联网知识，掌握互联网的特点，充分了解互联网的作用，以及其对生产生活带来的变革甚至是根本性的颠覆。因此我们必须要适应互联网思维，学会在互联网条件下的工作生活。否则，我们会落后于时代，落后于社会生活。

(2) 互联网思维是进行创造性开发的思维。在互联网思维模式下，一切创造性的劳动、创新创业的开发，都可以主动利用或借助互联网这个新的技术工具，在平台上适时有效、创造性地开发各种不同的新产品、新技术、新方法、新模式，集群众智慧，分享创造性的劳动成果。用互网思维进行创造性的劳动与开发,是区别传统管理与现代智慧管理、传统产业与新型产业、传统服务与现代服务的分水岭。因此,我们必须学会用互联网思维进行一系列的创新创业活动,这是建设创新型国家必不可少的重要组成部分。

(3) 互联网思维是云计算、大数据的思维。云计算指IT基础设施的交付和使用模式,通过互联网以按需、易扩展的方式获得所需服务。这种服务可以和IT软件、互联网相关,也可是其他服务。实现云计算的核心是以数据为前提。数据是对客观世界的测量和记录。互联网时代,数据与科学的计算就是资源、就是财富、就是竞争力、就是生产力。数据与计算思维要求我们一切以数据为根据,一切决策都必须建立在数据收集、数据分析、数据整理、数据计算与应用方面,靠大数据进行创新创业决策,靠大数据发展。这些都是大数据、云计算思维的要求。

(4) 在现代技术条件下,互联网思维具有人类思维的共同特征。任何思维形式都离不开概念、判断、推理,其方法有归纳、综合、和演绎等,其类型有抽象思维、形象思维、直觉思维等,但要获得正确的思维结果,必须从实际情况出发,坚持实事求是的基本原则。任何脱离客观实践的思维,其结果必然是错误的,其结局必然是失败的。因此,从实际出发的思维,必须是按互联网运行规律进行的思维,是按市场需求或按客户需求进行的思维。一切以客户的需求为转移是互联网思维的出发点,也是落脚点,要根据客户需求的变化而变化。当然,也必须按行业规范要求和产品质量标准要求进行思维创造。互联网思维是必须按行业标准和产品质量标准进行的,任何不顾行业标准和质量标准的行为,其结果一定损人不利己,毁坏企业,败坏行业。互联网思维还必须坚守诚实守信、以承担社会责任为己任,坚持健康绿色环保共享的理念,向客户提供更多更好、更物美价廉的产品,才能在"互联网+"的情况下实现可持续发展。

2. 互联网+的定义

"互联网+"是指"互联网+各个传统行业",但这并不是简单的两者相加,而是利用信息通信技术及互联网平台,让互联网与传统行业进行深度融合,创造新的发展生态。这相当于给传统行业加一双"互联网"的翅膀,助飞传统行业。比如互联网金融,由于与互联网相结合,诞生出了很多普通用户触手可及的理财投资产品,如余额宝等;比如互联网医疗,传统的医疗机构由于互联网平台的接入,使得人们在线求医问药成为可能,这些都是最典型的互联网+的案例。这也让互联网+获得了大量的市场,成为全新的盈利方式,投资小,收入高,风险低。只要一台计算机和网络就可以创业,点点鼠标就可以赚钱。

3. 互联网+的主要特征

互联网+最重要的就是互联网思维,互联网上缺的不是产品,而是销产品的人。如果要在互联网上销售产品,就必须用到SEO这种技术,这可以给产品带来大量的精准流量。互联网+有6大特征。

(1) 跨界融合。"+"就是跨界,就是变革,就是开放,就是重塑融合。敢于跨界,创新的基础就更坚实;融合协同,群体智能才会实现,从研发到产业化的路径才会更垂直。融合本身也指代身份的融合,客户消费转化为投资,伙伴参与创新等,不一而足。

(2) 创新驱动。中国粗放的资源驱动型增长方式早就难以为继,必须转变到创新驱动发展这条正确的道路上来。这正是互联网的特质,用互联网思维求变、自我革命,也更能发挥创新的生产力。

(3) 重塑结构。信息革命、全球化、互联网打破了原有的社会结构、经济结构、地缘结构、文化结构,权力、议事规则、话语权在不断发生变化。互联网+社会治理与传统的社会治理将会有很大的不同。

(4) 尊重人性。人是社会生产力的主体，是推动科技进步、经济增长、社会进步、文化繁荣的最根本力量。互联网力量之强大最根本来说也是来源于对人的最大限度的尊重、对人的体验的敬畏、对人的创造性发挥的重视，如分享经济等。

(5) 开放生态。互联网+生态是重要的特征，而生态的本身就是开放的。我们推进互联网+，其中一个重要的方向就是要把过去制约创新的环节化解掉，把孤岛式创新连接起来，研发由人决定的市场驱动，让创业创新者有机会实现价值。

(6) 连接一切。连接是有层次的，可连接性是有差异的，连接的价值是相差很大的，但是连接一切是互联网+的目标。

【案例】

互联网+的优势

1. "农派三叔"网店芒果畅销全国

几年前，岑参从广州一家港资企业辞职，回到老家广西百色创业。亲友中没人支持他，一些人甚至说他"疯了"。岑参不理会，他的创业目标是让老家的芒果走出广西，走向全国。原来，百色盛产芒果，其中"桂七"等品种清甜爽口、个大质优，可到了成熟季节却卖不上好价钱，有时还会出现"丰产不丰收"的局面。"我家种了几百棵芒果树，每年都有经销商上门收购。"岑参说，"价格往往都是经销商说了算，前些年的收购价才两块多，让人觉得可惜。"岑参一盘算，网上有那么多的消费者，销售渠道又打破了地域限制，芒果一定能卖出好价钱。经过大半年的前期筹备，他的"农派三叔"天猫旗舰店开业了。芒果一份为10斤，根据果品差异，每份分为98元、88元等不同价位。让这个年轻人喜出望外的是，小店开业的第一个月，芒果就卖出了两三千份。渐渐地，"农派三叔"声名鹊起，买家越来越多，芒果也被销往全国各地。据统计，"农派三叔"年卖出芒果150吨，销售额共312万元。互联网打破了地域限制，所有网民都是潜在客户，市场潜力巨大。对于网店的未来发展，岑参很有信心，他说："潜力大、前景好，这样的创业平台才让我们怦然心动啊！"

2. "天螺地网"网店经验可以借鉴

螺蛳粉为什么这么火？因为是一种思念，一种乡情……这是"天螺地网"淘宝店85后店主朱威自己创作的螺蛳粉销售文案。螺蛳粉是广西柳州的传统美食。"天螺地网"自开张以来，平均每月卖出约4万包螺蛳粉，腐竹、酸笋、鸭脚、汤料包等相关产品同样销量不菲。小店凭借良好的产品质量和客户服务，拥有了两个皇冠的信誉评级。在他看来，小店之所以发展迅速、"钱"景喜人，关键在于抓住了互联网销售的重要特点——产品小而美、服务好而快，这些都是买家非常看重的方面。他摸清了网上买家的消费特点，也学到了不少成功网店的营销模式，便"现抄现卖"，把这些经验运用于自己的创业之中。"能熟练运用互联网，有互联网思维，在互联网上创业自然得心应手。"朱威说。

3. 开办网店取得较高收益

广西壮姑娘投资有限公司董事长朱永和合伙人瞄准广西名优产品投资创业，决定销售具有壮乡文化内涵的特色农产品、工艺品和旅游商品。在南宁开设第一家实体门店时，壮姑娘网店也在淘宝上开张了。创业初期，壮姑娘实体店大获成功，而网店却冷清得很。作为品牌创始人，朱永坚定看好互联网的发展趋势，咬牙让网店继续办了下来。"现在的情况和5年前截然不同。"朱永说。互联网颠覆了传统的销售模式和人们的消费习惯，广西特色名优产品在网络上越来越受到消费者青睐，壮姑娘也将未来的发展重心由实体店向网店倾斜。朱永认为，互联网创业的最大优势在于成本低、风险小，当老板的门槛降低了。"以壮姑娘为例，现在开一家实体店的成本需要约60万元，而开淘宝店只需要缴纳很少额度的保证金，再去联系供货商即可，节省了门面费，库存压力也小，总成本就低得多了。"同样是20万元的销售额，壮姑娘实体店的利润约为2万元，而网店的利润则达到三四万元。朱永说："互联网为有志青年的创业梦想插上了翅膀。"

4. 互联网+行走的厨房

聂鸣——北京互联网大厨，这位80后北京土著当厨师已经14年，2013年前他一直在实体饭店工作，从2014年开始，厨师上门服务平台"爱大厨"上线，聂鸣成为厨师界首批敢于吃螃蟹的人。自从当上了互联网大厨，他的生活发生了不小的改变。以前饭店工作是家和饭店两点一线，现在是顾客在哪儿，就去哪做饭，活动圈、交际圈都变大了。过去在饭店是团队合作分工，现在是一个人就是一个团队，全部的活一个人做，要求综合素质更高。通常，他会在前一天接到平台派单，然后与顾客电话联系，确认菜品和口味。服务当天，他先购买食材，再上门做饭。一个小时能做4个家常菜，能获得120元左右的服务费。由于服务好，做菜质量高，回头客特别多。2016年他上门做了600多顿饭菜，年收入超过15万元，在同行中是佼佼者，全部订单零差评。他称自己是"一间在互联网上行走的厨房"。

5. 美七七——"网络主播"的正能量

美七七真名叫王漫舒，90后女孩，2016年10月加入主播大军。如今，在属于她的虚拟房间中，已经积累了11万粉丝。每天下午2点、晚上9点，她会准时坐到房间里的计算机前开播。为了升级直播效果，她购买了比较专业的摄像头、摄影灯和麦克风。平台给签约主播每月80小时的任务量，实际上她每月完成100小时的工作量。她认为，要吸粉，不仅长得美，还要有看家本领，她主要靠跳民族舞。她从小跳舞，大学学的是舞蹈专业，有舞蹈专业功底，因此获得这样一方舞台。她认为，粉丝也有不同类型，特忠诚的叫"真爱粉"，鸡蛋里挑骨头的叫"黑粉"，不分青红皂白就骂人的叫"喷子"。在平台上忙不过来的时候，活跃的"真爱粉"会被主播任命为房管，协作主播维持秩序。她坚持网络主播一定要传播正能量，获得较高评价。在业内，2016年被称为"移动直播元年"，目前，国内直播平台突破300家，用户规模高达3亿，日活跃用户数达到2400万。未来还有较大的增长空间。

6. 王渊恒——互联网跨境医疗平台"美约名医"的创业者

只有亲身经历了病魔侵袭，才能真正理解重症病患内心的恐惧、绝望与挣扎。任何经历都可能成为人生的一种助力，哪怕是经历了灾难——只要你幸免于难。王渊恒在纽约创办互联网跨境医疗平台"美约名医"，就是一个很好的诠释。

王渊恒创办"美约名医"，并非在资本狂风与创业浪潮中一时头脑发热，而是基于切身之痛的经历。作为在美国长大的第二代华人，她的成长轨迹可谓顺风顺水。在哈佛大学一举拿下生物学士、公共卫生硕士与法学博士三个学位，曾经在美国食品药品监督管理局与大型医药公司工作，在创业公司担任高管。在这些炫目光环的背后，谁又能想到她曾在大学毕业时患上了令人闻之色变的重症肌无力，一度徘徊在死亡边缘。幸运的是，她通过求学时建立的人脉关系，及时找到了最好的医生，接受了最适合她病情的治疗。她的病情得到很好的控制，青春仍旧灿烂。但天有不测风云，2014年她的母亲查出乳腺癌。她再次挖掘自己在医疗领域积累的资源，为母亲迅速康复构筑了有效通道。在纽约充满学府气氛的哈佛俱乐部里，王渊恒对记者讲起两次求医问药的经历时，时而声音低沉，眉头紧锁，时而语调欢快，嘴角扬起，与命运周旋的往事，让王渊恒慨叹，只有亲身经历了病魔侵袭，那种天好像突然塌下的梦魇，才能真正理解重症病患内心的恐惧、绝望与挣扎。不过，正是这种同理之心，也开始让她从另外一个角度思考人生应该走出的轨迹。对她而言，创业不仅仅是率领团队的小伙伴们，一起大步走向商业的成功，更是专注于一种近乎信仰的初衷——用最新的网络技术把美国最好的医疗资源与中国的医疗需求精准高效地对接。王渊恒对她选择的方向坚定不移。2015年"美约名医"基于大数据分析的线上自动化操作平台上线，正在根据早期顾客的反馈提升用户体验。医疗服务的全球化是不可遏止的潮流，网络技术为跨境医疗提供了高效廉价的服务手段，中国庞大的医疗需求向海外延伸的步伐也在加速。跨境医疗机构如雨后春笋般涌出，但良莠不齐，这正是"美约名医"融入医疗服务生态圈的好时机，利用互联网+平台帮助那些有医疗需求的国内患者，特别是有重病急需国外优质医疗资源的患者，解决他们医疗的困境，探求一条光明之路。

7. 李宏文——"筷来财" 餐饮供应链投融资服务平台首创者

互联网金融的发展方向，是通过产融结合直接服务中小微实体经济。信用、创新、整合，在政府加紧规范制定、企业寻找增长点的征途中，供应链金融在互联网金融的大市场中被提到了更为重要的位置。美食金融开创者、国内领先的餐饮供应链投融资服务平台"筷来财"联合创始人兼CEO李宏文称，"我们希望通过餐饮供应链金融服务，重构信用体系，最终重塑餐饮供应链"。

餐饮供应链金融服务，是一个空白的市场。不久前正式上线的筷来财在国内首创C2S(个人对供应链)模式，以餐饮供应链上的食材采购应收/应付账款为标的，连接个人投资者与餐饮供应链的上下游企业。平台不仅借此重新定义供应链服务，用连接做到项目与资金、专业服务的匹配，解决金融中的错配难题，也把封闭的供应链打开，给个人提供分享知名连锁餐饮红利的机会。

有关专家介绍，与P2P相比，C2S模式的最大差异点是业务性质的不同。P2P的业务核心是借贷，收入来自利差，而C2S则提供代采结算的供应链服务，收入来自服务费。另外，C2S模式以已经发生的真实交易为标的基础，也与P2P完全不同。据了解，筷来财平台的项目基于稳定、健康且持续的餐饮供应链业务关系，融资方均为3年业绩连续增长的知名连锁餐饮品牌，一边为投资者提供"好吃更好赚"、安全透明的投资项目，一边帮助知名餐饮企业缩短供应商账期，降低采购成本，提升整个供应链效率。

目前国内餐饮行业的食材采购账期平均为1~3个月，为此供应商通常会每个月加价5%，这就导致餐饮企业采购成本上升。同时，供应商主要为中小商户，采购账期虽增加一定收益，但严重影响资金周转率，阻碍业务规模的扩大。

与此同时，目前国内市场有250万家餐饮企业、420万家餐饮门店、1100万家食品分销商，整个餐饮行业有3万亿元营收，其中1万亿元用于食材采购。餐饮业供应链中企业节点越来越多，供应链的稳定性及合作效率受到限制，银行的传统信贷业务无法满足这些企业的需求，需要创新的金融模式才能帮助整个供应链上的厂商。筷来财正是抓住了这一机遇。

李宏文称："我们专注于餐饮行业，只服务连锁餐饮企业，团队深刻理解和洞察连锁餐饮的真实需求，致力于解决他们的三大痛点，即钱、客、材。"风险资本的青睐也从另一侧面证实了该领域的未来潜力。正式上线前，筷来财已经获得联创永宣、九合资本及松树资本超千万元的投资。中央财经大学金融创新与风险管理研究中心特聘研究员郭迎锋认为，互联网金融公司正处于摸着石头过河的阶段，模式创新对未来的发展极为重要。经过市场的优胜劣汰，成熟并且壮大的平台会形成自己的特色及业务方向。

思考：
结合上述 7 个小案例，试评析互联网+创业的优势与机会。

第二节　互联网+创业的应用范围

互联网+创业的范围非常广泛，如果从产业角度来看，包括了第一产业、第二产业和第三产业，目前，以第二产业和第三产业为主。

一、互联网+工业

"互联网+工业"即传统制造业企业采用移动互联网、云计算、大数据、物联网等信息通信技术，改造原有产品及研发生产方式，与"工业互联网""工业 4.0"的内涵一致。"移动互联网+工业"是借助移动互联网技术，增加网络软硬件模块，实现用户远程操控、数据自动采集分析等功能，极大地改善了传统制造厂商工业产品的使用体验。"物联网+工业"需要运用物联网技术，工业企业可以将机器等生产设施接入互联网，构建网络化物理设备系统(CPS)，进而使各生产设备能够自动交换信息、触发动作和实施控制。物联网技术有助于加快生产制造实时数据信息的感知、传送和分析，加快生产资源的优化配置。"网络众包+工业"是在互联网的帮助下，企业通过自建或借助现有的"众包"平台，发布研发创意需求，广泛收集客户和外部人员的想法与智慧，这大大扩展了创意来源。工业和信息化部信息中心搭建了"创客中国"创新创业服务平台，链接创客的创新能力与工业企业的创新需求，为企业开展网络众包提供了可靠的第三方平台。

《政府工作报告》中提到，"当前，移动互联网、物联网、云计算、大数据等新兴互联网技术快速创新，加速向制造业领域融合渗透，以'互联网+制造'为核心特征的新一轮产业变革悄然来临。加快促进互联网与制造业更广、更深、更快地融合创新，对驱动工业数字化、网络化、智能化发展、激发万众智慧，助力我国新型工业化建设具有重要的现实意义。"

中国工业制造业已经有很好的基础，也有丰富实践，互联网正在深刻改变工业发展方式，驱动工业数字化、网络化、智能化和服务化发展，催生多种新模式新业态。其主要特点如下。

一是协同式供应链促进各环节高效无缝对接。越来越多的工业企业通过互联网平台建立与上下游供应商、合作伙伴和客户的直接连通，集聚供应信息并进行深度挖掘分析，提高供应链的反应速度、匹配精度和调运效率。借助 B2B 采购平台集聚优质供应商资源，高效低成本地完成原材料采购，实现生产线供应链协同管控和物料零库存。利用仓储物流平台整合异地物流资源，实现物流、信息流、资金流等多流合一。例如，河南鲜易打造集国内外贸易、流通加工、温控仓储、电子商务、干线运输、城市配送、终端连锁于一体的冷链物流平台。

二是新型研发组织方式集聚众智提升效率。协同设计、众包、虚拟仿真等新研发模式应用日益广泛，为传统企业高效、便捷、低成本的技术创新开辟新渠道。基于云平台的设计在云端实现设计资源共享，打破地域限制，提高研发效率，如潍柴动力在欧洲、北美等的研发中心基于云平台实现 24 小时协同工作。众包设计通过企业自建或第三方平台集聚海量群体创意，满足多变的设计需求，如海尔通过互联网平台对接全球 100 多万专家和上千家研发资源。一些企业探索远程虚拟仿真，利用互联网对工艺参数进行异地模拟、分析、评估，优化生产工艺。

三是创新制造模式助力网络化智能化生产。面对个性化、多样化且瞬息万变的市场需求，制造企业逐步改变原有相对固化的生产线和生产体系，并着力打通企业间壁垒，探索智能制造、网络制造、云制造等全新生产模式。应用智能制造实现生产过程柔性化和智能化,如海尔沈阳冰箱厂一条生产线可支持 500 多个型号的柔性定制。利用网络制造平台构建跨地区动态企业联合体,如中国商飞组织 10 多个国家、100 余家企业协同制造 ARJ21 飞机。建立云制造平台,将巨大的制造资源池连接在一起,实现线下资源线上配置。

四是融合型服务延伸企业价值创造链条。云计算、大数据、物联网等相关应用快速普及催生了多样化融合服务模式,带动以产品为核心的经营模式加快向提供综合服务转变。远程主动运维服务借助物联网、大数据等技术,实时掌握远程设备运行状况,节约成本,降低损失。如中兴通讯从"端—管—云"3 个层面为水务行业提供供水管道运维服务。利用可视化追踪溯源构建全流程食品追溯体系,保障食品安全。如消费者通过扫描二维码即可查询伊利奶牛生产、流通等信息。以车内网、车际网、车载移动互联网为基础,实现智能交通管理、动态信息服务和车辆控制等车联网服务。

五是需求端泛在连接实现全流程用户参与。企业运用互联网、移动互联网等打造用户聚合平台、多元社交平台,通过大数据分析,精准预判市场、开展精准营销;借助平台实现海量用户与企业间的交互对接。规模化个性定制通过互联网与用户深度交互,依托柔性生产线提供个性定制的产品,如海尔的家电个性定制。精准营销决策将来自互联网的海量数据进行分析,实现市场精准开发。新型网络营销以二维码、App、移动 O2O 等新方式构建丰富的产品展示和营销渠道,增加用户黏性。

经历探索、实践与培育,中国"互联网+制造"的主体已有相当规模,新产品、新业态、新模式不断涌现、孕育新兴市场、带动长尾需求力释放。融合创新赖以实现的技术、网络、平台等基础正加速完善,产业生态初步构筑,已具备持续规模推进的现实基础。其表现有如下几点。

1. 工业企业全面改革,推动构建新融合主体

形成引领创新三大阵营。一是传统工业企业互联网化转型明显加快。一些工业企业主动把握发展机遇,实施由内而外的全面变革,推动实现从有界向无界、垂直向扁平、制造向服务转型,成为"互联网+"的主力军。二是生产服务企业借助互联网拓展服务空间。来自不同领域的生产服务企业通过向平台企业转型,加速向工业领域渗透,成为引领融合发展的重要力量。三是互联网企业借助新产品、新服务融入工业基因。互联网企业通过与工业各领域、各环节不断融合,创造出新产品、新业态和新模式,成为第三大主力。当前,三大主体均在积极探索互联网化转型发展,谁将成为未来融合发展的领军企业仍有待观察。总体来看,兼具互联网和工业基因的融合型企业更有可能脱颖而出,成为新的领军企业。

2. 提升技术装备水平,开发研究新智能产品

打造产品增值重要载体。一方面,智能装备成为装备制造企业主攻方向。智能装备体现了先进制造技术、信息技术和智能技术等的融合与集成,是支撑智能制造的基本载体和关键设施。提升装备产品的网络化和智能化水平成为越来越多装备制造企业的普遍选择。另一方面,布局智能硬件成为各方广泛选择。不仅传统家电、电子制造业企业如海尔等加紧卡位,积极推出智能产品,众多知名互联网企业如百度、京东等也纷纷涉足智能硬件领域。

3. 推动跨界融合,催生新服务业态

催生跨界融合新兴市场。在这一过程中,工业大数据服务、供应链金融服务、工业云计算服务及"互联网+制造"解决方案等不断涌现,为"互联网+制造"提供更多可能。

4. 企业组织模式调整，组建新网络架构

构筑产业变革实现基础。一方面，工业互联网激发模式和业态创新。随着互联网应用的逐步深入，云平台、大数据分析、物联网等开始为企业管理、生产管控、技术研发、销售流通、产品服务等各环节的优化升级、模式演进提供广泛支撑。同时，消费互联网领域许多成熟的商业模式、组织模式、经营模式逐步演变为工业互联网体系下的新模式、新业态，延伸工业生产的价值链条。另一方面，工业互联网支撑智能制造组织得以实现。充分利用工业生产全流程全周期数据进行采集、传输、分析和处理，实现智能优化决策是工业企业的普遍需求，也是工业互联网发展的重要方向。

5. 积极引导融合创新发展，搭建新行业平台

连接各方实现协作共赢。在互联网与工业之间融合不断加快加深的大背景下，跨界融合所引发的新问题和新挑战更为复杂和多变，相关行业协会或联盟应运而生，积极发挥对各方权利和利益进行协调、平衡的作用，有力引导融合创新良性发展。中国互联网与工业融合创新联盟是工信部指导下，由中国信息通信研究院牵头成立的行业协作组织，立足于搭建交流协作平台，支撑政府决策，推动融合发展。目前，已有来自工业、互联网和 IT 等各领域的 100 余家企业加入，在培育新模式新业态、总结推广创新经验、实现规模化应用、带动行业转型升级、深化发展等方面取得了明显成效。

推进"互联网+制造"需要加强政府指引，强化战略引导，营造制度环境。要完善相关法规制度，加快相关标准制定或修订，加大财政资金扶持，完善融资服务支持，大力培育应用市场；要加大企业主导，把握融合态势，确定转型策略；要加快行业助推，打造跨界平台，促进协同发展。

思考：

互联网+工业制造有哪些特点？未来的发展趋势在哪些方面？试分析概括。

二、互联网+服务业

服务业包括的范围很广，金融、商贸、通信、交通、饮食与民生、旅游、医疗、教育、政务等都属于服务业的范畴。我们先分析在中国有很大影响的一个"互联网+行"的案例。

【案例】

滴滴出行——中国第一家"互联网+行"的科技公司

滴滴出行隶属北京小桔科技有限公司，是中国知名的一款免费打车平台，称为手机"打车神器"，是深受用户喜爱的"打车"应用。目前，滴滴已从出租车打车软件，成长为涵盖出租车、专车、快车、顺风车、代驾及大巴等多项业务在内的一站式出行平台。

1. 程维——滴滴出行创始人兼 CEO 简介

程维于 1983 年出生在江西省上饶市铅山县的普通家庭。他毕业于北京化工大学，毕业后先后干过卖保险、足疗店打工等多项工作，2005 年进入阿里巴巴公司从事销售工作。他在阿里巴巴因工作业绩突出得到晋升，成为阿里巴巴最年轻的区域经理，6 年的阿里巴巴工作实践积累了他的销售和管理运营经验，2012 年 6 月，他决定离职与吴睿、李响一起在北京创办小桔科技有限公司，创业项目是开发智能出行的打车应用软件。他们跑了一百多家公司，没有一家出租车公司愿意与他们合作。2012 年 8 月他们才在北京昌平找到银山出租车公司同意合作，至此，开启了创业发展征程，实现了跨越式发展，得到了用户的认可和好评。他本人也先后获得了许多荣誉。2015 年 9 月 9 日，他出席世界经济论坛，参加夏季达沃斯论坛并任论坛的联席主席。滴滴出行"入围十大"全球增长型

公司。2015年9月,他随国家领导人访美,参加第八届中美互联网论坛,是唯一一位受邀出访的80后企业家。同年12月,他参加在中国乌镇举办的第二届世界互联网大会,并发表主题演讲。2016年他当选"中国十大经济人物"。2016年10月18日,胡润中国IT富豪榜发布,程维以120亿元排名第28位。因他创新创业的探索,打造了中国出行独特的商业模式,引领了中国互联网+出行的变革,成为在互联网+创业的楷模。

2. 公司发展简述

2012年6月至9月,"滴滴出行"经过3个月的准备与司机端的推广,于2012年9月9日在北京正式上线。软件版本1.1,跟随IOS推出新版本,更完美的苹果新支持系统,增加了出租车到达的即时信息推送,增加了一键重复发送功能,简化了注册流程。2012年12月,滴滴打车获得了A轮金沙江创投300万美元的融资。年底推出版本1.2,开通了预约功能,可以即时预约明天乃至后天的出租车。该版本还增加了加价功能,在高峰期或者不好打车时,提供了加价方式来提高叫车的成功率;省掉了注册和登陆流程,让用车能够更加便捷。接着推出版本1.3,增加了呼叫等待功能,高峰期可以延长等待时间,预计提升40%的叫车成功率;优化了软件的启动速度。2013年4月,滴滴打车完成B轮融资:腾讯集团投资1500万美金。艾瑞集团发布打车软件唯一一份行业报告:滴滴打车市场份额59.4%,超过其他打车软件市场份额之和。2013年12月,滴滴打车入选中国区"App Store 2013年度精选"。

2014年1月,滴滴打车与微信达成战略合作,开启微信支付打车费"补贴"营销活动。滴滴打车完成C轮1亿美金融资:中信产业基金6000万美金、腾讯集团3000万美金、其他机构1000万美金。2014年3月,用户数超过1亿,司机数超过100万,日均单到521.8万单,成为移动互联网最大日均订单交易平台。2014年5月20日,滴滴打车对媒体宣布,公司名称正式变更为"滴滴打车"。寓意"滴水之恩,涌泉相报"。2014年8月,滴滴专车上线,进军商务用车领域。2014年11月,CNNIC发布的《2013—2014年中国移动互联网调查研究报告》显示,过去半年滴滴打车的用户使用率高达74.1%,持续行业领跑。2014年12月,滴滴打车完成D轮7亿美金融资,由国际知名投资机构淡马锡、国际投资集团DST、腾讯主导投资启动亿元专车品牌推广——"今天坐好一点",滴滴体刷爆微信朋友圈,一小时参与用户达三千万,视频点击过千万,经过两个多月的公测,"滴米"调度系统正式上线,通过大数据优化出行体验,"双十二"实现90%的打车成功率。

2015年1月,滴滴打车获评年度"最具突破出行App"。2015年2月14日,滴滴、快的两家公司联合宣布将以100%换股的方式正式合并。滴滴公司CEO程维在其年会上宣布,公司首席运营官柳青正式出任滴滴公司总裁,将负责更多公司日常业务运营。2015年5月13日,滴滴打车与快的打车进行战略合并,在北京、天津、广州、深圳、成都、重庆、武汉及杭州这8个城市上线公益性搭车服务"滴滴快车",最低价每公里不足1元,上述8个城市的乘客有望因此大幅降低出行成本。"滴滴快车"仅按照里程单价和时长收费,价格非常低廉,再加上没有起步价,用户打车的成本有望得到下降。例如,在广州和杭州的里程单价只要0.99元/公里,时长费最低仅需0.2元/分钟。2015年7月,滴滴打车推出"合乘拼车"系统。该套系统将作为滴滴打车的底层构架,在出租车、专车及快车等所有滴滴的服务内上线。通过这套系统,出租车、快车、专车上的每一个座位都将成为一个独立的可售资源。2015年9月9日,适逢"滴滴打车"上线三周年,"滴滴打车"正式更名为"滴滴出行",并启用全新品牌标识。与宇通合作,打造互联网巴士生态。2015年10月8日,上海市交通委正式宣布向滴滴快的专车平台颁发网络约租车平台经营资格许可。滴滴快的成为第一家获得网络约车租车平台资质的公司,是中国乃至全世界第一张颁给网络约租平台的许可证。

2016年1月11日，滴滴公布了2015年订单数，声称超过Uber成立6年累计的10亿订单数："在过去一年里，滴滴出行全平台(出租车、专车、快车、顺风车、代驾、巴士、试驾、企业版)订单总量达到14.3亿，这一数字相当于美国2015年所有出租车订单量(约8亿，数据来源：IBISWorld及Statistic Brain)的近两倍，更是超越了已成立6年的Uber刚刚在去年圣诞节实现的累计10亿订单数。"滴滴战略负责人朱景士曾在公开演讲中称，滴滴花了不到对手1/4的钱就保持了这个量。2016年1月26日，招商银行、滴滴出行联合宣布双方达成战略合作，未来双方将在资本、支付结算、金融、服务和市场营销等方面展开全方位合作。这是第一次、也是第一家商业银行通过与移动互联网公司合作进入移动支付场景领域。2016年2月，中国最大的打车应用滴滴出行在新一轮融资中已募集到至少10亿美元资金。融资结束之后，滴滴出行的估值将超过200亿美元。2016年6月滴滴出行获得中国人寿6亿美元投资，将在"互联网+金融"深度合作。2016年8月，滴滴出行收购优步中国的品牌、业务、数据等全部资产在中国大陆运营，这标志着中国共享出行行业进入崭新发展阶段。2016年8月，滴滴出行在上海、成都、武汉、青岛等地，进入租车领域。2016年11月滴滴出行与安飞士达成战略合作，进军海外租车业务。(补充：2017年1月，滴滴出行与巴西最大的移动出行服务商"99"公司签订战略合作协议，为巴西"99"公司提供技术、产品、运营、业务等方面的战略支持，实施在巴西及其他拉美国家的扩张战略)。

3. "滴滴出行"产品特点与优势

(1) "滴滴出行"产品特点。"滴滴出行"App改变了传统打车方式，建立并培养出大移动互联网时代下引领的用户现代化出行方式。相比传统电话叫车与路边打车来说，滴滴打车的诞生更是改变了传统打车市场格局，颠覆了路边拦车概念，利用移动互联网特点，将线上与线下相融合，从打车初始阶段到下车使用线上支付车费，画出一个乘客与司机紧密相连的O2O完美闭环，最大限度优化乘客打车体验，改变传统出租司机等客方式，让司机师傅根据乘客目的地按意愿"接单"，节约司机与乘客沟通成本，降低空驶率，最大化节省司乘双方的资源与时间。

(2) "滴滴出行"产品优势。匹配用户和司机的需求，减少司机的空载提高效率。截至2015年9月，第三方调研数据显示，滴滴已占据国内出租车叫车软件市场99%的份额。目前，滴滴每天实现300万出租车订单，超过300万的专车订单，峰值223万的顺风车订单，业务覆盖全国360个城市。"滴滴出行"在发展过程中，出现了现金补贴、专车叫停、系统故障、行政处罚、合乘拼车、被联合约谈、围堵总部等热点事件，随着互联网+战略的实施，这些问题或事件会逐步得到解决。

近些年，滴滴出行实现了比较快速发展，但由于依法依规管理缺失，触犯有关网络安全法规，2022年7月被国家有关部门处罚金80.26亿元。

思考：

程维的创新创业精神有哪些方面值得我们学习借鉴？怎样认识和评价互联网+"滴滴出行"的商业模式？它有什么特点和独特价值，还有哪些可改善的地方？因违反相关网络安全法规，"滴滴出行"被处罚款，谈谈你的认识与看法。

1. 互联网+金融

在金融领域，余额宝横空出世的时候，银行觉得不可控，也有人怀疑二维码支付存在安全隐患，但随着国家对互联网金融的研究越来越透彻，银联对二维码支付也制定了标准，互联网金融得到了较为有序的发展，也得到了国家相关政策的支持和鼓励。互联网+金融从组织形式上看，这种结合至少有三种方式。第一种是互联网公司做金融。如果这种现象大范围发生，并且取代原有的金融企业，那就是互联网金融颠覆了。第二种是金融机构的互联网化。第三种是互联网公司和金融机构合作。从2013年以在线理财、支付、电商小贷、P2P、众筹等为代表的细分互联网嫁接金融的模式进入大众视野以来，互联网金融已然成为一个新金融行业，并为普通大众提供了更多元化的投资理财选择。对于互联网金融而言，2013年是初始之年，2014年是调整之年，2015年是各种互联网金融模式进一步稳定客户、市场，走向成熟和接受监管的规范之年。

供应链金融领域。该业务与电子商务紧密结合，阿里巴巴、苏宁、京东等大型电子商务企业纷纷自行或与银行合作开展此项业务。互联网企业基于大数据技术，在放贷前可以通过分析借款人历史交易记录，迅速识别风险，确定信贷额度，借贷效率高；在放贷后，可以对借款人的资金流、商品流、信息流实现持续闭环监控，有力降低了贷款风险，进而降低利息费用，让利于借款企业，很受小微企业的欢迎。

众筹领域。众筹这种融资模式具有融资门槛低、融资成本低、期限和回报形式灵活等特点，是初创型企业除天使投资外的重要融资渠道。我国已成立的众筹平台已经超过100多家，其中约六成为商品众筹平台，纯股权众筹约占两成，其余为混合型平台。

互联网银行领域。2014年，互联网银行落地，这标志着"互联网+金融"融合进入新阶段。2015年1月18日，腾讯是大股东的深圳前海微众银行试营业，并于4月18日正式对外营业，成为国内首家互联网民营银行。2015年1月29日，上海华瑞银行获准开业。微众银行的互联网模式大大降低了金融交易成本，节省了有形的网点建设和管理安全等庞大的成本，节省了大量人力成本，节约了客户跑银行网点的时间成本等。微众银行的互联网模式还大大提高了金融交易的效率，客户任何地点、任何时间都可以办理银行业务，不受时间、地点、空间等约束，效率大大提高。通过网络化、程序化交易和计算机快速、自动化等处理，大大提高了银行业务处理的效率。阿里巴巴旗下的浙江网商银行于2015年6月25日上线，并取名为MYbank。

2. 互联网+商贸

在零售、电子商务等领域，过去这几年都可以看到和互联网的结合，正如马化腾所言，"它是对传统行业的升级换代，不是颠覆掉传统行业"。在其中，又可以看到"特别是移动互联网对原有的传统行业起到了很大的升级换代的作用"。2014年，中国网民数量达6.5亿，网站400多万家，电子商务交易额超过13万亿元人民币。在全球网络企业前10强排名中，有4家企业在中国，互联网经济成为中国经济的最大增长点。2015年5月18日，中国化妆品零售大会在上海召开，600位化妆品连锁店主，百余位化妆品代理商，数十位国内外主流品牌代表与会。面对实体零售渠道变革，会议提出了"零售业+互联网"的概念，建议以产业链最终环节零售为切入点，结合国家战略发展思维，发扬"+"时代精神，回归渠道本质，以变革来推进整个产业提升。2014年B2B电子商务业务收入规模达192.2亿元人民币，增长28.3%；交易规模达9.4万亿元人民币，增长15.4%。同时，B2B电商业务也正在逐步转型升级，主要的平台仍以提供广告、品牌推广、询盘等信息服务为主。阿里巴巴、慧聪网、华强电子网等多家B2B平台开展了针对企业的"团购""促销"等活动，培育企业的在线交易和支付习惯。截至2014年，中国跨境电子商务试点进出口额已突破30亿元。一大批跨境电子商务平台走向成熟。外贸B2C网站兰亭集势2014年前三季度服装品类的净营收达到3700万美元，同比增速达到103.9%；订单数及客户数同比增速均超过50%。2015年阿里巴巴网上交易额达到3万亿，成为世界最大的"网上交易经济体"。

3. 互联网+通信

在通信领域，互联网+通信有了即时通信，几乎人人都在用即时通信App进行语音、文字甚至视频交流。然而传统运营商在面对微信这类即时通信App诞生时简直如临大敌，因为语音和短信收入大幅下滑。但随着互联网的发展，来自数据流量业务的收入已经大大覆盖语音收入的下滑，可以看出，互联网的出现并没有彻底颠覆通信行业，反而促进了运营商进行相关业务的变革升级。

4. 互联网+交通

"互联网+交通"已经在交通运输领域产生了"化学效应"，例如，大家经常使用的打车软件，网上购买火车和飞机票，出行导航系统等。移动互联网催生了一批打车拼车专车软件，如国内的滴滴打车、快的打车，虽然它们在全世界不同的地方仍存在争议，但它们通过把移动互联网和传统的交通出行相结合，改善了人们的出行方式，增加了车辆的使用率，推动了互联网共享经济的发展，提高了效率、减少了排放，对环境保护也做出了贡献。

5. 互联网+饮食

目前，中国许多饮食企业运用互联网进行订餐、送餐等，运用互联网改善民生。2014年12月，广州率先实现微信城市入口接入，随后深圳、佛山、武汉陆续上线，随着这几个城市的接入，目前，已有1000万人次享受微信城市服务。未来，互联网+饮食与民生会有更大的发展。

【案例】

"美味不用等"——打造智能餐位管理系统

"互联网+餐饮"还是处在风口上。"美味不用等"2015年11月正式对外宣布获得5亿人民币C轮融资，由大众点评、百度领投，中信资本、正中兴、海润、安持等资本机构跟投，经纬、天图继续追加投资。

作为一款面向消费者及商户的专业智能餐位管理系统，"美味不用等"提供了线上预订、叫号、点餐等多个功能模块，为消费者提供了排队、到号提醒、预先点菜等多种便捷操作，也让餐厅减少了人力成本，简化了预订步骤，实现了排队信息的实时交互。"美味不用等"现在已经覆盖200个城市30000家餐厅，其中包含10000家预订餐厅，约占全国排队等位市场份额的90%以上，每月取号量近千万，每月接待3000万排队人次。有数据表明，在众多连锁企业中，运用"美味不用等"的顾客就餐率比未使用的顾客就餐率高出3~5个百分点。从以上数据可以看出，目前"美味不用等"已经占据了餐饮的重要核心入口和流量入口。未来，"美味不用等"将会继续进行市场开拓，将融资的5亿资金重点用在继续扩大排队领域市场份额、预订业务的持续拓展之上。"美味不用等"联合创始人兼CMO陆瑞豪表示："我们已经占据了排队市场90%的份额，接下来将会进一步扩大预订业务并将之铺设到20万家餐厅里去。我们的目标是与20万家餐厅实现智能预订业务的合作，并对整个互联网开放，致力于打造专业智能餐位管理开放系统。""美味不用等"创始人兼CEO谢新法表示："我国餐饮市场是一个万亿级别的市场，而目前的互联网餐饮竞争更多围绕仅占10%的外卖市场，如饿了么、美团外卖等打得不可开交。但是，90%的餐饮市场都是堂食。"他们将致力于在这90%的市场深耕细作，努力成为中国最专业的智能餐位管理系统。

思考：

未来智能餐饮有怎样的发展趋势，还需要解决哪些问题才能促进智能餐饮的发展？采取怎样的商业模式才能在智能餐饮创业成功？

6. 互联网+旅游

微信可以实现微信购票、景区导览、规划路线等功能。腾讯云可以帮助建设旅游服务云平台和运行监测调度平台。市民在景区门口，不用排队，只要在景区扫一扫微信二维码，即可实现微信支付。购票后，微信将根据市民的购票信息，进行智能线路推送。而且，微信电子二维码门票可以自助扫码过闸机，无须人工检票入园。

7. 互联网+医疗健康

现实生活中存在看病难、看病贵等难题，业内人士认为，移动医疗+互联网有望从根本上改善这一医疗生态。具体来讲，互联网将优化传统的诊疗模式，为患者提供一条龙的健康管理服务。在传统的医患模式中，患者普遍存在事前缺乏预防、事中体验差、事后无服务的现象。而通过互联网医疗，患者有望从移动医疗数据端监测自身健康数据，做好事前防范；在诊疗服务中，依靠移动医疗实现网上挂号、询诊、购买、支付，节约时间和经济成本，提升事中体验；并依靠互联网在事后与医生沟通。百度、阿里、腾讯先后出手互联网医疗产业，形成了巨大的产业布局网，他们利用各自优势，通过不同途径实现着改变传统医疗行业模式的梦想。"健康中国"已经上升为国家战略，现在是推进健康中国建设的关键期，互联网+健康医疗是有力的推进器。有专家表示，医疗健康产业已经成为全球最大的新兴产业之一。但我国与发达国家相比，还处在起步阶段。美国的医疗健康产业占 GDP 的比重已经超过 15%，加拿大、日本等医疗健康产业占 GDP 的比重达到 10%，而我国这一比重还不到 5%。正是看到这一巨大的市场潜力，百度、阿里巴巴、腾讯、豆包网等纷纷进入医疗健康市场，互联网+保险+医疗健康管理深度融合将是市场的大趋势。

百度利用自身搜索霸主身份，推出"健康云"概念，基于百度擅长的云计算和大数据技术，形成"监测、分析、建议"的三层构架，对用户实行数据的存储、分析和计算，为用户提供专业的健康服务。除此之外，百度还利用其超强的搜索技术优势提供一站式医疗服务平台，这其实与新型的智能医疗服务平台——健趣网有异曲同工之妙，所以在智能搜索方面，百度与健趣网有着极大的合作前景与开发领域。

阿里在移动医疗的布局主要是"未来医院"和"医药 O2O"，前者以支付宝为核心优化诊疗服务，后者以药品销售为主，已有多家上市公司与其"联姻"。2014—2015 年，支付宝相继与海虹控股、东华软件、东软集团、卫宁软件签订协议，共同推进"未来医院"，以智能优化诊疗服务流程，并先后在杭州、广州、昆明、中山等地的医院试点。在医药电商方面，2015 年 1 月，阿里健康与白云山达成合作协议，阿里旗下云锋基金 5 亿元参与白云山定增，双方拟共同探索开发药品 O2O 营销模式。并且，"阿里健康云平台——数据服务"平台及相应的医药大数据战略已经发布实施。在大数据技术领域，百度与阿里有着很多交叉领域，为两者在以后的合作留下极大空间。

腾讯以 QQ 和微信两大社交软件为抓手，投入巨资收购丁香园和挂号网，并在第一时间从 QQ 上推出"健康板块"，为微信平台打造互联网医疗服务整合入口，其互联网+医疗发展战略已经一目了然，从资本运作到微信服务，再到智慧医疗，腾讯的用户争夺战始终是它布局互联网+医疗行业的重头戏。2014 年 4 月，九州通携手腾讯开发微信医药 O2O "药急送"功能，随后陆续开通微信订阅号"好药师健康资讯"和微信服务号"好药师"，好药师微信小店开张后 10 天突破 5000 张订单。2013 年中国移动医疗市场规模为 19.8 亿元，同比增长 50.0%，未来将高速发展。

8. 互联网+教育

一所学校、一位老师、一间教室，这是传统教育。一张网、一个移动终端、几百万学生、学校任你挑、老师由你选，这就是"互联网+教育"。在教育领域，面向中小学、大学、职业教育、IT培训等多层次人群开放课程，可以足不出户在家上课。互联网+教育的结果，将会使未来的一切教与学活动都围绕互联网进行，老师在互联网上教，学生在互联网上学，信息在互联网上流动，知识在互联网上成型，线下的活动成为线上活动的补充与拓展。互联网+教育的影响不只是创业者们，还有一些平台能够创造就业的机会，在线教育平台能提供的职业培训就能够让一批人实现职能的培训，而自身创业就能够解决就业。极客学院上线一年多，就用近千门职业技术课程和4000多课时帮助80多万IT从业者用户提高职业技能。慕课将成为互联网+教育的主要模式之一。互联+不会取代传统教育，而且会让传统教育焕发出新的活力。第一代教育以书本为核心，第二代教育以教材为核心，第三代教育以辅导和案例方式出现，如今的第四代教育，才是真正地以学生为核心。中国教育正在迈向4.0时代。

9. 互联网+政务

2014年6月末，国内政务微信公众号大约有6000个。而截至2014年11月27日，有数据统计的全国政务微信公众号为16446个。其中，中央部委及其直属机构政务微信公众号为213个，省(自治区、直辖市)、地市、区县三级地方类政务微信公众号16233个。到2015年2月6日，国家网信办在石家庄举办的政务新媒体建设发展经验交流会上传出消息，政务微博账号达24万个，政务微信账号已逾10万个。政务微信公众号从数量到影响力，已是一支不容忽视的传播力量。一些地方政府已经悄然开始与互联网巨头的合作，试图通过互联网提升政府效率，增加行政透明度，助力向服务型政府转型。腾讯先后宣布与河南省、重庆市和上海市政府合作打造"智慧城市"，其中一项重要内容就是将交通、医疗、社保等一系列政府服务接入微信，把原来需要东奔西走排大队办理的业务通过手机完成，节省时间，提高效率。

阿里巴巴和其新近成立的蚂蚁金服也已开始同地方政府接洽，计划将上述政务服务接入支付宝和新浪微博移动客户端。浙江省政府也计划在未来允许支付宝承接省内非税类收费业务。接入阿里巴巴支付宝移动客户端的政务服务体系已在上海、杭州、广州、厦门等东部沿海城市及山西全省上线。

包括阿里巴巴和腾讯在内的中国互联网公司通过自有的云计算服务正在为地方政府搭建政务数据的后台，将原本留存在政府各个部门互不连通的数据归集在一张网络上，形成了统一的数据池，实现了对政务数据的统一管理。

10. 互联网+品牌

近几年，互联网思维、颠覆式创新、互动营销、微营销、跨界营销、大数据营销、社会化营销、跨屏传播等新鲜名头一大堆。中国声浪传播学创始人《声浪传播：互联网+品牌新思维》作者李泊霆结合自己多年的实践与调研经历，从全新的视角与思维方式，重新诠释了互联网+时代下的品牌构建与打造。声浪传播理论极力构建品牌发展的全知视角，并由原点区、发声区、回声区、无声区及无声崇拜5部分组成，它们各自成环，同时又如奥运五环一样环环相扣，形成品牌传播的全新体系。原点区：做品牌就像用圆规画圆，有了明确而又坚定有力的原点，才能画得好。如果原点没选对或不坚定，那画出来的圆就永远都无法圆满。发声区：没有声音，就没有市场。品牌与消费者的关系，如同你在山谷里叫，如果太小声，可能山也不会理睬你。回声区：品牌就是个有个性的人,除了生理特征,更要有精神特征,声音是可以听见的,声浪却是无形的,用无形包装有形成为占据人心的重要手段。无声区:宁静而致远,不是完全没有声音,而是主动调低音量;于无声处反思内在,倾听内心,在醒觉中夯实原点,谋定新图景。无声崇拜:大音希声,不可说的才最具魅力。一切品牌"名望"的产生,都源于消费者的内心。消费者内心的活动,是外力影响的结果。消费者的内心受到各种外力的影响而产生情绪,产生交流分享的意愿,从而会通过各种声音表达出来。这些不同的声音相互叠加交错,形成声浪,成就了品牌的"名";在声浪中赋予积极的品牌内涵,使其和谐一致,塑造了品牌的"望"。声浪是品牌名望的载体,也是品牌名望的基石。声浪传播的精髓是要倾听消费者的声音,然后消费者才能听到你的声音;学会思考,发出文化之声、生命之声;要在互联网发声,联系群众一起发声,制造声量;借力高端人群发声,制造回声;让朋友一起发声,营造口碑。最后,就可以"润物细无声",用一种精神,让消费者发出共鸣之声;用一种力量,让品牌、消费者和社会共奏天籁之声。

三、互联网+农业

农业看起来离互联网最远,但"互联网+农业"的潜力却是巨大的。农业是中国最传统的基础产业,急需用数字技术提升农业生产效率,通过信息技术对地块的土壤、肥力、气候等进行大数据分析,然后据此提供种植、施肥相关的解决方案,大大提升农业生产效率。此外,农业信息的互联网化将有助于需求市场的对接,互联网时代的新农民不仅可以利用互联网获取先进的技术信息,还可以通过大数据掌握最新的农产品价格走势,从而决定农业生产重点。与此同时,农业电商将推动农业现代化进程,通过互联网交易平台减少农产品买卖中间环节,增加农民收益。面对万亿元以上的农资市场及近七亿的农村用户人口,农业电商面临巨大的市场空间。随着乡村振兴战略的实施,互联网+农业会有更大的发展。

第三节 互联网+的发展趋势

目前,我国把互联网+大众创业、万众创新作为推动新经济增长的助推器、新引擎。中国正迎来以"互联网+"带动的创业创新浪潮,"互联网+创业创新"正汇聚起经济社会发展新动能,把"互联网+"作为推进大众创业、万众创新的重要抓手。互联网+创业创新必将成为推动中国经济社会发展的重要物质力量。未来,中国互联网+的发展趋势可以概括为以下几点。

(1)"互联网+大众创业、万众创新"。这是一种新的经济增长形态,以人民大众为主体,即充分发挥互联网在生产要素配置中的优化和集成作用,将互联网的创新成果深度融合于经济社会各领域之中,提升实体经济的创新力和生产力,形成更广泛的以互联网为基础设施和实现工具的经济发展模式。从现状来看,"互联网+"尚处于初级发展阶段,各领域对"互联网+"还在做论证与探索,借助 B2B、B2C 等电商平台来实现网络营销渠道的扩建,增强线上推广与宣传力度,逐步尝试网络营销带来的便利。创业与互联网相结合的项目越来越多,"互联网+"正在促进更多互联网创业项目的诞生,从而无须再耗费人力、物力及财力去研究与实施行业转型。"互联网+"的发展趋势则是大量"互联网+"模式的爆发,以及传统企业的"破与立"。新创企业是"互联网+"热潮的追随者,积极引进"互联网+"技术,与各大互联网企业建立长期的资讯、帮扶、人才交流等关系,让互联网企业与传统企业相互交流,加快推动"互联网+"发展。2015 年 1 月,国家已设立 400 亿元新兴产业创业投资引导基金。未来要整合筹措更多资金,为创业创新加油助力。

(2) "互联网+"各类服务商崛起。"互联网+"的兴起会促进不同类型的第三方服务企业,即"互联网+"服务商。他们本身不会从事互联网+传统企业的生产、制造及运营工作,但是会帮助线上及线下双方协作,从事双方的对接工作,盈利方式则是双方对接成功后的服务费用及各种增值服务费用。这些增值服务包罗万象,包括培训、招聘、资源寻找、方案设计、设备引进、车间改造等。第三方服务涉及的领域有大数据、云系统、电商平台、O2O服务商、CRM等软件服务商、智能设备商、机器人、3D打印等。

(3) "互联网+"各类不同职业培训兴起。随着"互联网+"的兴起,政府和企业都需要更多"互联网+"职业人才,这将引发"互联网+"的培训及特训职业线上线下教育的爆发。在线职业教育将占据较大市场份额。"互联网+"职业教育的培训内容丰富多样,可以具体细分至每个岗位的工作。"互联网+"职业培训主要面向在职员工和新入职人员。

(4) 互联网+产业转型升级。"互联网+"不仅正在全面应用到第三产业,形成了诸如互联网金融、互联网交通、互联网医疗、互联网教育等新业态,而且正在向第一产业和第二产业渗透。国家提出的"互联网+"行动计划将促进产业升级,创造出新兴产业,促进实体经济持续发展。比如,互联网+金融创造出包括移动支付、第三方支付、众筹等模式的互联网金融,使用户可以在足不出户的情况下满足金融需求。"互联网+"行动计划可以促进传统产业变革。"互联网+"令现代制造业管理更加柔性化,更加精细制造,更能满足市场需求。互联网与商务相结合,利用互联网平台的长尾效应,在满足个性化需求的同时创造出了规模经济效益。"互联网+"行动计划将重点促进以云计算、物联网、大数据为代表的新一代信息技术与现代制造业、生产性服务业等的融合创新,发展壮大新兴业态,打造新的产业增长点,为大众创业、万众创新提供环境,为产业智能化提供支撑,增强新的经济发展动力,促进国民经济提质增效升级。与此同时,消费者需求更加个性化、人性化,开发定制化、智能化产品和服务成为企业新的盈利增长点。

(5) 推进农村经济互联网化。互联网在我国经过长期的发展,出现了一批体量较大的公司,如阿里巴巴、腾讯、百度等。在激烈的竞争下,越来越多的行业性乃至综合性较大规模的公司开始谋求多元发展,并且将目光投向更具增长潜力的农村市场,由城市为点向周边城镇乡村辐射,或推动农村电商、金融等行业的互联化。

(6) 跨界融合开放生态系统。跨界合作、开拓市场及构建新生态成为新的潮流,越来越多的互联网企业和传统企业展开合作。互联网与互联网企业间的跨界合作更加常见,在互联网金融领域尤其明显。构建完善、强大的生态体系,成为各企业的长远战略。不论是京东、小米、海尔,还是苹果、亚马逊等,都不遗余力地构建多元的生态系统,以开放、包容的态度创新,创造更具价值和影响力的体系。

(7) 中国将引领世界互联网+的发展。互联网创新浪潮席卷全球,中国、印度等新兴国家市场在国际市场上的影响力越来越大。经济新常态下,中国大众创业创新氛围引起了世界的关注,在科技、零售、金融、投资、工业、制造业等领域的创新推动了中国的可持续发展。中国作为世界第二大经济体在国际经济政治中起到越来越重要的作用。在工业4.0来临之际,中国将引领世界互联网+发展。在这一历史机遇中,中国企业将有一系列特殊战略机会,为世界经济发展做出更大的贡献。"互联网+"能创造出无穷无尽的创新创业新成果,是未来中国经济发展的最重要引擎,"互联网+"是一个重要发展趋势。

思考：

试概括互联网+创业的发展趋势？你做好互联网+创业的准备了吗？你还需要在哪些方面进行创业准备？

【案例】

刘强东：打造走向世界的强大京东

京东，中国最大的互联网+企业之一，拥有庞大的仓储设施，其规模在全国电商行业中处于领先地位。截至2015年6月30日，京东在全国范围内拥有7大物流中心，在44座城市运营了166个大型仓库，在国内拥有4142个配送站和自提点。

2003年，京东创始人刘强东关掉生意不错的12个光磁产品销售柜台，投入到当时并不被看好的电商大潮中，这个决定起初并未获得很多人的支持。但京东发展速度很快，引领网络零售业，2011年刘强东获得CCTV中国经济年度人物奖，给他的颁奖词是："国家资本的青睐，铸就200%的增长奇迹，这个霸气造局者驾驶着高速电商'战斗机'，扎进零售业变革大潮，深耕物流，布局产业，京东新模式冲刺网上沃尔玛。"

这些年来，京东以令人惊诧的速度，发展成为中国互联网界巨头之一，这辆高速行驶的列车，从中国一路高歌开向国际。2015年9月23日，在美国西雅图召开的第八届中美互联网论坛上，代表中国互联网企业致开幕词的刘强东表示，伴随着"互联网+"大潮的汹涌而来，中国互联网经济将踏上新的征程，京东的未来也将更加值得期待。

自诞生以来，京东一直有一个梦想，那就是不仅要做中国最成功的国民企业，还要进入全球伟大企业的行列。"未来中国一定会出现全球最大的零售企业。"刘强东说。朝着这个目标，京东砥砺前行。

1. **持续提升用户体验，让用户爱上京东**

京东从一开始就与众不同。1998年，刘强东在中关村起步时就干了一件不一般的事，那就是坚决不卖假货和水货。坚守这份底线，3年后，京东的柜台成了中国最大的光磁产品代理商，营业额突破6000万元，在用户里也是有口皆碑。但一场"非典"，让车水马龙的中关村门可罗雀。面临突如其来的变化，刘强东决定关闭所有线下店面和柜台，通过互联网销售产品。这个果断的抉择，成就了今天的京东。如今的京东发展顺利，2014年交易总额达到2602亿元，每个月中国消费者在京东上的下单量超过1亿。中国消费者网购需求快速增长甚至超越"国界"的同时，也面临着商品品质的烦恼。努力实现中国网民足不出户、网购全球，又能充分保障产品品质，是京东围绕着用户体验的又一重磅战略和举措。

首先，京东和众多国内外品牌合作，如丝芙兰、联合利华等国际大品牌入驻京东，这从源头确保了京东产品品质的可靠性。其次，京东实行营销质控部总体把控，各业务部门质控部具体负责，客服、售后、研发等部门协助配合的管理模式，采用多元化的质控手段，实现入驻筛选、品质监控、仓储配送、售后服务的多渠道监控全覆盖。京东是一家在用户体验上丝毫没有让步的企业。在京东内部会议上，被强调最多的就是，京东要创造最好的用户体验，在产品、价格和服务3方面力争达到最优，无论是物流、供应链等体系的建设，还是产品直采和运营创新，目的都是花最低的成本，以最快的速度、最高的效率，将优质、正品的商品送达用户手中。这看起来简单，却是京东模式的核心竞争力。

提及京东，很多人都会有一个印象——正品行货，在京东上买东西放心，而且物流快、服务好。

拿物流环节来说，当年刘强东决定要自建仓配一体的物流体系时，很多人不看好，认为京东要养活庞大的配送队伍，可能会"死"在资金链断裂上，连京东的投资人、员工也在心里打鼓。但现在，这种"重模式"非但没有拖垮京东，反而成为京东独一无二的核心竞争力，成为京东的"护城河"，其他竞争对手再想超越已经很难。回头再看，京东当初的战略性决策充满智慧。

2007年左右，中国的第三方物流配送服务非常落后，配送周期至少都在3～4天，像2小时送达、限时达、次日达这些如今在京东已经非常普遍的服务标准，在当时无法做到。刘强东敏锐地发现了这一点，并认为这是影响电商用户体验的最大障碍，而自建是唯一能够达到理想标准的方式。"我们过去第一个十年做了很多傻活、笨活、累活、难活、重活，受到无数人的耻笑，别人都看不到，别人不愿意做。当他们有一天明白过来的时候再想来做，根本达不到我们的高度。"按京东的商业逻辑，任何产品和服务，都要创造独特价值，或超越已有价值，解决小到用户问题、大到社会痛点，这样的商业模式才能成功。这些年来，京东一直在变，但为消费者提供卓越的用户体验这一点始终没变过。它已经成为京东数万员工的习惯，"对伤害用户体验的行为绝对是零容忍，绝对不能逾越的。"刘强东说。

2. 诚信是京东的立足之本，是走向世界之基

除了用户体验，京东对诚信的追求已经到了"洁癖"的地步。有京东内部员工说，京东对诚信的坚持到了"轴"的程度，如主动给用户开发票。网购不开发票是很多电商的做法，也很少有消费者讨要发票，但京东从创业一开始就自觉地为每件售出的商品提供正规发票，让消费者买得踏实、买得放心。"靠正规手段、干干净净地获得成功"是刘强东常挂在嘴边并引以为傲的一件事。选择京东，就是选择诚信。京东始终保持对假货的"零容忍"态度，无论自营还是第三方商家的商品都严格管控商品质量。自营模式下，京东选择跟有信誉的大品牌合作，商品从品牌商直接进入京东库房，从源头就保证了商品质量，而对第三方商家，京东始终秉持"宁缺毋滥"的原则，严选商家入驻，目前平台上只有十万家左右的商家，对商家售假采取高额罚款政策。京东多次表示，京东会把售假的卖家名单、地址提供给市场监督管理部门，希望相关执法部门严格查处，让相关企业不敢犯规、不想违规，真正保护消费者权益。

京东诚信经营的理念和行动不仅赢得了中国消费者的认可，还为其走向国际、发展跨境电商、成为世界级品牌打下了坚实的基础。刘强东认为，一个全球知名的品牌，一定是不含任何杂质的，诚信是彼此合作的基础。京东在跨境电商业务上相继与法国、日本、韩国、澳洲、美洲等国家和地区开展合作，吸引众多海外知名品牌入驻。诚信，成为京东向世界展示的一张最美名片。

3. 成为一个全球化的伟大企业，必须坚持创新发展

了解京东的人都知道，京东的血液里始终流淌着一股正能量，不投机取巧，有坚定的信念，勇敢、睿智又敢想敢拼。京东70%以上的员工来自农村，都是普通人，从基层做起，靠辛勤的汗水，靠每天为顾客着想，以用心的态度去拼搏从而做到了今天。给普通人实现自我、收获成功的机会，是京东向社会传递的一种正能量。正因此，京东才具备了"撼动"全球的能力。虽然京东在中国已经是一个举足轻重的企业，也是电商行业里的重要人物，但京东一直有更大的梦想。现在，京东距离梦想更近了一步。在国际化上的道路上，刘强东冲在海外一线，相继签下了法国、日本、韩国等多个国家馆的合作，受到了韩国乐天、澳大利亚澳佳宝、桑格等知名品牌的认可，还在海外建立仓储、物流配送等合作，构建了一张覆盖中国广袤土地及海外数十个国家的零售及物流配送网络，把源自全球的优秀商品引进来，让中国消费者方便、放心、便宜地买到全球各地的特色商品。

第八届中美互联网论坛上,刘强东表达了3个观点:一是中美互联网向来紧密相连,互为依存;二是中国互联网在借鉴与发展中进行了大量的创新,为世界互联网创造了巨大价值;三是在中美两国政府的支持下,中美互联网行业应加强交流和合作。这给京东国际化指出了更加明确的方向。"我一直坚持认为一个国家,一个民族,真正能引以为豪的一定是来自商业上的成功、文化上的成功、制度上的成功,而我们作为商业的一分子,我们应该充满着勇气,满怀着梦想,坚定地走出去。同时推动中国经济摆脱传统的制造,向价值更高的品牌端、末端的零售端发力。"刘强东说,"京东还有一个更大的梦想。京东希望能够参与到更多国际经济贸易对话中,协同更多的中国优秀品牌,一起走向更加宽阔的世界市场大舞台。创新始终是京东做大做强走向世界的不二法则。"

2021年京东营业收入高达9516亿元,比2020年收入净增加2000亿元,再创历史新高。

思考:

在京东网站查阅京东发展历程,你怎样认识和评价京东互联网+的发展,这给你哪些经验和启示?谈谈你的看法。未来京东要有更好的发展,还需要做哪些工作?给出你的建议。

第四节 O2O模式

【案例导入】

应用O2O模式改变殡葬业

2012年年底,王丹辞去了原拉手网公关总监的职务,和从医药电商管理层辞职的徐毅一道,开始以O2O的模式做殡葬业。两人在北京积水潭医院南门旁边、北京东郊殡仪馆和丰台区开了3家门店。以位于积水潭医院的旗舰店为例,蓝色和白色交织的店面风格、明亮清爽的环境,以及远远低于市场的价格和丰富的服务,使其在周围众多传统寿衣店中独树一帜。2013年7月,他们两人获得真格基金徐小平的天使投资,真格基金联合创始人王强还给他们起了个名字——彼岸。据两位创始人透露,彼岸公司已经步入正轨,准备进行下一轮投资,并向全球招募人才。

1. 用互联网+改造殡葬业

在这个互联网改造一切的时代,殡葬业到目前为止还鲜有人涉足,不仅因为其改造难度高,而且因为大众天生忌讳进入这个行业。徐毅说:"常常有人问我这个行业的门槛是什么?我说,这个行业本身就是个门槛。"和在其他行业创业不同,这个行业让人望而却步。即便现在王丹创业多时,家里人最好的态度也只是不闻不问,更别提之前长达一个月的争吵。朋友们知道两人开始做这个就"不能在一起愉快地玩耍了",尤其是得知两人开始亲自上阵为过世者净身时,不少朋友更是想要把他们拉入黑名单。甚至有些记者来采访时,都提出能不能在店面外找个地方采访,不愿意在店内过多停留。两个人对这个行业倒是很乐观,没有考虑太多就决定着手做。他们说,自己是"无神论"者,并不害怕这个。王丹说,中国人的殡葬文化现在已经成了清明节去祭奠而已,人不能为了活着而活着,他们想要真正做一些"留住"和纪念往生者的事。最主要的是,他们发现了中国殡葬业市场的混乱和空白。

王丹一次因为处理家里人的丧事时发现,医院护工竟然为了抢生意打起架来。因为寿衣店是和护工有合作的,一般人遇到亲人突然过世时都非常被动,护工会给他们推荐寿衣店,这样护工可以拿提成。除此之外,这个行业的产品也非常落后,以寿衣为例,款式还很古老,殡葬业也没有什么品牌，顾客的选择只有医院附近狭小的寿衣店。前期调研时，他们跑遍了北京市62家三甲医院，全北京大概1500家寿衣店，他们走了一半以上。有一次，他们蹲点观察一家寿衣店的客流，发现一整天都无人问津，可是第二天货架却空了，原来寿衣店是通过护工销售产品的。他们最初的设想是，按照"透明化"的思路只做纯线上的电商网站，加入支付、点评、购物车等设计。但实际考察之后发现这样不行，这个行业太特殊，必须要开实体店，几乎所有人都要到店里亲自看一看。所以，当他们掌握整个行业的基础数据，真正接触顾客了解他们的需求后，两人决定实体店和网络一起做。

2. 线上+线下整合殡葬行业

2013年3月10日，彼岸的第一家实体店开业，4月10日网站上线。彼岸的第一招是明码标价，放弃灰色收入，让价格回归正常。在传统的寿衣店里，店主会询问进门的顾客大概需要多少价位的产品，无论顾客说3000元还是1万元，老板推荐的可能都是同一款骨灰盒。实际上，这款骨灰盒的成本可能非常低。加上如果是护工介绍来的，还要给护工最多达50%的提成，这无形中提高了价格。彼岸直接和厂商联系进货，去掉中间环节。同款的骨灰盒，彼岸售价5400元，但当徐毅装成顾客去另外一家店询价的时候，老板咬牙跺脚才答应3万元卖出。

在整个殡葬行业中，殡仪馆是国家控制的，墓地的市场已经很成熟。对于王丹和徐毅来说，他们只能在前端为逝者及其家属提供商品与服务，他们决心要整合产业链，提供更丰富的服务。在彼岸目前的产品上，除了寿衣、骨灰盒、净身穿衣、灵车、火化安排、殡仪馆联系等传统殡葬一条龙服务，他们还提供回忆录、心理干预、生命钻石、太空葬礼(美国提供此服务的公司在中国唯一的代理商)、个人油画画像、人物雕塑等一系列个性化定制服务。其中，最让徐毅有成就感的是心理干预服务。一次，一个读初三的女孩在中考前其父亲因意外身故，整个人崩溃了，于是女孩家长找到彼岸。彼岸合作的心理咨询师给这个女孩上了6节课，花费了大概一个月的时间，最后小姑娘的中考成绩排第三。"这是救命的事儿，而国内提供此类服务的非常少。"徐毅说。

在采访中，中国青年报记者发现徐毅很少提及"死"这个词，都是用"往生"代替。这不仅是徐毅自己的要求，也是徐毅对员工的要求。在一般的寿衣店里，顾客在要求打折时，店主往往以一句"孝心能打折吗"噎住顾客，在徐毅看来这就是要挟。顾客遭遇亲人身故时，十分脆弱和无助，尤其需要为他们考虑的殡葬服务，有不少顾客在办完丧事后抱着徐毅大哭，从陌生人成为值得信赖的朋友。

3. 改变殡葬观念做第一品牌

王丹和徐毅第一次向徐小平介绍自己的产品时，仅用了一个半小时，徐小平就决定向他们投资。事实上，这段时间内两人只讲了十几分钟，多数时间都在听徐小平对他们进入殡葬行业的建议，似乎他早就在等待这两位勇敢的尝试者。徐小平说，彼岸要通过极致的关怀和关怀的极致，在黑暗的地方点亮一盏灯，要像新东方一样，在一代人的脑海里留下集体记忆。王强给出了更直接的建议，改掉了两人之前非常传统的名称"孝贤堂"，给他们起名"彼岸"，并设计了莲花的图案。彼岸步入正轨后，两人发现80%的顾客都是通过网上了解后找来的，大部分人知识水平比较高，对于新鲜事物接受程度比较高。他们目前服务的是80后、90后的父母，终极顾客是70后、80后人群，因为这些人有在互联网消费的习惯，并认同彼岸提供的高端、细致的服务。王丹他们希望能做成中国殡葬行业的第一个品牌，计划将来能生产自有品牌的产品。他们并不打算开很多实体店，只要覆盖面足够即可，他们把重心放在口碑培养上。

为了改变这一代人的观念，彼岸还专门设置新媒体岗位，在网络上运营微博账号，引导网友对一些有关死亡的新闻进行讨论，改变他们"死亡这件事不能说"的观念。伴随着彼岸的知名度越来越高，全国各地从事殡葬业和有志从事此行业的人一批接一批来到彼岸考察，两位创始人也接到了同行业者不同方式的抗议。徐毅说："我们不是要革谁的命，而是希望每个人都死得起。"改变正在发生。刚开始招人时，不少应聘者到了门口发现是殡葬业就跑掉了。现在，公司招聘的新员工都是具有硕士学位的，这些90后员工往往给两位创始人一些新的启迪。例如，在微博账号的开篇文章中，一名90后员工以一只猫的死亡为题，获得了迄今为止最高的阅读量。在两位创始人的朋友圈里，之前敬而远之的朋友们也渐渐认可了两人所做的事，主动提出要帮助他们做些什么。在有人问王丹从事什么行业时，他会介绍自己是做旅游的，是"人生最后旅程的规划师"。

思考：
O2O模式的优势在哪里，还有哪些不足？O2O模式与传统营销有哪些区别？应用O2O模式需要注意哪些问题？

一、O2O 模式概述

1. O2O 概念与 5 大要素

1) O2O 的概念

O2O这个概念是2010年由Alex Rampell提出来的，英文为online to offline，即将线下商务的机会与互联网结合在一起，让互联网成为线下交易的前台。这样线下服务就可以用线上来揽客，消费者可以用线上来筛选服务，成交可以在线结算，很快达到规模。该模式最重要的特点是：推广效果可查，每笔交易可跟踪。国内有影响的网络公司有58同城、拉手团购等，都是O2O模式的先驱。

2) O2O 的 5 大要素

O2O电子商务模式需具备5大要素：独立网上商城；国家级权威行业可信网站认证；在线网络广告营销推广；全面社交媒体与客户在线互动；线上线下一体化的会员营销系统。

2. O2O 产生与发展

随着互联网的快速发展，电子商务模式除了原有的B2B、B2C、C2C商业模式，还有一种新型的消费模式——O2O，其已快速在市场上发展起来。为什么这种模式能够悄然兴起呢？在B2B、B2C商业模式下，买家在线拍下商品，卖家打包商品，找物流企业把订单发出，由物流快递人员把商品派送到买家手上，完成整个交易过程。这种消费模式已得到消费者的普遍接受，且有很大的发展空间。在新模式的推动和资本的催化下，出现了O2O的狂欢热潮，于是上门按摩、上门送餐、上门生鲜、上门化妆、滴滴打车等各种O2O模式开始层出不穷，2013年6月8日，苏宁线上线下同价，揭开了O2O模式的序幕。实现O2O营销模式的核心是在线支付。对于本地商家来说，O2O模式要求消费者网站支付，支付信息会成为商家了解消费者购物信息的渠道，方便商家对消费者购买数据的搜集，进而达成精准营销的目的，更好地维护并拓展客户。通过线上资源增加的顾客并不会给商家带来太多的成本，反而会带来更多利润。此外，O2O模式在一定程度上降低了商家对店铺地理位置的依赖，减少了租金方面的支出。O2O模式在餐饮业、服务业、团购等方面得到了广泛的应用，正逐步向房产、汽车、家具、橱柜、配镜等非标准、高单价商品上扩散，并取得了不错的成绩。

目前，国内三大互联网企业积极进入O2O发展模式。从2015年下半年开始，百度便加大将核心流量资源导向O2O的力度，李彦宏更是拿出200亿用来支持旗下百度糯米的发展，并从公司战略上全民开启O2O扶持计划。首先，在入口方面，截至2015年第三季度的数据显示，百度以81.1%的份额在搜索市场保持绝对优势，移动市场的营收也早已超过PC端。同时，百度手机助手的市场份额连续9个月领跑，从流量入口变成超级入口。除此之外，手机百度、百度地图等也已成为超级App。而对于入口的下一步，百度选择了场景：一是加强搜索的服务场景(例如，用户搜索一部电影之后，之前的搜索只是为其展示信息内容，而百度目前做的是通过糯米、支付、地图等满足用户在线购票选座，并乘坐交通工具前往影院的所有场景)；二是提升主流App的场景服务能力，百度地图被视为O2O的重要入口之一，并相继提供了地图+出行、餐饮、酒店、门票、电影等各类生活服务，糯米和百度外卖也正从单一的餐饮扩展到更多的服务场景，目前已经在医疗、上门服务等领域有所动作；三是支付的引流和营销，百度钱包的定位已经从支付工具变成联合所有商户的超级钱包，借助"源泉商业平台"等起到导流、用户管理的综合平台作用。而在生态和开放上，除了借助自家的核心产品如外卖、团购、电影票业务作为O2O的常态化业务，百度还一方面利用"索引真实世界，连接3600行"等战略来扩大生态的服务范围，另一方面则借助"航母计划"对投资者开放百度优质资产的项目，包括百度糯米、91桌面、作业帮、百度音乐等先后牵手投资者。

阿里是BAT三方中与O2O联系最为紧密的一家巨头，但由于其布局漫长战线，在上市后巩固自身基础的工作，需要给其一定时间。虽然阿里目前与各地政府展开智慧化合作，大有占领线下战场之势，但由于阿里流量整体依旧还未摆脱"电商交易"的属性，其在社交和搜索流量上的突破进度，也让阿里的O2O大战劣势凸显出来。第一，平台一直未能完美解决"假货"问题，这给其用户维护和用户转化都带来了一定压力；第二，阿里一直有个社交梦，但经历数次大的尝试之后，如今社交领域依旧还是微信、微博、手机QQ的天下，这让阿里想要通过社交获得新的流量突破点的美梦只能继续暂缓；第三，2015年阿里在O2O领域的大动作便是重启口碑网，虽然这一举措给其投资的O2O小巨头美团带来一定压力，但随着美团与点评的合并，美团反而成为阿里在战略投资饿了么过程中的重要阻力。

腾讯在PC时代尝试过从流量到电商的转化，效果并不理想，投资C2C电商的拍拍网、投资3.3亿元的高朋网、花费2亿收购的易迅等最终都惨败。这些失败的教训也让腾讯彻底放弃自建服务的想法，进而选择与第三方合作，通过入股京东、大众点评等来完成。目前，腾讯的O2O模式还在探索过程中。

3. O2O模式特点

O2O模式有3个特点：一是交易是在线上进行的；二是消费服务是在线下进行；三是营销效果是可监测的。O2O营销可以达到"三赢"。

对用户而言，有如下好处：①获取更丰富、全面的商家及其服务的内容信息；②更加便捷地向商家在线咨询并进行预售；③获得相比线下直接消费较为便宜的价格。

对商家而言，有如下好处：①能够获得更多的宣传、展示机会，吸引更多新客户到店消费；②推广效果可查，每笔交易可跟踪；③掌握用户数据，大大提升对老客户的维护与营销效果；④通过用户的沟通、释疑，更好地了解用户心理；⑤通过在线有效预订等方式合理安排经营、节约成本；⑥对拉动新品、新店的消费更加快捷；⑦降低线下实体对黄金地段旺铺的依赖，大大减少租金支出。

对平台而言，有如下好处：①与用户日常生活息息相关，并能给用户带来便捷、优惠、消费保障等，能吸引大量高黏性用户；②对商家有强大的推广作用及可衡量的推广效果，可吸引大量线下生活服务商家加入；③数倍于C2C、B2C的现金流；④巨大的广告收入空间及形成规模后可产生更多的盈利模式。

二、O2O模式的优势与劣势

1. O2O模式的优势

O2O的优势在于把线上和线下的优势完美结合。通过网购导购机，把互联网与地面店完美对接，实现互联网落地。让消费者在享受线上优惠价格的同时，还可享受线下贴身的服务。同时，O2O模式还可实现不同商家的联盟。

(1) O2O模式充分利用了互联网跨地域、无边界、海量信息、海量用户的优势，同时充分挖掘线下资源，进而促成线上用户与线下商品与服务的交易，团购就是O2O的典型代表。

(2) O2O模式可以对商家的营销效果进行直观的统计和追踪评估，规避了传统营销模式推广效果的不可预测性，O2O将线上订单和线下消费结合，所有的消费行为均可以准确统计，进而吸引更多的商家进来，为消费者提供更多优质的产品和服务。

(3) O2O在服务业中具有优势，价格便宜，购买方便，且折扣信息等及时告知消费者。

(4) 将拓宽电子商务的发展方向，由规模化走向多元化。

(5) O2O模式打通了线上线下的信息和体验环节，让线下消费者避免了因信息不对称而遭受的"价格蒙蔽"，同时实现线上消费者"售前体验"。

(6) O2O模式让线上的流量充分得到利用，从而提高转化，与客户建立信任等。

2. O2O的劣势

O2O模式在实际运作中，还有一些特殊的问题。比如，对于O2O来说，先付钱才能消费，加大了维权的难度。O2O线上如果出现第三方难以控制线下服务质量的情况，将来一旦出现纠纷如何协调，对各方都是考验。对于价格来说，线下价格如果与线上价格相同，顾客会想，我为什么不直接到店里，看了货才决定交不交钱、买不买货；如果线下价格与线上价格不一致，店家会权衡到底是线下的顾客流量大，还是线上的顾客流量大，以决定得罪谁、吸引谁。这给销售带来一定的不确定性。

三、O2O模式消费流程

在O2O平台商业模式中，整个消费过程由线上和线下两部分构成。线上平台为消费者提供消费指南、优惠信息、便利服务(预订、在线支付、地图等)和分享平台，而线下商户则专注于提供服务。在O2O模式中，消费者的消费流程可以分解为以下5个阶段。

第一阶段：引流。线上平台作为线下消费决策的入口，可以汇聚大量有消费需求的消费者，或者引发消费者的线下消费需求。常见的O2O平台引流入口包括：消费点评类网站，如大众点评；电子地图，如百度地图、高德地图；社交类网站或应用，如微信、人人网。

第二阶段：转化。线上平台向消费者提供商铺的详细信息、优惠(如团购、优惠券)、便利服务，方便消费者搜索、对比商铺，并最终帮助消费者选择线下商户、完成消费决策。

第三阶段：消费。消费者利用线上获得的信息到线下商户接受服务、完成消费。

第四阶段：反馈。消费者将自己的消费体验反馈到线上平台，有助于其他消费者做出消费决策。线上平台通过梳理和分析消费者的反馈，形成更加完整的本地商铺信息库，可以吸引更多的消费者使用在线平台。

第五阶段：存留。线上平台为消费者和本地商户建立沟通渠道，可以帮助本地商户维护消费者关系，使消费者重复消费，成为商家的回头客。

【案例】

大学生琚翠薇：打造中国 O2O 模式首家艺术品拍卖上市公司

知名作家苏苓 1 月 14 日在微博上这样写道："这是一个真实的故事，她的名字叫琚翠薇，17 岁创业到 26 岁企业上市，经营着一家估值过亿的上市公司。同时，创业不忘公益，她为孤寡老人购买百万保单，3 年捐建两所学校……"于是，年仅 26 岁的琚翠薇在网络上火了一把。被封为"创业女神""收藏女神"的她，是珠海市翠薇阁陶瓷有限公司、翠薇阁艺术馆创始人、董事长，前不久，她设计的翡翠作品被拍出千万高价，在业内引起轰动。对于琚翠薇来说，翠薇阁的创业过程就像毛竹的生长过程，毛竹种植后的 5 年都在地下不断扎根，表面不怎么生长，从第 6 年开始飞速生长，最后大约可长到 30 米高，是中国最高的竹子。翠薇阁前期也是在不断地积累，打好坚实的基础，随后是努力向上攀爬，才有了今天的成就。

1. 两年修完大学课程南下创业

2009 年 12 月，庆祝澳门地区回归 10 周年，琚翠薇争取到一个订单，要制作一幅 5 米长的大型陶瓷壁画，她说："接到任务时，已经入冬了。做瓷器需要用到水性颜料和油性颜料，由于天寒地冻，很不容易干，而且壁画尺寸很长，难度很大。"琚翠薇联合多名艺术家日夜潜心制作，出色地完成了大型陶瓷壁画《长城雄风图》，获得驻澳部队赠予的"德艺双馨"锦旗。这一年，琚翠薇年仅 20 岁，翠薇阁才创立两年多。细细追溯琚翠薇的成长历程，会发现她能在如此年轻时就获得这份殊荣是不无道理的。琚翠薇 1989 年生于江西景德镇陶瓷世家，家中做陶瓷和红木工艺品生意。从小，她与陶瓷为伴，耳濡目染，培养出独特的艺术天赋，大学时，她选择了陶瓷美术设计专业。仅用两年，琚翠薇不仅提前修完大学 4 年的所有课程，还通过在学校做生意攒下了"第一桶金"。"作为女生，我很希望宿舍有一面全身镜，但当时女生宿舍基本没有全身镜。发现这个需求后，我就把所有女生宿舍的订单都做了下来。" 2007 年，还在上大三的她尚不足 18 岁，就只身一人南下到广东珠海创立翠薇阁陶瓷店。她说："我父母都乐于将对艺术品的了解传达出去，我也想跟大家分享美好的事物。所以，经商创业是自然而然的事，而且大隐隐于市，工作中的收获非常宝贵。"创业落到实处时，琚翠薇切身体会到创业的艰辛，她说："当时社会上还少有大学生创业，我年纪小且又是异地人，在当地没有亲朋好友扶持。即便客户看到瓷器很漂亮，也不会买。他们非常不信任我，觉得我的店会在某个时候就倒闭，等倒闭的时候再过来买，到时或许还能捡漏。"国内文玩收藏市场小众且专业，行业发展受到信息不对称等因素的制约。琚翠薇意识到，虽然卖家掌握了各种产品信息，但买家基本是业余水平，如果长期如此，行业的"蛋糕"是没法做大的。于是，琚翠薇逆向思考，唯有客户真正懂得艺术品的价值，他们才会相信我的专业水平。一直以来，只要有客户到翠薇阁，琚翠薇总是热情地教客户怎么品鉴，就这样逐渐形成了一批铁杆的客户群体，"现在所建立的客户，都是我凭着真枪实弹，耐心讲解而结交到的善缘。"琚翠薇说，"传统的艺术品行业基本是以讹传讹，能不说真话就不说，但是翠薇阁的模式就是打破传统的桎梏，主动公开信息，教别人鉴定真假。"

2. 用 O2O 模式诠释艺术之美

2010 年 12 月,名气逐渐扩大之际,翠薇阁陶瓷店正式更名为"翠薇阁陶瓷艺术馆"。琚翠薇开始接触红木、玉器、珠宝等,她说:"接触这些文化后,我的眼界被打开了,想把生意做成文化,把这些传统美学的奇珍异宝做成一种文化传播。"创业道路总是坎坷的。她曾苦恼于"为何自己认真把关的作品,却得不到大家的认可,甚至还被冷落"。心态逐渐平和后,琚翠薇开始寻找新出路——加入互联网。2012 年,翠薇阁通过新浪微博迈入电商领域。在微博上,除了发布产品,琚翠薇还会分享自己的收藏心得、收藏的宝贝及创作理念。琚翠薇说:"微博打破了地域局限性,能让全国的客户看到我们的产品,也让沟通交流变得更加方便。"短短 3 个月,她的微博粉丝突破了 30 万,受到不少收藏爱好者的关注。接触电商后,琚翠薇率先将艺术品行业带进 O2O 线上线下并行模式。线上,翠薇阁的 App 包含产品商城、产品拍卖、高级订制、藏品置换,以及融香道、茶道、花道为一体的功能;线下,翠薇阁的实体馆拥有精英团队、独家设计的藏品等,客户在电商平台下单后,可到实体馆进行佩戴体验。同时,翠薇阁还开设沉香课程、珠宝鉴赏课程等,客户可在电商平台上学习专业知识和参与互动。目前,翠薇阁除珠海总馆外,还在全国有 8 间分馆,以作为专业的古董、艺术品、奢侈品的鉴赏中心。2014 年 7 月 31 日,翠薇阁在深交所前海股权交易中心挂牌上市,成为中国首家艺术品拍卖平台上市公司。

思考:

琚翠薇创业成功的基本经验有哪些,有哪些借鉴意义?你与琚翠薇比较还有哪些差距,该怎样缩小这些差距?

【案例】

河狸家上门美业 O2O 盈利模式

河狸家相关负责人表示,河狸家在这两年的创业中经历了风风雨雨,现在我们做得还不错,不仅是业内第一个也是唯一的全品类美业平台,而且在单量上也遥遥领先于所有竞争对手。中国上门美业 O2O 是我们开创的,但在中国发展得很快的主要原因是有两大需求,一是足够富,二是足够大。中国的城市动不动就是千万级人口,这为 O2O 创业提供了基础。我们探索出了一套基于 O2O 的 C2C 模式,说白了就是 O2O 里面的淘宝模式。O2O 想赚钱就看以下 3 点。

第一,相对于原有的传统线下模式,有没有节省成本。线下的美甲店,成本由美甲师的工资提成、房租、老板的投入和管理费用 3 部分构成。河狸家这样的上门服务,减少了房租和老板的投入三分之二的成本,所以一下子在成本结构上有了巨大的颠覆。

第二,如果成本不改变,有没有做出溢价的可能性。河狸家的平台上有一到五星的评价标准,手艺人的星级一旦上去,我们是给出了溢价空间的。为什么我们有些美容师和美甲师月收入 10 万元?线下"累死"也赚不到这个钱,因为这些手艺人不是靠做单多而达到的,一天还是那三四单,但是价格出现大幅上涨。简单来说,白富美愿意为了更好的手艺支付更高的价格,我们也让好的手艺人获得了更符合她预期的收入。

第三,跨界打劫。河狸家先做美甲,后来有了美容、健身等,不管跟什么行业结合,我们都叫河狸家,跨界打劫要给之后的发展留一个空间。前不久倒掉的那个友商叫某某美甲,这就是从名字上把自己做"死"了,上一个新品类消费者的认知还是停留在美甲上。

河狸家从创业的第一天开始,就没有改变过口号——解放天下手艺人。任何商业都遵循最简单的规律。企业家的核心任务就是组织人力、物力、财力去对抗市场的不确定性。怎么对抗?就是找出不成立的逻辑让它"死掉",找出成立的逻辑让它延续。2016年河狸家有两个任务,一是接着扩城市,二是丰富品类。河狸家做的是人群生意,要围绕中产阶级女性的生活不断延伸和扩展。河狸家代表着一个移动互联网平台和爱美女性的对接。河狸家要做像阿里巴巴那样的第三种公司——又值钱又赚钱。

58到家:互联网+上门服务业先锋企业

58到家作为一家用移动互联网连接普通劳动者,为消费者提供美甲师、保姆和拉货司机的公司,怎样才能实现可持续发展?58到家CEO陈小华的回答是:"我们在打一场连接真实世界的战争。"

1. "创二代"要准确定位

2014年7月16日,坐在58同城的办公室里,创业者们定下了"58到家"这个品牌名称,11月20日,58到家服务平台正式发布。那时候,在绝大多数人眼里,58到家是背靠58同城这棵大树,衔着金汤匙"出生"的"创二代"。华平投资集团是58同城早期的股东,公司开会,老姚(58同城总裁兼CEO)把58到家介绍给人家,对方就直接说,恐怕做不成,和58同城的核心业务信息服务差太远了。于是老姚解释,人家可是管理团队全部放掉58同城的股票分拆出去的。听完后对方便态度一变"咦?那可能还有戏"。

陈小华回忆说,从一开始,58到家就确立了独立运营、向外部融资的策略,融资不仅仅为了得到钱,也要保留挑选股东的权利。只有打通了资本通道,才不怕任何战争。独立的58到家确定了3个最早的"主攻"方向或者说定位,即小时工、美甲和同城速运。在三项业务的推进上,58到家都采取了相当激进的"打法",小时工业务在上线3个月时间里,从一个城市扩张到28个城市;美甲业务则在去年上半年聚集了1万多名美甲师,同样分布在20多个城市。陈小华说:"许多垂直领域团队会习惯于先在北上广这样的一线城市选点进入,但对我们来说,这样体现不出大公司的优势,相当于你找了10个人去和索马里海盗打游击战。多品类同时出击,把'战火'烧到30个城市,你曾经管理过庞大团队的经验优势就能体现出来,投资机构同样才会相信,你是认真想做这件事情,而不是58同城在'玩票'。"

2015年上半年,58到家宣布完成了3亿美元的A轮融资,出让股权约为30%,投资人包括阿里巴巴、平安创投和老牌投资机构KKR。结合腾讯早在2014年就曾以7.4亿美元收购58同城19.9%的股份,后来又不断增持,这也意味着,58到家成为又一家同时得到国内互联网三巨头中的两位共同认可的公司。

陈小华认为,这也寄托着巨头们对O2O的热望。"过去,互联网连接的是虚拟世界,但现在你要调动线下的经济单元。而不管保姆、司机还是美甲师,都是有限的。对于阿里和腾讯来说,投资不仅仅是为了回报,也是为了借由忠实的合作伙伴,让自己包括支付能力、连接能力等在内的整个生态链'落地'。"

2. 关键是提升用户体验的质量和效率

58到家丽人事业部总经理魏雯雯说:"我们会给美甲师提供一个小的客户管理应用,自动计算每个客户大概会重新做指甲的周期,到了时间就会提醒美甲师去唤醒顾客。比如,用户可以在手机上看到每个美甲师的'徽章',其实就是个性化的标签,如'会聊天''装备多''老顾客多',这是汇集每个用户的评价算出来的。美甲师为了得到一个'徽章',会特别卖力气,这比线下美甲店的用罚款管理员工的方法好用。"

O2O改造线下服务业,技术显然是重要的一方面,但更重要的是,它能实现传统方式做不到的事。

58到家家政事业部总经理李楹表示:"采用传统方式,一个管理者只能管理10个保姆。但我们最前线的管理单元,三四个人要管500个保姆,还要控制服务质量和流失率,怎么做得到?于是我们用线上的方式来提高效率。比如,保姆要请假,需要在我们手机应用的商家端提出申请,这样我们随时就知道到底有多少人力可以接单。O2O更像是对传统企业的互联网改造,解决的就是信息传递中的效率和优化。"而在同城速运事业部,100多人的技术团队正在进行大数据的研发。事业部李瑞凌说:"只有先做出规模,大数据才有意义。现在,我们可以根据每个区域的实时情况来计算订单的价格,比如在广州的一个地方,每天下午5~7点订单高发,路况又特别堵,价格就会自动调高,这会让司机不那么在乎'好订单'和'坏订单',用户更容易叫到车,体验就上去了。"不过,比起这些技术突破,更重要的改变来自思维方式的转换,因为互联网思维意味着标准化、可复制、以用户体验为中心。

58到家家政事业部高级经理于连涛每天最主要的工作就是和保姆们打交道。他说:"我们计划推出全国第一个'保姆身份和技能双认证体系',一方面通过身份证、背景调查做到全国联网备案认证,另一方面我们会找线下的专业老师担任顾问,设计问题和试卷,对保姆进行一对一的考核。问题都特别实际,比如做鱼要先放什么后放什么,小宝宝的辅食怎么加热,以此测试保姆们是不是真的有这个技能。在培训上,除了传统的清洁、衣物清洗,我们还增加了西餐制作、宠植物养护、冲泡咖啡等在内的12种专业化技能课程,让用户需求可以和保姆进行精准匹配。通过这些方式,截至去年底,我们家政平台上老用户的双周留存率已经超过50%。"

在陈小华看来,这些都是O2O商业模式变革带来的体验升级,是O2O到家服务真正的生命力。陈小华说:"微信'掌门人'张小龙曾经问我,你同时做这么多品类,管理这么多人,怎么能把体验都做好?我说,不是因为我们做得好,是因为线下信息不对称,比如趴活的货运司机,可能一天只能接一单,所以就要见一个'宰一刀'。做O2O就是要真正实现供需对接,同时提供用户可以评价和投诉的体系,所以用户的服务体验就好很多。我觉得,我们能做到80分吧。"

拿到了3亿美元融资,特别是在"资本寒冬"的大背景下,这笔钱打算怎么花?陈小华认为,花钱的首要原则是"省着花"。秉承这个原则,陈小华打算拿3亿美元做以下几件事。

一是继续扩张品类,让58到家从3个自营品类真正成为开放的平台,就像电商"小伙伴"们曾经做过的那样。陈小华说:"我们新成立了平台事业部,会给所有上门服务的企业提供一个移动互联网的解决方案。换言之,就是允许他们在58到家上开店。今年,平台就会有一个雏形,把品类搭建起来。引入的商家数量少一点没关系,但要品质可控,让用户能找到可靠的服务。"

二是要投放大量的广告。当年"一个神奇的网站"的广告曾让58同城尝到甜头,相似的路线也会在58到家复制。陈小华告诉记者:"大量的媒体广告,会给用户一个强烈的暗示,让普通人想到到家服务的时候,心里会浮现一个品牌。对于基层劳动者,逻辑其实很简单,你没钱怎么能投这么多广告。"

三是用10%左右的钱,继续投资O2O相关企业。如今,包括点到按摩、呱呱洗车、美到家等一系列O2O服务都已得到58到家的投资。陈小华说:"这不仅在于他们能够获得58到家App上的订单,还在于未来我们能尝试'云+人'的服务。比如,用户给我8000元,我给你提供一个4000元的保姆,剩下4000元是我的服务,我可以负责洗你家的车,给你的狗剪毛,还有需要干洗的衣服、需要维修的家电……这些都可以由保姆来通过自己手里的App下单完成,用户会觉得我的保姆无所不能。"

有人说创业是马拉松,但在陈小华看来,58到家的创业更像是世界杯。"从预选赛到小组赛,再到淘汰赛,哪一场输了都得卷铺盖回家。每一轮得到新的融资,就像是重新选球员排阵容。说到底,每一场都不能用尽全力,得给后面的比赛留下余地,但还得保证赢球。所以,节奏感在整件事里最重要。"陈小华如是说。58到家还需要进一步完善O2O服务模式，确保服务用户体验的质量和效率，通过精细化管理，实现可持续增长。

思考：

结合两个参考阅读材料，谈谈你对O2O模式的理解。发展O2O模式还需要解决哪些问题？

第五节　大数据与云计算

一、大数据的定义与内涵

1. 大数据的定义与理解大数据

大数据(big data，mega data)，或称巨量资料，指的是需要新处理模式才能具有更强的决策力、洞察力和流程优化能力的海量、高增长率和多样化的信息资产。国务院印发的《促进大数据发展行动纲要》这样定义大数据：是以容量大、类型多、存取速度快、应用价值高为主要特征的数据集合，正快速发展为对数量巨大、来源分散、格式多样的数据进行采集、储存和关联分析，从中发现新知识、创造新价值、提升新能力的新一代信息技术和服务业态。

在认识层面，大数据让"真相"浮出水面；在决策层面，大数据让判断更加"智能"。这两个特征使大数据具有划时代的意义。大数据在我国已成为一个新兴的产业，应用的重点领域集中在金融、通信、零售、医疗、旅游、政府管理等。作为产业，大数据已经形成初步的产业链条，可细分为数据资源型、技术型、应用型3大类别。代表企业有百度、阿里巴巴、腾讯等，同时诞生了一批创业公司，如迪派无线、多牛传媒等。大数据将成为中国经济增长的新动力，成为新的经济增长点。大数据正在改变老百姓传统的生活模式。比如，出行前查路况、在手机软件上找附近餐馆、滴滴打车……每个人都是数据源，我们使用互联网的行为都会产生数据。商家在分析使用数据时，会有许多新的创业机会产生。

"大数据"是以多元形式，自许多来源搜集而来的庞大数据组，往往具有实时性。在企业销售或B2B、B2C等销售的情况下，这些数据可能来自社交网络、电子商务网站、顾客来访记录，以及许多其他方面。这些数据并非公司顾客关系管理数据库的常态数据组。从技术上看，大数据与云计算的关系就像一枚硬币的正反面一样密不可分。大数据必然无法用单台的计算机进行处理，必须采用分布式计算架构。它的特色在于对海量数据的挖掘，但它必须依托云计算的分布式处理、分布式数据库、云存储和/或虚拟化技术。在维克托·迈尔-舍恩伯格与肯尼思·库克耶编写的《大数据时代》中，大数据指不用随机分析法(抽样调查)这样的捷径，而采用所有数据的方法。相比起现有的其他技术而言，大数据在"廉价、迅速、优化"这3方面的综合成本是最优的。

早在1980年，著名未来学家阿尔文·托夫勒便在《第三次浪潮》一书中，将大数据热情地赞颂为"第三次浪潮的华彩乐章"。早在20世纪90年代末，美国航空航天局的研究人员就创造了"大数据"一词。但从2009年开始，"大数据"才成为互联网信息技术行业的流行词汇。最早提出"大数据"时代已经到来的机构是全球知名咨询公司麦肯锡。麦肯锡在研究报告中指出，数据已经渗透到每一个行业和业务职能领域，逐渐成为重要的生产因素；而人们对于海量数据的运用将预示着新一波生产率增长和消费者盈余浪潮的到来。麦肯锡的报告发布后，大数据迅速成了计算机行业争相传诵的热门概念，也引起了金融界的高度关注。随着互联网技术的不断发展，数据本身是资产，这一点已经在业界形成共识。如果说云计算为数据资产提供了保管、访问的场所和渠道，那么如何盘活数据资产，使其为国家治理、企业决策乃至个人生活服务，则是大数据的核心议题，也是云计算内在的灵魂和必然的升级方向。美国互联网数据中心指出，互联网上的数据每年将增长50%，每两年便将翻一番，而目前世界上90%以上的数据是最近几年才产生的。此外，数据又并非单纯指人们在互联网上发布的信息，全世界的工业设备、汽车、电表上有着无数的数码传感器，随时测量和传递着有关位置、运动、震动、温度、湿度乃至空气中化学物质的变化，也产生了海量的数据信息。大数据的例子包括网络日志、RFID、传感器网络、社会网络、社会数据（由于数据革命的社会）、互联网文本和文件；互联网搜索索引；详细呼叫记录，天文学、大气科学、基因组学、生物地球化学、生物，以及其他复杂跨学科的科研，军事侦察，医疗记录；摄影档案馆视频档案；大规模的电子商务。

大数据在阿里巴巴日常业务中应用广泛。同一用户在淘宝购买不同商品，或者不同用户在淘宝购买同一件商品，退货运费险的金额都是不同的。这种不同正是大数据"算"出来的。比如哪种产品退货多，甚至同一商品不同性别的消费者退货率不同，这些都是风险因子上的差异化部分，不同的人，退货习惯也不同。我们通过大数据找到这些差异，保费从几毛钱到几块钱不等。同样，大数据运算也被用于支付宝的账户安全险，在某年春节期间，共有978万人选择购买了这一保险。大数据不仅在服务个人消费者，也在服务活跃在阿里巴巴上的数百万小微企业。网商银行的员工只有300人，业务却通过互联网覆盖全国。在这300人中，有三分之二是数据科学家，而传统银行最庞大的信贷员队伍则一个人也没有，指挥放贷的是大数据这个"超级大脑"。用网商银行数据科学家们的话来说就是，依托大数据的分析来给用户画像，网商银行可能比用户更了解他们自己。你何时需要贷款，是否有能力偿还贷款，网商银行根据积累的大数据和建立的风险模型，可以实时甚至提前做出判断。流程的差别也导致单笔贷款的成本相差巨大，网商银行每发放一笔贷款的成本不到2元钱，传统的线下贷款单笔成本则在2000元左右。服务迈入"快消"时代。在阿里巴巴集团首席技术官王坚看来，技术创新对于阿里巴巴的意义，不仅在于提高效率、节约成本，还在于让社会知道这些技术创新是可用和值得信任的，通过阿里巴巴的技术能力帮助传统企业和行业建立起对未来技术的信任，这是极其重要的。包括云计算和大数据，阿里巴巴正在将自己的技术能力开放出来，而这也成为重要的新增盈利点。

2. 大数据的内涵

大数据的4V内涵特点：volume(大量)、velocity(高速)、variety(多样)、value(价值)。大数据的4V内涵特点有4个层面。

第一，数据体量巨大。从TB级别跃升到PB级别。

第二，数据类型繁多。如前文提到的网络日志、视频、图片、地理位置信息等。

第三，价值密度低。以视频为例，连续不间断监控过程中，可能有用的数据仅有一两秒。

第四，处理速度快。即1秒定律，最后这一点也和传统的数据挖掘技术有着本质的不同。物联网、云计算、移动互联网、车联网、手机、平板电脑、PC，以及遍布地球各个角落的各种各样的传感器，无一不是数据来源或者承载的方式。

3. 大数据时代与社会生活

大数据的意义是由人类日益普及的网络行为所伴生的，受到相关部门、企业采集的，蕴含数据生产者真实意图、喜好的，非传统结构和意义的数据。借着大数据时代的热潮，微软公司生产了一款数据驱动的软件,主要是为工程建设节约资源提高效率。在这个过程里可以为世界节约40%的能源。抛开这个软件的前景不看,从微软团队致力于研究开始,可以看到他们的目标不仅是为了节约能源,而是为了更加关注智能化运营。通过跟踪取暖器、空调、风扇及灯光等积累下来的超大量数据,捕捉如何杜绝能源浪费。"给我提供一些数据,我就能做一些改变。如果给我提供所有数据,我就能拯救世界。"微软的史密斯这样说。而智能建筑正是他的团队专注的事情。从海量数据中"提纯"出有用的信息,这对网络架构和数据处理能力而言也是巨大的挑战。在经历了几年的批判、质疑、讨论、炒作之后,大数据终于迎来了属于它的时代。

大数据正在以不可阻拦的磅礴气势,与当代同样具有革命意义的最新科技进步(如纳米技术、生物工程、全球化等)一起,揭开人类新世纪的序幕。大数据对每个人的重要性不亚于人类初期对火的使用。大数据让人类对一切事物的认识回归本源;大数据通过影响经济生活、政治博弈、社会管理、文化教育科研、医疗保健休闲等行业,与每个人产生密切的联系。

大数据技术离你我并不遥远,它已经来到我们身边,渗透进入我们每个人的日常生活消费之中,时时刻刻,事事处处,我们无法逃遁,因为它无微不至:它提供了光怪陆离的全媒体,难以琢磨的云计算,无法抵御的仿真环境。大数据依仗于无处不在的传感器,如手机、发带,甚至是能够收集司机身体数据的汽车,或是能够监控老人下床,以及行走速度与压力的"魔毯"(由GE与Intel联合开发),洞察了一切。通过大数据技术,人们能够在医院之外得悉自己的健康情况;而通过收集普通家庭的能耗数据,大数据技术给出人们切实可用的节能提醒;通过对城市交通的数据收集处理,大数据技术能够实现城市交通的优化。

据预测,2035年,智能型机器人将被人类广泛利用。送快递、遛狗、打扫卫生等是电影《我,机器人》里描绘的场景,事实上,今天人们已经享受到了部分家用智能机器人给生活带来的便利。比如,智能吸尘器及广泛应用于汽车工业领域的机器手等。目前,科学家研发出的智能微型计算机和雪花一样大,却能够执行复杂的计算任务,将来可以把这些微型计算机安装在任何物件上用以监测环境和发号施令。随着大数据时代的到来和技术的发展,科技最终会将我们带进神奇的智能机器人时代。

人们的生活及消费方式已经发生惊天的转变。自淘宝创立以来,大众的消费方式越发多元化,O2O、B2B等方式越来越丰富人们的日常生活。大数据及地图的基础应用,已对人们的生活产生很大的影响。现今类似的网站应用有很多与数据及地理信息相关,作为其代表之一,大众点评正是数据与地理信息相互结合的优质结晶。对于人们居住来说,有以下几个决定因素:区位、人口、环境。人口数据对于城市的商业数据来说是至关重要的。超精细格网化人口数据,通过定量空间模型结合遥感、地理信息等数10种背景信息数据产生,制作而成的超精细(160米左右)格网化人口分布数据,涵盖全国328个城市(包括其所辖的所有县、县级市、区和街道)格网总数约3亿个,数据项包括总人口数、不同性别人口数、儿童人口数、成人人口数、老年人口数、网格的经纬度等数据项。对于人们出行来说,人们的出行组成了大数据,同时大数据可以实时反应交通状况。通过导航软件所用的传感器来感知每个路段的流量和速度,利用环境学经典公式即可算出该汽车的排放量,某一行车路段的污染指数,以及各个地方污染程度。

大数据时代已经来临,它将在众多领域掀起变革的巨浪。物联网、云计算、移动互联网、车联网、手机、平板电脑、PC及遍布地球各个角落的各种各样的传感器,无一不是数据来源或者承载的方式。大数据最核心的价值就在于对海量数据进行存储和分析。谁能在数据收集分析使用方面占据优势,谁就能在未来市场竞争中占有核心竞争力。中国人口众多,互联网用户数在2015

年已经超过6亿人,排全球第一。海量的互联网用户创造了大规模的数据量。据预测,在未来的市场竞争中,能在第一时间从大量互联网数据中获取最有价值信息的企业才最具有优势。

4. 我国制定实施大数据国家战略

2015年,我国多位院士建议制定大数据国家战略,并在发展目标、发展原则、关键技术等方面做出顶层设计。其主要内容包括:构建大数据研究平台,整合创新资源,实施"专项计划",突破关键技术;构建大数据良性生态环境,制定支持政策,形成行业联盟,制定行业标准;构建大数据产业链,促进创新链与产业链有效嫁接。国家发改委和中科院正在推进国家高新技术服务业研发与产业化专项"基础研究大数据服务平台应用示范"项目,研究大数据的协同创新、科研模式变革、服务模式、产业化探索、人才培养等方面的问题。根据观研天下监测统计,2011年全球数据总量已经达到1.8ZB(1ZB等于1万亿GB,1.8ZB也就相当于18亿个1TB移动硬盘的存储量),而这个数值还在以每两年翻一番的速度增长。《中国IDC市场运营格局与竞争策略分析报告(2013—2017)》提出,重点任务主要有布局关键技术、推进示范应用、完善支持政策等3方面。

当前,大部分中国企业在数据基础系统架构和数据分析方面都面临着诸多挑战。根据产业信息网调查,目前国内大部分企业的系统架构在应对大量数据时均有扩展性差、资源利用率低、应用部署复杂、运营成本高和高能耗等问题。国内企业为适应大数据时代而做出大规模调整是一种必然趋势,这为国内从事大数据相关业务的IT企业带来了极大的市场需求。2011年是中国大数据市场的元年,部分IT厂商已经推出了相关产品,部分企业已经开始实施了一些大数据解决方案。未来将是中国大数据市场的快速发展期。据麦肯锡预测,未来中国大数据产品的潜在市场规模有望达到1.6万亿元,给IT行业开拓了一个新的黄金时代。数据处理技术和设备提供商、IT系统咨询和智能化与人机交互应用,以及信息安全提供商将获巨大需求,相应公司将获得众多发展机会。

在中国企业决策中以数据分析结果为依据的,主要集中在银行、保险、电信和电商等几个行业。数据分析的应用范围主要集中在信用风险、流程优化、市场营销、成本与预算等几个方面,深度尚可,但广度一般,尚未扩充到运营管理的所有领域。没有"云"的话,大数据就是个作坊。今天的数据不是大,真正有意思的是数据变得在线了,这个恰恰是互联网的特点。所有东西在线这个事情,远远比"大"更反映本质。如快的打车要用一个交通的数据,如果这些东西不在线,是没有用的,没有意义。为什么今天的淘宝数据值钱,因为它在线了,而写在磁带、写在纸上的数据,根本没有用。伴随着各种随身设备、物联网和云计算云存储等技术的发展,人和物的所有轨迹都可以被记录。移动互联网的核心网络节点是人,不再是网页。数据大爆炸下,怎样挖掘这些数据,也面临着技术与商业的双重挑战。大数据时代网民和消费者的界限正在消弭,企业的疆界变得模糊,数据成为核心的资产,并将深刻影响企业的业务模式,甚至重构其文化和组织。因此,大数据对国家治理模式,对企业的决策、组织和业务流程,对个人生活方式都将产生巨大的影响。如果不能利用大数据更加贴近消费者、深刻理解需求、高效分析信息并做出预判,所有传统的产品公司都只能沦为新型用户平台级公司的附庸,其衰落不是管理能扭转的。

国务院发布的《促进大数据发展行动纲要》(以下简称"纲要")将大数据发展确立为国家战略。党的十八届五中全会明确提出,实施"互联网+"行动计划,发展分享经济,实施国家大数据战略。大力发展工业大数据和新兴产业大数据,利用大数据推动信息化和工业化深度融合,从而推动制造业网络化和智能化,正成为工业领域的发展热点。明确工业是大数据的主体,工业大数据的价值正是在于其为产业链提供了有价值的服务，提升了工业生产的附加值。工业大数据的最终作用是为工业的发展、为工业企业的转型升级提供有价值的服务。要顺利实现中国制造2025的目标，中国工业企业必须掌握高端装备行业的工业数据，在高端制造领域完全实现中国智造；掌握中国制造行业的工业大数据，通过运用工业大数据，提升中国制造企业的效益，实现节能降耗，进一步提升中国制造产品质量。为了确保大数据国家战略目标的实现，必须狠抓人才、知识、工具，以及大数据知识开放和工具升级工作。

二、云计算的定义与内涵

云计算体现出的是一家互联网公司的计算能力，而这正是互联网的"基础设施"。阿里巴巴的工程师们用"小牛"和"大牛"来比喻云计算与传统大型服务器之间的差异。"大牛"能力超凡，价格昂贵，但灵活性不足。而云计算则是将众多便宜的"小牛"串联在一起拉车，不但成本低廉，而且计算资源可以方便地调配，哪里业务量激增，可以随时从空闲项目中"牵"来几头"小牛"。阿里云将5000头"小牛"组成了巨大的"飞天"集群服务器，这也是我国第一个独立研发的大规模通用计算平台。它不仅支撑了"双11"的巨大交易量，而且相当安全。阿里云的"异地多活"已在2015年"双11"前得以实现："分布在多地的数据中心像一个数据中心一样工作，一旦某地的数据中心出现故障，可以迅速把流量全部切换到另外的数据中心，用户几乎没有感知。阿里巴巴的异地数据中心最远距离超过1000公里，这种'异地多活'的技术能力全球都没有先例，几乎相当于为1000千米外空中飞行的飞机更换引擎。"

1. 云计算的定义

云计算分为狭义云计算和广义云计算。狭义云计算指IT基础设施的交付和使用模式，指通过网络以按需、易扩展的方式获得所需资源；广义云计算指服务的交付和使用模式，指通过网络以按需、易扩展的方式获得所需服务。这种服务可以是IT和软件、互联网相关，也可是其他服务。

2. 云计算的内涵

云计算的核心思想是将大量用网络连接的计算资源统一管理和调度，构成一个计算资源池向用户按需服务。提供资源的网络被称为"云"。"云"中的资源在使用者看来是可以无限扩展的，并且可以随时获取，按需使用，随时扩展，按使用付费。

云计算的产业三级分层：云软件、云平台、云设备。云计算是网格计算、分布式计算、并行计算、效用计算、网络存储、虚拟化、负载均衡等传统计算机和网络技术发展融合的产物。云计算常与网格计算(分布式计算的一种，由一群松散耦合的计算机集组成一个超级虚拟计算机，常用来执行大型任务)、效用计算(IT资源的一种打包和计费方式，如按照计算、存储分别计量费用，如同传统的电力等公共设施)、自主计算(具有自我管理功能的计算机系统)相混淆。事实上，许多云计算部署依赖于计算机集群(但与网格的组成、体系机构、目的、工作方式大相径庭)，也吸收了自主计算和效用计算的特点。通过使计算分布在大量的分布式计算机上，而非本地计算机或远程服务器中，企业数据中心的运行将与互联网更相似。这使得企业能够将资源切换到需要的应用上，根据需求访问计算机和存储系统，好比从古老的单台发电机模式转向了电厂集中供电的模式。它意味着计算能力也可以作为一种商品进行流通，就像煤气、水电一样，取用方便，费用低廉。最大的不同在于，它是通过互联网进行传输的。"云计算+工业"基于云计算技术，一些互联网企业打造了统一的智能产品软件服务平台，为不同厂商生产的智能硬件设备提供统一的软件服务和技术支持，优化用户的使用体验，并实现各产品的互联互通，产生协同价值。云计算主要为数据资产提供了保管、访问的场所和渠道，而数据才是真正有价值的资产，也是云计算内在的灵魂和必然的升级方向。

【案例】

阿里巴巴集团打造中国硅谷"云栖创业创新小镇"

一千年前的北宋时期，杭州人沈括在他的《梦溪笔谈》中最早提出了"石油"这个名词。一千年后，杭州出现了以云计算为核心产业的、旨在打造中国创新创业和互联网经济的地方——云栖小镇。

1. 政府助推建中国云端第一镇

2015年2月16日，在杭州特色小镇规划建设工作推进现场会上，杭州市市长为王坚颁发了云栖小镇"名誉镇长"的聘书，但"王镇长"笑称这个"镇长"不好当。王坚真正的职务是阿里巴巴集团首席技术官(CTO)，他为何去杭州郊区当"镇长"呢？

这要从云栖小镇说起。云栖小镇并不是行政意义上镇的概念，而是一个产业经济聚集区，被称为小镇。小镇地处杭州市西湖区西南部，位于杭州之江国家旅游度假区的核心地带。王坚向记者介绍道，云栖小镇最初的含义是云计算联盟，也就是一群做云计算的人组建的交流平台。在浙江省提出特色小镇理念之后，云栖小镇依托转塘科技经济园的基础和阿里巴巴集团云技术平台，成为全国首批创建的37个特色产业小镇之一。"云栖小镇的定位是中国创业创新第一镇。"在2015年2月17日接受中央媒体采访时，王坚向在场的记者掷出豪言。以云计算为核心科技，通过腾笼换鸟、转型升级，云栖小镇将建设成基于云计算大数据和智能硬件产业的特色小镇。

2. 构建"政府+企业+创业者"的云栖模式

云栖小镇虽说发展迅猛，但仍处于起步阶段，该如何实现"王镇长"提出的"创新创业第一镇"的目标呢？王坚向记者表示，这就要靠小镇的创新模式。云栖小镇以"政府主导、名企引领、创业者为主体"为主要模式，充分发挥政府、企业、创业者3个主体的作用，打造特色产业小镇。

首先，"政府主导"就是政府做好腾笼换鸟、筑巢引凤的工作。浙江省委相关领导人表示，在建设特色小镇的过程中，政府的任务就是当好"店小二"，服务好每一家企业。2014年6月，杭州市西湖区政府出台了《关于加快推进云栖小镇建设的政策意见》，在企业落户、人才引进、配套服务等方面给予了云栖小镇多项优惠政策。政府的角色就像一家客栈，除了要装修好店面，最重要的还是提供优质的服务。

其次，"名企引领"就是指发挥名企的龙头引领和产业集聚效应，为中小企业创业创新搭建平台，输出名企的核心能力，为中小微企业的创新提供服务和支持，加快创新目标的实现。正所谓离群孤雁飞不远，正在走向全球的阿里巴巴同样需要创业者的支持，需要不断注入新的活力。正如王坚所说："大企业在发展的过程中需要成为其他企业发展的平台，不然是很难活下去的。"与此同时，要想保证中小微企业的顺利成长，阿里巴巴需要付出资金和资源，对这些企业提供帮助与支持。如果把云栖小镇比作一个课堂的话，阿里巴巴旗下的阿里云就是老师，他的任务是教书育人，指导学生顺利毕业。王坚表示，具体而言，他们要做的就是教会创业者如何把云计算应用到自身的产业上，把云计算变成创业者创新的动力与源泉。云栖大会就是一个很好的例证。它的前身是阿里云开发者大会，2015年已是举办的第6个年头。据王坚介绍，第一届大会只有400多人参加,而后来的云栖大会参会人数高达2.2万人,包括来自31个省、自治区、直辖市,以及海外各个国家的云爱好者。这6年来,云栖大会为中国的云实践者们提供了一个交流与实践的平台,同时它也历经了中国云计算的发展。

最后,"创业者为主体"是云栖小镇的灵魂。云栖模式是服务于"大众创业、万众创新"的一种创新模式,它的根本目的还是保障创业企业的顺利成长。云栖小镇在以下方面做足了功课:在产业发展方面,以阿里云创业创新基地为平台,设立了面积为10万平方米的创业创新引导区,企业可免租办公,享受创业优惠政策;在社区服务方面,配套建设餐饮、商业、金融、交通、娱乐、休闲、运动等设施,设有"云咖啡""IT茶馆"等众多交流平台;在生态环境方面,云栖小镇森林覆盖率达70%,PM2.5浓度远低于市区平均值;在文化氛围方面,云栖小镇是"云栖小镇联盟"的诞生地,也是云栖大会的永久举办地,具有浓厚的产业文化氛围。2015年,云栖小镇共引进企业328家,其中涉云企业255家,产业覆盖App开发、游戏、互联网金融、移动互联网、数据挖掘等各个领域。

3. 打造"绿草—黑土—蓝天"的创新生态圈

在浙江省首批特色小镇中,有很多小镇都是从产业园转变而来的。那么产业园与特色小镇有何区别呢?用王坚的话说,产业园是"圈养",而特色小镇是"放养"。"创新是圈养不出来的,一个新的行业也是圈养不出来的"。王坚认为,当今时代,促进创新创业只能靠"放养",但需要打造安全舒适的生态圈。"创新牧场、产业黑土、科技蓝天"就是云栖小镇的创新创业生态圈。

"创新牧场"致力于服务和帮助互联网创新创业的中小微企业和草根创业者。一方面,依靠阿里云的云服务能力和淘宝、天猫的互联网营销能力,创业者能够获得更多的免费资源;另一方面,"牧场"还吸引了英特尔、中航工业等全球知名的大企业,能够给创业者带来更高的平台和更多经验。"淘富成真"作为创新牧场的代表项目,运营半年来取得巨大成功。它由阿里云与富士康联合创建,目前已帮助和支持了308个创业项目。

"产业黑土"是指建设西湖创新研究院、互联网工程中心等"互联网+"基础设施,打造一流的公共实验、监测、专利平台,实现传统产业和互联网创新力量的有机结合。王坚特别强调,黑土是一种非常肥沃的土壤,但它的成土过程却是漫长而悲壮的。据了解,一厘米厚的黑土需200~400年才能形成,它由大量死去的地表植被堆积、腐蚀而成。这就像一个新行业的成长,在这个过程中,不能害怕有些企业倒闭,失败是成功之母,倒下的企业将为后来者提供经验。这是一个长期、曲折的过程。

"科技蓝天"是指在云栖小镇建一所国际研究性大学——西湖大学,引进国内外的学者,培养、储备高端人才,打造科技和人才的高地。在这方面,云栖小镇主要借鉴硅谷的经验。硅谷是当今世界科技创新的王国,短短十几年内成就了众多全球性的高科技公司和互联网企业。其中一个很重要的原因就是数十家高校落户于硅谷,其中不乏斯坦福大学、加利福尼亚大学伯克利分校这种世界知名的大学,能够直接为创业公司源源不断地提供人才。

用王坚的话说,杭州是一个把中国带上"云"的城市。而云栖小镇作为杭州乃至中国云计算产业的第一镇,又能把创业小伙伴们带多远呢?

思考:

阅读上述案例后,你对云计算有哪些新的认识?你认为在云栖小镇创业创新可行吗,为什么?未来云计算会对经济社会发展产生哪些重大影响?

第十二章 互联网+创业

【本章总结】

本章主要讲述了互联网思维及其内涵与原则，以及互联网+的定义与特征。"互联网+"是指"互联网+各个传统行业"，但这并不是简单的两者相加，而是利用信息通信技术及互联网平台，让互联网与传统行业进行深度融合，创造新的发展生态。互联网+的特征体现在：跨界融合、创新驱动、重塑结构、尊重人性、开放生态、连接一切。互联网+的应用范围包括：互联网+工业，互联网+服务业(包括金融、交通、通信、商贸饮食、医疗等民生领域)，互联网+现代农业。本章探讨了互联网+的七大发展趋势；研究了O2O的概念与构成要素，O2O的产生与发展，O2O模式特点、优势与劣势，O2O模式运作流程；研究了大数据的定义与内涵，实施大数据战略的重大意义，我国制定实施大数据国家战略的内容与要求；探讨了云计算的定义与内涵。

【复习思考题】

1. 什么是互联网思维及内涵？互联网思维要坚持什么原则？
2. 什么是互联网+的定义及内涵，有哪些特点？
3. 互联网+的应用范围有哪些？举例说明。
4. 互联网+未来的发展趋势包括哪些内容？
5. O2O的概念与构成要素有哪些？
6. 简述O2O模式的产生与发展，O2O模式的特点、优势与劣势，O2O模式的运作流程。
7. 简述大数据的定义与内涵，国家实施大数据战略的重点意义。
8. 简述云计算的定义与内涵，以及云计算在互联网+的重大作用。

【实训实练】

1. 调查互联网+的创业成功案例，分析创业成功的基本经验，给我们哪些启示。
2. 写一份互联网+的创业计划书，做出PPT在班级进行交流。
3. 写一份O2O模式的创业计划书，做出PPT在班级进行交流。

【创业案例过程研究与思考】

任正非：打造领跑世界电信产业的华为公司

1. 华为技术有限公司30年创业发展历程概述

华为技术有限公司总部位于中国广东省深圳市，是一家生产销售电信设备的员工持股的民营科技公司，于1987年由任正非创建于中国深圳，注册资本2.1万元。现任总裁为任正非，董事长为孙亚芳。任正非，1944年10月25日生于贵州省镇宁县一个贫困山区小村庄，父亲是乡村中学教师，家中还有兄妹6人。1963年任正非在重庆建筑工程学院学习，毕业前一年，任正非回家看望父亲，父亲叮嘱他坚持学习。回到学校后，他先后把自动控制课等课程自学完，还学习3门外语。他毕业后当上建筑兵，因在工程建设中做出了突出贡献，参加了1978年的全国科学大会和1982年的中国共产党第十二次全国代表大会。1983年随国家整建制撤销基建工程兵，他复员转业到深圳南海石油后勤服务基地。因工作不够顺利，1987年他转而集资2.1万元，开始了创业征程。30多年来，他带领华为公司职工艰苦创业，实现了跨越式发展，先后获得国家及有关国际组织的表彰奖励。2016年胡润IT富豪榜，任正非以105亿元财富排名第35位。

2015年华为公司营业收入达到3950亿元(折合约为608亿美元)，同比增速高达37%，净利润达到369亿元。在营业收入中，来自海外的营业收入占58%。这一规模继续领跑全球通信产业。

全球跨国巨头爱立信和诺基亚的营业收入分别为200亿美元和100亿美元，二者之和相当于华为公司的营业收入。在全球通信产业格局中，华为等公司仍然保持尖端产业高速增长，被视为其他产业实现数字化转型的核心基础平台。2015年华为研发费用支出达到596亿元人民币，占总收入比重的15.1%，从事研究与开发的人员达到79000名，占公司总人数的45%。资助研究项目超过100个，全球分布研究所16个，联合创新中心36个，拥有一大批核心技术，企业加入全球300多个标准组织、产业联盟和开源社区并担任超过280个重要职位，已经是全球标准制定的重要贡献者。华为是全球最大的电信网络解决方案提供商，全球第二大电信基站设备供应商，全球第一大通信设备供应商，全球第四大智能手机厂商，2016年上半年智能手机销售量达到6056万台。也是全球领先的信息与通信解决方案供应商。华为的产品和解决方案已经应用于全球170多个国家，服务全球运营商50强中的45家及全球1/3的人口。华为的产品主要涉及通信网络中的交换网络、传输网络、无线及有线固定接入网络和数据通信网络及无线终端产品，为世界各地通信运营商及专业网络拥有者提供硬件设备、软件、服务和解决方案。2016年8月，全国工商联发布"中国民营企业500强"榜单，按年营业收入排名，华为成为500强首位。

华为创业发展迈上三个大台阶。1987年起步到1997年，先后自主开发出不断升级的用户交换机、数字程控交换机、综合业务接入网、光网络SDH设备、无线GSM解决方案等一系列电信产品，从零起步到1997年销售收入已经突破15亿元，实现第一个跨越。

华为从1998年开始加大研究开发力度，先后在中国南京、印度班加罗尔、瑞典斯德哥尔摩、美国硅谷和达拉斯等地建立技术研究开发中心，开发出数字微蜂窝服务器控制交换机，通过了CMM4级认证、CMM5级认证，成为中国移动全国CAMEL Phase II智能网的主要供应商，该网络是当时世界上最大和最先进的智能网络之一。2001年，华为以7.5亿美元的价格将非核心子公司Avansys卖给爱默生，加入国际电信联盟(ITU)，10 Gbps SDH系统开始在德国的柏林进行商用。根据RHK的统计，华为的光纤系列产品稳居亚太地区市场份额的第1名。2002年，华为海外市场销售额达5.5亿美元。华为通过了UL的TL9000质量管理系统认证，为中国移动部署世界上第一个移动模式WLAN。2005年，华为获得英国电信集团的订单，为其提供综合接入网及传输设备。华为与众多世界领先的运营商建立了伙伴关系，全球50强运营商中，包括Telefonica、法国电信(FT/Orange)、沃达丰、英国电信(BT)、中国移动、中国电信、中国联通和中国网通等在内的31家选择了华为作为合作伙伴。华为签署了28个WCDMA/HSPA商用合同，GSM网络销售复合增长率连续三年超过74.1%，2006年全球市场份额达到21%。2007年，华为销售收入超过160亿美元，一举成为全球第五大电信设备经销商。其中，海外销售额约115亿美元，也是当年中国国内电子行业营利和纳税第一。在发达地区市场，华为产品与解决方案广泛应用于英国、法国、德国、西班牙和荷兰等欧洲国家，并在日本和美国市场相继取得新的规模突破。作为全球新兴市场的TOP3设备供应商，华为在新兴市场的份额稳步提升。作为全球移动网络建设的主要供应商之一，移动产品在公司的产品销售组合中，仍然占有首要比重。固定网络、IP网络和电信增值业务等产品领域均表现出良好的增长态势，市场份额稳步提升。2007年，华为获净利6.7亿美元。华为在全球范围内总计拥有35000名研发人员，约占其全球雇员总数的43%。自创业伊始至2007年12月底，华为先后已递交了26880份专利申请书，成为专利申请量最多的国际化企业。2007年，华为PCT国际专利申请数达到1365件，位居世界第4，较前一年上升9位。华为的销售收入从15亿元上升到160亿美元又实现了第二步跨越，这一步跨越达到了世界先进水平。

华为从2008年开始实施全球化布局，公司继续保持稳健的增长；先后获得"2008世界品牌价值实验室年度大奖"，荣登"中国最具竞争力品牌"大奖，获得"2010年最具创新力公司"；紧随 Facebook、Amazon(亚马逊)、苹果和 Google(谷歌)之后位列第五；成为全球第二大通信设备商；建立了基于 IT 的管理体系；进入中东和部分阿拉伯国家市场。2009 年，华为赢得全世界首个商用的 LTE 网络——挪威4G移动网络合约更是震惊业界。华为加入 123 个标准组织，如 ITU、3GPP、3GPP2、ETSI、IETF、OMA 和 IEEE 等，并在这些标准组织中担任 148 个职位。华为 87000 名员工中的 43%人员从事研发工作。2010 年，华为首次进入《财富》世界 500 强企业榜单，在 IT 企业中列 29 位(全球第 397 位)，华为也是财富 500 强 IT 企业中唯一一家没有上市的公司。2011 年，华为与英国最大移动运营商 Everything Everywhere(以下简称 EE)签署合同，全面升级 EE 在英国的 GSM 2G 网络。这是华为在英国获得的首个大规模无线网络合同，该合同为期四年。这代表着华为在欧洲一流无线服务提供商领域的大突破。2011 年，华为在全球范围内囊括 6 大 LTE 顶级奖项，标志着华为在 LTE 技术研发、商用实践、标准专利、产业链整合等方面的持续投入和巨大贡献获得业界的一致认可。2011 年，华为累计申请中国专利 36344 件，国际 PCT 10650 件，外国专利 10978 件；共获得专利授权 23522 件，其中 90%以上为发明型专利，是世界申请专利最多的公司，创造和打破了世界纪录协会多项世界之最。

5G 网络的开发指的是移动电话系统第五代，能够以每秒 1GB 的传输速度传递信息。显然，5G 技术是目前通信技术的顶端，2014 年 11 月 6 日，华为宣布投资 6 亿美元在 5G 网络的技术研发与创新之上，并给出了商用 5G 网络的应用时间是 2020 年。华为向英国萨里大学的 5G 创新中心提供约合 630 万美元的资金，用于 5G 网络的研发。华为的销售收入从 2007 年的 160 亿美元增长到 2016 年的 500 多亿美元，又实现了第三步跨越，这一步使华为进入引领世界电信行业的发展，成为国际有影响力的跨国公司。

华为以创新为核心理念，更加聚焦、创新、稳健与和谐，充分体现了其将继续保持积极进取的精神，通过持续的创新，支持客户实现网络转型并不断推出有竞争力的业务。华为将更加国际化、职业化，更加聚焦客户及合作伙伴一道，创造一种和谐的商业环境，实现自身的稳健成长。

华为产品和解决方案具体包括以下 10 方面：无线接入、固定接入、核心网、传送网、数据通信、能源与基础设施、业务与软件、OSS、安全存储、华为终端。华为实施全球化经营的战略，服务全球超过 10 亿用户及全球 30 亿人口。全球排名前 50 名的电信运营商中，已有 45 家使用华为的产品和服务。国际市场已成为华为销售的主要来源。华为在全球 150 多个标准组织中担任职务，已成长为一个全球化公司，覆盖欧洲、中东、非洲、拉美等地区。华为在海外设立了 22 个地区部，100 多个分支机构，进行产品与解决方案的研究开发人员有 62000 多名(占公司总人数的 44%)，并在德国、瑞典、英国、法国、意大利、俄罗斯、印度及中国等地设立了 23 个研究所。华为还与领先运营商成立 34 个联合创新中心，把领先技术转化为客户的竞争优势和商业成功。华为还在全球设立了 36 个培训中心，为当地培养技术人员，并大力推行员工的本地化。全球范围内的本地化经营，不仅加深了华为对当地市场的了解，也为所在国家和地区的社会经济发展做出了贡献。

2. 华为文化

1) 华为核心价值观

在以前的媒体宣传中，外界总认为华为的企业文化就是总裁任正非的众多管理思想，如"狼性文化""军事化管理"等一系列新式的企业管理文化。实际上，在全球化运营的发展时期，华为真正的企业文化在于其核心价值观，华为 2012 年总结其企业文化为"以客户为中心，以奋斗者为本"。而其主流文化的形成，也有许多长期相传的支流文化，具体包括以下几点。

成就客户：为客户服务是华为存在的唯一理由，客户需求是华为发展的原动力。

艰苦奋斗：华为没有任何稀缺的资源可依赖，唯有艰苦奋斗才能赢得客户的尊重和信赖。坚持奋斗者为本，使奋斗者获得合理的回报。

自我批判：只有坚持自我批判，才能倾听、扬弃和持续超越，才能更容易尊重他人和与他人合作，实现客户、公司、团队和个人的共同发展。

开放进取：积极进取，勇于开拓，坚持开放与创新。

至诚守信：诚信是华为最重要的无形资产，华为坚持以诚信赢得客户。

团队合作：胜则举杯相庆，败则拼死相救。

2) 愿景使命

愿景：丰富人们的沟通和生活。

使命：聚焦客户关注的挑战和压力，提供有竞争力的通信解决方案和服务，持续为客户创造最大价值。

战略：以客户为中心；为客户服务是华为存在的唯一理由，客户需求是华为发展的原动力；质量好、服务好、运作成本低，优先满足客户需求，提升客户竞争力和赢利能力；持续管理变革，实现高效的流程化运作，确保端到端的优质交付；与友商共同发展，既是竞争对手，也是合作伙伴，共同创造良好的生存空间，共享价值链的利益。

3) 核心理念

聚焦：新标识更加聚焦底部的核心，体现出华为坚持以客户需求为导向，持续为客户创造长期价值的核心理念。

创新：新标识灵动活泼，更加具有时代感，表明华为将继续以积极进取的心态，持续围绕客户需求进行创新，为客户提供有竞争力的产品与解决方案，共同面对未来的机遇与挑战。

稳健：新标识饱满大方，表达了华为将更稳健地发展，更加国际化、职业化。

和谐：新标识在保持整体对称的同时，加入了光影元素，显得更为和谐，表明华为将坚持开放合作，构建和谐商业环境，实现自身健康成长。

3. 华为组织架构

华为组织架构分为6大体系，分别是销售与服务、产品与解决方案、财经、市场策略、运作与交付、人力资源。其中，销售与服务体系在全球设有7大片区，分别是中国区(国内市场部，下设27个代表处)、亚太片区、拉美片区、欧美片区、南部非洲片区、独联体片区和中东北非片区，各片区下还设有代表处，驻扎在各国家，在代表处工作的员工同时受所在代表处及所属体系部门双重领导。华为公司还拥有一些子公司，包括海思半导体有限公司、终端公司、华为数字技术有限公司、华为软件技术公司、安捷信电气有限公司、深圳慧通商务有限公司、华为大学、华为赛门铁克科技有限公司、华为海洋网络有限公司等。华为公司的组织架构由上至下分别是董事会(BOD)—经营管理团队(EMT)—产品投资评审委员会(IRB)—6大体系的办公会议。

4. 华为发展的基本经验

1) 精心制定战略管理规划，认真组织落实规划目标

华为公司在每一步发展中，都精心谋划，制定发展战略规划。既重视一时一地的短期利益、阶段性成果，又重视企业长期全面稳定的发展。华为先在国内市场打出一片天地，再逐步向国际市场扩散，本着先内后外的原则，制定发展战略规划。既包括战略规划目标，也包括落实战略规划目标的组织措施，形成落实战略规划目标的组织管理体系。华为在制定战略规划时，特别重视调查研究，不打无准备之仗，每仗务求必胜。华为创始人任正非提出"粮食"理论，他说："我们

要避免管理者的孤芳自赏、自我膨胀，管理之神要向经营之神迈进，经营之神的价值观就是以客户为中心，管理的目的就是多产粮食。'经营之神'的目标是为客户产生价值，客户才会从口袋里拿出钱来。我们一定要把所有的改进对准为客户服务，哪个部门报告说他们哪里做得怎么好，我要问粮食有没有增产，如果粮食没有增产，怎么能说做得好呢？我们的内部管理从混乱走向有序，不管走向哪一点，都是要赚钱。""粮食"理论的核心是在服务好客户的同时，必须有企业价值的增长、经济价值与社会价值的增加。

2) 强化人才管理体系建设，打造优秀管理团队

华为发展到今天，主要的一条经验是强化人才管理体系建设，打造优秀管理团队。任正非把大部分的精力放在人才管理方面。在公司内部会议上，很多高级干部站起来说，我才39岁，不到40岁，可不要给我戴"老干部"的帽子。我认为这就是青春活力。所以我们要逐渐改变，如果世界最优秀的人才都进不来，如何做到世界最优秀的公司呢？华为总裁任正非认为，自己对华为的产品创造贡献为0，因为在华为所创造的技术发明中，没有一项专利发明是由任正非创造的。他一直把他的主要时间和精力放在人才管理方向，打造优秀管理团队，而人才管理正是公认的"华为能发展到今天的基础"。

有研究者把任正非的人才管理概括为："桃子""绳子""鞭子""筛子"理论。

"桃子"是指人才是否愿意进入一家企业工作，取决于他们对金钱收入、职业发展机会、工作的意义这三项的满意度，这就是所谓的"桃子"。

任何稳定人才必须有"捆绑"优秀人才的"绳子"，具体是指文化认同、物质利益回报、职业发展机会、其他利益这四条"绳子"。最为有效的"捆绑"人才的"绳子"是人才最为关注的需求，而不同人才的需求是有所侧重的。

抽打的"鞭子"是指让人才不断学习进步，让人才为企业创造更好的业绩；前者是迫使人才有工作意愿和工作能力，后者是迫使人才为企业创造价值。华为十分重视对人才的培养。任正非最早在企业内部建立起适合业务需求与人才成长特点的分层，以及分类人力资源开发、培训体系，如在各业务系统分别建立管理者培训中心、营销培训中心、研发培训中心、客户培训中心等。新员工入职培训、全员导师制、企业文化培训、在岗学习、轮岗学习、后备干部培养、倡导员工自主学习、职业生涯通关培训等。有人称之为"魔鬼训练"，因为华为在培养人才时，"会让员工感到痛苦、煎熬并铭记终身"。比如，有人就这样形容新员工入职培训：如同高考冲刺阶段，这一段时间的考试次数远远超过了大学四年的总和。任正非曾经说过一句非常经典的话："烧不死的鸟就是凤凰。"只有通过严格多样的培训，才能帮助人才建立足够的工作意愿和能力；才能为组织创造最大化的业绩；个人在组织中才能得到最大化的回报。华为还重视对人才的绩效管理。华为的绩效管理充分借鉴了IBM的管理体系，但比IBM更加严苛。其绩效考核的基本过程为：制定绩效目标→建立工作期望→建立目标任务指导书→绩效形成过程指导→绩效考核→绩效面谈→制订绩效改进计划。乍一看，这个过程与大多数企业绩效管理的通行套路并无根本区别。但是在华为，绩效几乎是任何一位人才能否在公司立足并获得发展的唯一依据。"末位淘汰制"所基于的唯一标准就是绩效考核数据。

华为淘汰劣才的"筛子"就是"末位淘汰制"。末位淘汰制是公司依据本企业实行的绩效指标体系对员工的工作绩效进行考核，并根据考核的结果把得分靠后的员工淘汰出局的管理制度。任正非在华为推行末位淘汰制，基本上遵循了GE的前CEO杰克·韦尔奇推崇的"活力曲线"——2-7-1法则。即把20%的绩优员工定义为A类员工，把70%的业绩中等的员工定义为B类员工，把余下10%的业绩较差的员工定义为C类员工，C类员工必须走人。华为一直在坚持这么做。只

有淘汰不优秀的员工，才能把整个组织激活。企业长寿秘诀就是"活力曲线"。活力曲线其实就是一条强制性的淘汰曲线，华为是有条件这么做的，因为它向人才提供的"桃子"足够大、足够多，它"捆绑"人才的"绳子"和"抽打"人才的"鞭子"足够有力，有许许多多的人才挤破脑袋想要到华为求得一席之地，这是其他大多数民营企业做不到的。由此可见，人才管理是一项系统工程，单纯使用一种策略往往行不通或效果不佳。企业如果不能在组织内部推行优胜劣汰的人才管理机制，便会逐渐失去活力，最终衰退下去。运用好"筛子"的前提条件是，要有高度配套的"桃子""绳子"和"鞭子"。由此可见，这一机制有必要推行，但在推行之前，需要系统地规划和设计全盘的人才管理手段。

3) 坚持科技创新第一理念，引领企业可持续发展

华为从建立开始，就秉承科技创新的发展理念，始终以科技创新引领企业的发展。华为的创新精神体现在"垫子精神"，艰苦创业精神，勇攀高峰、挑战自我精神等，在创新中不断把事业推向新的高度，实现由小变大、由大变强。华为在电信科技等领域创造了一个又一个第一，其创造发明申请的专利数量始终在全国科技企业特别是民营企业中名列前茅。许多专家认为，华为之所以能够稳定快速发展，是因为坚持科技创新第一的理念，不动摇、不回头，引领企业在创新中实现可持续发展。

4) 塑造企业文化，提升企业管理素质和水平

2016年5月10日新华每日电讯报道，新华社记者5月9日采访任正非问："华为成功的原因和秘诀是什么？"任正非讲了以下3点。

第一，华为的发展得益于国家政治大环境和深圳经济小环境的改变，如果没有改革开放，就没有我们的发展。深圳1987年18号文件明晰了民营企业产权，否则我们不会创建华为。

第二，华为坚定不移28年只对准通信领域这个"城墙口"冲锋。我们成长起来后，坚持只做一件事，在一个方面做大。密集炮火，饱和攻击，最终在大数据传送上我们领先了世界。

第三，华为坚定不移持续变革，全面学习西方公司管理。我们花了28年时间向西方学习，至今还没有打通全流程。我们还在不断优化组织和流程，提升内部效率。

在回答记者提出的"华为的文化是怎样形成的"问题时，他说："傻，不把钱看成中心，我们的中心是有理想，理想就是要坚守'上甘岭'。钱不是最重要的。"

任正非在总结企业发展的经验时说，其实我们总结的方法来自中国五千年的文明。五千年文明讲"童叟无欺"，就是以客户为中心。我们为客户服务，我想赚你的钱，就要为你服务好。客户是送钱给你的，送你钱的人你为什么不对他好呢？其实我们就这点价值，没有其他东西。"狼文化"是强调团队合作。我们是分层、分权的管理方式，每层管理各有各的责任，而不是采取集权性的控制方式。通过构建执行"权责利""分层分权"、董事会与各种不同的议事规则制度，提高企业管理素质和水平，保证企业做出正确的决策和可持续发展。

思考：

读完上述案例试回答以下问题：简述华为公司的创业发展历程，他们的发展有哪些特点？任正非有哪些创业基本经验可借鉴，给你哪些启示？

主要参考文献

[1] (美)杰弗里·蒂蒙斯, (美)小斯蒂芬·斯皮内利. 创业学[M]. 6版. 北京：人民邮电出版社，2005.

[2] (美)阿伦·拉奥，皮埃罗·斯加鲁菲. 硅谷百年史[M]. 2版. 阎景立，候爱华，译. 北京：人民邮电出版社，2015.

[3] 奚国泉，等. 创新创业实训教程[M]. 北京：清华大学出版社，2016.

[4] 郭占元. 创业学理论与应用[M]. 3版. 北京：清华大学出版社，2017.

[5] 丁旭，莫晔. 创新创业教程[M]. 北京：清华大学出版社，2021.

[6] (美)埃里克·莱斯. 精益创业[M]. 北京：中信出版社，2015.

[7] (英)丽塔·岗瑟·麦格拉思, (美)伊恩·麦克米兰. 创业思维：在不确定时代持续创造机会的战略[M]. 蔡地，译. 北京：机械工业出版社，2021.

[8] (丹)拉斯·特维德，(丹)马斯·福尔霍尔特. 创业——从初创到成功[M]. 北京：中信出版社，2020.

[9] (美)比尔·盖茨. 气候经济与人类未来——比尔盖茨给世界的解决方案[M]. 陈召强，译. 北京：中信出版社，2021.

[10] (美)阿什利万斯. 硅谷钢铁侠：埃隆·马斯克的冒险人生[M]. 周恒星，译. 北京：中信出版社，2016.

[11] (美)乔·蒂德，(美)约翰贝·赞特. 创新管理[M]. 陈劲，译. 北京：中国人民大学出版社，2020.

[12] (英)丹娜·左哈尔. 人单合一：量子管理之道[M]. 纪文凯，译. 北京：中国人民大学出版社，2021.

[13] 郭海峰. 匠人精神：精益创业 制胜未来[M]. 北京：中国财富出版社，2019.

[14] 国际电商创新协会，等. 驱动创新[M]. 北京：中国市场出版社，2016.

[15] (美)沃尔特·艾萨克森. 乔布斯[M]. 北京：中信出版社，2011.

[16] 郭宏文. 李彦宏与百度[M]. 北京：中译出版社，2021.

[17] (美)迈克尔·W. 索南费尔特. 敢于梦想：Iiger21创始人写给创业者的40堂必修课[M]. 张昊，译. 北京：机械工业出版社，2022.

[18] 兰小毅，苏兵. 创新创业学[M]. 北京：清华大学出版社，2021.

[19] 俞敏洪. 愿你的青春不负梦想[M]. 长沙：湖南文艺出版社，2020.

[20] (美)杰克·M. 长普生，安东尼·C. 沃伦. 创业学[M]. 北京：中国人民大学出版社，2009.

[21] 赵炎. 创新管理[M]. 北京：清华大学出版社，2018.

[22] 贺尊. 创业学[M]. 北京：中国人民大学出版社，2020.

[23] 杨雨山. 蒙牛教主——牛根生[M]. 太原：山西人民出版社，2008.

[24] 成时. 史玉柱传奇[M]. 北京：中国经济出版社，2009.

[25] 郑月玲. 创业三剑客[M]. 北京：人民邮电出版社，2009.

[26] 刘沁玲，陈文华. 创业学[M]. 北京：北京大学出版社，2012.

[27] 方丽菲. 互联网+创业风口[M]. 北京：北京工业大学出版社，2016.

[28] (英)迈克尔·莫里斯. 成功创业的14堂课[M]. 王聪，译. 北京：电子工业出版社，2010.

[29] 优米网. 史玉柱自述：我的营销心得[M]. 北京：同心出版社，2013.

[30] 蔺雷，吴家喜. 内创业革命[M]. 北京：机械工业出版社，2020.

[31] 优米网. 在痛苦的世界中尽力而为[M]. 北京：当代中国出版社，2012.

[32] (日)梅田望夫. G时代创业的五大定律[M]. 周晓含，译. 长沙：湖南科技出版社，2012.

[33] 《创新者》栏目组. 创新者：13位企业家亲授创业心法[M]. 北京：机械工业出版社，2021.

[34] (美)C. K 普拉哈拉德，M. S 克里斯南. 创业成功定律[M]. 林丹明，徐宗林，译. 北京：中国人民大学出版社，2009.

[35] (美)罗布·亚当斯. 避开创业9大陷阱[M]. 刘昊明，等译. 北京：机械工业出版社，2005.

[36] (美)霍华德·H. 弗雷德里克，唐纳德·F. 库洛特克，理查德·M. 霍杰茨. 创业学[M]. 蒋春燕，译. 北京：中国人民大学出版社，2011.

[37] (美)威廉·A. 萨尔曼，霍华德·H. 史蒂文森，迈克·J. 罗伯特，阿玛·布海德. 创业管理[M]. 郭武文，主译. 北京：中国人民大学出版社，2005.

[38] (美)布鲁斯·R. 巴林格，R. 杜安·爱尔兰. 创业管理：成功创建新企业[M]. 张玉利，王伟毅，杨俊，等译. 北京：机械工业出版社，2006.

[39] 李家华. 创业基础[M]. 北京：北京师范大学出版集团，2013.

[40] 朱晓明，佩德罗·雷诺. 中欧名师讲坛录[M]. 北京：机械工业出版社，2014.

[41] (美)杰里米·里夫金. 零成本社会[M]. 赛迪研究院专家组，译. 北京：中信出版社，2014.

[42] 文道. 马化腾管理智慧分享课[M]. 北京：人民邮电出版社，2015.

[43] 京弘博. 创业训练营[M]. 北京：人民出版社，2021.

[44] (美)戴夫·柯本，特蕾莎·布朗. 互联网新思维[M]. 钱峰，译. 北京：中国人民大学出版社，2014.

[45] (美)Phil Simon. 大数据应用[M]. 漆晨曦，张淑芳，译. 北京：中国人民大学出版社，2014.

[46] (英)维克托·迈尔-舍恩伯格，肯尼迪·库克耶. 大数据时代[M]. 盛杨燕，周涛，译. 杭州：浙江人民出版社，2014.

[47] 李根文，等. 我是创业家：创新创业实战体验手册[M]. 北京：清华大学出版社，2020.

[48] 张志胜. 创新思维的培养与实践[M]. 南京：东南大学出版社，2014.

[49] (英)菲利普·A. 威克姆. 战略创业学[M]. 任荣伟，张武保，译. 大连：东北财经大学出版社，2014.

[50] (美)彼得蒂尔. 从0到1[M]. 高玉芳，译. 北京：中信出版社，2015.

[51] 文道. 任正非管理智慧分享课[M]. 北京：人民邮电出版社，2015.

[52] 中央电视台大型纪录片主创团队. 互联网时代[M]. 北京：北京联合出版公司，2015.

[53] 叶开. O2O实践[M]. 北京：机械工业出版社，2015.

后 记

笔者是2009年开设《创业管理》课程的，2011年主持吉林省教育科学"十二五"重点规划课题《应用型本科高校创业人才培养模式研究》(获得省教学成果奖(含本教材))，2018年主持吉林省教育厅专项课题《大学生创业教育模式与评价体系建设研究》。笔者经过多年的资料积累和教学实践总结与研究，认真听取学生、同行及有关专家学者的意见和建议，以教育部颁布的《创业教学大纲》为框架蓝本，编著出集基本理论、案例、技能、实训实练等于一体的《创业基础：理论应用与实训实练》教材，2014年7月由北京大学出版社出版，2015年1月第二次印刷。无论在理论梳理、编排结构、内容扩展，还是理论应用、技能训练、案例深度分析等方面都有新的突破和探索。2015年3月，互联网+已作为国家战略被写进《政府工作报告》，这充分体现了党中央、国务院对互联网+的高度重视，已将其作为推进中国新经济增长的新引擎。较之于清华大学出版社2016年7月和2017年7月出版的《创业学理论与应用——基于互联网+视角》(第二版)和《创业学理论与应用——基于互联网+视角》(第三版)，本书有新的修改、增补、完善，增加了创新创造创意开发内容，删减了创业教育、附录等内容，有新思考、新认识、新观点，体现了与时俱进，及时吸收了新的互联网+创业及乡村振兴等案例研究成果。本书分为12章，包括：创业活动与创新创造；创业过程；创业"机会之窗"；创业团队；构建商业模式；撰写商业(创业)计划书；新创企业融资；新创企业战略规划；新创企业市场营销；新创企业人力资源管理；大学生创业；互联网+创业。为使创业理论与实践特别是案例教学紧密结合，本教材选取了在国内外有重大影响的40多个创新创业典型案例进行总结分析与评价，包括：比尔·盖茨、史蒂夫·乔布斯、任正非、汪滔，以及大学生创业的代表张艳宇、张超凡等。本书还对大部分本土案例进行跟踪调研，及时补充新的内容。本书以历史和法的视角，全面客观地反映及评价创业者为中国经济社会发展做出的贡献，有些创业者是获得中国改革开放40年的先锋人物称号，我们应学习、继承它们的创新创业奋斗精神，并在新时代发扬光大，对于他们创业过程的教训要引以为戒。大学生更要学习、借鉴、思考他们的创新创业精神和吸取经验教训，在创业活动中少走弯路，创业成功。

第四版的修订除继续保持严谨实用、理论与案例紧密结合外，还突出简洁明了，准确阐述创业学的基本理论，逻辑结构更加清晰，以本土案例为主，每章的复习思考题和实训实练题共有百个之多，有很强的针对性。带着问题进行实训实练，学习会更加有效。本书在认真听取各方面意见和建议的基础上，经过了比较系统的补充、修订、完善和提高工作，直到完成第四版写作任务。感谢清华大学出版社有关同志为本书进行的编辑和校对工作，使本书减少了一些错误；感谢爱人和儿女的支持与帮助；感谢那些曾经直接或间接地支持和帮助过我的朋友们。由于作者水平有限，疏漏或不当之处敬请专家、学者提出宝贵意见，以便进一步修改完善，不断提高著作的质量。在写作的过程中，笔者参考、使用了已公开发表的研究成果和文献资料，在此向有关作者表示感谢！

郭占元

2022 年 7 月 30 日